高等学校金融学类系列教材

金融经济学教程

（第三版）

JINRONG JINGJIXUE JIAOCHENG

主编 陈伟忠 陆珩瑱

中国金融出版社

责任编辑:张菊香
责任校对:刘　明
责任印制:陈晓川

图书在版编目(CIP)数据

金融经济学教程/陈伟忠,陆珩瑱主编.—3版.—北京:中国金融出版社,2021.10
21世纪高等学校金融学系列教材
ISBN 978-7-5220-1339-8

Ⅰ.①金…　Ⅱ.①陈…②陆…　Ⅲ.①金融学—高等学校—教材　Ⅳ.①F830

中国版本图书馆 CIP 数据核字(2021)第192123号

金融经济学教程(第三版)
JINRONG JINGJIXUE JIAOCHENG (DI-SAN BAN)

出版
发行　中国金融出版社
社址　北京市丰台区益泽路2号
市场开发部　(010)66024766,63805472,63439533(传真)
网上书店　www.cfph.cn
　　　　　(010)66024766,63372837(传真)
读者服务部　(010)66070833,62568380
邮编　100071
经销　新华书店
印刷　河北松源印刷有限公司
尺寸　185毫米×260毫米
印张　23
字数　512千
版次　2008年9月第1版　2016年9月第2版　2021年11月第3版
印次　2021年11月第1次印刷
定价　56.00元
ISBN 978-7-5220-1339-8
如出现印装错误本社负责调换　联系电话(010)63263947

21世纪高等学校金融学系列教材
编审委员会

顾　　问：
吴晓灵（女）　清华大学五道口金融学院　教授　博士生导师
陈雨露　中国人民银行　党委委员　副行长
王广谦　中央财经大学　教授　博士生导师

主任委员：
郭建伟　中国金融出版社　总编辑
史建平　中央财经大学　教授　博士生导师
刘锡良　西南财经大学　教授　博士生导师

委　　员：（按姓氏笔画排序）
丁志杰　对外经济贸易大学　教授　博士生导师
王爱俭（女）　天津财经大学　教授　博士生导师
王效端（女）　中国金融出版社　副编审
王　稳　对外经济贸易大学　教授　博士生导师
王　能　上海财经大学　美国哥伦比亚大学　教授　博士生导师
王　聪　暨南大学　教授　博士生导师
卞志村　南京财经大学　教授　博士生导师
龙　超　云南财经大学　教授
叶永刚　武汉大学　教授　博士生导师
邢天才　东北财经大学　教授　博士生导师
朱新蓉（女）　中南财经政法大学　教授　博士生导师
孙祁祥（女）　北京大学　教授　博士生导师
孙立坚　复旦大学　教授　博士生导师
李志辉　南开大学　教授　博士生导师
李国义　哈尔滨商业大学　教授
杨兆廷　河北金融学院　教授
杨柳勇　浙江大学　教授　博士生导师
杨胜刚　湖南大学　教授　博士生导师
汪　洋　江西财经大学　教授　博士生导师
沈沛龙　山西财经大学　教授　博士生导师
宋清华　中南财经政法大学　教授　博士生导师

张礼卿　中央财经大学　教授　博士生导师
张成思　中国人民大学　教授　博士生导师
张　杰　中国人民大学　教授　博士生导师
张桥云　西南财经大学　教授　博士生导师
张志元　山东财经大学　教授
陆　磊　国家外汇管理局　副局长
陈伟忠　同济大学　教授　博士生导师
郑振龙　厦门大学　教授　博士生导师
赵锡军　中国人民大学　教授　博士生导师
郝演苏　中央财经大学　教授　博士生导师
胡炳志　武汉大学　教授　博士生导师
胡金焱　山东大学　教授　博士生导师
查子安　金融时报社　总编辑
贺力平　北京师范大学　教授　博士生导师
殷孟波　西南财经大学　教授　博士生导师
彭建刚　湖南大学　教授　博士生导师
谢太峰　首都经济贸易大学　教授　博士生导师
赫国胜　辽宁大学　教授　博士生导师
裴　平　南京大学　教授　博士生导师
潘英丽（女）　上海交通大学　教授　博士生导师
潘淑娟（女）　安徽财经大学　教授
戴国强　上海财经大学　教授　博士生导师

主 编 简 介

陈伟忠，上海杉达学院胜祥商学院院长，同济大学教授、博士生导师，曾任同济大学应用经济学科专业委员会主任、同济大学上海期货研究院院长、同济大学现代金融研究所所长、中国金融学会金融工程分会理事、上海金融学会常务理事。长期从事金融与投资学的研究与教学，先后承担完成了国家自然科学基金等类项目20余项，在《金融研究》《经济学动态》《财贸经济》《数量经济与技术经济研究》《管理科学学报》《西安交通大学学报》《同济大学学报》等学术刊物发表论文120余篇，著有《动态组合投资理论与中国证券资产定价》等学术专著4部，出版教材7部。

陆珩瑱，南京航空航天大学经济与管理学院副教授、硕士生导师，任南京航空航天大学经济与管理学院院长助理。长期从事金融与投资的研究和教学，主讲"金融经济学"本科生及研究生课程超过十年，主持和参与多项国家、省级基金项目，在《投资研究》等学术期刊发表论文20余篇。

第三版前言

时光荏苒，转眼距 2008 年本书首版已经过去了 13 年。在此期间，无论是金融经济学还是金融市场都发生了翻天覆地的变化。首先，继尤金·法玛和罗伯特·希勒获得 2013 年诺贝尔经济学奖之后，行为金融学的代表人物之一理查德·泰勒又荣获了 2017 年诺贝尔经济学奖，行为金融学在金融经济学领域的地位得到了进一步提升。在金融市场方面，继 2008 年由美国次贷危机引发的全球金融危机让全世界愕然，并深刻影响了全世界迄今为止的金融、经济甚至政治，2020 年的新冠肺炎疫情更是让全世界见识了美国金融市场百年不遇之奇观——2020 年 3 月 9 日至 3 月 19 日的 10 天内，美国股市连续 4 次触发熔断机制！纽交所成立 227 年以来首次紧急关闭了交易大厅！……众人惊呼：我们见证了历史！

正当我面对如此巨变，万分感慨世事难料之时，电话铃响了并传来了那熟悉的天籁之音：出版社王效端主任希望我修改再版《金融经济学教程》。因为当时很忙，我犹豫了一下，但很快就答应了，也许是因为无法拒绝。

其实，在本书出版之后，我们陆续收到不少老师和学生的意见和建议，我们自己也发现了一些错误，特别是随着时间的推移，其中有不少内容已显陈旧。在我内心也一直有更新、改版的愿望。借此机会，我们组织编写老师进行了讨论，确定了修改再版的计划，并利用寒暑假和"五一"小长假对全书进行了全面的修改和更新。在内容方面，除了增加了行为金融和有效市场理论的最新成果外，其他内容基本保留。修改的重点在于改错和更新，原书的理念和风格依然保留，即着重阐释金融经济学理论的基本思想和基本原理，强调"易懂"原则。希望广大老师和同学们能继续喜欢我们的第三版。

修订的第三版《金融经济学教程》全书共分十二章，其中第一章由陈伟忠、陆珩瑱编写，第二、第三、第九、第十一、第十二章由陆珩瑱编写，第四、第五、第六、第七章由陈伟忠编写，第八章由马卫锋编写，第十章由叶欣编写。全书由陈伟忠最后总纂。

十几年来，中国金融出版社始终对本书的出版给予了高度的重视和一贯的支持，实属难能可贵、感人至深！在此谨向教材编辑一部的领导和全体编辑们表示最诚挚的感谢！对选用这本教材和提出宝贵意见的全体老师和同学们表示衷心的感谢！最后，我当然还要感谢我的夫人和女儿对我工作的一贯支持。

陈伟忠
2021 年 7 月
于上海杉达学院

第二版前言

第一次接触到金融经济学是在 2001 年秋，当时在复旦大学旁听了方曙红老师讲的"金融经济学 I"，使用的教材是北京大学王一鸣老师的《数理金融经济学》，通过课程的学习，我对金融学有了新的认识。2002 年又一次旁听了复旦大学何华老师的"金融经济学 II"，何老师讲授的连续时间的金融经济学对于数学基础薄弱的我来说的确很难。课程的学习使我对金融经济学有了不断深入的理解和认识，也发现学习金融经济学的重要性。2013 年初在成都又一次聆听到宋逢明老师谈到金融经济学，宋老师的讲解让我对金融经济学在金融专业知识中的地位更加明确了。

金融经济学作为金融学的基础理论在国内最初不太受到更多的重视。一方面由于课程存在一定的难度，学生不一定愿意学，老师讲起来也很费劲；另一方面对金融经济学的理解最初有些偏差，由于我国的金融学脱胎于货币银行，对于侧重理论证明和推导的金融经济学最初不太被大多数人接受。

2005 年春，我在南京航空航天大学第一次给本科生讲授"金融经济学"，当时最大的困境在于没有教材，当时的金融经济学课程主要针对的是博士研究生，黄奇辅和利曾伯格的《金融经济学基础》、勒罗伊的《金融经济学原理》以及柯克兰的《资产定价》都是博士研究生的教材，王一鸣的《数理金融经济学》、史树中的《金融经济学十讲》都是适用于硕士研究生的教材。我只有在我以前的课程笔记基础上尽可能增加文字的内容，但较多的证明和推导让当时的学生不太能接受。这之后每年的金融经济学课程我不断增添文字的表述，但一直希望能有专门针对本科生的《金融经济学》教材，让学生可以更有效地学习该门课程。2006 年，我的导师同济大学的陈伟忠教授联系我，希望能一起编著一部面向本科生的《金融经济学教程》，我欣然应允，完成了其中的三章半的编写工作。教材出版后的使用情况良好，学生评价也相当不错。

今年 2 月底，陈老师联系我，希望我来接任新版《金融经济学教程》的主编。起先，我诚惶诚恐。在陈老师的一再鼓励下，我接下了这个任务。

关于金融经济学的内容，我思考了很多，本版的《金融经济学教程》在第一版的基础上增加了两章，同时修改了第一章，第一章的题目未做改变，但内容与第一版完全不同了，主要介绍金融经济学的基本概念、金融经济学的发展脉络及主题等金融经济学基本内容。新增的第二章介绍了确定性条件下的投资决策，由于金融一般讨论的是以不确定性条件下的投资决策问题，因此有必要首先探讨一下确定性条件下的投资决策。新增的第十二章介绍金融市场微观结构，在传统的资产定价研究中，对于价格的调整过程并没有进行详尽的说明，而是把市场看作一个"黑箱"，在输入一些参数后，价格就会自然地浮现出来。然而，对于投资者潜在的投资需求如何转化为真实的价格和成交量，信息是如何通过交易反映到价格中，市场结构对市场的流动性和波动性是否有影响这些问题，传统的资产定价理论没有给出解释。在过去的40多年中，金融学的一个新的分支——市场微观结构理论得到长足发展，为解决上述问题提供了一个很好的视角。所以有必要在金融经济学中阐述金融市场微观结构理论。

第二版的《金融经济学教程》沿袭第一版的基本理念，着重阐述现代金融经济学理论的基本思想、基本原理，强调"易懂"原则。真诚希望各位前辈、同行、同学们批评指正，我的 E-mail：Luhengzhen@ nuaa. edu. cn。

修订的第二版《金融经济学教程》全书共分十二章，其中第一、第二、第三、第九、第十一、第十二章由陆珩瑱编写，第四、第五、第六、第七章由陈伟忠编写，第八章由马卫锋编写，第十章由叶欣编写。

中国金融出版社为这本书的出版给予了高度重视和支持，在本书即将付印之际，谨向有关编辑表示最诚挚的谢意！

陆珩瑱

2016 年 8 月

于南京航空航天大学

前言

自20世纪90年代以来,我国的金融体制改革进入了重要的历史转折期。由于企业体制改革的需要,我国的企业开始引入股份制,作为股份制不可缺少的部分——中国股票市场应运而生。而且,由于企业实行股份制逐渐成为大势所趋,越来越多的股份公司出现了,越来越多的上市公司产生了!由此迫使我国的金融体制开始发生根本性的转变,由单纯的银行体系逐渐转向"银行+市场"的模式。企业不仅可以按照传统的方式,通过银行进行融资(贷款),也可以通过金融市场直接进行融资(发行短期融资券、债券或者股票等进行证券融资)。

十多年来,我国的金融市场得到了长足的发展,截至2007年底已有上市公司1550家,总市值达32万多亿元,债券、可转换债券(以下简称"可转债")、股票权证、投资基金以及股票指数期货等投融资品种繁多,融资需求与投资需求两旺,市场生机盎然。但随着市场的不断发展,积聚在市场参与者和关心者心中的问题也越来越多,数以千万计的人们都时常感觉自己看不懂这个市场:为什么业绩好的公司的股票价格不涨,而业绩极差的垃圾股的价格却"鸡犬升天"?为什么上证指数刚刚在2006—2007年的两年间翻了两番多,转而就在半年多的时间里狂跌55%,十几万亿元的市值转瞬蒸发?为什么有的股票的市盈率只有不到10倍还乏人问津,而有些市盈率高达1 000多倍的股票却被"热烈追捧、爱不释手"?股票的价格究竟是由什么决定的?股票市场到底是投资市场还是赌场?金融市场怎样才能实现资本的优化配置?市场化的金融体制是否适合中国?等等。

所有这些问题产生的原因有:一是我国的金融市场刚刚起步,还很不规范;二是我们对金融市场的了解甚少,绝大部分的中国人,包括金融界人士、经济与金融管理部门的官员,甚至商学院的教师等,都对现代金融市场缺乏深入的了解。这也很正常,因为1990年以前,几乎所有的中国人都未曾见过金融市场(少数人在海外见过),又怎么能了解金融市场呢?我国的传统金融学一直以货币与银行为中心,在金融市场方面的研究则几乎是空白。

随着我国证券市场的发展,国内涌现出了一批学界先锋,他们以超凡的速度和毅力,一方面努力学习西方的现代金融(市场)理论,另一方面在中国努力推广相关的理论与知识,同时还结合中国的实际积极研究和探索中国金融市场发展的有效途径与对策。经过他（她）们的努力，现代金融（经济）学已经被全面引入中国，并有一些精英已经率先掌握了现代金融市场的精髓。但相对我国如此庞大的市场参与群体而言，这些人可谓"人微言轻"。所以，要想顺利发展我国的金融市场，就必须设法普及（至少在本科生层面）现代金融（经济）理论。

我国现代金融学的知名学者、清华大学的宋逢明教授根据他对中国金融业变革趋势的深刻理解以及在现代金融经济学方面扎实的理论功底，最先洞察到在我国金融学专业中推广金融经济学教育的深远意义，并在6年前中国金融出版社组织的一次教材编委会上建议中国金融出版社出一本本科生的金融经济学教材，并推荐我为主编。

坦率地讲，我对是否要接受这一编写任务犹豫许久，主要是缺乏足够的信心。其主要原因在于：一是金融经济学在美欧国家一般都是博士生的课程，具有较强的理论性、数理性、严密性，而本书的一个基本出发点是作为本科生（高年级）的教材。二是我国金融学专业的本科生甚至硕士研究生基本上按照文科的模式培养，数学基础相对较弱。这样，在读者的基础和学科本身的特点之间就形成了一道巨大的、难以逾越的鸿沟。这是我担心的根本所在。

为了想办法克服这一困难，我前后研究思考了三年半的时间，先后利用各种机会与国内外的同行探讨对策。直至2005年，我才初步形成了如下的编写思路：首先，在表述方法上，通过牺牲一定的推理严密性，尽可能地利用文字语言着重表述金融经济学的核心思想。通过比喻、举例、试验或案例讲解等手段来增强对理论的理解。其次，在内容取舍上，基本不涉及诸如动态、连续时间金融理论、金融模型的实证检验等数学要求较高的内容。另外，把部分较为简单的理论证明放在有关章节的附录中，以便有条件的读者学习。

本书着重阐述现代金融经济学理论的基本思想、基本原理。强调"易懂"原则。在数学运用方面，原则上所用的数学知识不超过大学中的高等数学、概率论和数理统计或应用统计分析的内容。在写作上，我们尽量多用实例、典型案例、计算范例等方法来充实对基本理论的诠释。我真诚地希望老师和同学们能认同我们上述的取向和努力，并支持我们继续完善这本教材，给我们提出宝贵的意见！　（我的 E-mail：chen_wz@mail.tongji.edu.cn）

全书共分十章，其中第一章由陈伟忠、陆珩瑱编写，第二、第八、第九章由陆珩瑱编写，第三、第四、第五、第六章由陈伟忠编写，第七章由马卫锋编写，第十章由叶欣编写。全书由陈伟忠最后总纂。同济大学金融学专业的研究生郑倩路、张凡、耿清海、盛菊华也为本书付出了大量艰辛的劳动。在此我对他们表示最衷心的感谢！

中国金融出版社为这本书的出版给了了高度重视和支持，在本书即将付印之际，谨向有关编辑表示最诚挚的谢意！最后，我当然还要感谢我的夫人和女儿对我工作的一贯支持。

陈伟忠
2008年2月
于上海书香公寓

目 录

1	**第一章　绪论**	30	二、利润的经济学定义
1	【学习目的与要求】	32	第三节　资本预算方法
1	【学习要点】	33	一、回收期法
1	第一节　从微观经济学到金融经济学	34	二、会计收益率法
2	一、微观经济学理论：个体、经理人和市场	34	三、净现值法
2	二、金融经济学理论：个体、经理人和市场	35	四、内部收益率法
4	第二节　金融经济学的概念	36	第四节　净现值法与内部收益率法的比较
5	第三节　金融经济学的历史演进	37	一、再投资率假设
5	一、古典金融经济学	38	二、价值可加性原则
8	二、现代金融经济学	38	三、多重内部收益率
14	三、新金融经济学	40	四、净现值法与内部收益率法比较的总结
18	第四节　金融经济学的主题	41	【小结】
18	一、金融经济学的研究主题	41	【思考与练习题】
19	二、金融资产的定价方法	43	【主要参考文献】
19	三、本书的主要内容	44	**第三章　资金的时间价值与无风险资产估价**
20	附录：诺贝尔经济学奖		
24	【小结】	44	【学习目的与要求】
24	【思考与练习题】	44	【学习要点】
25	【主要参考文献】	45	第一节　资金的时间价值
26	**第二章　确定性条件下的投资决策**	45	一、未来值
26	【学习目的与要求】	45	二、普通年金的未来值
26	【学习要点】	47	三、现值
27	第一节　费雪分离原则与代理问题	48	四、一系列未来值的现值
27	一、投资决策与个人效用偏好的分离	48	五、普通年金的现值
28	二、代理问题：管理者是否获得了恰当的激励以实现股东财富的最大化	49	六、每年偿还不止一次的现值
29	第二节　股东财富最大化	49	第二节　无风险资产的估价
29	一、股利和资本利得	52	一、零息票债券的定价
		52	二、价格与收益率的关系

53	三、票面利率、应计收益率和价格的关系	84	五、市净率
53	四、当利率确定时债券价格和期限的关系	86	六、市销率
		88	七、托宾q比率
55	五、债券价格变动的原因	89	【小结】
55	第三节 债券收益率的度量	90	【思考与练习题】
55	一、债券收益的来源及影响因素	91	【主要参考文献】
56	二、债券收益率及其计算	92	**第五章 风险及其估计**
59	第四节 债券定价原理	92	【学习目的与要求】
59	一、马尔基尔债券定价原理	92	【学习要点】
60	二、马尔基尔债券定价原理对投资者的意义	92	第一节 风险的概念
		92	一、风险的含义
60	第五节 度量债券价格的波动性	95	二、风险的特征
60	一、度量债券价格波动性的指标：久期	95	三、风险与不确定性的差异
		96	第二节 风险的分类
62	二、利用久期估计价格变动	96	一、纯粹风险和投机风险
63	三、凸性	97	二、客观风险和主观风险
64	四、关于久期的几个结论	97	三、可分散的风险和不可分散的风险
64	【小结】	97	四、财产风险、人身风险、责任风险和信用风险
65	【思考与练习题】		
65	【主要参考文献】	97	五、可承受风险和不可承受风险
67	**第四章 股票估价的原理与方法**	97	六、自然风险、社会风险、经济风险、政治风险和技术风险
67	【学习目的与要求】		
67	【学习要点】	98	七、经营风险、战略风险和财务风险
67	第一节 股票的价值及其来源	98	第三节 风险的度量方法
67	一、股票的价值	98	一、方差法
70	二、股票价值的来源	99	二、半方差法
71	第二节 股票估价原理	100	三、β系数法
71	一、股利贴现模型（DDM）——一般模型	103	【小结】
		103	【思考与练习题】
73	二、固定股利模型	104	【主要参考文献】
74	三、固定股利增长率模型	105	**第六章 风险态度与资产选择**
75	四、两阶段股利贴现模型	105	【学习目的与要求】
77	五、三阶段股利贴现模型	105	【学习要点】
78	第三节 股票估价的简化方法	105	第一节 投资者的风险态度
78	一、相对估价法	106	一、期望效用理论
79	二、市盈率法	107	二、投资者的效用函数及其风险态度
81	三、市盈率增长比率	110	第二节 投资者的一般风险对策
84	四、股利收益率	110	一、风险规避方法
		111	二、风险预防与控制

111	三、风险转移	173	【主要参考文献】
112	四、风险自留	174	**第八章 套利定价理论——金融市场的套利均衡机制**
113	第三节 投资组合理论		
113	一、现代投资组合理论的起源	174	【学习目的与要求】
114	二、投资组合的收益与不确定性	174	【学习要点】
116	三、组合投资的可行域与有效边界	174	第一节 套利交易行为
122	四、最佳资产组合	174	一、套利的概念
125	五、引入无风险资产时的投资组合选择	177	二、发生在我们身边的套利交易
132	第四节 资产选择行为与资产需求	180	三、套利交易的基本方式
132	一、投资者的资产选择行为	188	四、套利交易发生的条件及其对市场的作用与影响
133	二、资产选择行为：资产配置		
135	三、资产选择行为对资产需求及其价格的影响	189	第二节 投资收益预期的多因素模型与投资风险的细分
138	附录：阿莱悖论与S形效用函数	189	一、投资收益预期及其模型
140	【小结】	194	二、投资风险的细分：因素风险
141	【思考与练习题】	195	三、资产的风险特征分析（敏感系数）
144	【主要参考文献】	197	第三节 聪明的套利交易者与无风险套利机会的消失
145	**第七章 资本资产定价模型**		
145	【学习目的与要求】	197	一、风险特征相同的资产应该有相同的期望收益：唯一价格定律
145	【学习要点】		
147	第一节 资本资产定价模型的假设及资本市场线	198	二、套利定价模型
		202	三、套利定价模型的意义
148	一、资本资产定价模型的基本假设	205	【小结】
148	二、分离定理	206	【思考与练习题】
149	三、市场组合	206	【主要参考文献】
150	四、资本市场线	208	**第九章 有效市场理论**
152	第二节 证券市场线	208	【学习目的与要求】
152	一、资本资产定价模型	208	【学习要点】
155	二、证券市场线	209	第一节 有效市场理论概述
156	三、证券市场线与资本市场线的区别	209	一、股票价格的随机游走与有效市场
156	四、证券市场线的几个简单应用	209	二、有效市场假说的定义
159	第三节 系统风险、非系统风险与β系数	212	三、有效市场的类型
159	一、系统性风险与非系统性风险	213	四、有效市场假说对投资者的意义
161	二、证券β值的估计：历史β值	214	第二节 市场有效性与理性预期均衡
166	三、指数基金投资模式的演变	214	一、有效市场假说的假定
167	四、交易所交易基金	217	二、市场有效性的理论基础
168	附录：资本资产定价模型的扩展	218	三、影响市场有效性的因素
170	【小结】	219	第三节 有效市场假说的检验
171	【思考与练习题】	219	一、有效市场假说面临的测试问题

220	二、市场有效性检验存在的几个问题
221	三、弱式有效市场的检验
223	四、半强式有效市场的检验
224	五、强式有效市场的检验
225	第四节 关于有效市场理论的争论
225	一、对市场特性的争论
226	二、有效市场的另一些实证结果
228	三、对异常现象的解释——行为金融理论
229	四、有效市场假说对行为金融理论的反驳
230	【小结】
230	【思考与练习题】
231	【主要参考文献】

232 第十章 衍生证券的定价理论

232	【学习目的与要求】
232	【学习要点】
232	第一节 衍生证券概述
236	第二节 远期合约定价
236	一、远期合约概述
237	二、远期合约价格的确定
240	三、远期汇率的决定——利率平价理论
241	四、货币（外汇）远期合约的定价实例
242	第三节 期货合约定价
242	一、期货概述
244	二、期货价格与现货价格的关系
245	三、期货价格与预期现货价格的关系
246	四、期货价格与远期价格的关系
248	五、期货定价的持有成本模型
249	六、股票指数期货的定价实例
251	第四节 期权及其定价
251	一、期权概述
253	二、期权的价值
254	三、期权交易的损益
255	四、影响期权价格的因素
256	五、期权定价模型
262	第五节 认股权证和可转换债券的定价
262	一、认股权证
265	二、可转换债券
268	附录一：利率为常数时，远期价格与期货价格相等的证明
269	附录二：期货合约最佳套期保值比率的推导
270	附录三：B–S期权定价公式的推导
271	【小结】
272	【思考与练习题】
274	【主要参考文献】

275 第十一章 行为金融理论

275	【学习目的与要求】
275	【学习要点】
276	第一节 有限理性
277	一、经济人假设
277	二、理性人假设
278	三、有限理性人假设
280	第二节 有限套利
282	一、套利的有限性
284	二、套利有限性的实例
287	第三节 前景理论
287	一、期望与预期概念的发展
290	二、前景理论的内容
295	第四节 价值函数和权重函数
295	一、价值函数
297	二、权重函数
298	第五节 投资过程中的认知偏差
298	一、技术分析中可能存在的认知偏差
299	二、基本分析中可能存在的认知偏差
302	第六节 行为投资策略
302	一、逆向投资策略与惯性投资策略
303	二、小盘股投资策略
304	三、集中投资策略
305	四、成本平均策略和时间分散化策略
305	【小结】
306	【思考与练习题】
306	【主要参考文献】

308 第十二章 金融市场微观结构

308	【学习目的与要求】

308 【学习要点】
308 第一节 金融市场微观结构理论概述
308 一、金融市场微观结构的含义
309 二、金融市场微观结构研究的焦点
310 第二节 金融市场微观结构与资产定价
311 一、价格发现模型的发展
311 二、第一代价格发现模型：竞争性做市商报价模型
318 三、第二代价格发现模型：策略性流动性供应者模型
322 第三节 金融市场微观结构设计
323 一、运行绩效的衡量指标
325 二、市场微观结构设计的目标与影响因素
328 第四节 市场流动性及其计量
329 一、流动性的含义
330 二、流动性的三个维度
331 三、流动性的主要度量方法
342 四、各种流动性度量方法的比较
344 【小结】
345 【思考与练习题】
345 【主要参考文献】

第一章

绪　论

【学习目的与要求】

通过本章的学习,理解金融经济学与微观经济学的关系,掌握金融经济学的内涵,理解金融经济学的发展脉络,理解金融经济学的主题。

【学习要点】

金融经济学与微观经济学的关系;金融经济学的概念;古典金融经济学;现代金融经济学;新金融经济学;金融经济学主题;金融资产的定价方法。

金融经济学作为经济学领域的重要分支,从 20 世纪 50 年代开始有了快速的发展,大量的研究突破给金融乃至整个经济学理论界和实务界带来翻天覆地的变化。正是由于该领域的贡献,诺贝尔经济学奖已经授予多位在金融领域作出突出贡献的学者。如 1981 年因为对金融市场及与支出决策、就业、产出和价格的关系所做的分析而获奖的托宾(James Tobin),1985 年因为对储蓄和金融市场的开创性分析的莫迪利安尼(Franco Modigliani),1990 年在金融经济学方面做了开创性工作的马柯维茨(Harry Markowitz)、夏普(William F. Sharpe)和米勒(Merton H. Miller),1997 年因为衍生金融工具定价模型的贡献的默顿(Robert C. Merton)和斯科尔斯(Myron S. Scholes),2002 年因为在行为金融领域作出杰出贡献的卡尼曼(Daniel Kahneman)(美国),2013 年由于在资产价格的实证分析上作出贡献的法玛(Eugene Fama)、汉森(Lars Peter Hansen)和罗伯特·希勒(Robert J. Shiller)。金融经济学作为一门学科具有重要的地位,正逐渐演变为一门相对独立的学科。

第一节　从微观经济学到金融经济学

金融经济学作为经济学的一个专业领域,运用了许多从微观经济学中发展起来的分析工具。金融经济学的理论框架是以微观经济学的基础理论框架,分析个体和公司管理层的决策，以及这些决策的相互作用对金融资产价格的影响。

一、微观经济学理论：个体、经理人和市场

微观经济学理论在现实情况下，个体和企业经理人面临着风险或不确定性。1738年，丹尼尔·伯努利（Daniel Bernoulli）在《有关衡量风险的新理论说明》一文中将风险引入选择理论。1921年，弗兰克·奈特（Frank Knight）在其《风险、不确定性与利润》中指出风险和不确定性在经济学中都非常重要。他还区分了"风险"和"不确定性"的不同，前者被定义为决策制定者能够对决策的潜在结果赋予概率的情况，而后者则通常无法赋予概率。

奈特之后，经济学家开始认识到决策时风险的重要性，如约翰·希克斯（John Hicks，1972年诺贝尔经济学奖获得者）认识到需要将个体对风险的态度与其对不同结果的偏好分离，但直到20世纪40年代早期风险才被正式纳入经济理论。1947年，约翰·冯·诺依曼（John Von Neumann）和奥斯卡·摩根斯坦（Oskar Morgenstern）在《博弈论与经济行为》(Theory of Games and Economic Behavior) 中提出了决策制定的期望效用准则，其框架中所涉及的概率为客观概率，即由某个事件发生的长期相对频率决定的概率。1954年，伦纳德·萨维奇（Leonard Savage）在《统计学基础》中引入了主观概率的概念，其中的期望效用理论使用的是基于个体对某个特定事件发生的判断所得到的概率。另一种框架称为状态偏好框架，不依赖于决策制定者对事件赋予的权重——无论是客观还是主观的。相反，状态偏好理论直接对不同状态下可以实现的结果赋值。

在古典完美市场中，有两个基本的假设：（1）买卖双方均为价格接受者，无法通过其决策影响产品价格；（2）买卖双方无须成本就可以获取完全精确的信息以制定理性决策。当这两个假设中有一个被违反时，就称发生市场失灵。在第一类市场失灵中，至少交易一方表现出某种形式的市场力量。市场力量意味着市场中交易一方能单方面影响市场价格。第二类市场失灵通常与信息经济学有关。信息经济学认识到不同交易者可能就同一交易持有不同的信息。

二、金融经济学理论：个体、经理人和市场

与微观经济学一样，金融经济学考察个体和经理人的行为，以及这些经济主体进行交易的市场的作用。然而，在金融经济学中，个人和经理人制定的决策涉及货币结果，金融市场中所得到的价格是金融资产的价格。

（一）个体的金融决策

作为资本市场参与者的个体制定的金融决策分为三类。

第一类是给定初始财富水平以及投资机会集，个体如何在不同的时期分配消费预算。金融经济学假设资产分配决策旨在最大化个体满意度。虽然与消费者选择理论类似，满意度也是通过个体效用函数来度量，但消费者是在现在消费获得满意度与投资未来所获得的满意度之间权衡。影响个体跨期选择行为的因素包括个体对当前和未来消费的偏好，以及利率的影响。利率的作用就是度量跨期消费转移消费的成本和收益。

如果选择当前消费多于其当前收入与储蓄，那么个体必须决定如何为该消费储蓄。因此，第二类金融决策称为家庭融资决策。个体可用的融资工具，如住房抵押贷款、信用卡贷款、汽车贷款和学生贷款，都是个体以自身为抵押发行的要求权。

第三类个体融资决策就是给定用于投资的数量，如何将其在资本市场中可行的投资机会之间进行配置。投资机会包含直接购买预期产生收入的实物资产，或者购买证券之类的金融要求权。解决这种配置决策，是金融经济学的一个分支，即组合选择理论。

（二）企业经理人的金融决策

企业管理层的一个合适的目标就是尽可能使企业所有者满意。经理人制定的金融决策有两类：一是如何为企业融资；二是如何以价值最大化方式来选择企业经营所需的生产性资产。

管理层第一类金融决策包含了如何决定企业的资本结构。企业资本结构是管理层为企业经营融资所决定采用的债务和权益组合。与这一融资决策有关的理论就是资本结构理论，主要问题就是管理层在追求目标的过程中能否找到最优资本结构。资本结构理论最早是在莫迪利安尼和米勒提出的 MM 定理（企业价值与其资本结构无关）的基础上发展起来的。

与资本结构理论相关的股利政策问题。企业股利是企业用来分给所有者的盈利或利润，未分配的留存在企业中，留存收益决策影响企业的资本结构。同莫迪利安尼和米勒的资本结构类似，在完美的市场假设下，股利政策不影响企业价值。但同样在现实中，无论是资本结构还是股利政策都会对企业价值产生影响。

管理层第二类金融决策与企业投资有关。管理层不断地将资金投资于资产，预期这些资产能够产生收入和现金流，企业可以利用这些收入和现金流再投资于更多的资产，或分配给所有者。资产包括实物资产（土地、厂房、设备等）和代表财产权利的资产（如应收账款、证券、版权等）。资本投资就是企业对这些资产的投资。管理层必须制定的资本投资决策有两类：资本预算决策和资本运营决策。

（三）资本市场、风险和资产定价

个体作为投资者所制定的金融决策决定资本市场资金的供求与投资者对资金或融资的需求。资金的供需情况源于企业管理层在投资和融资决策中所制定的金融决策。通过加总资金的供需得出市场的供需，个体的决策共同决定投资所要求的市场回报率。理论上，个体作为投资者和借款者所制定的决策、经理人制定的金融决策以及市场就资本配置发出的信号等带来了经济中有效的资本配置。

和微观经济学一样，个体和经理人的基准行为研究是在完美资本市场的理想化假设条件下展开的。当条件不满足时，需要其他替代理论解释个体和经理人的金融决策行为。

对完美资本市场理论的第一个拓展是在金融决策的制定中考虑风险。1952 年，哈里·马柯维茨（Harry Markowitz）描述了在存在风险的情况下，投资者应该如何决定其最优投资组合。1960 年，威廉·夏普（William Sharpe）在马柯维茨的组合选择框架基础上，描述了当投资者在风险资产和无风险资产之间进行选择时应该如何进行组合配置。夏普的模型说明了完美资本市场中应该如何确定资产价格,以及承担的风险中哪一类应该获得补偿,哪一类不应得到补偿。斯蒂芬·罗斯(Stephen Ross)构建了另一个基于套利定价理论的资本资产定价模型,预测了回报与风险因子之间的关系,以及这些风险因子如何影响组合回报与风险。

第二个拓展考虑市场失灵对个体尤其是经理人制定的金融决策的影响。如果市场失灵,导致不可能最大化企业价值,那么经理人在制定金融决策时应该采取何种标准?

第二节 金融经济学的概念

一方面,作为经济学的子学科,金融学从研究范式和理论源头都与经济学有着千丝万缕的联系;另一方面,作为经济学最为活跃的一支,金融学正逐渐形成独特的特点。从上一节可以看出,金融经济学作为金融学的理论基础,也是在经济学发展中不断伴随成长的,并逐渐成熟。但是,金融经济学的内涵和外延一直没有被清楚地界定。

泊依达斯(Geoffrey Poitras)在《金融经济学早期历史,1478—1776:从商业算术到年金和股票》中指出,"金融经济学是金融学和经济学的现代联姻"。

不同学者给出了金融经济学不同的定义,可以分为广义和狭义两类。

黄奇辅和利曾伯格(Robert H. Litzenberger)在《金融经济学基础》中认为,"广义的金融经济学提供公司财务和资本市场两方面的经济学理论基础,狭义的金融经济学则侧重于资本市场,重点在金融资产的估值与定价,实际上是讨论金融市场有别于一般的商品与服务市场的特殊均衡建立机制"。

汪昌云给出了广义的金融经济学的定义。他将金融经济学界定为"研究金融问题的微观经济学,它是从经济学角度研究资产价格的形成和决定,以及投资者和公司的融资决策问题。金融经济学研究涵盖两大主要领域:资产定价和公司财务决策。资产定价理论是旨在研究和决定具有不确定未来收益的索偿权,包括股票、债券、衍生工具等的价值或价格的经济学理论。公司财务决策研究和分析公司如何作出影响公司价值的财务决策,包括资金筹集和资本结构问题、股利政策和策略、并购政策和策略以及公司治理问题。"R. A. 贾罗、V. 马斯科西莫维和 W.T. 津巴编著的《金融经济学手册》所涵盖的内容包括了资本市场和公司金融两大部分。

狭义的金融经济学的核心是资产定价。布莱恩·克特尔在《金融经济学》中将金融经济学定义为经济学、金融学和投资管理学中涉及金融市场的那些方面。金融经济学主要涉及当投资者力图在不确定性的市场中建立投资组合时,确定资产价格的模型的建立。金融经济学家斯蒂芬·F. 勒罗伊和简·沃纳的《金融经济学原理》主要在两期模型的基础上揭示了金融经济学与均衡理论之间的联系。

宋逢明的金融经济学定义略有不同,他在《金融经济学导论》中指出:"金融经济学,又称金融理论,是金融学的微观经济学理论基础,实际上也就是高级微观经济学向不确定经济的延伸。它着重从金融市场均衡来讨论金融资产的估值与定价,以及金融资产的风险管理。因此金融经济学是金融学其他重要领域如金融工程、投资学、公司财务、金融机构管理学等必不可缺的理论基础。"

维基百科里对金融经济学的解释是:金融经济学是经济学的一个分支学科,专门研究包括股票市场等资本市场的运行和公司融资等。金融经济学与其他经济学的其他分支不同,主要研究和分析金融事务。金融经济学研究的问题可以概括为四个词——时间、不确定性、选择权和信息。金融经济学试图回答以下问题:金融资产的价格如何确定?公司如何选择融资方式?个人如何作出组合投资决策。

综上所述,我们可以发现,广义的金融经济学包括了资产定价理论、风险管理理论和公司金融理论,是以经济学原理研究金融资产定价以及交易主体和公司的金融决策与金融资产的风险管理的科学。狭义的金融经济学主要讨论金融市场均衡机制的建立,主要针对的是资产定价问题。

第三节 金融经济学的历史演进

一、古典金融经济学

金融经济学的确切起源无法考证。有的学者认为金融经济学至少有 500~600 年的历史。也有人认为,金融经济学起源于 1738 年伯努利(Daniel Bernoulli)发表的题为《关于风险衡量的新理论》的拉丁论文。还有人说,金融经济学作为独立学科起源于以现代研究方法对股票价格行为进行理论研究的法国数学博士路易斯·巴舍利耶(Louis Bachelier)1900 年完成的博士论文——《投机理论》(Theory of Speculation)。巴舍利耶以全新的方法对法国股票市场进行了研究,为现代资产定价理论奠定了基础。

◆ 专栏 1-1
现代金融经济学鼻祖——路易斯·巴舍利耶 (Louis Bachelier)

路易斯·巴舍利耶(1900)在博士论文中写到,概率论可以用来描述证券价格的波动。他极有可能是有记载以来,进行此类尝试的第一人。巴舍利耶首次对一个时间连续、状态连续的过程(算术布朗运动)进行了数学描述,其目的竟是对"期权"进行定价。虽然他只部分实现了他的目标,但他的论文——递交给巴黎科学院的论文——却比爱因斯坦对布朗运动的分析领先了 6 年,比布莱克—斯科尔斯公式(基于几何布朗运动)领先了 73 年之久。

他极有远见地提出现在大家熟知的随机游走与正态分布的假设。他证明了随机性并指出,以当前的价格来看,相信价格上涨的买家人数与相信价格下跌的卖家人数肯定是一样的。既然我们没有理由判断哪组人更明智,因此价格接下来向上变化或向下变化的概率是一样的。于是,他总结到,证券买卖者的期望利润应该是零,证券市场是个"公平游戏"。

价格随机游走让巴舍利耶发现我们现在公认的一个结果,那就是波动幅度与时间区间的平方根成正比，而且他还推出了一个描述资产价格扩散的差分方程。他观察到，如果价格变化是序列独立的而且在较短时间区间内方差是有限的同分布随机变量，那么根据拉普拉斯（1814）的中心极限定理，较长时间区间内的价格变动就近似为正态分布。巴舍利耶还推出了第一个公开发表的期权定价公式，而且对此进行了经验验证，结果发现市场价格与他计算的理论价格非常相似。他在论文结尾这样写道：

"可能最后的备注并不是没有意义的。如果说，在本文讨论的几个问题方面，我比较了实际观察结果与理论预期结果，这并不能说明结果证明了根据数学公式建立起来的公式，而只能说明市场不自觉地遵循着一定的定律，这就是概率定律。"

这位金融经济学领域的文森特·梵·高，最终博士论文只得了平均分。有意思的是，我们现在将其视为金融经济学领域最杰出的论文。1906 年，巴舍利耶出版了《连续概率理论》。在书中，他定义了几种随机过程类型，包括随后重新发现的马尔科夫与奥恩斯坦—乌伦贝克过程。他从漂移与扩散系数角度描述随机过程。尽管巴舍利耶成绩卓著，可是直到书出版几年后他才找到一份教职。而且从那时开始一直到他 1937 年退休，也就是他 1946 年去世之前 9 年，他都屈身在一个毫不起眼的岗位。在很不幸地被人遗忘 50 多年后，巴舍利耶的论文重新被萨缪尔森发现。萨缪尔森在 2000 年 2 月 8 日美国 PBS 电视节目"新星 2074：30 亿赌注"中说道：

"在 20 世纪 50 年代早期，一个偶然的机会我从巴黎大学图书馆找到了这本不知名的、已经破烂不堪的书。当我翻开它时，感觉就像一个全新的世界在我面前展开。事实上，我边读就边想一定要将该书翻译成英文，让大家都来欣赏这熠熠生辉的学术珍珠。"

⬆ 资料来源：马克·鲁宾斯坦. 投资思想史 [M]. 北京：机械工业出版社，2009.

泊依达斯（Geoffrey Poitras）的《金融经济学早期历史，1478—1776：从商业算术到年金和股票》是难得的几部研究金融经济学早期发展轨迹的著作之一。泊依达斯认定金融经济学起源于 1478 年。当年在意大利东北部的特里维索（Treviso）出版的《特里维索商业算术》是最早出现的商科教科书。尽管没有系统的理论，但该书较系统地讲解了包括复式记账、复利等在内的商业算术。在这期间与现代金融概念甚为密切的著作是 1671 年底威特（Johan de Witt）出版的《养老金的价值》。养老金是持有者在其去世之前每年可收到固定金额现金的合约。从 17 世纪开始，养老金或年金一直是政府筹资的金融工具。底威特首次利用估算的死亡率和复利方法计算年金现值来为其定价。

1725 年底墨维（Abraham de Moivre）的《养老金通论》（*Treatise of Annuities on Lives*）进一步深化了养老金定价问题，得出了养老金价值的解析公式。底墨维在该书中还给出了简便易算的唐提（Tontine）养老金定价方法。底墨维还为二项分布的正态近似提出了证明。在出现计算机甚至计算器之前，计算年金现值和复利问题必须依赖于代数、复利表等来近似。哈利（Edmund Halley）在 1761 年发表的题为《论复利》的论文中首次推导出了当今财务学教科书中广泛使用的普通年金现值公式。

支持泊依达斯的金融经济学起源于 1478 年观点的经济学者似乎不多见。这主要是因为这一时期的金融经济学研究仅局限于个别的关联度不高的金融或商业概念，没有系统的理论。1738 年，当时著名的数学家和物理学家、有"流体力学之父"美称的丹尼尔·伯努利（Daniel Bernoulli）在圣彼得堡科学院发表的题为《关于风险衡量的新理论》的拉丁论文首次提出了期望效用和风险衡量的思路及方法。该文阐述的中心议题是确定资产价值不是基于其价格，而是根据其提供的效用的大小。该文还提出了边际效用递减概念，并以此解释了一个悖论即现称的"圣彼得堡悖论"（St. Petersberg paradox）。

金融学家们在金融经济学起源上比较达成共识的是1900年法国数学博士路易斯·巴舍利耶（Louis Bachelier）题为《投机理论》（*Theory of Speculation*）的博士论文。该文为以数学方法研究股票价格行为奠定了基础。巴舍利耶的主要创新思路是视股票价格变化为随机过程，买者和卖者在交易股票时对股票价格变化的数学期望都为零（即价格变化服从鞅过程），并且未来股票价格变化的标准差与时间长度的平方根成正比。他试图运用这些新的理念和方法来研究股票价格变化的规律性。在书的开头，他指出："很多因素决定股票价格变动，所以，想预测它很困难……但可以用数学方法研究在任何一个时点上市场的静态状态。如果不能准确无误地预测到价格的变动，但我们可以估计这些变动的可能性。这种可能性可以用数学方法来衡量。"巴舍利耶还考虑了其理论的实际应用，预测某一股价在一定时期内超出或跌至某一水平的概率。

20世纪初期对金融经济学有重要贡献的经济学家是欧文·费雪（Irving Fisher）。他在1930年出版的《利息理论》中系统化地阐述了19世纪末期以来有关现值、利率和投资的理论。费雪不仅对金融投资领域有突破性的研究成果，对利率、货币流通、对外贸易等都有著名的论断。费雪首次推导出存在跨期交换和生产条件下的均衡经济模型，证明生产的目的就是现值最大化，并推导出计算现值的利率的决定因素。费雪发明了经济学中最基本的工具之一——无差异曲线，提出了定量的货币理论，他被誉为中央银行货币规则的创始人。费雪也是第一个阐述实物期权在提高生产机会灵活性方面作用的经济学家，并且尝试性地解释了利率变化的动态属性。

在金融经济学发展史上理应占有一席之地但似乎被人们淡忘的另外一位经济学家是威廉姆斯（John Burr Williams）。他是第一个证明股票价格是由其真实价值即未来股利现值来决定的经济学家，其股利折现模型依然是现在的公司财务教科书中最基本的股票定价理论之一。威廉姆斯在1938年出版的《投资价值理论》（*The Theory of Investment Value*）是早期的经典经济学著作之一，该书对投资学和金融学的发展有重要的启发性作用。马柯维茨在其诺贝尔经济学奖自传中就这样高度评价了威廉姆斯的《投资价值理论》："我脑海里初始出现证券组合理论概念和框架是在一天下午，当时我正在图书馆里阅读《投资价值理论》。"

虽然不是现值概念的创始人，但是威廉姆斯首次圆满地运用了现值方法对股票进行定价。他指出，在确定性情况下，股票的价值等于它提供的所有未来股利的现值之和。威廉姆斯立场鲜明地纠正了当时流行的错误观点，即认为股票价格是公司盈余的现值之和。在《投资价值理论》一书中他还特地引用了当时的一段名言来表明他的股票价格应由股利决定的思想："买牛为了挤奶，养鸡为了下蛋，买股票为了什么呢？——股息。"

威廉姆斯推导出固定股利增长率下股票价值的简易公式 $P_0 = D_1 / (r - g)$，其中 g 表示固定的股利年增长率，并指出上述公式成立的条件是 $g < r$。后来戈登（Myron Gordon）对这一公式进行重新表述，后人包括目前的金融学教科书中将该公式错误地命名为"戈

登增长公式"（Gordon growth formula），不过，戈登对威廉姆斯的固定股利增长率下股票价值的简易公式进行了改写，使得其具有更丰富的经济含义。

还有很多有分量的早期经济学家，他们除了分析和研究信贷市场外，也对股票、风险甚至期货等金融概念有过关注，不过大都对金融市场的深入研究缺乏兴趣。这与当时的证券市场投机气氛有关。经济学家们不认为股票市场是正规的市场，股票市场被视为赌场的同义词。股票价格只不过是投资者的资本利得预期和反向资本利得预期作用的结果。凯恩斯（Keynes）在其1936年发表的巨著《就业、利息和货币通论》中就将股票市场比做19世纪30年代在英国流行的选美比赛（beauty contest），其含义就是股票没有真实价值可言，因此，经济学家不屑为股票定价问题伤神。从这一意义上讲，威廉姆斯是挑战当时经济学家对金融市场是"赌场"观点的先锋。

因此，将1952年以前的金融经济学的发展归结为古典金融经济学，是现代金融经济学的起步阶段。

二、现代金融经济学

1952年，哈里·马柯维茨（Harry Markowitz）在金融学杂志上发表了题为《投资组合的选择》一文，该文标志着现代组合理论的开端，也标志着现代金融经济的开始。马柯维茨的证券组合理论彻底改变了传统金融学仅用描述性语言来表达金融学思想的方法，被称作金融学的第一次革命。

马柯维茨在《投资组合的选择》一文及1959年出版的《投资组合的选择——有效的投资多元化》一书中以全新的研究方法阐述了证券收益和风险水平确定的主要原理和方法，建立了均值—方差证券组合模型的基本框架。投资者愿意增加收益，也愿意减少损失并非当时的新发现。这早在18世纪伯努利时代就已经是共识。但是，如果同时考虑收益和风险这两个标准时，投资者如何作出投资决策？马柯维茨意识到，现实中不太可能同时实现收益最大化和风险最小化。他指出："最高预期收益的证券组合不一定方差（风险）最小。但存在一种组合在承受一定风险时投资者预期收益增加，或者通过放弃部分收益而使风险降低。"

马柯维茨对证券组合理论的主要贡献在于他正确区分了单个证券的收益变动性水平与其对证券组合风险的影响大小。他意识到："要使方差变小，仅靠分散投资是不够的，避免投资于与自身组合收益高度相关的证券十分必要。"马柯维茨以数学方法证明，如果有足够的数据和计算能力，我们总是可以找出一系列证券组合，这些组合在风险一定时预期收益最高；同时，也能在预期收益一定时确定风险最低的证券组合。这些组合形成所谓的"有效前沿"（efficient frontier）。他进一步证明，只要投资者的目标只是在收益和风险之间进行权衡，最经济有效的做法就是在有效前沿上进行组合选择。

由于马柯维茨对现代证券组合理论的开拓性工作，他荣获了1990年度瑞典皇家科学院颁发的诺贝尔经济学奖。1990年诺贝尔经济学奖新闻公报摘要对马柯维茨有这样的评价："哈里·马柯维茨是50年代在金融经济学园地里作出第一项先驱性贡献者，他发展了一个家庭和企业在不确定下配置金融资产的理论，即所谓证券组合选择理论。这个理论分析财富如何能最优地投资于期望收益和风险不同的资产，并且如何借以减少风险。"

关于最优投资组合分配的观点早已在凯恩斯（Keynes）、希克斯（Hicks）、卡尔多（Kaldor）等人的货币理论中被提及和考虑到。另外值得一提的是，在马柯维茨发表《投资组合的选择》一文三个月后，亚瑟·罗伊（Authur Roy）在独立工作的基础上在《计量经济学杂志》上发表了题为《安全第一与资产持有》一文。该文同样解决了马柯维茨的投资组合选择问题，并且罗伊的证券组合构造方法为金融业界广泛接受。但由于与马柯维茨的论文发表时间差三个月，罗伊与"证券组合理论之父"的头衔无缘。

托宾（James Tobin）（1958）将货币因素加入马柯维茨的理论中，得到了著名的"两基金分离定理"，将证券组合理论向前推进了一大步。托宾有效地论证了经济个体将通过投资一种无风险资产（货币）和唯一的风险资产组合（这一组合对所有人都相同）来分散其资产风险。托宾认为，对风险的不同态度，仅导致无风险资产和风险资产的组合不同而已。但马柯维茨—托宾理论并不是非常实用，特别是估计风险分散化利益时要求计算每一对资产收益间的协方差。当组合中证券数量较大时，这种计算超出了当时的计算能力。例如，当资产数达到 2 000 时，就需要有超过 200 万项的风险和收益估计值。就算是市场资产数量仅限于几十种，计算量也是 20 世纪 50 年代的超级计算机力所不及的。1963 年，马柯维茨的学生威廉·夏普（William F. Sharpe）通过引入市场组合的概念建立了一个简化的证券分析模型，成功地解决了上述的这些困难。

20 世纪 50 年代被视为现代金融经济学发端还因为莫迪利安尼（Franco Modigliani）和米勒（Merton H. Miller）在多年合作研究基础上于 1958 年发表题为《资本成本、公司理财与投资理论》的论文。1963 年和 1966 年米勒和莫迪利安尼又发表了两篇重要文章，这些文章的内容构成著名的"MM 定理"。莫迪利安尼和米勒以崭新的研究方法和套利原理证明出的"MM 定理"奠定了现代公司财务理论的基础，也彻底地改变了公司投资决策与融资决策的分析模式。公司资本结构与公司价值无关联定理的推导首次系统性使用了套利定价的基本逻辑，因此这一定理可以看成是最初由欧文·费雪（1930）创立的"分离定理"的一个推广。事实上，费雪认为在完全和有效的资本市场上，私人企业主的生产决策和企业主自己多期的消费决定应当是相互独立的。他的意思是指，企业的利润最大化生产计划将不会受到企业主的借贷决定的影响，即生产决策和融资决策是相互独立的。莫迪利安尼和米勒在套利假设下扩展了费雪的思想。他们将企业看作是资产，对具有不同融资政策的企业来说，如果它们基本的生产决策是相同的话，那么这些企业的市场价值就应当是相同的，否则的话就会存在套利机会。因此，不管公司的资本结构如何，套利机会的存在保证了公司的价值一定相同。一个企业的金融资产结构的每一个变化对股东的证券组合的影响可以用股东自己的证券组合变化来"抵消"。当投资者自己能以相等条件在市场上借钱时，他们就不会为一个增加其借款的企业的一笔"间接"贷款"额外支付"。

马柯维茨的资产组合理论成功地证明了证券组合可以分散风险，也就是说，一个证券的部分风险与价格没有关系。但是，证券组合理论没有解决究竟哪一部分风险与资产价格有关系，有什么样的关系。从马柯维茨 1952 年推出《投资组合的选择》特别是自

20世纪50年代末期以来,经济学家们开始探索资产价格的决定。最早从事资产定价理论研究并富有成果的是杰克·特瑞纳(Jack Treynor)。他在1961年完成的一篇从未正式发表的题为《关于风险资产市场价值的理论》的论文中系统讨论了风险是如何影响资产价值的问题,指出可以分散的风险对资金成本的影响可以忽略不计,并提出"股票的风险溢价与该股票和市场上所有投资的协方差成正比"。马柯维茨的学生威廉·F.夏普(William F. Sharpe)也是研究资产定价的先锋之一。在特瑞纳完成《关于风险资产市场价值的理论》后不久,夏普于1964年在《金融学杂志》上发表了一篇具有划时代意义的论文——《资本资产价格:一个风险条件下的市场均衡理论》。这就是当今金融学术界和业界人士耳熟能详的资本资产定价模型,简称CAPM。

CAPM的核心内容是在一定的假设条件下,单个资产或证券组合的预期收益只与其总风险中的系统性风险部分有关。该系统性风险记作β,它与单个资产或证券组合的收益与市场组合收益之间的协方差密切相关。CAPM开启了现代资产定价研究的先河,其对现代金融经济学创立和发展的影响是不言而喻的。夏普因为其在资产定价和投资学领域的创造性工作与马柯维茨和米勒分享了1990年诺贝尔经济学奖。该诺贝尔经济学奖新闻简报对夏普的资产定价理论作出如下评价:"CAPM被认为是金融市场现代价格理论的脊梁骨。它也被广泛用于经验分析,使丰富的金融统计数据可以得到系统而有效的利用。而且此模型被广泛用于实证研究,并因而变为不同领域中决策的一个重要基础……日常应用CAPM及其β系数的领域的重要例子包括计算与投资和兼并决策有关的资金成本(为了得出一个贴现因子);估计资金成本作为受管制公用事业定价的一个基础……连同马柯维茨的证券组合理论,夏普的CAPM也成为全世界金融经济学教科书的架构。"紧随夏普(Sharpe, 1964),林特纳(Lintner, 1965)和莫辛(Mossin, 1966)对资本资产定价理论进行了补充。所以当今金融教科书中的资本资产定价模型通称夏普—林特纳—莫辛(Sharpe–Lintner–Mossin)理论。

夏普—林特纳—莫辛理论提出之后,在金融学术界掀起了资产定价理论研究的热潮,并相继出现很多成果。这些成果主要体现在建立放松CAPM的假设条件下的资产定价模型,从而推广了该模型的实际应用。例如,布莱克(Black, 1972)证明了如果不存在无风险借贷,资产定价依然成立但需要做一定的修改。布莱克的资产定价模型简称零贝塔模型(zero–beta CAPM)。迈耶斯(Mayers, 1972)指出,即使市场组合中包含非不可交易资产,CAPM的结构也不会发生实质性变化。

尽管CAPM得到了布莱克、詹森和斯科尔斯(Black, Jensen and Scholes, 1972)以及法玛和麦克米斯(Fama and MacMeth. 1973)等实证研究的广泛支持,但CAPM后来受到了罗尔(Richard Roll, 1977)的批判。罗尔的主要论点是,CAPM理论模型下的市场组合不只限于股票指数,还应包括一个经济体中债券、房地产、人力资本等全部有形无形财富。这使得对CAPM的准确实证检测几乎成为不可能。也就是说,即使实证证据不支持CAPM,我们也无法断定是CAPM的问题,还是由于实证检测过程中所使用的市场组合本身不是效率组合的问题。

就在"罗尔的批判"提出的同时,罗斯(Stephen A. Ross, 1976)提出了有望克服

CAPM 不可检测问题的"套利定价理论"(APT)。罗斯的资产定价方法与 CAPM 的市场均衡方法截然不同。CAPM 是以消费为基础的资产定价理论,采用市场均衡定价法,而 APT 采用的是相对定价法。正如罗斯所指出的,APT 运用"更多的是套利关系而非均衡关系"。套利定价理论用套利概念定义均衡,不需要市场组合的存在性,所需的假设比资本资产定价模型更少、更合理。APT 实际上是一个多因素定价模型,这些因素代表经济体的基本面风险。

如果一个多因素模型成立,那么"一价定律"(the law of one price)确保一个资产的预期收益是其他资产预期收益的一个线性函数。否则,无套利者就可以构造一个短期零成本投资策略而获取正的利润(即存在套利机会)。然而,罗斯的 APT 并没有定义具体的因素是哪些,有关因素的种类、数量及其含义问题的争议在该模型提出后一直就没有停止过。

20 世纪 70 年代金融经济学发展取得长足进展,其中影响最大的莫过于布莱克—斯科尔斯(Black - Scholes)在 1973 年发表的期权定价公式。在法国天才数学家巴舍利耶(Bachelier)讨论过期权定价以后的半个多世纪里,期权定价理论进展甚微,直到 20 世纪 60 年代才有了一些新的进展。1965 年,著名经济学家萨缪尔森(Paul A Samuelson)在无意中发现了巴舍利耶博士的论文后开始对期权定价产生兴趣。萨缪尔森(Samuelson, 1965)和默顿(Merton, 1969)分别在各自的假设条件下推出了不同的期权定价公式,但并未取得重大突破。这些模型几乎都不具备使用价值,因为它们或多或少包括一些主观的参数,如投资者的风险偏好、市场均衡价格等。

专栏 1-2
费雪·布莱克 (Fisher Black)

费雪·布莱克 1938 年生于华盛顿州。少年时候,布莱克就喜欢玩类似将火药放入石头的那些看上去危险的游戏。后来布莱克开始好好看书,什么书都看,然而他有个习惯,就是书上介绍的很多东西,他都会去实践。在经过了躁动的少年之后,布莱克选择了哈佛大学。当时布莱克只向哈佛大学提出了申请,因为他听说哈佛大学有个最有名的合唱团,他对此非常感兴趣。在大学里,虽然他的专业是物理学,但是他对数学、社会学、心理学都有很高的兴趣。1959 年布莱克哈佛大学毕业,然后进入博士课程深造,1964 年,获得应用数学博士学位。毕业后,他的研究涉及运筹学、伦理学、计算机设计、人工智能的开发等各种学科。在这当中,为了使自己的成果有突破性的发展,他将很大的精力投入计算信息处理,所以他最初的工作单位是计算机软件开发公司。之后,他辞去工作,进入一个咨询公司工作,当时他只有 28 岁。在这个咨询公司里,他的主要工作是收集数据,做统计分析。

在此阶段,他还没有进入对金融的研究中。使他的人生发生转折的是他在咨询公司遇到一个叫 Jack Treynor 的同事，这人有一篇论文谈到了资本资产定价理论，只是由于他认为此文存在缺陷而没有发表。如果发表的话，他就是第一个提出 CAPM 的人。Jack 向布莱克介绍了马柯维茨、夏普的理论。出乎 Jack 的意料，布莱克对这些理论非常感兴趣。Jack 后来回忆到，布莱克打动他的不仅是他在计算机应用方面的能力，而且在于他关注问题的本质而不仅是答案本身上。正是因为布莱克的这种态度，他很快了解了当时金融方面的前沿课题，他们两个经常利用周末时间到各自的办公室讨论金融理论。

接下来，布莱克不满足论文的研究，开始去参加金融方面的学术会议。正是参加这些学术会议，布莱克见到了后来一起创立布莱克—斯科尔斯模型的迈伦·斯科尔斯。当时在布莱克与斯科尔斯的谈话中，他的很多想法都对斯科尔斯有很大的启发，而且两人性格比较契合，一个热情，一个比较冷静内向，因而两人很快走到一起。布莱克不断向斯科尔斯论文中的假设提出疑问，很多时候常常搞得斯科尔斯很难堪。此后，他们开始共同发表了很多论文。布莱克有个很好的习惯，他随时带着纸和笔，记录自己的想法。有时候，他甚至在作讲座的时候停下来记录自己的想法，这使得听讲座的人都很纳闷。

有一天，斯科尔斯问布莱克，存不存在一个无风险的资产组合，如果存在，怎样对其定价。然而，令人惊讶的是，布莱克也一直在思考这个问题，而且，布莱克已经用泰勒公式将股价的变化和他的期权的关系比表示出来，于是他们开始共同讨论期权的定价。1973 年，他们共同发表了《期权定价和公司债务》一文，提出了著名的期权定价方法。在得出期权定价过程中，布莱克早年对于物理学的学习发挥了作用，他用热传导的方程式解出了期权定价公式。

期权定价模型发出后，布莱克的名声大振，1985 年被高盛公司聘请过去。布莱克并没有因为公司业务而停止学术研究，不断有新的成果出现。而此时，斯科尔斯也加入了所罗门兄弟公司，同时在斯坦福大学教学。由于他们的杰出贡献，理论界都认为他们获得诺贝尔经济学奖是迟早的事。不过当时，布莱克的身体情况已经不是很好，得了癌症。1995 年 8 月 30 日，57 岁的布莱克带着没有获得诺贝尔奖的遗憾离开了人世。

两年后，默顿和斯科尔斯由于对期权定价模型的贡献而获得诺贝尔经济学奖。如果布莱克在世的话，肯定也能获得诺贝尔奖。

🔼 资料来源：孙立坚．金融经济学 [M]．北京：高等教育出版社，2004．

1973 年，布莱克和斯科尔斯在《政治经济学》杂志上发表题为《期权和公司债务定价》（The Pricing of Options and Corporate Liabilities）的论文，首次给出了具有解析解的欧式股票期权定价公式，这就是著名的布莱克—斯科尔斯（Black–Scholes）期权定价公式。同年，默顿（Robert Merton）发表了《理性期权定价理论》（Theory of Rational Option Pricing），提出了与布莱克—斯科尔斯类似的期权定价模型并做了一些重要的扩展。默顿做的扩展主要有三个方面：首先是提出了支付已知红利的股票期权定价公式；其次是推导出了随机利率期权定价模型；再次就是给出了股票价格服从跳跃扩散过程的期权定价模型。正是由于默顿在期权定价理论方面所作出的贡献，布莱克—斯科尔斯公式又称布莱克—斯科尔斯—默顿（Black–Scholes–Merton）期权定价模型。

为表彰斯科尔斯和默顿在期权定价领域的突出贡献，1997 年授予他们诺贝尔经济学奖。布莱克不幸于 1995 年英年早逝，与诺贝尔奖无缘。诺贝尔奖委员会在 1997 年的新闻简报中高度评价了斯科尔斯、默顿和布莱克的贡献。现在，全世界成千上万的投资者都在运用这一公式给股票期权定价。布莱克、斯科尔斯和默顿为衍生品市场的发展奠定了基础。他们的方法具有更广泛的应用价值,因为类似的方法还可以用来对保险合约、担保合约定价,或者对实际投资项目进行评估。布莱克—斯科尔斯—默顿期权定价模型的基本原理是无套利原则。

布莱克—斯科尔斯—默顿期权定价模型与以往的期权定价方法相比最大的差别是其期权价格与投资者的风险偏好无关,这对于风险中性投资者同样成立。根据这一思路,考克斯和罗斯(Cox and Ross,1976)首次推导出风险中性定价这样一个重要结论,期权价格等于以无风险收益率为折现率计算的期权收益的现值。紧随布莱克—斯科尔斯—默顿模型,期权定价得到延伸和发展。其中,有重要影响的是考克斯、罗斯和鲁宾斯坦(Cox. Ross and Robinstein,1979)的二项式定价理论,考克斯、罗斯和鲁宾斯坦理论的原理与布莱克—斯科尔斯—默顿的一样,在考虑到很短的时间段时,两者得出一致的期权价格。但考克斯、罗斯和鲁宾斯坦的定价方法可以用于更广泛的衍生工具的定价。

20世纪六七十年代是资产定价理论发展的黄金时期。这个时期最具标志性的研究成果包括夏普的资本资产定价模型(CAPM)以及布莱克和斯科尔斯的期权定价理论。正如达菲(Duffie,1992)所言,"从1969年到1979年的10年期是动态资产定价理论的黄金时期……"。

除资产定价理论有长足进展以外,还有詹森和麦克林(Michael Jensen and William Meckling)于1976年发表于《金融经济学》的论文《公司理论:经理行为、代理成本与股权结构》。该文从公司经理的激励问题出发来研究公司债权和股权的分配问题,开创了现代公司治理理论研究的新篇章,公司金融中对激励的研究也从此起飞。詹森和麦克林(1976)对经理人和股东之间委托代理问题产生的动机第一次进行了理论上的描述。从此以后,有关公司治理代理关系和治理机制的理论研究及英美两国公司中的实证研究蓬勃发展。这些研究后来进一步拓展到其他国家,包括新兴市场经济国家。

金融经济学在发展历程中占有重要地位,也是当今世界上大多数金融经济学家致力研究的领域——有效市场理论。有效市场的基本概念在巴舍利耶时期就有过论证。他从数学角度研究了布朗运动以及股价变化的随机性,并且他也认识到市场在信息方面的有效性,不过其工作成果在半个多世纪后才被发现。在他之后的几十年内,除了1930—1940年间的沃金(Working)、考尔斯(Cowles)和琼斯(Jones)的研究外,没有什么针对股价行为的检验出现。随着电脑的使用,肯德尔(Kendall,1953)、罗伯茨(Roberts,1959)开始对股价分布特征进行分析,得出股价服从平赌过程。萨缪尔森(Samuelson,1965)和曼德尔布罗特(Mandelbrot,1966)通过数学证明澄清了平赌和随机游走的关系,从理论上论述了有效市场和公平赌博模型之间的对应关系,还为有效市场假说做了理论上的铺垫。

尤金·法玛(Eugene Fama)于1965年在其博士学位论文中正式提出有效市场假说(Efficient Market Hypothesis,EMH)这一理论,从此激发了金融学家们对EMH进行了广泛的实证检验的兴趣。这些研究的基本结论是:CAPM中的系统性风险是风险的最佳测度；高风险收益的资产收益也相应较高；收益具有不可预测性；资产收益的二阶矩即收益波动性同样具有不可预测性；基金经理等职业经理人的证券组合收益表现较市场平均水平或指数基金差；少数基金经理在个别时期表现出色，但从总体和长远看，他们超出市场平均表现情况的出现与掷投硬币所得出的结果并无两样。这就是说，资本市场是信息上的有效市场（informationally efficient markets）。

1973年，马尔基尔（Malkiel）的《漫步华尔街》（*A Random Walk Down all Street*）一书对EMH做了形象化的陈述：蒙着眼睛朝《华尔街日报》投飞镖所选出的证券组合和专家选出的一样好。EMH假说对华尔街那些专业投资人士可以说是当头一棒。如果市场是半强式有效的，"技术分析家"或者基本面分析家试图寻找超额利润投资机会的努力都是徒劳无益的。

不过从20世纪70年代末开始，越来越多的金融学研究发现很多市场异常现象是存在的，并试图用行为金融学理论来解释之，而另一些支持EMH的金融学家则不断指出他们在论证方面的问题。

三、新金融经济学

（一）金融市场异象

随着大型金融数据库的建立和计算技术的发展，从20世纪80年代初期开始，金融经济学家通过大样本的实证研究，发现了很多系统性地偏离传统CAPM的现象，包括规模效应、股息率效应、市盈率效应、净值市价比现象、股权溢价之谜、收益季节性、长期收益回归、中期收益动能等。这些现象统称为金融市场异象（market anomalies）。

班茨（Banz）在其1981年发表的一篇题为《关于收益与普通股市值之间关系》的论文中首先发现在美国的股票市场上，无论是总收益率还是风险调整收益率都与公司规模大小成负相关。这一与CAPM预测不相符的现象即规模效应。在班茨之后，经济学家们对各主要发达国家的市场进行了广泛检验，其中包括比利时、加拿大、日本、西班牙、法国等。除了加拿大和法国外，其他国家均存在规模效应。

法玛和弗伦奇（Fama and French，1988）及坎贝尔和希勒（Campbel and Shiller，1988）的研究发现，股息率（D/P）具有预测未来股票价格走势的功能。

净值市价比现象早在格雷厄姆和多德（Graham and Dodd，1934）的《证券分析》中就有记载。净值市价比现象是指高净值市价比（低市净率）股票的未来收益表现比低净值市价比的好。法玛和弗伦奇（Fama and French，1997）证明净值市价比现象不仅在美国出现，而且在很多非美国市场同样成立。

与CAPM和有效市场假说明显不相符的金融市场异象还包括"收益季节性"，即证券价格像农产品一样随气候、季节等变化而变化。"收益季节性"表现在："周一效应"或"周末效应"，即周五收盘到周一收盘的平均股票收益为负；"月末效应"，即月末股票收益较其他日的平均收益高；"一月效应"，即每年1月份的平均收益较其他月份高。

金融市场异象还有很多，这里不一一列举。金融市场异象的出现，引发了金融经济学家思考如何解释。随着行为金融理论、金融市场微观结构理论的不断发展，新金融经济学逐渐受到关注。

（二）行为金融学

在对学科进行审视和反思的过程中，运用心理学、社会学、行为学来研究活动当中人们决策行为的行为金融学便成为了学界的关注点。行为金融学作为社会科学当中行为学的重要分支早已渗入金融学当中。行为金融学真正迎来其发展还是在20世纪80年代。自普林斯顿大学的卡尼曼（Daniel Kahneman）教授和斯坦福大学的特维尔斯基（Amos Tversky）创立前景理论（prospect theory）之后，行为金融学终于成为了金融学寻找学科发展的突破口之一。

传统金融理论建立在三个关键性假设基础之上：理性人、有效市场和随机游走。理性人假设是后两者的基础，而有效市场假说又是随机游走的基础。大量研究发现，人们的决策在很多时候不是建立在理性预期、风险回避、效用最大化等的基础上。传统金融理论也不能解释人们的决策行为和资产价格的变化，如经验决策、过早卖出盈利股票而长期持有亏损股票、股票收益可预测性特别是股票市场中广泛存在的"收益动能"和"收益回归"倾向、羊群效应等。

行为金融理论将心理学纳入金融学研究框架，重点研究人类行为对金融决策和资产价格的影响。目前尚无公认的行为金融学定义。林特纳（Lintner，1998）认为，行为金融学是研究人如何解释信息和如何根据信息作出决策的学问。塞勒（Thaler，1993）认为，行为金融学是"思路开放式金融研究"，只要关注真实的世界，考虑经济系统中的人有可能不是完全理性的，就可以认为是行为金融了。Hsee（2000）指出，行为金融学是将行为科学、心理学和认知科学成果与金融学相结合而成的一门学科，其主要研究方法是根据心理学实验提出的投资者决策时的心理特征假设，来研究投资者的决策行为。

（三）金融市场微观结构理论

金融市场微观结构理论是对金融市场上金融资产的交易机制及其价格形成过程和原因进行分析。一般认为该理论产生于20世纪60年代末，德姆塞茨1968年发表的论文《交易成本》奠定了其基础。但真正引起人们的重视源于1987年10月纽约股市暴跌。这次事件使人们去思考股市的内在结构是否具有稳定性、股市运作的内在机理是如何的等有关股市微观结构问题。

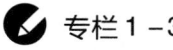
专栏1-3

黑色星期一，为什么？

事实

1987年10月19日，似乎是一个普通的星期一。在纽约证券交易所开市之前，没有任何人知道那天将是金融历史上最不平常的一天。10月20日《华尔街日报》头条质问19日股市表现"是否是1929年的再现？"的确，1987年10月19日这次"黑色星期一"发生的事情令人不能不回想起那个引发大萧条的1929年10月29日美国股市大崩盘，但是1987年"黑色星期一"的跌幅是它前辈的两倍，是历史上最大单日跌幅。一时间，似乎一切都被毁灭了，历时五年的牛市所积累下来的财富瞬间化为泡影，道琼斯工业股票平均价格指数从 2 246 点一直跌到 1 738 点，在短短数小时中市值蒸发超过了 1 万亿美元。

甚至叱咤风云的索罗斯在 19 日单日也损失了近 60% 的资产。这次股灾是前无古人后无来者的，它具有以下的特点：

（1）美国股市历史最大跌幅，而且在全世界范围内引发了股市大跌；

（2）正如我们看到的，在毫无征兆的条件下，股市在一天完成了下跌，十分迅速；

（3）令人不解的是，对如此重要的股灾，人们却缺少有力的一致解释。

原因

美国官方的布拉迪委员会（Brady Committee）的解释是："无法想象的高贸易赤字将舆论推向了新的高度，国会议员提议的税收立法导致了大量试图收购的企业的股票暴跌，最初的下跌促使采取组合保险策略的大量机构和对赎回作出反应的少量共同基金机械地、不顾价格地抛售。由于预料到市场将会进一步下跌，上述投资者的抛售以及进一步抛售的可能性使大量从事证券交易的机构也开始抛售。除对冲基金外，其中还包括少量的养老基金、投资管理公司和投资银行。这些抛售又导致了股票保险人和共同基金的进一步抛售。"但是基本面的原因都不能够证明如此大的跌幅是市场的正常作为，这次股灾对市场的有效性提出了尖锐挑战。正如布拉迪委员会总结的，"股票和衍生市场的共同失灵是 1987 年股灾背后的主要原因"。

那么为什么市场会发生失灵呢？我们目前知道的一个原因是当天市场极度缺乏流动性。当天，人们很难在市场卖出股票，市场上买盘稀少，经纪人拒绝接听电话，市场直到 10 点才开盘交易（因为很难得出一个大家都接受的开盘价格），许多做市商离开自己的交易岗位，停止为市场提供流动性。当市场缺乏流动性时，大的卖单会导致股票价格剧烈下跌，而这又诱发了大量的新卖单，进一步吸干了市场的流动性。我们在"黑色星期一"观察到了这种恶性循环。

当然，我们要问到底是什么导致了流动性的急剧下降，导致市场近乎失灵呢？可能的解释是：（1）机械化的组合保险策略导致的抛售循环，这个是最直接的解释，由计算机程序控制的买卖导致的；（2）市场情绪，由于 1987 年股灾前市场走势与 1929 年崩盘极其相似，大家害怕会出现一个类似的大跌，于是纷纷出售股票，导致真正的大跌出现；（3）股市泡沫的破灭，1987 年前市场经历了近 5 年的牛市，许多人都担心股票价格已经过高了；（4）1987 年美国乃至世界经济基本面的恶化，包括之前布拉迪委员会提到的美国赤字，以及国债收益率曲线的变化。

也许 1987 年股灾是所有这些因素和某些不能被了解的偶然事件的共同结果。由于美联储的及时决策，降低利率并进行公开市场操作，为市场注入流动性，这次股灾并没有导致大的经济衰退。但是这次灾难事件使得金融业开始反思整个金融市场的操作。特别地，纽约证券交易所提出了"断路器制度"措施，以保护市场免受过度波动。

市场断路措施

"断路器制度"（circuit breaker）是 1987 年 10 月美国股市大崩溃后，布拉迪（Brady）提出的检讨报告中所用的名词，意指当股市波动超越预先设置的标准时所必须采取的交易中断或暂停措施。"断路措施"一般指在市场价格急剧上涨和下跌时，尤其是下跌时，将交易停止一段时间，让市场有喘息之机，以便能够蓄积起足够数量的委托来化解市场的压力。断路措施的效应主要有两个方面：首先，有助于投资者调整交易策略，增加市场委托量；其次，暂停交易有利于降低信息性交易的投机价值，从而减少市场压力。但是我们也需要注意，如果人们都抢在"市场断路器"生效前进行交易，"市场断路器"反而会加剧市场的波动，起到相反的效果。

⬆ 资料来源：孙立坚. 金融经济学 [M]. 北京：高等教育出版社，2004.

随着新生市场和交易所的不断涌现，人们对市场微观结构的研究也就越来越感兴趣。正如莫琳·奥哈拉（2007）所说，对市场微观结构的研究更多基于渴望知道经济中的价格是如何形成的。这个问题长期以来被认为是经济学中的"黑箱"，但它却是理解经济是如何来分配商品和服务的基础。

进入20世纪90年代后，在理论创新、技术革命和实践发展三种力量的推动下，市场微观结构理论蓬勃兴起，并发展成为现代金融学中最为活跃的一个领域。

在学术世界中，以新古典主义经济学家为代表的学者持理性市场观点，他们认为，股票市场的制度特征和功能特点在现实世界中最接近完全竞争市场，如Stigler就指出，纽约证券交易所（NYSE）是竞争市场的典型范例。由于现代金融学沿袭了新古典主义精神，因此，金融学者大都将股票交易的外部环境和制度规则作为既定条件，而直接研究价格行为。在这种"路径依赖"下，金融学的基础理论——有效市场假说（EMH）就坚持认为，股价反映了基于所有信息的预期价值。有效市场假说事实上体现了"竞争均衡"这一经济学中的理想概念，然而，正如物理世界中存在机械摩擦一样，经济世界中也存在各种摩擦因素，这使得有效市场假说在解释不完美的现实金融市场时遇到了困难。理论和现实之间的分歧只能通过理论创新予以解决，这引导了金融学家开始重点关注交易过程中的摩擦因素对价格形成的影响，现代金融研究的焦点逐渐从资产定价理论转移到具体的交易过程，即研究特定交易制度下的价格形成过程，以及不同交易制度对价格行为和市场效率的影响。

如果说在微观结构理论创立的早期阶段，理论模型的发展相对于实证研究来得更为完备的话，那么，信息技术革命的发展从根本上改变了微观结构研究的基本态势。计算机技术、通信技术和网络技术的广泛运用促使越来越多的证券交易所采用电子化交易系统，这使得海量的分时交易数据（intra-day data）可以被方便地存储，从而使建立在高频数据（high-frequency data）基础上的实证研究成为可能。通过分析交易、报价、委托流量、做市商存货等源于真实交易过程的数据，学术界加深了对价格形成过程的认识，并在公共政策的影响力方面获得了巨大成功，这又进一步推动了理论模型的完善和发展。

在微观结构方面的学术研究取得迅速发展的同时，信息技术革命、金融证券化和投资全球化正使全球证券市场格局发生深刻的变革，市场参与者和监管机构都面临着严峻的挑战。随着越来越多的国家相继转向以资本市场为导向的金融体制，以证券投资为载体的国际组合投资也已成为国际资本流动的主导形式。在这种背景下，资本市场竞争已取代商业银行竞争成为全球金融市场的竞争核心，全球各证券交易所都以改进交易系统作为主要竞争手段。另一方面，随着投资管理行业竞争的不断加剧，机构投资者将目光转向交易成本，力图通过降低交易成本来提高投资净收益。市场格局的变革也促使监管机构更加重视市场微观结构的改革与完善，以增强本国资本市场在全球范围内的竞争力。这一切直接推动了对市场微观结构的深入研究，也加强了相关研究成果的政策影响力。

市场微观结构已成为现代经济、金融研究中最为活跃的一个领域。Madhavan（2002）概括道："近年来，影响全球证券业的结构、技术和监管等因素发生迅速变化，人们研究市场和交易的兴趣与日俱增，随着新模型的发展和丰富的日内数据更易获得，关于微观结构的知识出现了爆炸性的增长。"

作为目前金融学中最为活跃的分支之一，微观结构理论的发展也对现代金融实践产生了深刻影响。

通过对市场参与者行为以及价格形成过程的分析，微观结构理论为金融市场监管政策的制定提供了重要参考，这方面的典型例子莫如 Christie 和 Schultz 于 1994 年发表的论文。他们的研究发现做市商在纳斯达克市场（NASDAQ）上进行合谋，以扩大买卖价差，这一研究结果直接促成了美国司法部和证监会（SEC）对纳斯达克市场的调查，从而使纳斯达克市场实行新的委托处理规则，进而引发了美国证券市场的结构变革。

通过分析特定的市场微观结构如何影响价格的形成过程和市场绩效，微观结构理论为交易系统的设计和运营提供了一个理性的知识架构。不管是美国证券市场的"十进制报价单位改革"，还是欧洲期货交易所（Eurex）和伦敦国际金融期货交易所（LIFFE）之间的竞争成败，甚至是沙特阿拉伯证券交易所采用电子化交易系统等，都可以从市场微观结构的研究成果中找到坚实的理论支持。

通过对交易过程和交易成本的分析，微观结构理论还为机构投资者的交易策略和交易成本控制提供了有力的工具。著名的交易技术集团（ITG）就网罗了 Madhavan、Hasbrouck、Domowitz 等一批微观结构研究领域的知名学者，为机构投资者提供发现流动性和降低交易成本的投资解决方案。这种微观层面上的努力，提高了整个市场的运作效率，同时也增强了价格的信息效率。

当然，微观结构理论的发展也为金融学其他领域的研究开启了新的视野。以金融学最传统的研究领域——资产定价（asset pricing）来说，大量研究发现的市场异象（anomalies）、市场动量（momentum）以及收益解释因素的不确定性等都表明，人们离真理的彼岸尚有相当大的距离。而将微观结构因素纳入资产定价的框架有助于缩短这一距离，考虑流动性和交易成本的定价模型已经越来越显示出其重要性。

第四节 金融经济学的主题

一、金融经济学的研究主题

宏观金融学的基础是货币经济学，而微观金融学的基础是金融经济学。金融经济学的着眼点在企业和市场的微观层面，而货币经济学讨论货币、金融与经济的关系，侧重于比较宏观的层面，如图 1-1 所示。

金融经济学是微观金融的基础理论，或者说是金融学的微观经济学理论基础。金融经济学的研究主题可以从狭义和广义两个角度理解。

狭义的金融经济学主要讨论金融市场均衡机制的建立，主要针对的是资产定价问题。广义的金融经济学则包括了资产定价理论、风险管理理论和公司金融理论，是以经济学原理研究金融资产定价以及交易主体与公司的金融决策和金融资产的风险管理的科学。

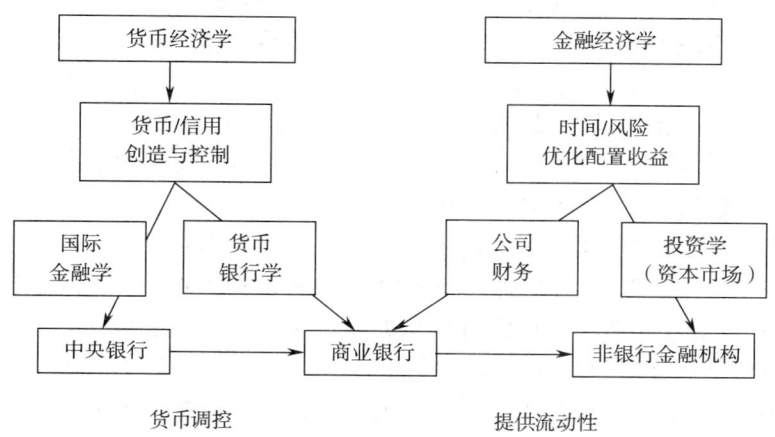

图 1-1 货币经济学和金融经济学

二、金融资产的定价方法

金融资产的定价方法主要有两种：绝对定价法和相对定价法。

1. 绝对定价法。绝对定价法就是根据金融工具未来现金流的特征，运用恰当的贴现率将这些现金流贴现成现值，并且加总，从而获得该证券的合理价格。股票和债券定价一般使用绝对定价法。

优点：比较直观，便于理解。

缺点：（1）金融资产的未来现金流难以确定；

（2）恰当的贴现率难以确定，它既取决于金融资产的风险大小，也取决于人们的风险偏好，而后者很难度量。

2. 相对定价法。相对定价法又称无套利定价法，是通过其他资产的价格来推断某一资产的价格，其逻辑出发点是功能完好的证券市场不存在套利机会，如果两种证券能够提供投资者同样的收益，那么它们的价格一定相等，即"一价原则"。复制是套利定价的核心分析技术。

B-S期权定价模型是使用了相对定价法的典型。相对定价法对衍生产品定价的基本思想是：利用基础资产价格与衍生产品价格之间的内在关系，直接根据基础资产价格求出衍生产品价格。

优点：（1）贴近市场；

（2）在定价公式中没有风险偏好等主观变量，比较容易测度；

（3）用相对定价法为衍生产品定价时，投资者一旦发现市场价格与理论价格不符，往往意味着存在套利机会。

三、本书的主要内容

广义的金融经济学主要涉及资本市场和公司金融两大部分，狭义的资本市场主要针对资本市场，特别是关于资产定价问题。本书的内容主要侧重于资本市场。投资决策从本质上看就是决定减少多少当前的消费以便在将来获得更多的消费。最优投资决策就是最大化投资者在计划期从消费中获得的期望满意程度（期望效用）。本书首先阐述了在确定性条件下建立一系列关于投资决策的原则或用于项目评价的选择标准（第二章）；在此基础上，本书以资金的时间价值为起点，介绍了无风险资产的定价和相关性质（第三章）；阐述了股票定价的基本原理和方法（第四章）；对金融风险的基本特征及其度量方法进行分类（第五章）；给出了如何界定不确定条件下不同经济行为主体风险态度的类型，引入了期望效用理论，以马柯维茨的组合选择理论为基础，论述了投资组合选择问题（第六章）；介绍了资本资产定价模型的假设条件和推导过程，对资本市场线和证券市场线进行了重点分析和介绍（第七章）；介绍了套利交易行为、因素模型，阐述了套利定价模型（第八章）；阐述了有效市场的基本概念和三种形式的内涵，给出了不同有效市场的检验方法（第九章）；对远期、期货、期权、认股权证以及可转换债券的定价问题进行深入探讨和分析（第十章）；在分析有限理性和有限套利的基础上，阐述了前景理论、投资过程中的认知偏差和行为投资策略（第十一章）；最后一章对金融市场微观结构理论进行了详细阐述，重点分析了价格发现模型以及流动性的概念及度量方法（第十二章）。

附录：诺贝尔经济学奖

一年一度的诺贝尔经济学奖颁奖在每年 10 月进行。获奖者将因他们为经济学领域所贡献出的杰出的思想而获得该奖项。但是，在经济学中诺贝尔奖究竟是什么？它是如何产生的？

诺贝尔经济学奖不是一个"正式的"诺贝尔奖项。最初的五个诺贝尔奖项——物理、化学、和平、文学和医学或生理学——都是于 1895 年按照诺贝尔的遗嘱来建立的，其目的是奖励在这些领域中最重要的发现。第一次颁奖是在 1901 年。

大约 70 年后，经济学奖才出现——1968 年设立了诺贝尔经济学奖，在某种程度上可以算作一种庆祝瑞典银行成立 300 周年纪念的营销策略。瑞典银行为每年奖金的颁发设立了一个基金，新的奖项逐渐被人们所熟悉，并正式地称作"为纪念诺贝尔的瑞典银行经济科学奖"。

该奖由瑞典皇家科学院授予（该院还负责授予化学奖和物理学奖），经济学奖获奖者的筛选程序与其他的诺贝尔奖奖项筛选程序相似，奖金也是 100 万美元。

诺贝尔奖筛选程序

诺贝尔经济学奖一个让人着迷的特点是其在筛选和宣布过程中的秘密程度。

如果一个奖项非常好，那么主要在于它的筛选程序。大部分的信息收集工作是由诺贝尔经济学奖筛选委员会来做的，委员会由五位知名学者组成。每年 10 月，该委员会将向世界各地的经济学家以及所有还健在的诺贝尔经济学奖获得者发出邀请，请他们提名下一年的候选人。

专门任命的专家将对委员会收到的提名（通常250份左右，大约包括100个人）进行调查，并对前20位或30位的候选者的贡献进行研究和分析。委员会要对这些专家的报告进行讨论，在春季结束前他们将给皇家学会社会科学分会发一封推荐信，皇家学会社会科学分会将在夏末或者初秋之前对此进行认可，并将它发给所有皇家学会成员。每年10月中旬，皇家学会按照简单多数原则投票选出获胜者，并立即宣布获奖名单。

诺贝尔经济学奖获奖者（1981—2020）

年份	获奖者	主要贡献
1981	詹姆士·托宾（James Tobin）（美国）	阐述和发展了凯恩斯的系列理论及财政与货币政策的宏观模型。在金融市场及相关的支出决定、就业、产品和价格等方面作出了重要贡献
1982	乔治·斯蒂格勒（George J. Stigler）（美国）	在工业结构、市场的作用和公共经济法规的作用与影响方面，作出了创造性重大贡献
1983	罗拉尔·德布鲁（Gerard Debreu）（美国）	概括了帕累托最优理论，创立了相关商品的经济与社会均衡的存在定理
1984	理查德·约翰·斯通（Richard Stone）（英国）	国民经济统计之父，在国民账户体系的发展中作出了奠基性贡献，极大地改进了经济实践分析的基础
1985	弗兰科·莫迪利安尼（Franco Modigliani）（意大利）	第一个提出储蓄的生命周期假设。这一假设在研究家庭和企业储蓄中得到了广泛应用
1986	詹姆斯·麦基尔·布坎南（James M. Buchanan Jr.）（美国）	将政治决策的分析同经济理论结合起来，使经济分析扩大和应用到社会—政治法规的选择中
1987	罗伯特·索洛（Robert M. Solow）（美国）	对增长理论作出贡献。提出长期的经济增长主要依靠技术进步，而不是依靠资本和劳动力的投入
1988	莫里斯·阿莱斯（Maurice Allais）（法国）	在市场理论及资源有效利用方面作出了开创性贡献。对一般均衡理论重新做了系统阐述
1989	特里夫·哈维默（Trygve Haavelmo）（挪威）	建立了现代经济计量学的基础性指导原则
1990	默顿·米勒（Merton M. Miller）（美国）；哈里·马柯维茨（Harry M. Markowitz）（美国）；威廉·夏普（William F. Sharpe）（美国）	在金融经济学方面做了开创性工作
1991	罗纳德·科斯（Ronald H. Coase）（英国）	揭示并澄清了经济制度结构和函数中交易费用和产权的重要性
1992	加里·贝克（Gary S. Becker）（美国）	将微观经济理论扩展到对人类相互行为的分析中，包括市场行为

续表

年份	获奖者	主要贡献
1993	道格拉斯·诺斯（Douglass C. North）（美国）；	建立了包括产权理论、国家理论和意识形态理论在内的"制度变迁理论"
	罗伯特·福格尔（Robert W. Fogel）（美国）	用经济史的新理论及数理工具重新诠释了过去的经济发展过程
1994	约翰·福布斯·纳什（John F. Nash Jr.）（美国）；约翰·海萨尼（John C. Harsanyi）（美国）；莱因哈德·泽尔腾（Reinhard Selten）（德国）	在非合作博弈的均衡分析理论方面作出了开创性的贡献，对博弈论和经济学产生了重大影响
1995	罗伯特·卢卡斯（Robert Lucas）（美国）	倡导和发展了理性预期与宏观经济学研究的运用理论，深化了人们对经济政策的理解，并对经济周期理论提出了独到的见解
1996	詹姆斯·莫里斯（James A. Mirrlees）（英国）；威廉·维克瑞（William Vickrey）（美国）	前者在信息经济学理论领域作出了重大贡献，尤其是不对称信息条件下的经济激励理论。后者在信息经济学、激励理论、博弈论等方面都作出了重大贡献
1997	罗伯特·默顿（Robert C. Merton）（美国）；迈伦·斯科尔斯（Myron S. Scholes）（美国）	前者对布莱克—斯科尔斯公式所依赖的假设条件做了进一步减弱，在许多方面对其做了推广。后者给出了著名的布莱克—斯科尔斯期权定价公式，该法则已成为金融机构涉及金融新产品的思想方法
1998	阿马蒂亚·森（Amartya Sen）（印度）	对福利经济学几个重大问题作出了贡献，包括社会选择理论、对福利和贫穷标准的定义、对匮乏的研究等
1999	罗伯特·蒙德尔（Robert A. Mundell）（加拿大）	对不同汇率体制下货币与财政政策以及最适宜的货币流通区域所做的分析
2000	詹姆斯 J. 赫克曼（James Heckman）（美国）；丹尼尔 L. 麦克法登（Daniel McFadden）（美国）	在微观计量经济学领域，他们发展了广泛应用于个体和家庭行为实证分析的理论和方法
2001	乔治·阿克尔洛夫（George A. Akerlof）（美国）；迈克尔·斯彭斯（A. Michael Spence）（美国）；约瑟夫·斯蒂格利茨（Joseph E. Stiglize）（美国）	为不对称信息市场的一般理论奠定了基石。他们的理论迅速得到了应用——从传统的农业市场到现代的金融市场，他们的贡献来自现代信息经济学的核心部分
2002	丹尼尔·卡尼曼（Daniel Kahneman）（美国）	把心理学分析法与经济学研究结合在一起，为创立一个新的经济学研究领域奠定了基础
	弗农·史密斯（Vernon L. Smith）（美国）	开创了一系列实验法，为通过实验室实验进行可靠的经济学研究确定了标准

续表

年份	获奖者	主要贡献
2003	罗伯特·恩格尔（Robert Engle）（美国）；克莱夫·格兰杰（Clive Granger）（英国）	用"随着时间变化的易变性"和"共同趋势"两种新方法分析经济时间数列，从而给经济学研究和经济发展带来巨大影响，在经济学时间数列分析方面所作出的贡献
2004	芬恩·基德兰德（Finn E. Kydland）（挪威）；爱德华·普雷斯科特（Edward C. Prescott）（美国）	有关宏观经济政策的"时间一致性难题"和商业周期的影响因素
2005	罗伯特·约翰·奥曼（Robert John Aumann）（美国、以色列）；托马斯·克罗姆比·谢林（Thomas Crombie Schelling）（美国）	因为他们通过对博弈论的分析加深了我们对冲突与合作的理解
2006	埃德蒙·菲尔普斯（Edmund S. Phelps）（美国）	对宏观经济政策中跨时贸易所作出的研究贡献
2007	里奥尼德·赫维茨（Leonid Hurwicz）（美国）；埃里克·马斯金（Eric S. Maskin）（美国）；罗杰·迈尔森（Roger B. Myerson）（美国）	为机制设计理论奠定了基础
2008	保罗·克鲁格曼（Paul R. Krugman）（美国）	对经济活动的贸易模式和区域的分析。他创建的新国际贸易理论，分析解释了收入增长和不完全竞争对国际贸易的影响
2009	埃莉诺·奥斯特罗姆（Elinor Ostrom）（美国）；奥利弗·伊顿·威廉姆森（Oliver Eaton Williamson）（美国）	经济治理，尤其是对普通民众作出的贡献和经济治理分析，以及企业边际领域方面的贡献
2010	彼得·戴蒙德（Peter Diamond）（美国）；戴尔·莫滕森（Dale T. Mortensen）（美国）；克里斯托弗·皮萨里德斯（Christopher A. Pissarides）（塞浦路斯）	在"市场搜寻理论"中具有卓越贡献。彼得·戴蒙德是世代交叠模型的提出者，社会保障、养老金和税收问题专家
2011	托马斯·萨金特（Thomas J. Sargent）（美国）；克里斯托弗·西姆斯（Christopher A. Sims）（美国）	在解决有关经济政策与各种宏观经济变量——诸如GDP、通货膨胀、就业与投资等之间因果关系的问题上，研究出了方法
2012	埃尔文·罗斯（Alvin E. Roth）（美国）；罗伊德·沙普利（Lloyd S. Shapley）（美国）	在稳定配置理论及市场设计实践上所作出的贡献
2013	尤金·法玛（Eugene Fama）（美国）；拉尔斯·彼得·汉森（Lars Peter Hansen）（美国）；罗伯特·希勒（Robert J. Shiller）（美国）	在资产定价实证分析领域的重要贡献。法玛教授最主要的贡献是提出了著名的"有效市场假说"
2014	让·梯若尔（Jean Tirole）（法国）	对市场力量和监管的分析的贡献

续表

年份	获奖者	主要贡献
2015	安格斯·迪顿（Angus Deaton）（美国）	在消费、贫穷与福利方面的研究贡献
2016	奥利弗·哈特（Oliver Hart）（美国）；本格特·霍斯特罗姆（Bengt Holmström）（芬兰）	对契约理论的贡献
2017	理查德·H. 塞勒（Richard Thaler）（美国）	在行为经济学研究领域作出的突出贡献
2018	威廉·诺德豪斯（William D. Nordhaus）（美国）；保罗·罗默（Paul M. Romer）（美国）	创新、气候和经济增长研究
2019	阿比吉特·巴纳吉（Abhijit Banerjee）（美国）、埃丝特·迪弗洛（Esther Duflo）（法国）和迈克尔·克雷默（Michael Kremer）（美国）	在减轻全球贫困方面的实验性做法
2020	保罗·米尔格罗姆（Paul R. Milgrom）（美国）；罗伯特·威尔逊（Robert B. Wilson）（美国）	改进了拍卖理论并发明了新的拍卖形式

【小结】

金融经济学作为经济学的一个专业领域，运用了许多从微观经济学中发展起来的分析工具。金融经济学的理论框架是以微观经济学的基础理论框架，分析个体和公司管理层的决策，以及这些决策的相互作用对金融资产价格的影响。

广义的金融经济学包括了资产定价理论、风险管理理论和公司金融理论，是以经济学原理研究金融资产定价以及交易主体与公司的金融决策和金融资产的风险管理的科学。狭义的金融经济学主要讨论金融市场均衡机制的建立，主要针对的是资产定价问题。

金融经济学从古典金融经济学到现代金融经济学再到新金融经济学不断发展，古典金融经济学从意大利开始，其中丹尼尔·伯努利的《关于风险衡量的新理论》首次提出期望效用和风险衡量的思路及方法；现代金融经济学比较公认的是从法国人路易斯·巴舍利耶开始，而以1952年哈里·马柯维茨的《组合选择理论》为标志，金融经济学进入现代金融经济学阶段，CAPM模型、APT理论、期权定价模型、有效市场假说将现代金融经济学推向了高峰；随着大量金融市场异常现象的不断发现，现代金融经济学缺少很可信的解释，行为金融学和金融市场微观结构为代表的新金融经济学逐渐发展起来。

【思考与练习题】

1. 什么是金融经济学？金融经济学的内涵是什么？
2. 简述金融经济学发展的不同阶段，列举不同阶段代表性的金融经济学理论。
3. 20世纪80年代开始的现代金融经济学理论遇到什么样的挑战？
4. 分析行为金融学和现代金融经济学的区别与联系。
5. 金融市场微观结构理论产生的背景是什么？市场微观结构与现代金融学有何关系？

【主要参考文献】

[1] [美] 弗兰克·J. 法博齐, 埃德温·H. 尼夫, 周国富. 金融经济学 [M]. 中文版. 北京: 机械工业出版社, 2015.

[2] [美] 克里斯·琼斯. 金融经济学 [M]. 中文版. 北京: 清华大学出版社, 2011.

[3] [美] 马克·鲁宾斯坦. 投资思想史 [M]. 中文版. 北京: 机械工业出版社, 2009.

[4] [美] 托马斯·E. 科普兰, J. 费雷德·温斯顿, 库尔迪普·萨斯特里. 金融理论与公司政策（第四版）[M]. 中文版. 上海: 上海财经大学出版社, 2007.

[5] 汪昌云. 金融经济学 [M]. 北京: 中国人民大学出版社, 2006.

[6] 马孝先. 金融经济学 [M]. 北京: 清华大学出版社, 2014.

[7] [美] 斯蒂芬·F. 勒罗伊, 简·沃纳. 金融经济学原理 [M]. 中文版. 北京: 清华大学出版社, 2012.

[8] 宋逢明. 金融经济学导论 [M]. 北京: 高等教育出版社, 2006.

[9] [英] 布莱·恩克特尔. 金融经济学 [M]. 中文版. 北京: 中国金融出版社, 2005.

[10] 施东辉, 孙培源. 市场微观结构——理论与中国经验 [M]. 上海: 上海三联书店, 2005.

[11] [美] R. A. 贾罗, V. 马斯科西莫维, W. T. 津巴. 金融经济学手册 [M]. 中文版. 上海: 上海人民出版社, 2007.

[12] [美] 莫琳·奥哈拉. 市场的微观结构理论 [M]. 中文版. 北京: 中国人民大学出版社, 2007.

[13] [美] 黄奇辅, 罗伯特·利曾伯格. 金融经济学基础 [M]. 中文版. 北京: 清华大学出版社, 2003.

[14] 孙立坚. 金融经济学 [M]. 北京: 高等教育出版社, 2004.

[15] 徐高. 金融经济学二十五讲 [M]. 北京: 中国人民大学出版社, 2018.

第二章

确定性条件下的投资决策

【学习目的与要求】

通过本章的学习,理解投资决策与个人效用偏好的分离以及代理问题,理解股东财富最大化的内涵,掌握财务预算的基本方法,理解净现值法和内部收益率法之间的比较。

【学习要点】

费雪分离原则;股东财富最大化的基本内涵;回收期法、会计收益率法、净现值法、内部收益率法;净现值法和内部收益率法在投资决策中的应用。

投资决策从本质上看就是决定减少多少当前的消费以便在将来获得更多的消费。最优投资决策就是最大化投资者在计划期从消费中获得的期望满意程度(期望效用)。此时,我们假设所有的经济决策最终都归结为有关消费的问题。

对所有的经济部门而言,消费/投资决策是至关重要的。一个人之所以选择储蓄,主要是因为储蓄带来的未来消费的期望收益超过当前消费所能带来的收益。公司的管理者,作为公司所有者(股东)的代理人,必须决定如何分配公司的盈利,如采用股利方式用来支付当前的消费,还是采用留存收益的方式将这些收益投资于可产生未来消费的生产机会中。

本章所讨论的决策标准,尽可能使生命周期内的消费现值达到最大化,可运用于任何一个经济部门。首先假设跨期决策都是基于由市场决定的货币时间价值——市场利率——而作出的。其次假设市场利率在任何时期都是已知的,确定而不是随机的,即它可能会在整个期间内发生变化,但是每次变动均是预先确定可知。最后假设,资本市场没有交易成本。这些假设很显然过于简化,但是一个好的起点。本章之后,将讨论不确定条件下的决策过程。但起初确立经济决策的基本标准——在完全确定的假设下最大化财富的净现值——是有帮助的。

> **专栏 2-1**
>
> **欧文·费雪（1867—1947）**
>
>
>
> 熊彼特曾这样评价这位伟大的经济学家：费雪有可能扮演其他角色，如社会哲学家、经济师，还有他本人坚信对人类福利事业不可或缺的改革运动者、教师、发明家和商人，但我敢说，他将主要以这个国家最伟大的经济学家的身份，在历史上占据极其重要的地位。
>
> 费雪是一个多产、多才和具有独创性的学者，他在经济科学的广泛领域中作出了开创性的贡献。由于费雪对数学方法的贡献及其使用数学方法的技巧，他可以称为美国第一位数理经济学鼻祖，并与熊彼特一起创建了经济计量学会并任第一任会长，费雪还把他的智慧运用于货币理论，因为他觉得，经济的不稳定性主要来源于现行货币制度的错误。他的"债务通货紧缩理论"就是被遍及全球的 20 世纪 30 年代大萧条所激发而就的。
>
> 费雪的经济思想主要体现在《价值与价格理论之数学的研究》、《增值与利息》、《资本与收入》、《利息理论》、《货币的购买力》和《繁荣与衰败》几部经济学著作中，这些好比是一座前所未有的寺庙的支柱，它们属于建筑师从未将其作为构造单位的壮丽的结构。亚当·斯密、J. S. 穆勒和马歇尔等经济学的领袖人物通过系统化的论著给他们的时代及后世留下了深刻的印象。但费雪从未将他的思想详加解释，因此他没有创立学派，他有很多的学生，但没有信徒。
>
> 1929 年 10 月，美国股市已经处于山雨欲来风满楼的状况，欧文·费雪就在此时犯了一个大错误，这位大经济学家不仅自己融进了投机者的行列，而且还在公开演讲中宣称"股票价格已达到了某种持久的高峰状态"。当股市崩溃时，他几天之中损失了几百万美元，顷刻间倾家荡产，从此负债累累，直到 1947 年在穷困潦倒中去世。但这并不妨碍人们对他的尊敬，他被认为是在美国生长成才的最伟大的经济学家之一。
>
> ↑ 资料来源：孙立坚. 金融经济学 [M]. 北京：高等教育出版社，2004.

第一节　费雪分离原则与代理问题

一、投资决策与个人效用偏好的分离

将公司的目标定义为股东财富最大化是一个问题，而如何实现这一目标又是另外一个问题。我们知道人与人之间进行个人效用函数的比较是不可能的。举例来说，假使我们给 A 和 B 两人各 100 元，他们都会十分高兴。但是，没有人，甚至他们自身都无法分辨出哪一位因获得 100 元而更为高兴。如果个人的效用函数不能相互比较或者加总，那么管理者又如何能最大化股东的效用呢？

为正确回答上述问题，我们来了解资本市场在经济运行中所起的作用。如果资本市场是完善的，即没有任何摩擦使得借款利率有别于贷款利率，则费雪分离就可以实现。这就意味着，作为公司所有者的个人可以将投资决策权授予公司的管理者，无须考虑股

东个人效用函数的形状,只要不停地选择投资,直到最后一个项目的报酬率正好等于由市场决定的报酬率,就可以实现股东财富的最大化。这一结果详见图2-1,最优生产/投资决策(P_0,P_1)就是使股东财富的现值W_0达到最大化的决策。正确的投资决策原则是相同的,它独立于股东对消费的时间偏好。管理者将在所有股东的引导下,去选择那些收益高于市场报酬率的所有项目。反映在图2-1上,就是直线W_0W_1的斜率等于$-(1+r)$,这里的r就是市场的收益率。

如果投资的边际报酬率等于由市场决定的资本的机会成本,那么股东的财富W_0将会最大。然后,单个股东则可以接受最优生产决策(P_0,P_1)。沿着资本市场线借入或者贷出资金,以满足他们消费的时间模式。换句话说,他们可以根据其意愿,从公司取出资金用于当前消费或者将资金储蓄起来用于将来消费。

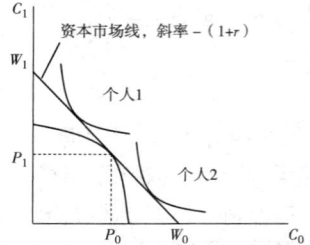

图2-1 生产/投资决策与股东偏好分离

分离原则意味着股东财富最大化等同于使生命周期内的消费现值最大化。用数学方法可以表示如下:

$$W_0 = C_0^* + \frac{C_1^*}{1+r}$$

虽然图2-1中的两人选择了不同水平的当前消费和未来消费,但是,他们都具有相同的当期财富W_0。这是因为他们从生产/投资决策(P_0,P_1)中获得了相同的收益。

因为交换机会允许在同样的利率下进行借入和贷出,所以个人的最优生产独立于其所拥有的资源和偏好。因此,如果在股东大会上,对股东们所中意的生产决策进行表决,那么,同一家公司的不同股东将会表现出一致的意愿,这就是著名的一致原则。它揭示了公司的管理者在执行其对股东的代理权时,无须担忧其作出的决策如何协调股东之间的不同意见,因为所有的股东都具有相同的利益。

二、代理问题:管理者是否获得了恰当的激励以实现股东财富的最大化

在完善的市场中,所有的股东都会认为管理者应当遵循一条简单的投资决策原则:选择一切可以投资的项目直到边际报酬率等于市场贴现率为止。因此,股东的财富是以资本的机会成本(市场利率)贴现的现金流量的现值。

股东们可以在授予管理者的决策规则方面达成一致,但要保证管理者按照股东财富最大化来行事,意味着股东能够不花成本地监督管理者。但是所有权与控制权存在明显的差异,没有理由相信公司的管理者作为所有者的代理人,总是能够以股东的利益为重而作出决策。在大部分的代理关系中,公司的所有者必须花费大量的监督成本,以监控公司的管理者,使其始终遵循股东财富最大化的原则。因此,所有者必须进行权衡:是花费一定的监督成本,还是采取某种形式的奖励,以促使代理人总是考虑股东的利益。在极端的情况下,如果对代理人的补偿可以完全采取公司股份的形式,则所有者的监督成本会降为零。不幸的是,这类方案在实践上几乎是不可能的,因为代理人常获得其他非金钱性质的补偿形式,如扩大其办公空间、享受昂贵的午餐,甚至配有专用喷气式飞

机，等等。而在另一种完全相反的极端情况下，公司的所有者不得不花费过高的监督成本以保证公司的代理人总能够依照所有者的意愿作出各项决策。在这两个极端情况之间存在着一种最优解决方案。

尽管我们进行了上述有关代理问题的讨论，我们仍假设公司的管理者总是按照公司股东财富最大化原则而作出决策。为此，公司的管理者必须寻找最佳的投资项目集合，以实现这一目标。

第二节 股东财富最大化

一、股利和资本利得

假定公司的管理者都能够以使公司股东财富最大化为目标执行各项决策，那么，我们就需要给股东财富下一个定义。我们把股东财富定义为公司支付的税后现金流的贴现值。可用于消费的税后现金流，可以看作等于支付给股东的股利流 Div_t，这一股利流的贴现值为

$$S_0 = \sum_{t=1}^{\infty} \frac{Div_t}{(1+k_s)^t} \tag{2.1}$$

式中：S_0 是股东财富的现值（即图 2-1 中的 W_0）；而 k_s 是股权资本（普通股）的市场回报率。

式（2.1）反映了多个期间股东财富的现值。我们假设支付给股东的未来现金流量是已知的、确定的，而由市场决定的贴现率是非随机的，且在整个期间内是固定不变的。本章将一直利用这一假设，因为我们的主要目标是如何根据股东财富的最大化，将图 2-1 中单期的投资决策扩展到更加符合实际的多个期间。我们暂时忽略个人所得税对股利的影响，并且假设贴现率 k_s 是由市场决定的资本的机会成本。它就是图 2-1 中资本市场线的斜率。

如果考虑资本利得，情况又将会如何？股东确实获得了资本利得和股利，但为什么式（2.1）中没有反映股东的资本利得？答案是资本利得实际上已在式（2.1）中得到了体现。举一个简单的例子，假设有一家公司今年年末支付股东股利 1.00 元，此后每 t 年年末支付股利 $1.00(1+g)^t$ 元，即股利的增长率为 g，如果 g 等于 5%，而投资的机会成本 k_s 等于 10%，那么投资者当前愿意出多少钱购买该股票？利用增长年金现值的计算公式，我们可以得到

$$S_0 = \frac{Div_1}{k_s - g} = \frac{1.00}{0.10 - 0.05} = 20.00(元)$$

再假设投资者花了 20 元购入该股票，并且将持有 5 年，那么在第 5 年末该股票的价值为多少？因为：

$$S_5 = \frac{Div_6}{k_s - g}$$

而且第 6 年末的股利 Div_6 为

$$Div_6 = Div_1 (1+g)^5, 即 Div_6 = 1.00 \times 1.05^5 = 1.2763(元)$$

所以在第 5 年末该股票的价值应为

$$S_5 = \frac{1.2763}{0.10 - 0.05} = 25.5256(元)$$

既然第 5 年末该股票的价值也就是以后所有股利的贴现价值，我们就可以计算出投资者仅持有该股票 5 年的收益的现值。投资者可以获得 5 年的股利再加上该股票在第 5 年的市价，所得款项的贴现价值为 S_0：

$$S_0 = \frac{Div_1}{1+k_s} + \frac{Div_1(1+g)}{(1+k_s)^2} + \frac{Div_1(1+g)^2}{(1+k_s)^3} + \frac{Div_1(1+g)^3}{(1+k_s)^4} + \frac{Div_1(1+g)^4}{(1+k_s)^5} + \frac{S_5}{(1+k_s)^5}$$

$$= \frac{1.00}{1.1} + \frac{1.05}{1.21} + \frac{1.10}{1.33} + \frac{1.16}{1.46} + \frac{1.22}{1.61} + \frac{25.52}{1.61}$$

$$= 0.91 + 0.87 + 0.83 + 0.79 + 0.76 + 15.85$$

$$= 20.01(元)$$

此处计算得到的 S_0 与前面计算的结果相比，仅相差大约 0.01。由此可见，无论投资者持有股票的期限有多长，是长期持有或者仅持有 5 年，其股票的现值都是相同的。因为股票在第 5 年的价值等于从那时开始的未来的总股利。这 5 年的股利再加上资本利得正好与无限期的股利的价值相等。因此，式（2.1）表示公司支付给股东现金流的贴现值即股东财富的总价值。因为我们忽略了股利和资本利得在税收上的差异，所以可以认为，式（2.1）包含了所有的现金收入，包括股利和资本利得。

二、利润的经济学定义

人们经常混淆利润的定义，经济学家将"利润"定义为在风险相等的条件下，超过资金的机会成本的那部分收益。为了估计经济学上的利润，我们必须准确地知道每个项目提供的现金流量的时间模式以及资本的机会成本。我们将会看到，现金流的模式等同于公司向其股东支付的股利流。因此，管理者在作出决策时所使用的正确的利润应为给予股东的现金流量（就是公司股利）的贴现值。然而，应当注意到，此处股利应当是广义的，它包括所有支付给股东的现金。

我们可以用一个非常简单的模型具体说明利润的经济学定义与会计学定义的区别。假设有一家全为股权投资的公司，且不需要纳税。同时，我们还假定，公司的资金来源包括公司的收入（Rev）和出售新股的收入（以每股 S 元的价格出售 m 股）。其资金用途包括工资、薪水、原材料和劳务，这些都记作 W&S；投资额记作 I；股利记作 Div。在每一期，我们可以写出资金来源和运用的等式：来源 = 用途，即

$$Rev_t + m_t S_t = Div_t + (W\&S)_t + I_t \tag{2.2}$$

为了简化起见，假设该公司未发行任何新的股票，即 $m_t S_t = 0$，这样，公司股利就可以表示为

$$Div_t = Rev_t - (W\&S)_t - I_t \tag{2.3}$$

这就是用现金流量对利润所下的简单定义。股利即为公司的收入在扣除营运成本和新投资额以后剩余的现金流量。将式（2.3）与定义股东财富的式（2.1）相结合，我们可以将股东的财富重新写成：

$$S_0 = \sum_{t=1}^{\infty} \frac{Rev_t - (W\&S)_t - I_t}{(1+k_s)^t} \tag{2.4}$$

利润的会计学定义是不需要减少投资额 I_t 的。在资产负债表上，新投资的账面价值被资本化，并以一定的折旧率（dep）逐期地被摊销。所以，利润在会计学上被定义为净收益，即

$$NI_t = Rev_t - (W\&S)_t - dep_t \tag{2.5}$$

如果用 ΔA_t 表示年内公司资产账面价值的净变化，它将等于当年新增的投资总额 I_t 减去该年度的累计折旧的变化 dep_t，即

$$\Delta A_t = I_t - dep_t \tag{2.6}$$

我们已经知道利润的会计学定义 NI_t 有别于利润的经济学定义 Div_t。而且，用会计学定义的利润减去净投资额就可以得到经济学定义的利润，如式（2.7）所示：

$$S_0 = \sum_{t=1}^{\infty} \frac{Rev_t - (W\&S)_t - dep_t - (I_t - dep_t)}{(1+k_s)^t} = \sum_{t=1}^{\infty} \frac{NI_t - \Delta A_t}{(1+k_s)^t} \tag{2.7}$$

其实，会计学上的利润与经济学上的利润的最大区别就在于：前者不注重实际发生的现金流。例如，根据利润的经济学定义，当发生现金流出时，需要对厂房和设备投资的全部支出予以扣除。

当财务主管过分重视会计学上的利润或者每股收益时，他们常常会受其误导。公司的目标不是使每股收益最大化，而是最大化股东的财富，即公司每股价格，也就是说公司现金流量的现值的最大化。下面，我们用两个很好的例子来说明每股收益最大化与现金流量现值最大化的不同之处。第一个例子涉及两种存货的计价方法即先进先出法（FIFO）和后进先出法（LIFO）在通货膨胀情况下的区别。在通货膨胀的环境中，如果采用先进先出法将会取得较高的每股收益。其原因是，最早那批存货的生产成本低于新存货的生产成本。因此，如果将最早的那批存货（最早入库的存货）作为费用从收入中扣除，此时，公司的每股收益将会高于采用最新的存货成本（最后入库的存货）作为收入的扣除项。表 2-1 给出了具体的数据。从中，我们很容易理解为什么在通货膨胀的情况下，管理者会倾向于采用先进先出法，因为会提高每股收益。但是，在通货膨胀时，先进先出法是一种错误的存货计价方法，因为它会因税收的增加而减少公司的现金流量。在此例中，生产发生在前，选择存货的计价方法在后。在表 2-1 中，不管采用何种计价方法，出售某项存货的现金流入（收入）均为 100 元。公司的现金流量不受产品销售成本的影响，但是，却会因税收而改变。因此，若采用先进先出法，每股收益为 0.45 元，每股现金流量为 0.7 元［（100－30）/100］。相反，如果采用后进先出法，每股收益仅为 0.06 元，每股现金流量为 0.96 元［（100－4）/100］。既然股东仅关心公司现金流量的贴现值，因此，他们会青睐采用后进先出法的公司的股票。原因在于，后进先出法因上缴给政府的税金较少，可为公司提

供更多的现金流量。这一典型的例子揭示了每股收益最大化与股东财富最大化的区别。

表 2-1　　　　　　　　　后进先出法和先进先出法　　　　　　　　　单位：元

项目	后进先出法	先进先出法	存货成本
收入	100	100	第四批，每单位成本 90→LIFO
销售成本	−90	−25	第三批，每单位成本 60
经营收益	10	75	第二批，每单位成本 40
纳税（40%）	−4	−30	第一批，每单位成本 90→FIFO
净收益	6	40	
每股收益（100 股）	0.06	0.45	

通常认为如果投资者根据每股收益为股票估值，使每股收益达到最大化就是完全正确的。

第三节　资本预算方法

在论证了股东财富最大化等同于最大化投资项目现金流的贴现值之后，我们现在来讨论一下投资决策原则。不妨假设，投资项目所带来的现金流可以精确估计（即没有不确定性），并且公司资金的机会成本（它常被称为资本成本）也是已知的。我们还假设资本市场是无摩擦的，这样，公司的财务主管就可以把每个股东的偏好与投资决策相分离；同时，假定监督成本为零，即管理者会使股东的财富达到最大化。我们现在只需要知道项目的现金流量以及同等风险的项目所要求的市场回报率。

管理者在投资决策时会面临三个主要问题。第一个问题是，他们必须在市场中寻找新的投资机会或者新的技术。这是增长的基础。不幸的是，金融理论无法对这一问题提供有益的帮助。第二个问题是，他们必须能够估计出项目产生的现金流量。最后一个问题是，应根据合理的决策规则对该项目进行评估。其中，后两个问题是本书的中心议题。在本章的剩余部分，我们将在项目的现金流量已知且确定的情况下讨论项目评估的问题。

投资决策规则常被称为资本预算技术。最优资本预算技术的根本特性为它能够使股东财富达到最大化。这一根本特性可以分解为以下几个独立的标准：

（1）应考虑所有的现金流量；

（2）用资金的机会成本对现金流进行贴现；

（3）资本预算技术应从相互排斥的项目中选择一个可以使股东财富最大化的项目；

（4）管理者应当独立于其他项目单独考虑每一个项目（这就是价值可加性原则）。

我们还需对后两条标准略加解释。相互排斥的项目是指一组项目中只能选择一个项目。换句话说，如果经理从一组项目中选择从事某一个项目，那么，他就不能选择采取其他的投资方案。例如，在指定的位置上可以选择建造四种类型的桥梁横跨某条河流。若选择了建造木质的桥梁，那么，其他各种类型的桥梁，如钢铁制造的桥梁等，就被排除在外了。投资项目也可采用其他方式进行分类。独立项目是指那些允许经理选择采用任何一个或者全部几个的项目；而或有项目是指那些必须同时被实施或者同时不被采用的项目。例如，建造一条隧道的同时必须再添置一套通风设备系统，那么，该条隧道和该套通风设备系统可视为一个单独的或有项目。

第 4 条标准，即价值可加性原则揭示，如果我们已知管理者所接受的不同项目的价值，那么，只需将这些项目的价值 V_j 进行简单的相加，就可以得出该公司的价值 V。假设现在有个 N 项目，我们用数学方式表示公司的价值为

$$V = \sum_{j=1}^{N} V_j \tag{2.8}$$

这是极为重要的一点，因为它表示可以单独考虑每个项目各自的优点，而不用将它们放在其他项目组成的无限多样的背景中进行考察。

目前，广泛运用的四种资本预算技术分别是：（1）回收期法；（2）会计收益率法；（3）净现值法；（4）内部收益率法。我们的任务是挑选出最能满足前面讨论过的那四条必要特性的方法。最终，我们会证明，仅有一种技术——净现值法——是正确的。它是上述四种方法中唯一一项与股东财富最大化相符合的资本预算技术。

现举一例，有 4 个投资项目，回报期均为 5 年，每年预计的现金流量如表 2-2 所示。因为这 4 个项目相互排斥，其中只有一个可以使股东的财富最大化。假设此时所有 4 个项目有同样的风险水平，根据本章的基本假设，投资项目的现金流量是已知且确定的，也就是说，它们的风险水平均为零。在这样一个没有风险的情况下，合适的贴现率就是无风险利率（如国库券的利率）。

表 2-2　　　　　　　　　相互排斥的 4 个项目　　　　　　　　单位：元

年份	现金流量				10%时的贴现因子
	A	B	C	D	
0	-1 000	-1 000	-1 000	-1 000	1.000
1	100	0	100	200	0.909
2	900	0	200	300	0.826
3	100	300	300	500	0.751
4	-100	700	400	500	0.683
5	-400	1 300	1 250	600	0.621

一、回收期法

某项目的回收期是指回收某项目的最初投资额所需要的年限。表 2-2 中列示的 4 个项目的回收期分别为

项目 A，2 年
项目 B，4 年
项目 C，4 年
项目 D，3 年

如果经理人员严格采用回收期法，那么他会选择项目 A，因为项目 A 的回收期最短。但是，简单考虑一下其现金流便足以发现这是一个错误的决策。使用回收期法的问题在于它无法考虑项目的所有现金流量，也无法对项目产生的现金流量进行贴现。不考虑全部现金流量会导致我们忽略项目 A 在最后两年所产生的负的现金流量。未对项目产生的现金流量进行贴现则意味着公司的管理层无法在项目 A 和另外一个在第一年产生 900 元而在第二年再产生 100 元的项目之间作出选择，因为这两个项目均具有相同的回收期。我们拒绝采用回收期法，是因为它至少违背了先前提到的资本预算技术应符合的四条特性的前两条特性。

二、会计收益率法

会计收益率（Accounting Rate of Return，ARR）指将税后平均利润除以投资该项目的最初现金支出。它与资产收益率（Return on Assets，ROA）以及投资收益率（Return of Investment，ROI）极其相似（在某些场合甚至完全相同），但也有同样的不足。为简便起见，假设表 2-2 中所列示的数据为会计利润，则项目 A 的税后平均利润为

$$\frac{-1\,000 + 100 + 900 + 100 - 100 - 400}{5} = -80(元)$$

此时，项目 A 的会计收益率为

$$ARR = \frac{税后平均利润}{初始投资} = \frac{-80}{1\,000} = -8\% \tag{2.9}$$

这 4 个项目的会计收益率分别为

项目 A，$ARR = -8\%$
项目 B，$ARR = 26\%$
项目 C，$ARR = 25\%$
项目 D，$ARR = 22\%$

如果采用会计收益率法，项目 B 就是最佳方案。会计收益率法的问题在于它使用的是会计利润而不是现金流量，且它未考虑货币的时间价值。有关会计利润与现金流量的不同之处，我们已经做了详细讨论，此处我们就不再赘述使用会计利润的不恰当性。实际上，如果表 2-2 中的数据指的是会计利润，则我们在使用会计收益率法时，应当将会计利润转换为现金流量。会计收益率法的第二个缺陷是它没有考虑货币的时间价值（即未进行贴现），这就意味着公司的管理层对于项目 B 和税后利润产生顺序与项目 B 完全相反的项目未能区别对待，因为这两个项目均具有相同的会计收益率。

三、净现值法

以净现值（Net Present Value，NPV）为标准，管理者将接受净现值大于零的项目。

净现值是利用公司资本的机会成本对现金流进行贴现所计算得到的数值。假设表2-2中的4个项目的资本成本为10%。因此,项目A的净现值如表2-3所示。

表2-3　　　　　　　　　　项目A的净现值

现金流量	×现值因子	=现值
-1 000	1.000	-1 000.00
100	0.909	90.90
900	0.826	734.40
100	0.751	75.10
-100	0.683	-68.30
400	0.621	-248.40
		净现值 = -407.30

表2-3就是对每年的现金流量进行贴现并加总。这一方法可以用数学式表示如下:

$$NPV = \sum_{t=1}^{N} \frac{FCF_t}{(1+k)^t} - I_0 \tag{2.10}$$

式中:FCF_t是指在t期间的自由现金流量;I_0是最初的现金支出;k是指公司的加权平均资本成本;而N是项目所持续的年限。这4个项目的净现值分别为

项目A,$NPV = -407.30$

项目B,$NPV = 510.70$

项目C,$NPV = 530.85$

项目D,$NPV = 519.20$

如果这些项目是独立的而不是相互排斥的,那么我们会拒绝采用方案A而接受方案B、C和D。因为它们是相互排斥的项目,我们会选择净现值最大的方案C。项目的净现值的大小就是股东财富的增加值。这说明,净现值法就是资本预算的正确决策方法。对此,我们将在下面与内部收益率法相比较的时候进行更加详细的说明。

四、内部收益率法

某项目的内部收益率(Internal Rate of Return,IRR)是使得现金流入量现值与现金流出量现值相等的贴现率。换句话说,内部收益率是指使得计算出来的净现值等于零的贴现率。因而,内部收益率是投资在某项目的资本可以给公司带来的回报率。使净现值等于零的收益率求解过程如下:

$$NPV = 0 = \sum_{t=1}^{N} \frac{FCF_t}{(1+IRR)^t} - I_0 \tag{2.11}$$

我们可以采用试错法来计算出项目C的内部收益率(许多袖珍计算器用反复迭代的程序可以迅速地计算出内部收益率),结果如表2-4和图2-2所示。

表 2-4　　　　　　　　项目 C 的内部收益率　　　　　　　单位：元

年份	现金流量	现值（10%）		现值（20%）		现值（25%）		现值（22.8%）	
0	-1 000	1.000	-1 000.00	1.000	-1 000.00	1.000	-1 000.00	1.000	-1 000.00
1	100	0.909	90.90	0.833	83.33	0.800	80.00	0.814	81.40
2	200	0.826	165.20	0.694	138.80	0.640	128.00	0.663	132.60
3	300	0.751	255.30	0.579	173.70	0.512	153.60	0.540	162.00
4	400	0.683	273.20	0.482	192.80	0.410	163.84	0.440	176.00
5	1 250	0.621	776.25 530.85	0.402	502.50 91.13	0.328	410.00 -64.56	0.358	447.50 -0.50

图 2-2 表明，项目 C 的现金流量的净现值会随着贴现率的提高而减少。如果贴现率等于零，则货币没有时间价值，一个项目的净现值就等于其现金流量的简单加总。例如，对于项目 C，当贴现率等于零时其净现值就等于 1 250 元。在另一极端的情况下，如果贴现率无限大，则未来的现金流量是无价值的，因而项目 C 的净现值就等于其目前的现金流量，为 -1 000 元。介于这两个极端之间必然有

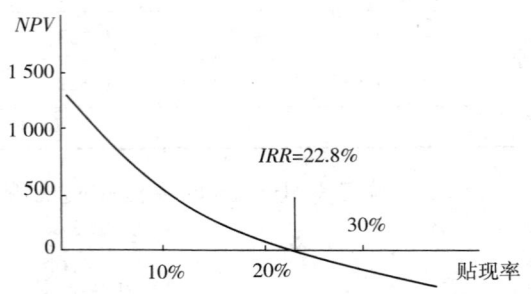

图 2-2　项目 C 在不同贴现率下的净现值

某一贴现率可以使项目 C 的净现值等于零，这一贴现率就是所谓的内部收益率，它使得现金流入的现值与现金流出的现值相等。上述 4 个项目的内部收益率分别为

项目 A，$IRR = -200\%$
项目 B，$IRR = 20.9\%$
项目 C，$IRR = 22.8\%$
项目 D，$IRR = 25.4\%$

如果我们选择内部收益率标准并且所有的项目均是独立的，那么，我们就可以接受任何一个内部收益率高于资本机会成本（在这里是 10%）的项目。因此，项目 B、C、D 都是可以接受的。但既然这些项目是互斥的，因此，根据内部收益率标准，选择项目 D 才是最佳方案。

第四节　净现值法与内部收益率法的比较

上述例子说明，用净现值法和内部收益率法选择项目时会得出不同的结论。净现值法支持项目 C 而内部收益率法支持项目 D。两种方法均考虑了全部的现金流量，也都利用货币的时间价值概念对现金流量进行了贴现。然而，我们必须从这 4 个互斥的项目中挑选出一个可以使股东财富达到最大化的项目。因此，这两种方法中只能有一种是正确的。在当前的假设下，我们将要说明，净现值标准是唯一与股东财富最大化的观点相一致的标准。

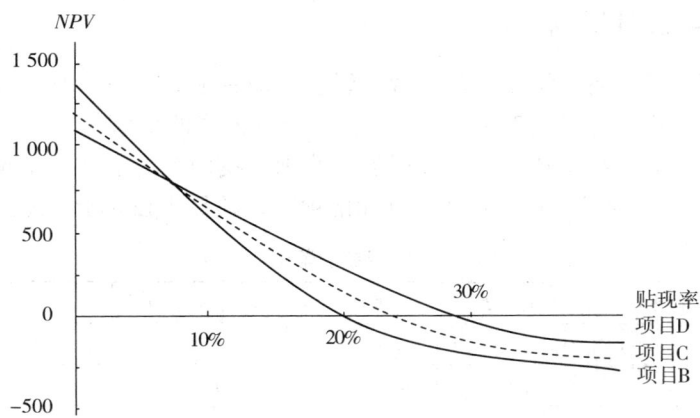

图 2-3 三个互斥项目的比较

图 2-3 对项目 B、C 和 D 进行了比较。当贴现率很低时，项目 B 的净现值最大；采用居中的贴现率，项目 C 是最佳选择；对足够高的贴现率，项目 D 又是最好的。净现值标准在同一个贴现率水平上比较这三个不同项目。应该注意，10% 的贴现率不是任意选定的，而是市场决定的资本的机会成本。在本章的开始我们就已经知道，市场决定的贴现率应该就是公司的管理层为实现所有股东财富最大化而采用的贴现率。因此，使用其他的贴现率都是不正确的。项目 C 是最好的，就是因为它在资本的机会成本为 10% 时，能够使净现值达到最大。

内部收益率原则并不是按照资本的机会成本来贴现，而是隐含地假设货币的时间价值就是项目特有的内部收益率，从而所有的现金流都是以该内部收益率来贴现。这一隐含的假设通常又被称为再投资率假设。

一、再投资率假设

对再投资率的正确理解就是将它视同资金的机会成本。净现值法和内部收益率法对再投资率有不同的假设。净现值法假设股东能够以市场决定的资本的机会成本（在本例中为 10%）将他们的资金再投资。因为 10% 是市场决定的资金的机会成本，这说明净现值法对再投资率的假设是正确的。对有相同风险的项目，它们的现金都应按照相同的贴现率（10%）进行贴现。

另一方面，内部收益率法假设股东会以不同的内部收益率将他们的资金再投资于每个项目。因此，在我们所举的例子中，股东会以 22.8% 的报酬率将资金再投资于项目 C，以 25.4% 的报酬率再投资于项目 D。但是，我们已经知道这两个项目具有相同的风险水平（即现金流量是已知且确定的）。为什么投资者应该以某一利率再投资于项目 C，而以另外一个利率再投资于项目 D 呢？很显然，内部收益率原则中隐含的再投资率假设是不符合逻辑的。虽然它对现金流量也进行了贴现，但是其贴现率不等于资本的机会成本。因此，它违反了前面提及的四个特性中的第二个特性。

二、价值可加性原则

资本预算所必须具备的第四个基本特性要求管理者独立地考虑某个项目,这就是著名的价值可加性原则,如式(2.8)所示,它意味着公司的价值等于各个项目价值的总和。为了说明内部收益率法违反了价值可加性原则,我们考虑下面3个项目,其各自的现金流量见表2-5。项目1和项目2是互斥的项目,项目3独立于上述两个项目。

表 2-5   价值相加的范例

年份	项目1	项目2	项目3	10%的现值因子	1+3	2+3
0	−100	−100	−100	1.000	−200	−200
1	0	225	450	0.909	450	675
2	550	0	0	0.826	550	0

	10%的净现值	内部收益率
1	354.30	134.5%
2	104.53	125.0%
3	309.05	350.0%
1+3	663.35	212.8%
2+3	413.58	237.8%

如果价值可加性原则成立,则我们就应当在两个互斥的项目中选择最优项目,而无须考虑独立的项目。表2-5已列示了3个项目的净现值以及它们各自的内部收益率。如果我们采用内部收益率法考虑项目1和项目2,就应该选择项目1。但是,如果我们考虑项目的各种组合,则采用内部收益率法时,项目2和项目3的组合会优于项目1和项目3的组合。根据内部收益率法,我们会单独地选择项目1,或者我们会选择项目2与另一独立项目的结合。在此例中,内部收益率法没能遵守价值可加性原则,这意味着管理者必须考虑全部项目的可能组合,并从中选择内部收益率最大的组合。举例来说,如果一家公司有5个备选项目,那么,公司的管理者就必须考虑32种不同的投资组合。

而净现值原则始终遵循价值可加性原则。如果资本的机会成本是10%,不管独立还是与项目3结合,我们都会选择项目1为最佳项目。应当注意到,项目1和项目3的组合以及项目2和项目3的组合的净现值是分别考虑每个项目并将其净现值简单加总得到的。因此,如果我们采用净现值法,那么公司的价值就是各个相互分离的项目的价值总和。在第六章我们还会看到,在不确定的情况下,当公司被视为一组风险项目的组合时,这一原则仍然成立。

三、多重内部收益率

在运用内部收益率法时还会遇到一个难题,即如果估计的现金流量多次改变其正负符号,则会导致出现多重内部收益率。这种情况的一个经典例子就是著名的油井泵(oil well pump)难题。某一石油公司正在考虑是否应当在运行中的油田上建造一座高速油井泵，估计的现金流量的变化如表2-6所示。公司需要花费1 600元建造该油井泵，在第一年运行高速油井泵时，它可以比目前所使用的油井泵多开采出价值10 000元的石油。但是，在第二年，由于石油的枯竭，它将少开采价值10 000元的石油。现在的问题是：是否应该引进这项高速油井泵技术，它将在近期内增加现金流量，但却会减少未来的现金流。

图2-4描述了以不同的贴现率得到的该项目净现值。如果资本的机会成本为10%，根据净现值法，公司会拒绝采用该高速油井泵技术，因为以10%贴现率得到的净现值为负数。如果我们运用内部收益率原则，该项目有两个内部收益率，分别为25%和400%。因为这两个内部收益率均大于资本的机会成本，故而该项目是可以采纳的。

表2-6 油井泵的现金流量的变化

单位：元

年份	估计现金流量
0	-1 600
1	10 000
2	-10 000

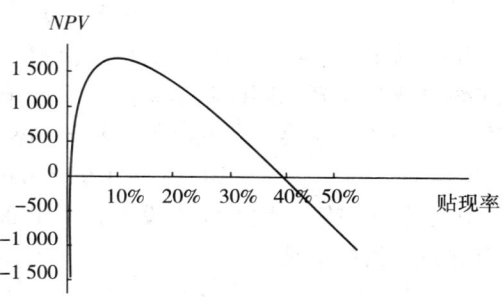

图2-4 多重内部收益率

从数学上看，多重内部收益率可由笛卡儿符号法则（Descartes' rule of signs）求出，该法则指出每当现金流量改变符号的时候，将可能会产生一个新的方程根（正实根）。在上面的例子中，现金流量的符号就改变了两次。因为内部收益率是指使现金流量的贴现值等于零的利率，因而，我们可在下列方程中求解内部收益率：

$$NPV = 0 = \frac{-1\,600}{(1+IRR)^0} + \frac{10\,000}{(1+IRR)^1} + \frac{-10\,000}{(1+IRR)^2}$$

$$0 = \frac{-1\,600(1+IRR)^2 + 10\,000(1+IRR) - 10\,000}{(1+IRR)^2}$$

$$0 = 1\,600(1+IRR)^2 - 10\,000(1+IRR) + 10\,000$$

很显然，这是一个二次方程式，它有两个根。该方程式的一般形式为

$$ax^2 + bx + c = 0$$

可以用二次方程的公式求出两个根：

$$x = \frac{-b \pm \sqrt{b^2 - 4ac}}{2a}$$

在我们的例子中，该方程的根就是：

$$(1+IRR) = x = \frac{10\,000 \pm \sqrt{10\,000^2 - 4 \times 1\,600 \times 10\,000}}{2 \times 1\,600}$$

$$(1+IRR) = \frac{10\,000 \pm 6\,000}{3\,200}$$

$$IRR = 25\% \quad \text{或者} \quad IRR = 400\%$$

方程出现二重根的经济解释为，我们将这一项目视为公司进行两次投资，首次投资额为 $-1\,600$ 元，第二期投资额为 $-10\,000$ 元。假设该项目为公司提供的正现金流量的成本是 10%，即资本的机会成本为 10%。这一假设具有一定的现实意义，因为公司获得的这 $10\,000$ 元是不能够投资在其他油井泵上的（仅有一个项目可以被采纳）。因此，假设公司在第一年获得的 $10\,000$ 元以资本的机会成本（即 10%）进行再投资是完全合理的。另一方面，该公司希望此项目所带来的现金流量可以获得内部收益率（无论其数值是多少）。因此，公司现在投资 $-1\,600$ 元并且期望在首次投资的期末获得内部收益率。用数学公式表示第一期期末价值为

$$1\,600 \times (1 + IRR)$$

这一结果与该项目以资本的机会成本 10% 借给公司的金额（$+10\,000$）之差在第二期的终值就是在第二期以利率 k 借入的数额。下面，我们用中括号表示公司获得的贷款净额。这一净额在第二期的终值是将该净额乘以 $(1+k)$：

$$[10\,000 - 1\,600 \times (1 + IRR)] \times (1 + k)$$

由于公司在第二期的期末投资为 $-10\,000$ 元，这一金额就等于上面给出的该项目的未来价值。其结果是：

$$[10\,000 - 1\,600 \times (1 + IRR)] \times (1 + k)$$

将资本的机会成本 k 设为 10% 并代入，我们可以解出该项目的投资报酬率如下：

$$10\,000 = [10\,000 - 1\,600 \times (1 + IRR)](1 + k)$$

用这种方法考虑项目现金流量可以解决二重根的问题，因为公司借入的正的现金流量可视为由已知报酬率提供，即等于资本的机会成本。这就使我们能够单独考虑投资于每个项目的资金报酬率。这一利率可以理解为该项目的内部收益率。在上面所举的有关油井泵的例子中，我们会发现，如果计算正确，则内部收益率法所作出的决策会与净现值法的决策结果一样。我们会拒绝引进该高速率的油井泵技术，因为此时项目的内部收益率低于资本的机会成本。

四、净现值法与内部收益率法比较的总结

内部收益率法存在的错误表现在以下几个方面：首先，它没有遵循价值可加性原则，因而公司的管理者在使用内部收益率法时不能对各项目独立考虑。其次，内部收益率法认为投资于各个项目的机会成本就等于该项目的内部收益率。它蕴含的再投资率假设违背了现金流量必须以市场决定的资本机会成本进行贴现的要求。最后，内部收益率法会在现金流量的符号改变不止一次时产生多个报酬率。但我们也已看到，一个简便的假设可使这一问题得到避免，即假设所有的项目现金流入量均以市场的机会成本贷给公司，而且投资于该项目的现金流量的报酬率即为内部收益率。

而净现值法可以避免内部收益率法固有的问题。它严格遵循价值可加性原则，且以资金的机会成本进行正确贴现，最为重要的是，它完全符合股东财富最大化的目的。

【小结】

投资决策从本质上看就是决定减少多少当前的消费以便在将来获得更多的消费。最优投资决策就是最大化投资者在计划期从消费中获得的期望满意程度。

公司的目标是使股东财富达到最大化。为了达到这一目的,公司的管理者应该选择净现值为正的项目进行投资。其他决策标准,如回收期、会计收益率以及内部收益率均不能确保选择的项目能够使股东财富达到最大化。

【思考与练习题】

1. 直线折旧法下的资本预算

某公司每年可从项目 A 获得 140 000 元现金流入量以及 100 000 元现金流出量。该项目的投资支出为 100 000 元,生命周期为 10 年,税率 τ_c 为 40%,资本的机会成本为 12%。请解答下面的问题:

(1) 用两种方法列示经折旧税盾调整后的净现金流量。

(2) 用直线折旧法计算的折旧作为纳税依据,计算项目 A 的净现值。

2. 加速折旧法下的资本预算

假设本题的基本情况与第 1 题相同,仅作如下变动:在计提折旧、计算利息和税金前每年收益为 22 000 元。

(1) 用直线折旧法计算的折旧作为纳税依据,计算该项目的净现值。

(2) 用加速折旧法中的年数总和法计算的折旧作为纳税依据,计算该项目的净现值。

3. 财务预算中的重置问题

某公司正在考虑用一台新型的设备替换目前正在使用的铆接机,这将使得公司每年的收益在计提折旧前从 20 000 元上升至 51 000 元。该项新设备的成本是 100 000 元,估计可以使用 8 年,期满没有残值。该公司适用的所得税率为 40%,且其资本成本为 12%。假设旧设备已提足折旧且没有残值。请问:该公司是否应当将旧设备置换为新设备?

4. 旧设备仍具有正的账面价值时的重置问题

假设本题的基本情况与第 3 题相同,仅作如下变动:设新设备在使用期满仍有残值 12 000 元,而旧设备仍具有 40 000 元的账面价值,且剩余使用年限为 8 年。置换后,旧设备可以按 10 000 元的价格出售。请问:该公司是否应当置换旧设备?

5. 现金流量问题

某公司正在考虑一项耗资 10 000 元的新投资。该项目将持续 5 年,且期满没有残值。该项目每年可以节约工资 3 000 元,且公司可以 15% 的年利率借入款项,而公司每年应摊销的成本(偿还贷款的本金)为 2 000 元。如果公司所得税的税率为 40%,税后资本成本为 20%,请问:该项目的净现值为多少?(注:20% 的 5 年期年金因子为 2.991)

6. 请计算下列现金流量集的内部收益率:

t_1: 400

t_2: 400

t_3: $-1\,000$

如果此时资本的机会成本为10%，请问：是否应当接受该项目？

7. 请计算下列现金流量集的内部收益率

t_0： $-1\,000$

t_1： 100

t_2： 900

t_3： 100

t_4： -100

t_5： -400

8. 某公司正在考虑一个耗资1 200元的3年期投资项目。该项目每年可以节省360元的营运成本且增加收益200元。公司可以通过一个3年期的贷款来筹资，其贷款偿还表如下（年利率为5%）。

单位：元

支付额	利息	偿还的本金	余额
440.65	60.00	380.65	819.35
440.65	40.97	399.68	419.67
440.65	20.98	419.67	0
	121.95	1 200.00	

如果公司的税后加权平均资本成本为10%，税率为40%，且采用直线折旧法，请问：该项目的净现值为多少？

9. 本公司的财务主管给董事会递交了一份计划书。他认为，该计划可以为该全股公司带来高达55%的利润的增长。该计划耗资900万元，且可以节约劳动力成本290万元，虽然设备的期望使用年限为5年（期满后没有残值），但可以在3.1年收回投资。如果公司的税率为50%，且采用直线折旧法，公司的税后加权平均资本成本为10%。请问：是否应当接受该项目？公司在实施该项目前后的利润见下表。

项目实施前　　　　　　　　　　　　　单位：万元

年份	第1年	第2年	第3年	第4年	第5年
收入	1 000	1 000	1 000	1 000	1 000
可变成本	500	500	500	500	500
折旧	300	300	300	300	300
净营运收入	200	200	200	200	200
利息费用	0	0	0	0	0
税前收益	200	200	200	200	200
所得税	-100	-100	-100	-100	-100
净收益	100	100	100	100	100

项目实施后 单位：万元

年份	第1年	第2年	第3年	第4年	第5年
收入	1 000	1 000	1 000	1 000	1 000
可变成本	210	210	210	210	210
折旧	480	480	480	480	480
净营运收入	310	310	310	310	310
利息费用	0	0	0	0	0
税前收益	310	310	310	310	310
所得税	-155	-155	-155	-155	-155
净收益	155	155	155	155	155

10. 项目A、B、C的现金流量如下表所示。请计算每个项目的回收期以及净现值（假设贴现率为10%）。如果项目A和项目B是互斥的项目，而项目C是独立项目，那么请使用回收期法或者净现值法讨论哪个项目或者哪种项目组合最优。你能从其结果中推知哪些有关在回收期法下的项目满足价值可加性特征？

年份	项目		
	A	B	C
0	-1	-1	-1
1	0	1	0
2	2	0	0
3	-1	1	3

【主要参考文献】

[1]［美］弗兰克·J. 法博齐，埃德温·H. 尼夫，周国富. 金融经济学［M］. 中文版. 北京：机械工业出版社，2015.

[2]［美］克里斯·琼斯. 金融经济学［M］. 中文版. 北京：清华大学出版社，2011.

[3]［美］托马斯·E. 科普兰，J. 弗雷德·韦斯顿，库尔迪普·夏斯特里. 金融理论与公司政策（第四版）［M］. 中文版. 北京：中国人民大学出版社，2012.

[4] 汪昌云. 金融经济学［M］. 北京：中国人民大学出版社，2006.

[5] 马孝先，孙鲁鹏，张质彬. 金融经济学（第五版）［M］. 北京：清华大学出版社，2019.

[6] 徐高. 金融经济学二十五讲［M］. 北京：中国人民大学出版社，2018.

第三章

资金的时间价值与无风险资产估价

【学习目的与要求】

通过本章的学习,掌握资金时间价值的内涵、有关概念及计算,掌握无风险资产定价方法,掌握债券收益率的度量方法,懂得债券定价的基本原理,学会如何度量债券的价格波动。

【学习要点】

资金的时间价值;无风险资产定价;债券收益率度量;债券定价原理;度量债券价格的波动性。

在现代市场经济条件下,投融资活动通常表现为某种金融资产的交易。例如,企业向银行贷款通常要与银行签订贷款合同,合同中明确说明债务人、债权人是谁,债权人发放贷款的时间和数额、债务人偿还贷款的时间和数额等一系列条款。这种贷款合同对银行而言就是一种金融资产,代表银行对未来的一个现金流的索取权。如果企业通过债券融资,那么就必须发行相应数量的债券,承诺还本付息。投资者则用现金购买债券,而债券对投资者而言意味着将来的一系列现金流入。企业通过股票融资,则投资者用现金购买企业发行的股票。根据国家的有关法律,股票投资者拥有分享公司创造的税后利润的股权,这同样意味着一系列未来的现金流。

贷款合同、债券以及股票等之所以被称为金融资产,是因为这些融资凭证(证券)虽然不具有实物形态,但同样代表着投资者的未来权益。

虽然金融资产是金融交易的直接对象,但金融交易的本质是当前的现金(流)与未来的现金(流)的交换。在贷款活动中,银行用现金换取了一个未来现金流(利息及本金偿还);在储蓄活动中,则是银行用未来的一个现金流支出换取了当前的现金流入。在债券投资活动中,投资者用现金换取的同样是一个未来的现金流入。由此可见,金融交易的本质之一是实现资金在时空上的互换,由于交换必须是等价的,因此开展金融交易的前提是能够计量或评估未来现金流的当前价值。

第一节 资金的时间价值

货币具有时间价值这一定义是分析任何金融工具所用到的基础概念之一。由于货币具有以某一利率水平进行投资的机会，因此货币具有时间价值。

一、未来值

为了确定即期用于投资的任一数量货币的未来值，将会用到下面的计算公式：

$$P_n = P_0(1 + r)^n \tag{3.1}$$

式中：n 为期限数（一般为年限数）；P_n 为从即期起始的 n 期内的未来值（元）；P_0 为初始本金（元）；r 为每一期间的利率（小数形式）。

表达式 $(1+r)^n$ 代表今天在名义利率 r 水平上投资 1 元用复利计算的 n 期后的未来值。

现举例说明。假设一个养老金经理人投资 10 000 000 元用于购买年利率为 9.2%、期限为 6 年的某种债券，那么 10 000 000 元的未来值便是 16 956 500 元：

$$P_6 = 10\ 000\ 000 \times (1 + 0.092)^6$$
$$= 10\ 000\ 000 \times 1.69565$$
$$= 16\ 956\ 500(元)$$

此例说明了在每年付息一次（即期限数等于年数）的情况下未来值的计算。当每年支付利息不止一次时，用于计算未来值的利率和期限数要作如下调整：

$$r = \frac{年利率}{每年付息次数}$$

$$n = 每年付息次数 \times 年限数$$

例如，如果前一例中的投资组合经理人投资 10 000 000 元用于购买年利率为 9.2%、期限为 6 年、每半年付息一次（即一年两次）的某种债券，那么

$$r = 0.092 \div 2 = 0.046$$
$$n = 2 \times 6 = 12$$
$$P_{12} = 10\ 000\ 000 \times (1 + 0.046)^{12}$$
$$= 10\ 000\ 000 \times 1.71546$$
$$= 17\ 154\ 600(元)$$

从以上例子中可以发现，即使两项投资的年利率相同，但 10 000 000 元投资按半年付息的未来值（17 154 600）要大于按年付息的未来值（16 956 500），按半年付息的较高未来值反映了将所获利息进行再投资的机会更大。

二、普通年金的未来值

分期投资相等金额的货币被称为年金，从即期开始的第一期内的第一笔投资称为普通年金。普通年金的未来值可以通过加总投资末期每一笔投资的未来值得出，但用下面

的公式计算会相对简单些：

$$P_n = A\left[\frac{(1+r)^n - 1}{r}\right] \tag{3.2}$$

式中：A 为年金额（元），括号中的内容为 n 期后 1 元年金的未来值。

为了说明这一公式的应用，现假定某投资组合经理购买了期限为 15 年、年利率为 10%、面值为 20 000 000 元的债券，从即期起 1 年后获得第一笔利息，即发行人按年付息。当持有债券一直到期满日（15 年）、将每年所获的利息以 8% 的年利率进行再投资时，投资组合经理的收益会是多少呢？

投资组合经理在 15 年末的收益包括：

（1）债券期满偿还的票面值为 20 000 000 元；
（2）15 年中每年所获得的利息收入为 2 000 000 元（$0.1 \times 20\,000\,000$）；
（3）将每年所获得的利息以 8% 的年利率进行再投资的收入。

运用式（3.2）即可得到第二项与第三项的加计金额，本例中的年金是 2 000 000 元，有 $A = 2\,000\,000$，$r = 0.08$，$n = 15$。因而

$$P_{15} = 2\,000\,000 \times \left[\frac{(1+0.08)^{15} - 1}{0.08}\right]$$
$$= 2\,000\,000 \times 27.152125$$
$$= 54\,304\,250（元）$$

每年 2 000 000 元、期限为 15 年的普通年金、按年利率 8% 投资的普通年金的未来值为 54 304 250 元，由于其中的 30 000 000 元（$15 \times 2\,000\,000$）的未来值代表的是发行体支付的利息总额，也是投资组合经理进行再投资的金额，那么，其余的 24 304 250 元（$54\,304\,250 - 30\,000\,000$）便是将利息收入进行再投资所获得的收入，由此，投资组合经理在未来 15 年末的总收益是：

期满时的面值	20 000 000 元
所获得的利息收入	30 000 000 元
将所获得的利息进行再投资的收入	24 304 250 元
总的未来值	74 304 250 元

为了估算债券的相对价值，有必要计算投资组合经理再投资期末的全部未来收入。

假定上例中的债券是每 6 个月付息一次（以年利率为基准），头 6 个月获得第一笔利息，随后立即将其再进行 6 个月的投资，并假定每半年获得的利息能以 8% 的年利率进行再投资，我们再作这种情况下的分析。

每 6 个月获得的利息收入是 1 000 000 元，30 次 1 000 000 元的半年期利息收入加计再投资收入的未来值为

$$A = 1\,000\,000$$
$$r = 0.08 \div 2 = 0.04$$
$$n = 15 \times 2 = 30$$

$$P_{30} = 1\,000\,000 \times \left[\frac{(1.04)^{30} - 1}{0.04}\right]$$
$$= 1\,000\,000 \times 56.085$$
$$= 56\,085\,000(元)$$

由于所获得的利息收入为 30 000 000 元,因而所获利息的再投资收入便为 26 085 000元。每半年支付一次的利息收入的再投资收入为 26 085 000 元,大于每年付息一次的利息再投资收入(24 304 250 元),这说明再投资越频繁,获利的机会就越大。

投资组合经理在 15 年末的投资总收益为

期满时的面值	20 000 000 元
所获得的利息收入	30 000 000 元
将所获得的利息进行再投资的收入	26 085 000 元
总的未来值	76 085 000 元

三、现值

我们已经解释了如何计算投资的未来值,以下将说明怎样进行相反的计算,也就是说,为了实现一定的未来值,如何确定当前投资的货币量,这一货币量被称为现值。正如本章后面所要解释的,由于任何金融工具的价格都是其预期现金流量的现值,因而明白现值对于理解固定收益金融工具的定价是很重要的。

我们感兴趣的是,为了在 n 期后能得到一个确定量的未来值,现在应该投资多少货币,式(3.1)可以回答这一问题。设初始本金为 P_0:

$$P_0 = P_n\left[\frac{1}{(1+r)^n}\right]$$

但我们不用 P_0 这个符号,而是用 PV 表示现值,用 FV 表示终值,因而现值公式可重新记述为:

$$PV = FV_n\left[\frac{1}{(1+r)^n}\right] \qquad (3.3)$$

括号中的内容表示 1 元的现值,亦即为了获得 n 期后的 1 元,在每期利率为 r 的情况下,现期应该投资多少。

计算现值的过程也称为贴现,由此,现值有时被称为贴现值,其中的利率被称为贴现率。

为了说明式(3.3)的应用,在此假定某一投资组合经理有机会购买一种从即日起 7 年间偿还 500 万元的某种金融工具,而不存在过渡期的现金流量,如果该投资组合经理想从此项投资上获得 10% 的年利率,那么这项投资的现值计算如下:

$$r = 0.10$$
$$n = 7$$
$$FV_7 = 5\,000\,000$$

$$PV = 5\,000\,000 \times \left[\frac{1}{(1+0.10)^7}\right]$$
$$= 5\,000\,000 \times 0.513158$$
$$= 2\,565\,790(元)$$

这个公式表明，如果今天以 10% 的年利率投资 2 565 790 元，7 年后将获得 5 000 000 元。如果该金融工具以高于 2 565 790 元的价格卖出，投资组合经理以高于 2 565 790 元的价格购买，则其年收益将小于 10%。反之，如果该金融工具卖价低于 2 565 790 元，投资组合经理的年收益率将大于 10%。

值得注意的是，现值具有两个特点：其一，对于在未来确定日期的一个给定未来值，利率（或贴现率）越高，现值越低。这一点很容易理解，因为今天投资的利率越高，为了实现确定的未来值而需要投入的钱就会越少。其二，对于一个给定的利率（贴现率），未来值的获得期限越长，现值越低。理由是，给定未来值的获得期限越长，利息积累的机会就越多，所需要的现时投资就会越少。

四、一系列未来值的现值

在大量投资组合管理的应用中，一种金融工具可能会提供一系列的未来值，为了确定这一系列未来值的现值，首先要算出每一个未来值，所有这些现值相加便可得出全部未来值的现值。

数学公式表达如下：

$$PV = \sum_{t=1}^{n} \frac{FV_t}{(1+r)^t} \tag{3.4}$$

例如，假设某一投资组合经理考虑购买一种金融工具，则此金融工具的偿还方式如表 3-1 所示。

如果该投资组合经理想从此项投资上获得 6.25% 的年利率，则这一投资的现值计算如表 3-2 所示。

表 3-1 偿还方式

从即期起的年数	发行体承诺的支付额（元）
1	100
2	100
3	100
4	100
5	1 100

表 3-2 现值计算

从即期起的年数	支付的未来值（元）	以 6.25% 的年利率投资的 1 元的现值（元）	支付的现值（元）
1	100	0.9412	94.12
2	100	0.8858	88.58
3	100	0.8337	83.37
4	100	0.7847	78.47
5	1 100	0.7385	812.35
			现值 = 1 156.89

五、普通年金的现值

每期获得或每年支付同等数量的货币，这被称为年金，从即期起第一期获得的第一笔年金叫普通年金，每期期初支付的年金叫到期年金。本书中讨论的年金都是普通年金。

为了计算普通年金的现值，每一期未来值的现值都要计算出来，然后加总。作为选择，下列公式可以用于计算普通年金的现值：

$$PV = A \left[\frac{1 - \frac{1}{(1+r)^n}}{r} \right] \tag{3.5}$$

式中：A 为年金（元），括号中的内容为 1 元普通年金在 n 个期间内的现值。

假设某个投资者希望从投资开始接下来的 8 年中每年年末都获得 100 元收入，用于贴现的相应贴现率为 9%，那么，这笔普通年金的现值就是

$$A = 100$$
$$r = 0.09$$
$$n = 8$$

$$PV = 100 \times \left[\frac{1 - \frac{1}{(1+0.09)^8}}{0.09} \right]$$

$$= 100 \times \left[\frac{1 - \frac{1}{1.99256}}{0.09} \right]$$

$$= 100 \times 5.5348$$

$$= 553.48(元)$$

六、每年偿还不止一次的现值

在上述的现值计算中，我们假设未来值是每年收到或支付一次，但现实中每年不止进行一次收付，在这种情况下，用来计算现值的公式就必须用两种方法予以修正：首先，年利率要与每年的收付频率相除。比如，当未来值每半年收到一次时，年利率就要被 2 除；如果一年内支付 4 次，年利率就要被 4 除。其次，未来值获得的期间数要通过年数乘以每年支付的次数来调整。

第二节 无风险资产的估价

任何金融工具的价格等于其预期现金流量的现值，由此，价格的确定要求有预期现金流量的估计值以及应计收益率的估计值。

就某些金融工具而言，预期现金流量易于计算，而另一些金融工具的这一值则很难计算。应计收益率反映了那些在风险方面具有可比性或替代性选择的金融工具的收益率。

确定债券价格的第一步是确定现金流量。对于发行体在到期日前不能赎回的债券（即不可赎回债券）来说，其现金流量包括期满日前定期支付的利息以及期满日时的票面值。

在我们对债券定价的说明中，采用以下三个假设以简化分析：（1）利息每 6 个月支

付一次；(2) 下一次收到发行体支付的利息正好是从即期起的 6 个月后；(3) 每期支付的利息是固定的。

因此，不可赎回债券的现金流量包括每半年支付的固定票息的年金以及票面价值或期满值。例如，期限为 20 年、票面值为 1 000 元、利率为 10% 的债券，其利息收入的现金流量是

$$年利息 = 1\ 000 \times 0.10 = 100$$

$$半年利息 = 100 \div 2 = 50$$

所以，有 40 个 50 元的半年现金流量，以及从即期开始 40 个半年后还有 1 000 元的收入。需要注意的是票面值的处理，不要将其当做好像是从现在开始 20 年后才收到的那样进行处理，而应是在半年期利率连续支付的基础上予以处理。

应计收益率由市场上可类比债券收益情况的调查所决定，"可类比"指的是具有相同信用等级和同样期满日的不可赎回债券。应计收益率一般以年利率表示。当现金流量每半年产生一次时，市场惯例是用年利率的一半作为对现金流量予以贴现的贴现率。

给定某一债券的现金流量和应计收益率，就有了给债券定价的所有分析工具。正因为债券价格是现金流量的现值，债券价格也就由加总以下两个现值而得出：半年期利息的现值和期满时票面值的现值。

一般地，债券价格由下列公式计算：

$$P = \frac{C}{1+r} + \frac{C}{(1+r)^2} + \frac{C}{(1+r)^3} + \cdots + \frac{C}{(1+r)^n} + \frac{M}{(1+r)^n}$$

或者

$$P = \sum_{t=1}^{n} \frac{C}{(1+r)^t} + \frac{M}{(1+r)^n} \tag{3.6}$$

式中：P 为价格（元）；n 为期间数（年限数的 2 倍）；C 为半年期利息（元）；r 为每一期的利率（年收益率除以 2）；M 为票面值；t 为偿还次数。

因为半年期支付的利息相当于普通年金，运用普通年金现值计算式 (3.5) 可以给出利息的现值：

$$C\left[\frac{1 - \frac{1}{(1+r)^n}}{r}\right] \tag{3.7}$$

为了说明如何计算债券的价格，我们考虑期限为 20 年、利率为 10%、票面值为 1 000 元的债券，如果该债券的应计收益率是 11%，则其现金流量包括：40 次支付半年期利息（每次为 50 元）以及从即期起 40 个半年后偿还的 1 000 元。半年或每一期间的利率（或期间应计收益率）是 5.5%（11% 除以 2）。

40 次的 50 元（所有半年期利息）以 5.5% 的利率贴现，其现值为 802.31 元。计算如下：

$$C = 50$$
$$n = 40$$

$r = 0.055$

$$= 50 \times \left[\frac{1 - \frac{1}{(1 + 0.055)^{40}}}{0.055}\right]$$

$$= 50 \times 16.04613$$

$$\approx 802.31(元)$$

1 000 元的票面值以利率 5.5% 贴现后的现值为

$$\frac{1\ 000}{(1 + 0.055)^{40}} = \frac{1\ 000}{8.51332} \approx 117.46(元)$$

该债券价格等于如下两个现值之和：

  利息收入的现值   802.31 元
  + 面值（期满票面值的现值）   117.46 元
  = 价格   919.77 元

如果应计收益率不是 11% 而是 6.8%，则债券的价格将是 1 347.04 元，说明如下：

债券现值用期间利率 3.4%（6.8%/2）计算：

$$50\left[\frac{1 - \frac{1}{(1 + 0.034)^{40}}}{0.034}\right] = 50 \times 21.69029 = 1\ 084.51(元)$$

1 000 元的票面值以利率 3.4% 贴现：

$$\frac{1\ 000}{(1 + 0.034)^{40}} = 262.53(元)$$

债券的价格如下：

  利息收入的现值   1 084.51 元
  + 面值（期满值的现值）   262.53 元
  = 价格   1 347.04 元

如果应计收益率等于息票利率 10%，债券价格就是票面值 1 000 元，计算如下：用利率 5%（10%/2）贴现的利息现值为

$$50 \times \left[\frac{1 - \frac{1}{(1 + 0.05)^{40}}}{0.05}\right] = 50[17.15909] = 857.95(元)$$

1 000 元的票面值以 5% 贴现的现值为

$$\frac{1\ 000}{(1 + 0.05)^{40}} = 142.05(元)$$

债券的价格是：

  利息收入的现值   857.95 元
  + 面值（期满值的现值）   142.05 元
  = 价格   1 000.00 元

一、零息票债券的定价

某些债券在其存续期内不支付利息，投资者收益的获取是通过购买价格和期满值的差额来实现的，这类债券被称为零息债券。零息债券又称为纯贴现债券，是最简单的一种债券。它的价格通过用零代替式（3.6）的 C 来计算，即

$$P = \frac{M}{(1+r)^n} \tag{3.8}$$

式（3.8）说明零息债券价格是票面面值的现值。然而在现值计算中，贴现的期间数不是债券到期的年限数，而是年限数的 2 倍；贴现率也是年应计收益率的一半。比如计算 15 年期零息债券的价格，如果票面值为 1 000 元，应计收益率是 9.4%，债券的价格则是 252.12 元，计算如下：

$$M = 1\ 000$$
$$r = 0.047$$
$$n = 30(2 \times 15)$$
$$P = \frac{1\ 000}{(1.047)^{30}} = \frac{1\ 000}{3.96644} = 252.12(元)$$

二、价格与收益率的关系

债券的最基本特征是价格和应计收益率成反向变化关系，理由是债券价格是现金流量的现值，当应计收益率上升时，现金流量的现值就会下降，债券的价格也就随之下降；反之，当应计收益率下降时，现金流量的现值上升，债券价格也就随之上升。这可从对期限为 20 年、息票利率为 10% 的债券的观察中看出，当应计收益率分别是 11%、10%、6.8% 时，相应债券价格的变化正好符合上述结论。表 3-3 显示了 20 年期息票利率为 10% 的债券在不同应计收益率上的不同价值。

表 3-3　　20 年期票面利率为 10% 的债券的价格与收益率之间的关系　　单位：元

收益率	价格	收益率	价格
0.045	1 720.32	0.110	919.77
0.050	1 627.57	0.115	883.50
0.055	1 541.76	0.120	849.54
0.060	1 462.30	0.125	817.70
0.065	1 388.65	0.130	787.82
0.070	1 320.22	0.135	759.75
0.075	1 256.89	0.140	733.37
0.080	1 197.93	0.145	708.53
0.085	1 143.08	0.150	685.14
0.090	1 092.01	0.155	663.08
0.095	1 044.41	0.160	642.26
0.100	1 000.00	0.165	622.59
0.105	958.53		

利用表2-3的数据，从债券价格和利率之间的反向关系可以推出一个有趣的结论：在期限不变的情况下，收益率下降导致债券价格上升的百分比要大于收益率上升相同幅度导致债券价格下降的百分比。

如果将不可赎回债券的价格和收益率的关系描绘出来，我们将得到图2-2所示的一条弓形曲线，称之为凸性曲线。价格和收益率的这种凸性关系，对债券投资有着重要意义。

尽管债券价格和收益率之间的反向关系是所有债券分析的基础，但是为了完整地理解利率变动对债券价格变动的影响，我们仍然需要更多的信息。收益率上升将导致债券价格下降，但是下降的确切幅度取决于每种债券的变量大小，例如息票利率的高低和到期期限的长短。

三、票面利率、应计收益率和价格的关系

当市场收益率变化时，针对新的市场应计收益率，债券价格是投资者进行补偿的唯一变量。当票面利率等于应计收益率时，债券价格等于其票面值，正如前例所示的20年期、票面利率为10%的债券价格的情形。

当市场收益率高于给定时间内的票面利率时，债券价格就得调整以便打算购买此债券的投资者能够获得补偿性利息收入；如果债券价格不作调整，投资者就不会购买此债券，因为其收益率低于市场收益率，需求下降致使债券价格下降，进而债券收益率上升，这就是债券价格为何会低于其票面值的原因。

对新投资者来说，持有债券直到期满所获得的资本增值表明因票面利率低于应计收益率而得到的补偿。债券以低于票面值的价格出售，称为折价出售。从前面对债券价格的计算中可以发现，当收益率高于票面利率时，债券价格总是低于票面价值(1 000元)。

当市场上的应计收益率低于票面利率时，债券必须以高于票面值的价格出售，因为有机会以票面值购买债券的投资者获得的收益率将高于市场应计的收益率，因其收益率是如此诱人以致投资者将会哄抬价格，债券价格便将一直上升到债券的收益率等于市场应计收益率时为止。债券价格高于票面值的情况被称为溢价销售。票面利率、应计收益率和价格之间的关系可以简示如下：

票面利率 < 收益率 ⇔ 价格 < 票面价格 （折价债券）

票面利率 = 收益率 ⇔ 价格 = 票面价格

票面利率 > 收益率 ⇔ 价格 > 票面价格 （溢价债券）

另外，请记住下述原理：在其他因素相同的条件下，债券价格变动的大小和其息票利率的高低成反向关系，这里指的是价格变动的百分比。当我们使用绝对值而非百分比来度量债券价格变动时，这种关系不一定成立。

四、当利率确定时债券价格和期限的关系

当购买债券到债券期满日的时间内应计收益率不变时，债券价格将会发生什么变化呢？就以票面价格出售的债券而言，票面利率等于应计收益率，临近期满日时，债券将

逐渐趋于以票面价格出售，也就是说，随着债券向期满日的靠近，债券价格将会保持稳定。

对于溢价或折价出售的债券，价格则不会保持。表3-4列示了期限为20年、票面利率为10%的付息债券以溢价或折价出售时，随着期满日的临近，其价格的变化过程。值得注意的是，在应计收益率不变的情况下，折价债券的价格随着期满日的临近而上升，溢价债券价格的变动却正好相反，但在期满日时，两种债券的价格都会等于其票面值。

表3-4　　　折价或溢价出售的期限为20年、票面利率为10%的债券价格临近期满日时的价格变化轨迹　　　单位：元

年限数	以12%的收益率折价出售时债券价格的变化	以7.8%的收益率溢价出售时债券价格的变化	年限数	以12%的收益率折价出售时债券价格的变化	以7.8%的收益率溢价出售时债券价格的变化
20.0	849.54	1 221.00	9.5	888.42	1 145.71
19.5	850.51	1 218.62	9.0	891.72	1 140.39
19.0	851.54	1 216.14	8.5	895.23	1 134.87
18.5	852.63	1 213.57	8.0	898.84	1 129.13
18.0	853.79	1 210.90	7.5	902.88	1 123.16
17.5	855.02	1 208.13	7.0	907.05	1 116.97
17.0	856.32	1 205.24	6.5	911.47	1 110.53
16.5	857.70	1 202.25	6.0	916.16	1 103.84
16.0	859.16	1 199.14	5.5	921.13	1 096.89
15.5	860.71	1 195.90	5.0	926.40	1 089.67
15.0	862.35	1 192.54	4.5	931.98	1 082.16
14.5	864.09	1 189.05	4.0	937.90	1 074.37
14.0	865.94	1 185.43	3.5	944.18	1 066.27
13.5	867.89	1 181.66	3.0	950.83	1 057.85
13.0	869.97	1 177.74	2.5	957.88	1 049.11
12.5	872.17	1 173.67	2.0	965.35	1 040.02
12.0	874.50	1 169.45	1.5	973.27	1 030.58
11.5	879.58	1 165.06	1.0	981.67	1 020.78
11.0	882.36	1 160.49	0.5	990.57	1 010.59
10.5	885.36	1 155.75	0.0	1 000.00	1 000.00
10.0	885.30	1 150.83			

如果其他因素相同，则当收益率变动时，长期债券价格变动要大于短期债券。例如，给定两种息票利率为10%的债券，当市场收益率从10%下降到8%时，从表3-5可知，15年期的债券价格为1 172.92元，而30年期债券价格为1 226.23元。

表 3-5　　　　息票利率为 10% 的债券的价格与市场收益率　　　　单位：元

到期年限（年）	不同市场收益率和到期期限下的债券价格		
	8%	10%	12%
1	1 018.86	1 000	981.67
5	1 081.11	1 000	926.40
10	1 135.90	1 000	885.30
15	1 172.92	1 000	862.35
20	1 197.93	1 000	849.54
25	1 214.82	1 000	842.38
30	1 226.23	1 000	838.39

这里有一个简单而重要的原理：当其他因素相同时，债券价格的变动是到期期限的函数，长期债券价格对利率的敏感性大于短期债券。

一个与到期期限相关的原理是：由债券到期期限和其价格变动之间的关系所导致的价格变动的百分比随到期期限的增长而增长，但增长速度递减。

如上所述，当收益率从 10% 下降到 8% 时，15 年期债券价格上升为 1 172.92 元，变动率为 17.29%；而 30 年期债券价格上升为 1 226.23 元，变动率为 26.23%。

这个例子说明，价格变动的百分比随到期期限的增长而增长，但是增长速度递减。简单而言，到期期限翻倍并不会使得因市场利率变动而导致的价格变动的百分比翻倍。

五、债券价格变动的原因

债券价格会由于下面三个原因中的一个或多个而变动：（1）发行人的信用级别变化导致价格变动；（2）即使市场利率没有任何变化，随着期满日的临近，债券价格也会变化；（3）可类比债券收益率（即市场利率）变动导致债券价格变动。

对投资管理者来讲，了解和掌握债券价格变化的这些内在规律是实现投资目标的一个基本要求或条件。

第三节　债券收益率的度量

一、债券收益的来源及影响因素

投资债券的目的是在到期收回本金的同时得到固定的利息。债券的投资收益包含两方面的内容：一是债券的年利息收入，这是债券发行时就决定了的。在一般情况下，债券利息收入不会改变，投资者在购买债券前就可得知。二是资本损益，指债券买入价与卖出价或偿还额之间的差额。当债券卖出价大于买入价时，获得资本收益；当债券卖出价小于买入价时，发生资本损失。由于债券买卖的价格受市场利率和供求关系等因素的影响，资本损益很难在投资前作出准确预测。

衡量债券收益水平的尺度为债券收益率，即在一定时期内所得收益与投入本金的比率。为了便于比较,债券收益一般以年收益率为计算单位。

影响债券收益率的因素主要有债券利率、价格和期限三个,这三个因素中只要有一个因素发生了变化,债券收益率也会随之发生变化。另外,债券的可赎回条款、税收待遇、流动性及违约风险等属性也会不同程度地影响债券的收益率。一般来说,当债券被赎回时,投资收益率降低。所以,作为补偿,易被赎回的债券的名义收益率比较高,不易被赎回的债券的名义收益率比较低;享受税收优惠待遇的债券的收益率比较低,无税收优惠待遇的债券的收益率比较高;流动性高的债券的收益率比较低,流动性低的债券的收益率比较高;违约风险高的债券的收益率比较高,违约风险低的债券的收益率比较低。

二、债券收益率及其计算

债券收益率包括票面收益率、直接收益率、持有期收益率、到期收益率和赎回收益率等多种,这些收益率分别反映了投资者在不同买卖价格和持有年限下的不同收益水平。

(一) 票面收益率

票面收益率又称为名义收益率或息票率,是印制在债券票面上的固定利率,即年利息收入与债券面额的比率。如果投资者将按面额发行的债券持有至期满,则所获得的投资收益率与票面收益率是一致的。其计算公式为

$$Y_n = \frac{C}{V} \times 100\% \tag{3.9}$$

式中:Y_n 为票面收益率或名义收益率;C 为债券年利息;V 为债券面额。

票面收益率只适用于投资者按票面金额买入债券直至期满并按票面面额收回本金的情况,它没有反映债券发行价格与票面金额不一致的情况,也没有反映投资者有中途卖出债券的情况。

(二) 直接收益率

直接收益率又称为本期收益率、当前收益率,指债券的年利息收入与买入债券的实际价格的比率,债券的买入价格可以是发行价格,也可以是流通市场的交易价格,它可能等于债券面额,也可能高于或低于债券面额。其计算公式为

$$Y_d = \frac{C}{P_0} \times 100\% \tag{3.10}$$

式中:Y_d 为直接收益率;P_0 为债券市场价格;C 为债券年利息。

直接收益率反映了投资者的投资成本带来的收益。它对那些每年从债券投资中获得一定利息的投资者来说很有意义。

直接收益率也有不足之处,它和票面收益率一样,不能全面地反映投资者的实际收益,因为它忽略了资本损益,既没有计算投资者买入价格与持有债券到期后按面额偿还本金之间的差额,也没有反映买入价格与到期前出售或赎回价格之间的差额。

(三) 持有期收益率

持有期收益率指买入债券后持有一段时间,又在债券到期前将其出售而得到的收益

率。它包括持有债券期间的利息收入和资本损益。计算方法有多种，公式如下。

1. 息票债券持有期收益率常用的计算公式为

$$Y_h = \frac{C + (P_1 - P_0)/n}{P_0} \times 100\% \tag{3.11}$$

式中：Y_h 为持有期收益率；C 为债券年利息；P_1 为债券卖出价；P_0 为债券买入价；n 为持有年限。

2. 一次还本付息债券的计算公式。我国发行的债券多为到期一次还本付息债券，在中途出售的卖价中包含了持有期的利息收入，所以实际使用的计算公式为

$$Y_h = \frac{(P_1 - P_0)/n}{P_0} \times 100\% \tag{3.12}$$

式中：Y_h 为持有期收益率；P_1 为债券卖出价；P_0 为债券买入价；n 为持有年限。

（四）到期收益率

到期收益率又称为最终收益率，一般债券到期都按面值偿还本金，所以，随着到期日的临近，债券的市场价格会越来越接近面值。到期收益率同样包括了利息收入和资本损益。

采用试错法，考虑利息收入和投资者在持有债券至到期的时间内实现的任何资本利得或损失，计算方法有以下几种。

1. 息票债券到期收益率计算公式为

$$P_0 = \sum_{i=1}^{n} \frac{C}{(1+Y_m)^i} + \frac{V}{(1+Y_m)^n} \tag{3.13}$$

式中：Y_m 为到期收益率；C 为债券年利息；V 为债券面额；P_0 为债券买入价；n 为到期年限。

例如，有一种 10 年后到期的债券，每年付息一次，下一次付息正好在 1 年后。面值为 100 元，票面利率为 8%，市场价格是 107.02 元，求它的到期收益率。

解：

根据到期收益率的公式为

$$107.02 = \sum_{i=1}^{10} \frac{8}{(1+Y_m)^i} + \frac{100}{(1+Y_m)^{10}}$$

我们可以利用插值法求出 $Y_m = 7\%$。

2. 零息债券的到期收益率。零息债券的到期收益率的求法与附息债券是类似的，区别在于零息债券只有一次现金流。因此，计算零期债券的到期收益率更简单，计算公式为

$$P_0 = \frac{V}{(1+Y_m)^N} \tag{3.14}$$

3. 半年支付一次利息的债券的到期收益率的计算公式为

$$P_0 = \sum_{i=1}^{n} \frac{C}{(1+Y_m)^i} + \frac{V}{(1+Y_m)^n} \tag{3.15}$$

式中：Y_m 为到期收益率；C 为债券年利息；V 为债券面额；P_0 为债券买入价；n 为距到

期日的期数（年数×2）。

4. 在两个利息支付日之间购买的债券的到期收益率公式为

$$P_0 = \sum_{i=1}^{M} \frac{C}{(1+Y_m)^n (1+Y_m)^{t-1}} + \frac{V}{(1+Y_m)^n (1+Y_m)^{M-1}} \quad (3.16)$$

式中：Y_m 为到期收益率；C 为债券年利息；V 为债券面额；P_0 为债券买入价；M 为距到期日的年数；n 为距下一次利息支付日的天数/利息支付的天数。

（五）赎回收益率

如果债券可以在到期日之前被发行人赎回，债券的收益率就要用赎回收益率来衡量，赎回收益率是使债券在赎回日以前的现金流限制与当前的市场价格相等的贴现率。赎回收益率的计算与到期收益率类似，区别在于要用赎回日代替到期日，用赎回价格代替面值。

$$P_0 = \sum_{i=1}^{n} \frac{C}{(1+Y_c)^i} + \frac{F_0}{(1+Y_c)^n} \quad (3.17)$$

式中：Y_c 为赎回收益率；C 为债券年利息；P_0 为债券买入价；F_0 为赎回溢价，即赎回时付给投资者的金额；n 为赎回年限。

（六）贴现债券收益率

贴现债券又称为贴水债券，是指以低于面值发行、发行价与票面金额之差额相当于预先支付的利息、债券期满时按面值偿付的债券。贴现债券一般用于短期债券的发行，如美国国库券。由于具有各种优点，贴现债券现在也开始用于中期债券，但很少用于长期债券。

1. 到期收益率。贴现债券的收益率是贴现额，即债券面额与发行价格之间的差额。贴现债券发行时只公布面额和贴现率，并不公布发行价格。所以，要计算贴现债券的到期收益率，必须先计算其发行价格。由于贴现率通常以年率表示，为了计算方便起见，习惯上年贴现率以 360 天计，在计算发行价格时，还要将年贴现率换算成债券实际期限的贴现率。贴现债券发行价格的计算公式为

$$P_0 = V \times (1 - dn) \quad (3.18)$$

式中：V 为债券面额；P_0 为发行价格；d 为年贴现率（以 360 天计）；n 为债券期限。

计算出发行价格后，方可计算其到期收益率。贴现债券的期限一般不足 1 年，而债券收益率又都以年率表示，所以要将按不足 1 年的收益计算出的收益率换算成年收益率。重要的是，为了便于与其他债券比较，年收益率要按 365 天计算，而分母一般不再计算平均投入资本。贴现债券到期收益率的计算公式为

$$Y_m = \frac{V - P_0}{P_0} \times \frac{365}{n} \times 100\% \quad (3.19)$$

式中：Y_m 为到期收益率；V 为债券面额；P_0 为发行价格；n 为债券期限。

2. 持有期收益率。贴现债券也可以不等到期满而中途出售，证券行情表每天公布各种未到期贴现债券二级市场的折扣率。投资者必须先计算债券卖出价，再计算持有期收益率。计算公式为

$$Y_h = \frac{P_1 - P_0}{P_0} \times \frac{365}{n} \times 100\%$$

$$P_1 = V \times (1 - dn) \tag{3.20}$$

式中：Y_h 为持有期收益率；P_1 为债券卖出价；P_0 为债券买入价；d 为二级市场折扣率；n 为债券的剩余期限。

第四节 债券定价原理

一、马尔基尔债券定价原理

1962 年，马尔基尔（B. G. Malkiel）最早系统地提出了债券定价的五个原理。至今，这五个原理仍然被视为债券定价理论的经典。

原理一：债券的价格与债券的收益率成反比例关系。

当收益率低于票面利率时，债券将会溢价（价格高于面额）；反之，当收益率高于票面利率时，债券价格将会折价。因此，收益率与债券价格成反比关系，若预期收益率有上升的可能，应先将手中的债券卖出，以避免债券价格下跌造成资本损失；反之，若预期收益率将会下跌，则可以买进债券，以获得债券价格上涨的资本利得。

原理二：当债券的收益率不变，即债券的息票率与收益率之间的差额固定不变时，债券的到期时间与债券价格的波动幅度之间成正比关系。

其他条件相同，若同时有到期时间长短不同的两种债券，当收益率变动 1% 时，到期时间较长的债券的价格波动幅度较大，到期时间较短的债券的价格波动幅度较小，也就是"长券"的利率风险较高，短券的利率风险较低。

原理三：随着债券到期时间的临近，债券价格的波动幅度减少，并且是以递增的速度减少；反之，到期时间越长，债券价格的波动幅度越大，并且波动幅度是以递减的速度增加。

虽然到期时间越长，债券价格对收益率变动的敏感性越高，但是随着到期时间的拉长，敏感性增加的程度会递减。例如，2 年期债券价格对利率的敏感性固然比 1 年期的债券高，但前者的利率敏感性不及后者的 2 倍，同理，3 年期债券的利率敏感性也不及 1 年期债券的 3 倍。

原理四：对于期限既定的债券，收益率下降导致的债券价格上升的幅度大于同等幅度的收益率上升导致的债券价格下降的幅度。

收益率同样变动 1%，收益率下降 1% 造成债券价格上涨的幅度，会高于收益率上升 1% 所造成的债券价格下跌的幅度，也就是说，相同的收益率变动，收益率下跌的资本利得将高于收益率上涨的资本损失。因此，对投资者而言，在利率下跌前买入债券的获利，会比利率同幅上升前卖空债券的获利还高。

原理五：对于给定的收益率变动幅度，债券的息票率与债券价格的波动幅度成反比关系。

其他条件相同,若有票面利率不同的两种债券,当收益率变动1%时,低票面利率债券价格的波动幅度会比高票面利率债券价格的波动幅度大。

二、马尔基尔债券定价原理对投资者的意义

马尔基尔债券定价原理告诉债券的投资者,给定利率变动,在估计债券价格变动中最重要的变量是票面利率和到期期限。这一结论可概括为:

利率下降(上升)会导致债券价格上升(下降),债券的到期期限越长,票面利率越低,其价格波动性越大。

由此可以得出如下结论:

(1)如果希望预期利率变动对价格的影响达到最大,则债券购买者应购买利率低但到期期限长的债券;

(2)如果预期利率上升,则投资者倾向于高票面利率或到期期限短的债券。

上述的利率变动与债券价格变动之间的关系,为投资者提供了非常有用的信息。尽管投资者无法控制市场利率的变动及其方向,但投资者可以控制票面利率和到期期限,而这两者对债券价格的变动都有着显著影响。当然,在这些定价原理的基础上计算可能的价格变动是很烦琐的。

另外,到期期限是度量债券价格变动对收益率变动敏感性的一个不充分的指标,因为它忽略了票面利息的支付和本金的偿还。为了更好地进行债券组合管理,投资者需要一个度量债券的"平均"寿命的指数。这个指标应当考虑各种现金流,其中包括票面利息和到期偿还的本金。这个指标就是久期。

第五节 度量债券价格的波动性

一、度量债券价格波动性的指标:久期

也许债券组合管理中最需要考虑的因素就是收益率变化对不同债券的价格和收益的影响。问题是,利率变化所导致的债券价格变动因债券的不同而各异。如前所述,到期期限和息票利率两者都会影响债券的价格变动。

尽管到期期限是度量债券寿命的传统指标,但它仅仅考虑了到期日本金的偿还,因此,到期期限并不是一个充分的指标。两种期限为20年、息票利率分别为8%和15%的债券,它们的经济存在期是不同的。投资者若持有息票利率为15%的债券,就可以更快地收回原始投资。因此,需要引入一个新指标来度量债券寿命中现金流的完整模式(数量和时间),即债券的有效期限。这个概念就是久期,80多年前由弗雷德里克·麦考利(1938)提出。久期综合了期限和息票利率这两个因素,因而在债券管理中非常有用。

(一)久期的定义

久期从现值角度度量了债券现金流的加权平均期限,换言之,在计算加权平均期限时,现金流的现值被用做权重。因此:

久期=在给定某债券现金流的情况下，完全收回购买该债券的支出所需要的年数
　　=收回所有利息和本金的加权平均时间

图3-1展示了5年到期、息票利率10%、售价1 000元的债券的到期期限久期。图中，该债券在到期期限内每6个月产生50元的现金流（或者每年产生100元的利息），5年后到期收回1 000元。最后一笔现金流是利息50元加上到期时的本金偿还额1 000元。

在图3-1中，尽管债券期限是5年，但是其久期为4.17年，这意味着债券现金流的加权平均期限是4.17年。了解久期价值如何计算十分重要。

（二）久期的计算

为了计算久期，我们必须计算加权时期。在这里，我们用t表示收到现金流的时期，单位为年。当所有的t被赋予权重并加总时，就可以得到以年为单位的久期。

在这里，现金流的现值作为时期的权重因子。每个权重因子代表该现金流在债券总现值（即其当时的市场价格）中的相对重要程度。所有权重因子之和为1，表示所有的现金流已经被计入。

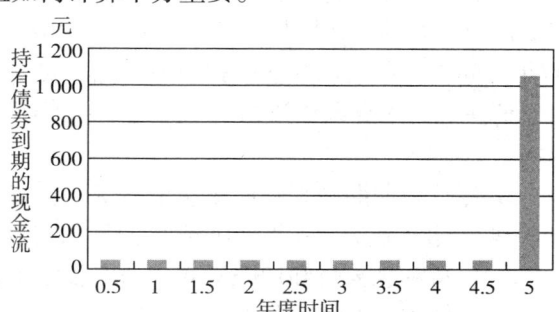

图3-1　息票利率10%、5年到期、半年付息、到期偿还本金1 000元的债券的现金流模式

综上所述，可以得到式（3.21）：

$$麦考利久期 = D = \sum_{t=1}^{n} \frac{PV(CF_t)}{市场价格} \times t \quad (3.21)$$

式中：t为预计收到现金流的时期；n为到期期限；$PV(CF_t)$为t期现金流的现值（到期收益率作为贴现率）；市场价格代表债券当时的价格或者所有现金流的现值。

式（3.21）显示，以每笔现金流权重（以债券市场价格为分母）乘以每笔现金流收到的时期，然后加总就可以计算出久期。注意存续期是以年为单位。

表3-6以图3-1中的债券为例展示了久期的计算过程。但为了简单起见，表3-6中的计算以年为单位。假设该债券还有5年到期，息票利率为10%；债券价格为1 000元，到期收益率为10%。

表3-6　5年到期、息票利率为10%、价格为1 000元、息票利息每年支付一次的债券的久期的计算

(1) 年数	(2) 现金流	(3) 现值因子	(4) = (2) × (3)	(5) = (4) /价格	(6) = (1) × (5)
1	100	0.909	90.90	0.0909	0.0909
2	100	0.826	82.60	0.0826	0.1652
3	100	0.751	75.10	0.0751	0.2253
4	100	0.683	68.30	0.0683	0.2732
5	1 100	0.621	683.10	0.6831	3.4155
				久期 =	4.1701

现金流包括5笔100元的利息和第5年末偿还的本金。注意,第5年现金流1 100元(100元的利息和偿还的1 000元本金)占到债券价值的68%。此例中的久期4.17年比5年的期限短了几乎1年。因此,就附息债券而言,久期要短于到期期限。

(三) 对久期的理解

久期和已经分析过的债券重要变量之间的关系是怎样的呢?式(3.21)表明久期的计算取决于三个因素:债券的最终期限、利息支付和到期收益率。

因此,我们可以得到债券存续期的下列特点。

1. 保持息票利息支付和到期收益率不变,久期随到期期限的增加而增加,但增加的速度递减,尤其是在期限长于15年时。期限在5年以内时久期增加迅速,期限在5年和10年之间,久期增加的速度就明显降低了。

请注意,附息票债券的久期总是小于到期期限,而零息票债券的久期与其到期期限相同。

2. 保持到期期限和到期收益率不变,息票利率和存续期成反向关系。因为相对于低息票利率债券而言,高息票利率使得债券价值收回速度加快,从而导致了较短的久期。

3. 保持利息支付和期限不变,到期收益率和久期成反向关系。

在债券分析和投资管理中,久期为什么具有如此的重要性呢?

第一,它区分了不同债券有效期限的不同。相对于具有相同到期期限和不同久期的债券C和D,具有相同久期和不同到期期限的债券A和B之间具有更多的相同点。对于任何一只债券来说,其久期都随到期期限的增长而减少,但减少速度递减。

第二,久期概念已被运用到某些债券管理战略中,特别是免疫(immunization)战略中。

第三,久期是度量债券价格对利率变动敏感性的指标,对于债券分析至关重要。马尔基尔的债券定价原理对于研究债券价格的敏感性是不够的。

上述息票利率为10%、到期收益率为10%、寿命为5年的债券,其久期为4.17年。如果到期期限为10年,则有效期限(存续期)为6.17年;如果到期期限为20年,则存续期为9.36年,差异相当大。进一步说,在上述条件下,50年到期期限的债券的久期只有10.91年。到期期限和久期之间之所以存在巨大差异,是因为遥远的未来收到的现金折成现值后数额很小,因而对债券价值的影响很小。

二、利用久期估计价格变动

久期指标的真正价值在于它综合考虑了息票利率和到期期限这两个变量,而它们又是投资者在预期利率变动时要着重考虑的重要因素。如上所述,久期与到期期限正相关,与息票利率负相关。但是,债券价格的变动与久期有着直接的关系。换言之,给定利率变动,债券价格变动的百分比和其久期成一定的比例,因此,久期可以用来度量利率敞口。

修正久期是指式(3.21)中的麦考利久期除以$(1+r)$,即式(3.22):

$$修正久期 = D^* = D/(1+r) \qquad (3.22)$$

式中：D^* 为修正久期；r 为债券的到期收益率。

以前面计算的久期为 4.17 年、到期收益率为 10%、每年支付一次利息的债券为例，则此债券的修正久期为

$$D^* = 4.17/(1 + 0.10) = 3.79(年)$$

修正久期可以用来计算已知到期收益率（r）的变动，以及债券价格变动的百分比。可以式（3.23）近似表示：

$$债券价格变动的百分比 \approx \frac{-D}{(1 + r)} \times r 变动的百分比 \quad (3.23)$$

或者

$$\Delta P/P \approx -D^* \Delta r \quad (3.24)$$

式中：ΔP 为价格变动；P 为债券价格；$-D^*$ 为修正久期的负值；Δr 为收益率的瞬间变动。

再以上述久期为 3.79 年的债券为例，假设到期收益率瞬间变动 20 个基点（+0.0020），即从 10% 变动至 10.20%。由式（3.24）可以得到价格变动的近似值：

$$\Delta P/P = -3.79 \times (0.0020) \times 100 = -0.758\%$$

已知原来价格为 1 000 元，则根据上述价格变动的百分比，估计价格为 992.42 元。利用式（3.23）和式（3.24）可以计算出收益率的微小变动的近似值。

三、凸性

尽管式（3.24）计算出的只是一个近似值，但对于应计收益率的微小变动来说，这一近似是十分接近的。但是当变动增大时，这一近似值的误差就会增大。这是因为修正久期使用了等式（3.22）才能计算出对称的价格变动百分比。如果 r 下降 0.20 个百分点，价格应当变动 0.758 个百分点，但实际上价格与收益率之间的关系并不是线性的。价格与收益率的关系是凸性的，因此，计算价格变动时应当反映这种凸性。凸性是用来度量久期随到期收益率的变动而变动的指标。

为了更好地理解凸性问题，我们将图 3-1 发展为图 3-2，它说明了息票利率为 10% 的债券的市场收益率和价格之间的关系。在图 3-2 中，修正久期是与当期价格和收益率曲线相切的直线的斜率，假定当期的价格和收益率分别是 1 000 元和 10%。

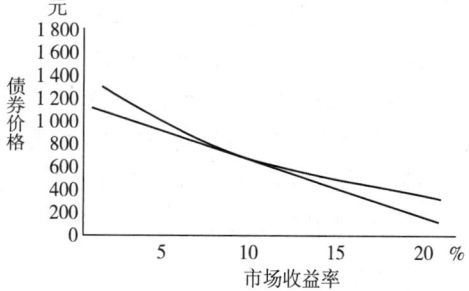

图 3-2　期限为 10 年，息票利率为 10% 的债券收益率和价格之间的凸性关系及表示修正久期的切线

在这里，我们实际上使用切线来度量代表债券价格和收益率关系的曲线的斜率。对于收益率类似几个基点这样的微小变化，切线斜率，即修正久期，可以很好地提供价格变动率的近似值。随着收益率变动的增大，使用直线来估计曲线所代表的价格轨迹造成的误差就会增大。当我们从图 3-2 中的切点向任何一个方向移动时，如果使用式（3.24）则将低估债券价格，也即价格变动通常要比使用式（3.24）得到的变化率更大。图 3-2

指出了从起点（10%和1 000元）向上和向下的凸性。如果收益率下降，价格上升，久期切线就无法反映更高的真实价格；反之，如果收益率上升，价格下降，久期切线又高估了真实的价格下降的幅度。这有助于理解"正向凸性"一词的含义。

债券的息票利率越低、到期期限越长以及到期收益率越低，则凸性越强。凸性越强，久期的变动越大，而对债券价格变动预期的不准确性也就越大。

四、关于久期的几个结论

债券价格的波动性分析对于投资者有什么意义呢？简单而言，为了使债券价格的波动最大化（最小化），投资者应当选择久期最长（最短）的债券。如果预期利率下降，为了使可能的价格上升到最高，已经拥有了债券组合的投资者应当增加组合的久期。

幸运的是，久期具有可加性，即债券组合的久期等于各个债券久期的加权平均。

久期是度量债券风险的一个重要指标，但不一定是最合适的指标。久期可以度量债券价格对利率的敏感性，它虽然不是债券的唯一风险，但却是最重要的风险。经过凸性修正的久期就可以用来度量风险。

【小结】

货币具有时间价值这一定义是分析任何金融工具所用到的基础概念之一。由于货币具有以某一利率水平进行投资的机会，因此货币具有时间价值。

任何金融工具的价格等于其预期现金流量的现值，因此价格的确定要求有预期现金流量的估计值以及应计收益率的估计值。

债券的最基本特征是价格和应计收益率成反向变化关系，理由是债券价格是现金流量的现值，当应计收益率上升时，现金流量的现值就会下降，债券的价格也就随之下降；反之，当应计收益率下降时，现金流量的现值上升，债券价格也就随之上升。

债券价格会由于下面三个原因中的一个或多个而变动：（1）发行人的信用级别变化导致价格变动；（2）即使市场利率没有任何变化，随着期满日的临近，债券价格也会变化；（3）可类比债券收益率（即市场利率）变动导致债券价格变动。

债券的投资收益包含两方面的内容：一是债券的年利息收入；二是资本损益。影响债券收益率的因素主要有债券利率、价格和期限三个，这三个因素中只要有一个因素发生了变化，债券收益率也会随之发生变化。另外，债券的可赎回条款、税收待遇、流动性及违约风险等属性也会不同程度地影响债券的收益率。

债券收益率包括票面收益率、直接收益率、持有期收益率、到期收益率和赎回收益率等多种，这些收益率分别反映了投资者在不同买卖价格和持有年限下的不同收益水平。

马尔基尔债券定价原理有五个。原理一：债券的价格与债券的收益率成反比例关系。原理二：当债券的收益率不变，即债券的息票率与收益率之间的差额固定不变时，债券的到期时间与债券价格的波动幅度之间成正比关系。原理三：随着债券到期时间的临近，债券价格的波动幅度减少，并且是以递增的速度减少；反之，到期时间越长，债券价格的波动幅度越大，并且波动幅度是以递减的速度增加。原理四：对于期限既定的债券，由收益率下降导致的债券价格上升的幅度大于同等幅度的收益率上升导致的债券价格下降的幅度。原理五：对于给定的收益率变动幅度，债券的息票率与债券价格的波动幅度成反比关系。

马尔基尔债券定价原理告诉债券的投资者，利率下降（上升）会导致债券价格上升（下降），债券的到期期限越长，票面利率越低，其价格波动性越大。

度量债券价格的波动性主要使用久期和凸性。久期的计算取决于三个因素：债券的最终期限、利息支付和到期收益率。

【思考与练习题】

1. 某个养老基金经理投资 1 000 万元购买了一种为期 4 年、每年按 7.3% 的利率支付利息的债务工具，请问这 1 000 万元的未来值是多少？

2. 某个养老基金经理知道下列负债是必须予以偿还的：

从现在起的年限数	负债（百万元）
1	2.0
2	3.0
3	5.4
4	5.8

如果该养老基金经理想要投资一笔钱满足以上债务流量支付的需要，假设今天投下任何一笔钱所获得的年利率都是 7.6%，那么请问：今天必须投入多少钱才能满足以上债务流支付的需要？

3. 考虑一种以面值（100 元）出售、票面利率为 6%、期限为 10 年的债券的情况：
（1）当应计收益率为 15% 时，债券价格是多少？
（2）当应计收益率从 15% 升到 16% 时，债券价格是多少？
（3）当应计收益率为 5% 时，债券价格是多少？
（4）当应计收益率由 5% 升到 6% 时，债券价格是多少？
（5）从上述（2）和（4）部分的答案中，从较高利率和较低利率环境中债券价格的相关波动中，你能看出什么问题？

4. 你是否同意"浮动利率债券的交易价格总是等于其面值"的说法？请说明理由。

5. 一种 3 年期债券的票面利率为 6%，每年支付一次利息，到期收益率为 6%，请计算该债券的久期。如果到期收益率为 10%，那么久期等于多少？

【主要参考文献】

[1] 弗兰克·J. 法博齐. 固定收益证券手册（第八版）[M]. 中文版. 北京：中国人民大学出版社，2018.

[2] 弗兰克·J. 法博齐. 债券市场：分析和策略（第九版）[M]. 中文版. 北京：中国人民大学出版社，2016.

[3] 弗兰克·J. 法博齐. 固定收益数学：分析与统计技术（第四版）[M]. 中文版. 上海：格致出版社，2020.

［4］叶永刚. 固定收益证券概论［M］. 武汉：武汉大学出版社，2001.

［5］李奥奈尔·马特里尼，菲利普·普里奥兰德. 固定收益证券［M］. 中文版. 北京：机械工业出版社，2002.

［6］谢剑平. 固定收益证券——投资与创新［M］. 北京：中国人民大学出版社，2004.

［7］Brian Kettell. 金融经济学［M］. 中文版. 北京：中国金融出版社，2005.

［8］张亦春，郑振龙. 金融市场学（第六版）［M］. 北京：高等教育出版社，2020.

第四章

股票估价的原理与方法

【学习目的与要求】

通过本章的学习，着重了解股票（风险资产的代表）的价值内涵、价值来源及其在数量上的不确定性，掌握评估股票内在价值的基本思想和方法。在了解股票价值和价格在概念上的差别的基础上，了解和掌握基本的价格评估方法。

【学习要点】

股票价值的概念与内涵；股票价值的不确定性；评估股票内在价值的基本方法：股利贴现法（DDM）；多阶段评估模型；几种评估股票价格的简化方法。

股票是股东出资和享有股东权益的凭证，代表了股东对一个公司的所有权。通常股票可以分为普通股和优先股，优先股的性质类似于债券，因此，本章所讨论的内容主要是针对普通股的。普通股股东是一个企业的法定所有者，所以股东的投资赋予他们一定的权利，包括投票权以及对公司的剩余求偿权。

一国的股票市场通常被称为"经济晴雨表"，可见，股票在金融市场甚至整个国民经济中具有重要地位。由此，对股票进行正确的定价也就显得非常重要，本章的主要目的就是为正确地对股票定价提供一些基本的方法。

第一节 股票的价值及其来源

一、股票的价值

在评估股票价值之前，需要先弄清楚价格与价值的关系和区别。价格是买卖双方在供求关系的基础上支付或者获得的货币数量，价值或内在价值是商品应该值多少钱，而不是其交易价格。简而言之，价格是你所支付的，价值是你所获得的。当然，每个人都希望自己所获得的大于自己所付出的，也就是希望所购买的物品的价值大于其价格。

在股票市场中,如果可以以较低的价格买入股票而以较高的价格卖出,那么就意味着盈利。虽然在日常市场中价格在很大程度上受到投资者的心理预期的影响而上下波动,但是,长期市场价格是建立在以利润、收益以及现金流为基础的价值之上的。也就是说,在某一时点,价格与价值未必一致,但是从长期来看,价格的最终决定因素是价值,其总的趋势是围绕着价值上下波动。

由此可以看出,研究股票的价值对于投资者而言意义十分重大。作为一名理性投资者,只有正确估计股票的价值,才能以合理的价格在市场上作出买入或卖出的决定,从而获得应有的收益。只有每个投资者都这样做,才能够保证市场的有效运转。

但是,并不是每个人都能够正确认识股票的价值,从古到今,有无数的人都因为没能正确地认识股票的价值而咽下苦果。"南海泡沫事件"就是一个典型的案例,疯狂的人们只是单纯地相信那些公司的谎言而不进行任何思考,简单地认为明天的股价一定高过今天,所以只要投资就一定有不错的回报。也就是说,他们只看到了短期内价格的波动而没有考虑股票真正的价值到底是多少。在这种情况下,投资失败是不可避免的,连最伟大的科学家牛顿在这一事件中也蒙受了巨大的损失。从这里我们也可以看出正确估计股票价值的重要性。

专栏 4-1
从狂升到暴跌——2015 年的中国股市

自 2014 年 11 月以来,一次前所未有的疯狂飙升,使中国股市在 2015 年 6 月时达到惊人高度:2013 年 6 月 25 日,上证指数于 1 849 点处探底后,开始进入一个平缓的盘整缓升期。而自 2014 年 11 月 22 日中国人民银行降息后,这种走势立马被打破,上证指数开始进入高歌猛进模式——从 2014 年 11 月 21 日收盘的 2 488 点,飞涨至 2015 年 6 月 12 日的 5 178 点。除去元旦、春节、清明节、五一国际劳动节和周末的休市,也就是说,上证指数在短短半年的交易时间里,总涨幅达到了 110%。

同期以科技股为主的创业板表现颇为抢眼。自 2014 年 8 月 18 日指数迈入 1 400 点,一直到降息后的首个交易日 2014 年 11 月 24 日,创业板指数一直在 1 500 点附近徘徊。而到了 2015 年 6 月,却已经突破了 4 000 点大关。也就是说,创业板的整体价格,在短短半年时间里,总涨幅超过了 166%,其市盈率则更是高达 130。

让人跌破眼镜的,是来自一家名为"暴风科技"的企业。这家企业的财务报表显示,2015 年第一季度公司净利润为 -320.85 万元,比上年同期下降 146.72%。但业绩的巨额下滑乃至亏损,却无法阻挡这家企业股票价格涨停的步伐。从每股 7.14 元的发行价,到 2015 年 5 月 21 日最高的每股 327.01 元,暴风科技的股价累计涨幅接近 45 倍。

另外一项可表明中国股市狂躁的指标是,A 股与港股之间的价格差距。A 股对于港股的溢价达到 30%,接近 5 年高位。与股票价格疯涨交相辉映的是,中国股市开户情况的火爆,有关数据显示,2015 年 4—5 月,每周平均开户人数高达 400 万人。怎一个疯狂、怎一个过热了得?

在股市一片火热的同时,一些基本经济指标却并没有同幅度增长。譬如,在 GDP 增速方面,国家统计局的初步核算数据显示,2015 年第一季度中国 GDP 为 140 667 亿元,按可比价格计算,同比增长7.0%，增速创2009年以来6年新低。更为要紧的是，这并不是最低。中国2015年第二季度的GDP增幅仍为7.0%。

除此之外，企业利润方面亦不容乐观。国家统计局官方网站消息，2015年1—5月，全国规模以上工业企业实现利润总额22 547.6亿元，虽然降幅较1—4月收窄0.5个百分点，但同比下降幅度仍然高达0.8%。

与上述数据相比，全国城镇居民人均可支配收入相对较好。国家统计局官方网站发布的数据显示，2015年第一季度全国城镇居民人均可支配收入为8 572元，同比名义增长8.3%，扣除价格因素实际增长7.0%。但纵是如此，仍远低于股市上涨的幅度。

综合上述数据我们不难发现，中国股价如此大幅度增长，也是缺乏基本面支持的。为此，《南洋商报》于2015年4月13日就警示中国："调整喘气下跌是延长牛市的养生法，中国股市（不含港股）没这出戏。这9个月都是上涨或持平，没有明显下跌调整步骤。A股历史，都是长熊急牛，漫长的熊市，急促短暂疯狂的牛市，这趋势不健康。"果不其然，这一预警可谓是一语成谶。

进入2015年6月中旬，中国股市的表现成为全球舆论关注的焦点。原因是，中国股民此时的恐慌，已轻易地战胜了之前的贪婪。中国股市在此后短短十几个交易日里暴跌。其中，上证指数于2015年7月9日一度下探至3 373.54点，跌幅达到35%；创业板则于前一日下探至2 304.76点，其跌幅更是达到43%，几近于拦腰折断。"恐慌""崩溃"构成了此时中国股市的关键词。

需要说明的是，2014—2015年中国股市这种"疯狂→过热→恐慌→暴跌"的现象，并不是第一次发生于中国。

中国股市这种现象的第一个周期发端于1990年12月19日。在这轮牛市中，股指由最初的96.05点上涨到1992年5月26日的1 429点，两年半的时间里股价的上涨幅度高达1 389%。随后，股市大跌，股指从1 429点一直下跌到1992年11月17日386点，半年不到的时间里，中国股市的跌幅高达73%。

第二个周期发端于1992年11月17日。当股指下探到386点后，大盘企稳。随后，峰回路转，迎来了新一轮快速上涨。从1992年11月17日的386点开始，到1993年2月16日的1 558点，只用了3个月时间，大盘涨幅高达303%。半年的跌幅，3个月就全部涨回来。这种行情让那些尚未进入股市者羡慕不已。然而，很快他们又倍感幸运了，原因是市场趋势再次逆转。在快速上涨的行情下，股市大扩容也开始了。伴随着新股的不断发行，上证指数也逐步走低，进而在777点展开长期拉锯。此后777点失守，大盘再度一蹶不振，持续探底。至1994年7月29日，股指回到325点，跌幅高达78%。

第三个周期发端于1994年7月29日。受上一周期股市暴跌的影响，证券市场一片萧条。人们对股市的信心丧失殆尽，市场上甚至一度传言监管层将关闭股市。也就在那时，为了挽救市场，相关部门连续出台利好予以救市。受利好刺激，中国股市再度亢奋。到1994年9月13日，股指一度上摸1 052点，也就是说在短短1个半月时间里，中国的股价上涨幅度高达223%。随后，股价再次暴跌，在1995年5月17日时，股指已经跌回到577点，跌幅为45%。

第四个周期发端于1995年5月18日。受到管理层关闭国债期货消息的影响，股市全面暴涨，股指由5月18日的582点快速上涨至5月22日的926点。在短短3个交易日里，股指上涨了59%。这是一轮真正意义上的急促、短暂又疯狂的行情。短暂的牛市过后，股市重新下跌。到1996年1月19日，股指下探至512点这一阶段性低点，8个月左右的时间里，跌幅高达45%。

第五个周期发端于1996年1月19日。在这一周期，崇尚绩优股开始成为市场主流投资理念，深发展、四川长虹、深科技、湖北兴化等龙头股均为业绩极佳的绩优成长股，在这些股票的带领下，股指重新站上1 500点。1997年5月12日，股指更是上摸1 510点。也就是说，在这17个月的时间里，中国的股价上涨了195%。然而由于过度投机，在绩优股得到了充分炒作之后，大盘再次大跌。至1999年5月18日，股指已经跌至1 025点，跌幅高达33%。

第六个周期发端于1999年5月19日，这一周期就是俗称的"5·19行情"。受美国股市互联网繁荣的影响，网络概念股强劲喷发，将上证指数推高到2 000点以上，并于2001年6月14日创出2 245点的历史最高点，涨幅接近120%。其后，除受美国互联网泡沫破灭影响之外，当时中国股票市场最为关注的是股权分置的问题，投资者普遍认为这是利空因素。受此两大因素影响，股市再度下跌。股指也从2 245点一路下跌到2005年6月6日的998点，跌幅达56%。

经过这轮历史上最长时间的大调整，A股市场的市盈率降至合理水平，新一轮行情也在悄然酝酿当中，这就是第七个周期。一方面是股市长期的熊市，另一方面是快速增长的经济，这种背离使得中国股市的价值被严重低估。同时，国有股减持即股权分置的原则确定，有种利空出尽变利好的感觉。由此，沉寂了4年之久的中国股票市场再次启动。上证指数于2005年6月6日下探至998.23点后止跌企稳，随后缓慢上涨，于1 200点附近盘整了两个多月后，狂热模式正式开启。大盘几乎是一路上扬，到2007年10月16日时创出历史高点6 124.04点。这一周期股指涨幅达到惊人的514%。市场真正演绎了一回疯狂的旋律，投资者争先恐后地纷纷入市，但是冲动之后必然会有"冲动的惩罚"。受欧美金融市场特别是美国次贷危机影响，再加上国内市场再融资规模巨大、股权分置确定的"大小非"开始解禁等因素的叠加影响，中国股市于2007年10月16日达到疯狂的极致后，随之而来的就是暴跌。这轮下跌持续一年之久，直到2008年全球经济危机全面爆发，在4万亿救市政策的刺激下，股指才于2008年10月28日下探到1 664点止跌企稳。在这一年时间里，中国股市的跌幅高达73%。

在前所未有的4万亿元大刺激下，中国股市于2008年10月企稳后，开始进入第八个周期。在巨量的流动性驱动下，上证指数被推高至2009年8月4日的3 478点。10个月时间里，中国股市的涨幅高达110%。其后，受市场再融资规模巨大、抽血过猛和通货膨胀预期加剧的影响，股市再度下跌。这一跌直到2013年6月25日，上证指数于1 849点处探底止跌企稳为止。在将近4年时间里，中国股市累计下跌47%。之后，便是2015年的这轮狂升暴跌了。

事实上，不仅中国如此，整个世界投机泡沫史几乎无不如此。哈佛大学肯尼迪政府学院教授卡门·莱因哈特（Carmen Reinhart）与哈佛大学经济学教授、国际货币基金组织（IMF）前首席经济学家肯尼斯·罗格夫（Kenneth Rogoff）在其所著的《这次不一样？800年的金融荒唐史》中，搜集了大量有关经济危机的数据。通过对上述数据系统严密的分析，他们认为历史上历次的金融危机，在细节上虽然各不相同，但在一次复一次的危机中，其基本轨迹却是那样的大同小异。

那么，问题来了，为什么我们的经济总是处于泡沫和崩溃之间？又是哪些因素，造成了市场的这种不稳定性？对于经济的繁荣和萧条，对于资本市场的疯涨和暴跌，经济学家们给出了各种各样的解释。

⬆ 资料来源：经济参考网，http://jjckb.xinhuanet.com/2016-05/26/c_135389505.htm。

二、股票价值的来源

如果想正确估计股票的价值，就需要首先明白股票的价值究竟来源于哪里。在金融学中,证券被定义为一种合法的权利凭证,凭此在已声明的条件下接受预期的未来收益。在这里,我们所讲的股票主要是指除优先股之外的普通股。普通股代表资本收益,代表了对一个公司的所有权,它是一种剩余索取权,即公司的经营收入在扣除了公司债权人的利息和优先股股东的股息之后的剩余利润由普通股股东分享。因此,股票的价值主要来源于公司未来的收益。股票有价值是因为它有潜在的现金流,即股票持有人预计从拥有的公司所有权所获得的股利和股东权益的增值。股利是公司支付给股东的现金,而股东权益的增值来源于公司的利润留存。

如果在未来其他股票持有人认为这些未来股利的股价并没有完全反映在当前的股票价格上,则股票也有价值。正是通过预测和估计未来潜在股利和收益的价值并判断将来是否有人对这些潜在的股利和收益有不同的估价,人们才能对股票的投资价值作出判断。

债券的价值来源于未来的债券利息,而股票的价值则来源于预期的股利收入。所不同的是,债券未来的收益是一定的,影响债券价值的唯一因素就是利率;而股票的股利收入并不稳定,因为每股股利 = 每股收益×股利支付率,而每股收益 = 净利润/普通股股数,可以看出股票价值的直接来源是公司支付的每股股利,但其最终来源于公司的利润。可以看出,股利收入受到公司股利政策以及公司盈利情况的影响,因此,未来股利收入的多少是不确定的。也就是说,相对于债券而言,股票具有更多大风险。国家发行的国债通常被称为无风险资产,而股票则毫无疑问属于风险资产。就风险资产而言,正确估计其价值将更加困难。

第二节 股票估价原理

从上面的分析我们可以看到,股票之所以有价值,是因为它代表了分享公司未来利润的权利。而通常公司利润的一部分被分配给股东,流出公司;剩余部分留在公司以增加股东权益,用于再投资。虽然股票投资者的股东权益一般会随着公司的发展而增值,但从公司直接获得的唯一现金投资回报是股利。所以,股票的价值对投资者而言就是未来一系列股利的价值,尽管投资者卖出股票也有可能获得资本利得(capital gain),但出售价格仍然是由出售以后的公司股利决定的。

股票价值评估的最基本方法是股利贴现模型(Dividend Discount Model,DDM)——股票的价值是该股票预期未来现金流的现值。尽管许多分析已经舍弃了股利贴现模型,并认为它已过时,但事实上大量新出现的估值模型的基础都是股利贴现模型。

在这一节将主要探讨股利贴现模型这一最一般的模型及其针对未来增长的不同假设而衍生出来的各种特殊模型。

一、股利贴现模型(DDM)—— 一般模型

当投资者购买股票时,通常期望获得两种类型的现金流——股票持有期内的股利和持有期期末的预期价格。由于持有期期末的预期价格本身又取决于未来的股利,因此,

股票的价值是未来所有股利的现值。

每股股票的价值可以用以下公式来计算：

$$V = \sum_{t=1}^{\infty} \frac{D_t}{(1+r)^t} \quad (4.1)$$

式中：V 为股票目前的价值或内在价值；D_t 为该股票在第 t 期的预期股利收入；r 为对应于该股票的贴现率，是投资者在同等风险条件下要求的最低报酬率。

这一模型的根据在于现值法则——任何资产的价值皆是其预期未来现金流的现值，根据适宜于被贴现现金流风险程度的比率而获得贴现的价值。

我们可以看到，要根据式（4.1）来计算股票的内在价值，必须确定两个变量，即贴现率 r_i 和预期股利收入 D_t。下面我们将分别讨论这两个变量。

（一）股票的贴现率

股票的贴现率是公司的股权投资者在相同的风险条件下所要求的最低报酬率，这一最低报酬率是一种机会成本。要想准确估计股票的贴现率并非易事，对于这一问题的研究也直接推动了现代金融学的发展。股票贴现率取决于其风险程度，各种不同的模型，如资本资产定价模型（CAPM）以及套利定价模型（APT）都是为了衡量在风险条件下的股票贴现率而产生的。对于这一问题我们将在以后的章节中介绍，在这里，我们假定股票的贴现率 r_i 是一个已知量。

（二）预期股利收入

在对股票进行正确估价时，首先要对预期股利收入有正确的认识。从上面的分析可以看到，就某个投资者而言，股票价值的最终决定因素是预期股利收入的现值。但是由于每股股利 = 每股收益 × 股利支付率，是不是股利支付率不同会导致股票价值不同呢？答案是对于不同的股利支付率，股票的价值应该是相同的。如果所有的收益都派发股利，会使近期的股利增加；但如果收益被公司留存，可以用这部分进行再投资，从而增加未来的收益，进而增加未来的股利收入。这意味着不同的股利支付率可以得到相同的结果。因此，投资者可以不考虑盈利及股利支付率的影响，用股利收入现值来计算股票的价值应该可以得到正确的结论。

在式（4.1）中我们会发现两个问题：

（1）式（4.1）表明需要处理的是一个无穷级数，那也就意味着投资者需要估计无限期的股利收入流，这是非常困难的；

（2）股利收入流是不确定的，与债券不同，债券的预期收入是确定的，即各期的票面利息，但是股利收入是由公司管理层每年根据盈利情况和公司股利政策来确定的，在一定意义上说是任意的，这给股票价值的评估带来了困难。

对于第一个问题，从实务的角度而言，对正确评估股票的价值影响并不大，因为在一定的贴现率下，未来四五十年后所获得的股利的现值非常小，因此，投资者不必担心四五十年后获得的股利收入。而且这个问题在解决第二个问题的时候可以一并进行解决。

【例 1】 中国工商银行每年支付给其股东 1 元的股利，在可以预见的将来股利都不

会发生改变，对应该风险水平的投资，投资者要求每年的最低回报率为10%。则中国工商银行每股股票的估计价值为

$$V_0 = \sum_{t=1}^{\infty} \frac{1}{(1+0.1)^t} = \frac{1}{0.1} = 10(元)$$

如果只用前50年的股利收入对股票进行估价，可以得到

$$V'_0 = \sum_{t=1}^{50} \frac{1}{(1+0.1)^t} = \sum_{t=1}^{\infty} \frac{1}{(1+0.1)^t} - \frac{1}{(1+0.1)^{50}} \sum_{t=1}^{\infty} \frac{1}{(1+0.1)^t}$$
$$= 10 - 0.09 = 9.91(元)$$

从这个例子可以看出，用50年的股利收入进行估价与用无穷期限进行估价的差异只有0.9%，是非常小的。

对于第二个问题，即股利收入流的不确定性，在这里，可以合理假设公司发放的股利增长具有某种规律，利用这一规律得出简化模型来估计股票的价值，而且利用这一方法的同时也解决了股利收入流的无限期问题。在利用这些简化模型时，一定要明白投资者是通过模拟增长率考虑从现在到无穷期的所有股利的。最基本的公式仍然是上面所得出的式（4.1），下面所讨论的公式只不过是从式（4.1）中衍生出来的。下面将讨论根据不同的现金流收入假设得出的不同衍生模型。

二、固定股利模型

固定股利模型假设公司的股利增长率为0，也就是说，公司未来的股利都按一个固定数量支付，即

$$D_0 = D_1 = \cdots = D_n \quad n \to \infty$$

在这一条件下，股票价值可以用级数的方法得出

$$V = \sum_{t=1}^{\infty} \frac{D}{(1+r)^t} = D \times \sum_{t=1}^{\infty} \frac{1}{(1+r)^t} = D \times \frac{\frac{1}{1+r}}{1-\frac{1}{1+r}} = \frac{D}{r}$$

即

$$V = \frac{D}{r} \tag{4.2}$$

式中：D是未来各个时期预期派发的固定金额股利；r是投资者所要求的贴现率。

固定股利模型是一个永续年金，一旦确定了r，股票的价值就可以很容易地确定了。

在这里写出公式的推导过程主要是为了说明公式本身并不重要，重要的是公式所适用的前提假设，任何人都可以通过前提假设来推导公式，因此，我们在运用公式之前一定要注意公式所适用的条件，这一点我们在学习后面几个模型时也需要注意。

在直接运用这一公式时，极其重要的是要认识到，在任何情况下，投资者都是在贴现从现在到无限期的股利流。当使用涉及固定股利模型的永续年金公式时，这个事实往往容易被忽视，因为贴现过程是看不见的。但是与其他情形一样，在固定股利模型中，我们考虑的是从现在到无限期的所有股利。

三、固定股利增长率模型

事实上，没有一个公司所发放的股利是永远不变的，在一个正常的经济体中，绝大多数公司是处于不断发展之中的，因此，总体上说，股利的发放也是不断增加的。比固定股利模型更加贴近现实的模型就是固定股利增长率模型，其基本假设是预计股利将随时间的增长以不变的增长率增长，即

$$D_n = (1 + g) \times D_{n-1} \qquad n \in (1, +\infty)$$

在这一条件下，可以得出下面的结果：

$$V = \frac{D_1}{r - g} \tag{4.3}$$

式中：D_1 是在第一年末获得的预期股利；r 是投资者所要求的贴现率；g 是股利的永久增长率，当然要求 $g < r$，否则是不能推出式（4.3）的，这时股票价值将趋于无穷大，而这是不可能的。注意分子所用的是 D_1 而不是 D_0，因为通过固定股利增长率模型计算所得出的公式，分子指定为从现在开始第一期期末预期获得的股利（D_1）。

这一模型适用于比较成熟稳定的公司，这类公司一般以等于或者低于正常经济增长率的比率增长，而且通常会继续实行已经确定了的股利支付政策。其中公司的股利支付必须与稳定性的假设一致，因为稳定的公司通常会支付大量的股利。这里要注意增长率不能高于经济增长率，由于这是一个无限期模型，如果增长率高于经济增长率的话，那么就意味着在未来的某一时刻，公司的价值将超过经济总体的价值，而这是不可能的。

【例2】 假设中国工商银行当期支付了 1 元的股利，在可以预见的将来，投资者预计股利将以每年 7% 的比率增长。对于该风险水平的投资，投资者要求每年 15% 的回报率，中国工商银行目前每股价格为 10 元。则中国工商银行目前股票的估计价值为

$$V = \frac{D_1}{r - g} = \frac{1 \times (1 + 0.07)}{0.15 - 0.07} = 13.38(元)$$

可以看出，目前中国工商银行的股票价格被低估了。

【例3】 假设目前投资者预计股利增长率为 6% 而不是 7%，其他两个变量保持不变，则

$$V' = \frac{1 \times (1 + 0.06)}{0.15 - 0.06} = 11.78(元)$$

可以看出，增长率 g 下降 1% 导致股价下降 12%，说明股价变动对股利增长率的变动非常敏感。

【例4】 假设目前对于类似该银行的风险水平，投资者要求每年 16% 的回报率，而不是 15%。则中国工商银行目前股票的估计价值为

$$V = \frac{1 \times (1 + 0.07)}{0.16 - 0.07} = 11.89(元)$$

可以看出，当投资者对公司风险的看法改变使得要求的回报率上升 1% 时，将导致股价下降 11%，说明股价变动对回报率的变动同样非常敏感。

这些巨大的差异显示出股票价格为什么会随投资者买卖决策的变化而经常波动。即

使所有的投资者均使用固定股利增长率模型估计股票的价值，但是由于下列原因，将得到不同的估值：

（1）每个投资者都有自己要求的必要回报率，导致贴现率在一个较宽的范围内变动；

（2）每个投资者对股利的预期增长率的估计不同，尽管预期增长率的变动范围不大，但是在其他条件不变时，预期增长率的小幅变化都会使股票估值有一个显著的变化。

因此，对于某个股票，在任一时点，在有投资者愿意买进的同时也有投资者愿意卖出，而这也有助于市场的活跃和流动。

图4-1描绘了股票价值对增长率估计数的敏感性。随着增长率趋于贴现率，每股价值将趋于无穷大。

通过对式（4.3）的分析可以看出，在运用这一模型来评估股票的价值时，股票的价值对增长率的变动极为敏感。如果运用不当的话，它会造成误导甚至荒谬的结果，因为随着增长率逐步收敛于贴现率，股票的价值将会趋于无穷大。

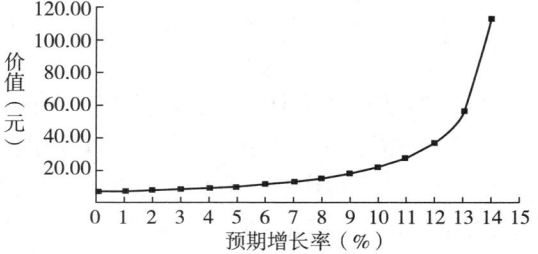

图4-1 每股价值与预期增长率

 专栏4-2
　　稳定的增长率是否必定不会因时而变呢 ▪▪

股利的增长率必须在时间上保持不变这一假设是难以满足的，尤其是面对盈利的波动性时。若公司具备接近于稳定增长率的平均增长率，就可以运用这一模型，而对价值的真正影响不大。因此，例如，预期增长率在每年皆会发生变化，但具备5%的平均增长率的周期性公司，可以使用固定股利增长率模型对它进行估价，而不会损失太多。这一结果有两条理由：首先，股利即便在盈利波动时期也能被熨平，其受盈利增长变化影响的可能性降低；其次，运用随时间而变化的增长率而不用固定的增长率对于股利现值的影响并不大。

四、两阶段股利贴现模型

两阶段股利贴现模型假设两个阶段增长：在初始阶段，股利增长率是不稳定的；在后续增长阶段，增长率是稳定的，而且在可以预期的将来保持不变。尽管在大多数情况下，初始阶段的增长率高于稳定增长率，但是用这一模型也可以估计在预期的一些年份出现较低甚至为负的增长率，然后又回转到稳定的增长率的公司的价值。即在前 n 年，股利增长率第 t 年为 g_t（$t=1,2,\cdots,n$），其后公司步入稳定增长阶段，固定股利增长率每年为 g_s。

在这一模型下，股票的价值＝异常增长阶段股利的现值＋稳定增长阶段股票价值的现值，即

$$V = \sum_{t=1}^{n} \frac{D_t}{(1+r_h)^t} + \frac{p_n}{(1+r_h)^n}$$

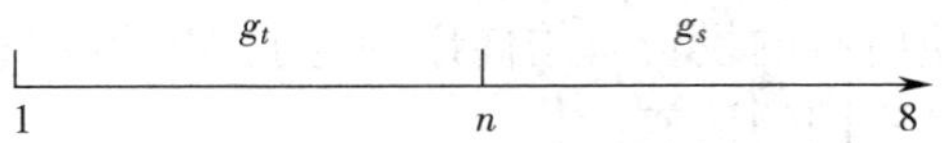

图 4-2 两阶段股利增长模型

其中，$V_n = \dfrac{D_n(1+g_s)}{r_s - g_s}$。

式中：D_t 为第 t 年预期的股利收入；r_h 为前 n 年异常增长阶段的贴现率；r_s 为 n 年后稳定增长阶段的贴现率；p_n 是第 n 年末的预期股票价格；g_t 为异常增长阶段的增长率；g_s 为稳定增长阶段的增长率。

如果异常增长阶段各年的增长率不变，为 g，股利支付率在初始 n 年内也不发生变化，则这一公式可以简化为

$$V = \frac{D_0 \times (1+g)}{r_h - g} \times \left[1 - \frac{(1+g)^n}{(1+r_h)^n}\right] + \frac{D_n \times (1+g_s)}{(r_s - g_s)(1+r_h)^n} \tag{4.4}$$

公式的推导并不复杂，有兴趣的读者可以自己进行尝试。

这一模型适用于处于高增长之中并预期在一定时期内保持高增长，其后高增长来源将会消失，公司逐渐进入稳定增长阶段。基本上所有的公司都会经历一个初期的高速增长或者不稳定增长的阶段，而后要么死亡，要么逐步成熟进入一个稳定增长阶段，稳定时期的增长率就像上面所讲的一样等于或者低于经济总体增长率，不会有哪个公司永远处于高速增长阶段。还有一种情况是公司目前所处的行业存在巨大的进入壁垒（专利、技术或行政），预计几年后，公司将丧失壁垒保护而步入稳定增长阶段。

【例5】 A公司是一个高技术企业，目前具有领先同业的优势。公司当期支付1元股利，预计在五年内公司将以10%的增长率发展，这一阶段投资者在对应风险下要求的最低回报率为15%，在这之后，公司将进入稳定增长阶段，公司的增长率将稳定在6%，此时投资者要求的最低回报率为10%。则根据式（4.4）可得股票价值为

$$V = \frac{1 \times (1 + 10\%)}{15\% - 10\%} \times \left[1 - \frac{(1+10\%)^5}{(1+15\%)^5}\right] + \frac{1 \times (1+10\%)^5 \times (1+6\%)}{(10\% - 6\%)(1+15\%)^n}$$

$$= 4.38 + 21.25 = 25.63(元)$$

这一模型在实际运用中也存在着几个问题。

首先，是对超常增长时期长度的确定。由于增长率被预期在这一时期后会下降至稳定水平，因此，股票的估计价值将随着超常时期估计时间的增长而增加。在实际中，如何正确把握超常时期的时间长度非常重要。

其次，该模型假设增长率在初始时期较高而后突然下降并达到稳定水平。并不排除出现这一情况的可能性，但是更常见的是从高增长率到低增长率的转换中有一个逐渐下降的过程，这一点将在后面进行讨论。

最后，相当一部分高增长公司会将收益留存，导致初期股利发放很少，进入稳定阶段后才增加股利的发放，采用这一模型可能会低估这一类型公司的价值。在这种情况下，可以用每股收益替代每股股利进行定价。

五、三阶段股利贴现模型

相比于两阶段股利贴现模型,三阶段股利贴现模型更具有一般性,它包括了一个高速增长的初始阶段、股利增长减缓的转换阶段和最终的稳定增长阶段。图4-3勾画了三个时期的预期增长。

在这一模型中,股票的价值=高增长阶段股利的现值之和+转换时期股利的现值之和+稳定增长阶段股票价值的现值,即

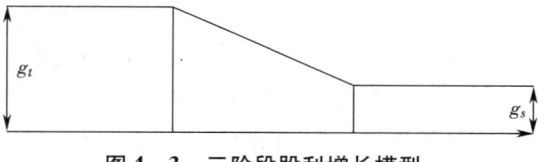

图4-3 三阶段股利增长模型

$$V = \sum_{t=1}^{n_1} \frac{D_t}{(1+r_h)^t} + \frac{1}{(1+r_h)^{n_1}} \sum_{t=n_1}^{n_2} \frac{D_t}{(1+r_c)^{t-n_1}} + \frac{D_{n_2}(1+r_s)}{(r_s-g_s)(1+r_c)^{n_2-n_1}(1+r_h)^{n_1}}$$

(4.5)

其中,$D_{n_2} = D_0 \times (1+g_h)^{n_1} \times (1+g_c)^{n_2-n_1}$。

式中:D_t 为第 t 年预期的股利收入;r_h 为前 n 年异常增长阶段的贴现率;r_c 为转换时期要求的贴现率;r_s 为稳定增长阶段的贴现率;g_h 为高增长阶段的年增长率;g_c 为转换时期的年增长率;g_s 为稳定增长阶段的年增长率。

应该讲这一模型具有较大的灵活性,是一个比较一般化的模型。假设 $g_h = g_c$、$r_h = r_c$,模型就成了两阶段增长率模型;进一步假设 $g_h = g_c = g_s$、$r_h = r_c = r_s$,则模型就成为固定股利增长率模型。但在通常的应用中应该认为三者是不同的。该模型最适用于这样一类公司,即公司目前以超常的增长率增长,并预期在初始阶段会保持这一增长速度;随后公司的优势将会耗尽,导致增长率逐步下降到稳定的增长率。在现实中,这种模型对那些盈利正以很高的比率增长的公司尤为适用。

【例6】 A公司是一个高技术企业,目前具有领先同业的优势。公司当期支付1元股利,预计在五年内将以10%的增长率发展,这一阶段投资者在对应风险下要求的最低回报率为15%。其后四年,公司每年以1%的速度递减,到了第九年,公司将进入稳定增长阶段,在这之后,公司的增长率将稳定在6%,此时投资者要求的最低回报率为10%。根据式(4.5)可得股票价值为

$$V = \sum_{t=1}^{5} \frac{1 \times (1+10\%)^t}{(1+15\%)^t} + \frac{1}{(1+15\%)^5} \sum_{t=6}^{9} \frac{1 \times (1+10\%)^5 \times (1+10\%-t\%+5\%)}{(1+15\%)^{t-5}}$$
$$+ \frac{1 \times (1+10\%)^5 \times (1+9\%) \times (1+8\%) \times (1+7\%) \times (1+6\%) \times (1+5\%)}{(10\%-6\%)(1+15\%)^9}$$

$= 4.38 + 2.75 + 16.20 = 23.33$(元)

当我们购买上市公司的股票时,从这一投资中直接收到的唯一现金流是股利收入。股利贴现模型就建立在这一简单命题之上,认为股票的价值必须是分布在不同时间上的各项预期股利的现值。

任何资产的价值都是由未来所有的预期现金流的贴现值确定的。贴现意味着未来现金流的价值不如当期现金流的价值高。对于股票,现金流主要来源于股利的发放。对于

大多数资产，尤其对所有股票，未来现金流是不确定的，没有人知道公司在未来各期发放股利的数量。资产的未来现金流要进行贴现，是因为未来获得的现金价值不及当期获得的现金价值高。造成这一情况的原因很多：人们宁愿现在消费而不是等到将来消费；通货膨胀使同等数量货币当期的购买力大于远期的购买力；未来现金流的不确定性。

股利贴现模型的范围可以从简单的固定股利模型和固定股利增长率模型到相对复杂的两阶段、三阶段股利增长模型。这里要注意不同的模型并没有优劣之分，重要的是我们所评价的目标公司的情况一定要与所采用的模型的假设条件相适应，否则得出的将是错误的结论。从上面的分析中也可以看出，除了模型的选取外，对正确进行价值评估起到重要作用的因素是贴现率和增长率。从［例2］到［例4］的分析中可以看出，股票价值的变动对贴现率和增长率的变动非常敏感，这就要求我们必须能够正确估计贴现率和增长率，尤其是两阶段和三阶段模型中相关变量的估计。另外，在两阶段和三阶段模型中，还要正确估计高速增长期和转换期的时间长度，这些都要根据具体的情况来进行估计。对于股票价值估计中的贴现率即风险报酬的估计是下面几个章节中的主要内容，在此不再赘述。

第三节　股票估价的简化方法

上面一节所讨论的股票估价方法主要是将投资者所获得的未来现金流进行贴现来得出股票的价值，即收益资本化方法。其出发点在于股利收益是投资者获得的唯一现金流（股票买卖的收益也是来源于股利），只要将其贴现，就应该可以得出股票价值。这一方法在理论上简单明了，具有说服力，应用十分广泛。但是这一方法也有其不足之处，采用股利贴现模型的方法，需要估计大量的参数，而且参数估计的微小误差就可能导致结果出现大幅偏差。因此，这一方法的应用是建立在大量的研究基础之上，非常复杂。下面我们将讨论一些相对简化的股票估价方法。

这些简化的股票估价方法都属于另一种不同于股利贴现模型的估价方法——相对估价法。相对估价法在现实中的应用非常广泛，例如在房地产估价中，基本上都是运用相对估价法。本节我们首先介绍相对估价法的一些概念，然后讨论一下各种常用的基于相对估价法的股票估价方法。

一、相对估价法

根据相对价值原则，在使用某个共同变量而获得标准化后，任何资产的价值都能够从可比资产的定价中推导出来。

与探索内在价值的贴现现金流估价法不同，相对估价法尤其倚重于市场。这一方法有一个基本的假设，即市场上对于各种股票的定价方式在总体上是正确的，但是在对个别股票的定价上会出错，而我们可以通过对各种标准化后的比率进行比较，确定那些错误。而这些错误将随着时间的推移而获得修正。例如，如果某一行业其他公司的股票以25倍于盈利的价格进行交易，而有一家公司以10倍于盈利的价格进行交易，那么就可以认为这家公司的股票被低估。随着时间的推移，这家公司的股票价格将获得修正而上涨，那么买进者就可以获利。

虽然仍有很多人对相对估价法持怀疑态度，因为这一方法在理论上显然没有股利贴现模型那样简洁而富有说服力，但是由于其使用方便，相对估价方法仍然获得了广泛的应用。其中，应用最广泛的指标包括市盈率、市净率、托宾 q 比率等。利用这些比率，我们可以方便地获得公司资产价值的估计值，当大量的具有可比性的公司在市场上进行交易时，并且如果市场对这些公司的定价总体上正确，采用相对价值法非常有效。但是，当估计那些独特的、无可比的公司、收益较少甚至为负的公司时，使用相对估价法就有些困难了。这就要求我们在使用这一方法时要注意模型的适用条件。下面我们将介绍几个基于相对估价法的简化股票估价方法。

二、市盈率法

前面我们介绍过，股东获得的现金流主要来自股利，而股利进而来源于盈利。很明显，对于股票，最重要的两个财务数据就是股利和盈利。每股股利除以当前的每股价格被称为股票的盈利率。而它的倒数就是市盈率，即

$$市盈率(PE) = \frac{每股股票价格(P)}{每股股利(EPS)} \tag{4.6}$$

市盈率也称为 PE 比率，表明市场购买股票的价格是当期收益的多少倍。可以看出，计算市盈率所需要的数据非常容易得到，分子中的价格就是市场价格，分母中的每股股利可以在公司每年的年报中获得。或许正是数据的易获得性以及计算的简易性使得市盈率成为目前应用最为广泛的相对价值评估方法。从首次公开募股（IPO）到日常价值的评估，该比率的简洁性成为颇具吸引力的选择。

市盈率表明有多少年的公司盈利体现在股票价格之中。市盈率越高，表明购买股票的投资者对这一股票的成长性越乐观，即他们相信未来的每股盈利将大大高于当前的每股盈利。因此，成长性的股票大多拥有更高的市盈率。市盈率低的股票很可能是因为价值被低估，但是在购买之前一定要确定其价值是否被低估，因为还有一种可能是这个公司正在走下坡路甚至面临困境。

从表面上看，市盈率是一个如此简单的模型，然而，我们必须注意这一简单公式背后所隐藏的各个基本的决定因素，以避免犯不必要的错误。我们通过利用股利贴现模型来推导出市盈率的公式，从中可以看出，市盈率的决定因素究竟有哪些。假设公司以不变的增长率增长，由式（4.3）可以得出当前公司股票的价格为

$$p_0 = \frac{D_1}{r-g} = \frac{D_0(1+g)}{r-g}$$

在公式的两边同时除以当期盈利 E_0，得出

$$市盈率(PE) = \frac{p_0}{E_0} = \frac{\frac{D_0}{E_0}(1+g)}{r-g} \tag{4.7}$$

从式（4.7）中可以看出，影响市盈率的因素包括：

（1）当期股利支付率为 D_0/E_0，针对任何既定的增长率，市盈率将随着股利支付率的增加而增加；

（2）贴现率 r 衡量的是风险报酬，因此，市盈率将随着风险程度的增加而降低；

（3）股利预期增长率 g，市盈率将随着股利预期增长率的增加而上升。

在这里一定要注意，以上的分析都是在其他指标不发生变化的基础上进行的，但是由于各个指标之间的内在关系，"其他指标不发生变化"这一假设未必成立。例如股利支付率，按照上面的变动关系，如果公司管理者提高股利支付率，就会使市盈率提高，在每股收益不变的情况下，股票价格将会上升，这是公司管理者所愿意看到的。但是要注意，公司提高股利支付率，将会使公司的留存收益减少进而影响公司未来的成长前景，也就是降低股利预期增长率，从而消除股利支付率增加的影响。式（4.7）是用固定增长模型推导出来的。如果企业符合两阶段增长模型，也可以用类似的方法推导出两阶段情况下的市盈率模型，其影响因素仍然是上面的三个。

专栏 4–3

运用两阶段模型估计高增长公司的市盈率

由式（4.4）可以得到：

$$V = \frac{D_0 \times (1+g)}{r_h - g} \times \left[1 - \frac{(1+g)^n}{(1+r_h)^n}\right] + \frac{D_n \times (1+g_s)}{(r_s - g_s)(1+r_h)^n}$$

$$= \frac{E_0 \times PR \times (1+g)}{r_h - g} \times \left[1 - \frac{(1+g)^n}{(1+r_h)^n}\right] + \frac{E_n \times PR_n \times (1+g_s)}{(r_s - g_s)(1+r_h)^n}$$

$$= \frac{E_0 \times PR \times (1+g)}{r_h - g} \times \left[1 - \frac{(1+g)^n}{(1+r_h)^n}\right] + \frac{E_0 \times PR_n \times (1+g_s) \times (1+g)^n}{(r_s - g_s)(1+r_h)^n}$$

式中：PR 为最初 n 年的股利支付率；PR_n 为 n 年后的稳定股利支付率；其他变量的含义与式（4.4）相同。

假设 $P=V$ 并用其除以每股收益 E，则可以得出

$$P/E = \frac{PR \times (1+g)}{r_h - g} \times \left[1 - \frac{(1+g)^n}{(1+r_h)^n}\right] + \frac{PR_n \times (1+g_s) \times (1+g)^n}{(r_s - g_s)(1+r_h)^n}$$

这就是运用两阶段模型所得出的市盈率模型。

【例7】 假设工商银行的股利支付率为60%，在可以预见的将来，公司的股利将以每年7%的增长率增长，在相同的风险情况下，投资者要求的最低报酬率为15%，求该公司的市盈率。

$$市盈率(PE) = \frac{\frac{D_0}{E_0}(1+g)}{r-g} = \frac{0.6 \times (1+0.07)}{0.15 - 0.07} = 8.03$$

如果股利支付率和增长率不变，而贴现率变为16%，则

$$市盈率(PE) = \frac{\frac{D_0}{E_0}(1+g)}{r-g} = \frac{0.6 \times (1+0.07)}{0.16-0.07} = 7.13$$

如果股利支付率和贴现率不变,而增长率变为8%,则

$$市盈率(PE) = \frac{\frac{D_0}{E_0}(1+g)}{r-g} = \frac{0.6 \times (1+0.08)}{0.15-0.08} = 9.26$$

可以看出,市盈率对增长率和股利贴现率的变动非常敏感,增长率和贴现率的微小变动都将引起市盈率的较大变动。

我们在这里对市盈率的公式进行变形并考虑其影响因素,并不是要用这一变形公式来替代原有的公式,而是要关注影响市盈率可比性的因素,以合理选择可比企业,防止误用市盈率估价模型。例如在评估一个企业的价值时,所选取的可比企业一定要与这个企业类似,类似的标准就是风险程度相近(体现在贴现率上),增长率相近等。如果用若干高增长的公司来评估一个低增长甚至负增长的公司,那么一定会得出错误的结论。

在影响市盈率的三个因素中,最为关键的是增长潜力。所谓增长潜力不仅要求具有相近的增长率,而且还要包括增长模式的类似性,例如,同为固定增长模式或同为两阶段增长模式。

【例8】 甲公司今年每股净利是0.5元,分配股利0.35元/股,该企业净利润和股利的增长率均为6%,在相同风险情况下,投资者要求的最低报酬率为13%,乙公司与甲公司是类似企业,今年每股净利为1元。求甲公司的本期市盈率以及乙公司的股票价值。

$$甲公司股利支付率 = 0.35/0.5 = 70\%$$

$$甲公司本期市盈率(PE) = \frac{0.7 \times (1+0.06)}{0.13-0.06} = 10.6$$

$$乙公司股票价值 = 乙公司股票每股净利 \times 可比企业的本期市盈率$$
$$= 1 \times 10.6 = 10.6(元)$$

在运用各个股票估值模型时,一定要了解其前提假设和模型的适用性。首先,市盈率模型不适用于收益为负值的公司,如果收益为负,则运用市盈率模型得出的股票价值将是负值,而事实上即使是当前收益为负的企业也同样可能是有价值的。其次,市盈率模型不适用于周期性行业中的公司,如果应用于周期性行业中,将导致价值评估不是高于就是低于真实价值。这些一定要在运用市盈率模型时予以注意。

三、市盈率增长比率

投资者有时会把市盈率与预期增长率进行比较,以便确定被低估或被高估的股票。根据该方法的最简单形式,市盈率低于其预期增长率的公司被认为是估价过低者。对于许多投资者而言,这一方法提供了控制各公司间增长差异的一条希望之路,同时还能保持乘数的内在简洁性。市盈率增长比率(PEG)的定义是市盈率除以每股盈利的预期增长率,即

$$\text{市盈率增长比率} = \text{市盈率}/\text{预期增长率}① \tag{4.8}$$

利用市盈率增长比率可以测量公司的成长有多快,可以比较两个市盈率相同的公司的价值哪一个更高。市盈率增长比率越低,说明公司的潜在价值越高。例如,公司 A 和公司 B 的市盈率都是 20 倍,但是公司 A 的盈利增长率为 20%,而公司 B 的盈利增长率为 5%,则 $PEG_A = 1$,而 $PEG_B = 4$。说明公司 A 的潜在价值更高,因为公司 A 的成长比公司 B 快,从而可能代表更好的发展潜力。

一般而言,市盈率增长比率显著小于 1,被认为具有吸引力,因此,为了有较强的购买力,具有中等市盈率 15 倍的股票将必须有高于 15% 的年增长率。

下面我们将考察一下市盈率增长比率的影响因素究竟有哪些。假设公司以不变的增长率增长,由式(4.7)并引入股利支付率 $p = D_0/E_0$,则可以得到

$$\text{市盈率}(PE) = \frac{p(1+g)}{r-g}$$

那么就可以得出

$$PEG = \frac{\dfrac{p(1+g)}{r-g}}{G} = \frac{p(1+g)}{G(r-g)}② \tag{4.9}$$

可以看出,影响市盈率增长比率的因素与市盈率一样都是股利支付率、贴现率和增长率。其中股利支付率和贴现率对市盈率增长比率的影响与对市盈率的影响基本相同,但是在这里增长率 g 对市盈率增长比率的影响就要复杂得多,那些相信市盈率增长比率会消除增长效应的分析者是错误的,增长率不但没有消失,反倒被更深地卷入到乘数之中。在这里我们考察一下增长率 g 对市盈率增长比率的大致影响,假设股利支付率为 70%,贴现率为 15%,我们来看一下增长率变动对市盈率增长比率的影响。

可以看出,增长率对市盈率增长比率的影响并不是单调的,随着增长率的提高,市盈率增长比率最初会减少,但随后会再度开始增加。这也就意味着,具有相同风险和股利支付率的两个公司,高增长率公司的市盈率增长比率未必会比低增长率公司的市盈率增长比率低。不过,一般而言,对于增长率差异较大的公司,其所使用的贴现率(代表风险程度)也不会相同。而在敏感性方面,在增长率接近 0 或接近贴现率时,市盈率增长比率对增长率变动的敏感性较大,而在中间,其敏感性较小。这说明对于增长率适中的(接近于贴现率的 1/2)公司而言,其市盈率增长比率受增长率的影响较小,而对于增长率过高或过低的公司来说,其市盈率增长比率受增长率的影响较大。也就是说,就增长率适中的公司而言,采用市盈率增长比率模型对股票价值进行评估要比采用市盈率

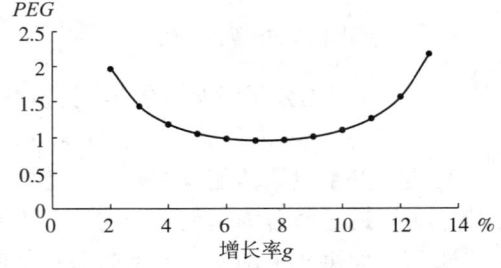

图 4-4 增长率对 PEG 的影响

---

① $PEG = PE/G$。
② $G = 100g$。

模型更好一些。

【例9】 甲公司今年每股净利是 0.5 元，分配股利 0.35 元/股，该企业净利润和股利的增长率均为 6%，在相同风险情况下，投资者要求的最低报酬率为 15%，乙公司与甲公司是类似企业，今年每股净利为 1 元，企业增长率为 8%。求甲公司的本期市盈率增长比率以及乙公司的股票价值。

$$甲公司本期市盈率(PE) = \frac{0.7 \times (1 + 0.06)}{0.15 - 0.06} = 8.24$$

$$PEG = \frac{8.24}{100 \times 0.06} = 1.37$$

$$乙公司股票价值 = 1.37 \times 0.08 \times 100 = 10.96(元)$$

一般而言，市盈率增长比率模型更多地应用于对成长型股票的估值，而不适用于周期型股票或处于反转情形的股票。就像上面分析市盈率时所讲的，如果应用于周期性行业中，将导致价值评估不是高于就是低于其真实价值。由于市盈率增长比率是以市盈率为基础的，因此，市盈率增长比率模型同样不适用于当期收益为负值的公司。

专栏 4-4
如何衡量股票的公平价值

相对估值法的应用有两种：第一，直接关联法，就是通过同类公司乘数的比较得出该类公司的平均乘数，即公司的公平（目标）乘数，计算出相应的股票价值；第二，乘数与价值驱动因素关联法，最常见的是将乘数与（利润）增长率相关联，或将价值与资本回报率相关联。下面，我们来看美林证券公司（以下简称美林公司）如何通过乘数比较的方式衡量股票的公平价值。

美林公司采用部分的直接关联法，选择的乘数为市盈率乘数（P/E）。美林公司进行价值评估的过程是围绕企业价值的公式展开的，具体做法是：

由于：企业价值 = 公司市值 - 公司债务 + 净现金
所以：公司市值 = 企业价值 + 公司债务 - 净现金

可以看出，公司债务与净现金是已知或可估算的，只要计算出公司的公平企业价值，即可得出公司市值，股票的目标价格（公平价值）自然容易获得。那么如何计算公司的公平企业价值呢？以中石化公司为例，美林公司的分析员将公司的企业价值按上下游板块进行划分，即企业价值 = 市场赋予公司上游业务的价值 + 市场赋予公司下游业务的价值。其中，市场赋予公司上游业务的价值 = 公司油气储量×市场赋予每单位油气储量的价值，储量按已开发、未开发和油、气数量分别按不同的价值测算。市场赋予公司下游业务的价值则是通过乘数（P/E）比较得出的。美林公司通过测算得出同业可比公司的平均市盈率水平，再乘以公司的净利润之后得出公司下游板块应被市场赋予的价值。这样，在计算出公司的企业价值之后，公司市值就可以得出。而公司市值 = 公司股票价格×总股数，因此，又可以得出公司股票应体现的市场价格，即公司股票的公平价值。

乘数使股票的公平价值评估成为可能，并在资本市场中得以盛行，足以说明乘数的特殊实用价值。然而，孤立的乘数分析还是不够的。这是因为，乘数的比较分析尚存在以下缺陷。

第一，简单化。由于乘数是把大量的信息集中在一个乘数中进行体现，因此，它很难区分不同的价值因素所发挥作用的大小，甚至可能导致严重的错误解释。

第二，静态化。由于乘数仅体现了公司在某一时间点的状况，因此，它无法反映公司动态的业务发展及变化的竞争状况。

第三，难以比较。乘数的意义在于它的可比性，但乘数比较的确是一件困难的事情。原因是有太多的因素可以使乘数发生变化，而并不是所有的因素都是由于价值的不同而引起乘数出现差异。

为了避免单独采用某个乘数进行价值测算所带来的上述弊端，所有分析员都采取了多个具有"互补"功能的乘数横向比较方法，以尽可能避免单个乘数的缺陷导致失实的价值估算。尽管在乘数的选择和应用过程中可以避免一些上述问题的发生，但是单纯的乘数分析还是不够的。在补充了必要的分析之后，价值评估的结果才能完整、可靠。

↑ 资料来源：潘国英．相对估值法之应用与局限［J］．中国石油石化，2004（3），有删改。

四、股利收益率

判断股票市场是否被高估的方法之一是研究股利收益率，该比率被定义为股利与股票价格的比率，即

$$股利收益率 = \frac{每股股利}{每股价格} \times 100\%$$

当股利收益率较低时，股票价格被认为相对较高，反之则低。股票的现金收入是股票估价最根本的依据，而股利是股票现金收入的最终来源。股利极少等于盈利，因为公司通常会留存部分盈利，以便为未来经营和扩张提供资金，或者有时候用于股票回购。股利收益率相对于市盈率而言显得更直接。但是股利收益率模型也存在一些问题，因为很多公司股利的发放并不稳定，甚至在初期为了公司的持续发展而不发放股利，对于这一类公司，股利支付率模型就显得毫无意义。因此，股利支付率模型更适用于那些已处于成熟阶段、公司股利政策比较稳定的公司的股票估值。

五、市净率

我们除了可以将市场价格与收益或股利相比较之外，还可以将每股的市场价格与每股账面价值进行比较，市净率就表达了这样一个概念。市净率定义为每股市场价格与每股净资产账面价值的比率，即

$$市净率 = \frac{每股价格}{每股账面价值} \tag{4.10}$$

首先，我们还是先来讨论一下市净率模型的影响因素。假设公司以不变的增长率增长，由式（4.3）可以得出当前公司股票的价值为

$$p_0 = \frac{D_1}{r-g} = \frac{D_0(1+g)}{r-g}$$

对公式两边同时除以当期净资产的账面价值 BV，得出

$$p_0/BV = \frac{D_0(1+g)}{(r-g) \times BV} = \frac{\frac{D_0}{E_0} \times \frac{E_0}{BV} \times (1+g)}{r-g} \tag{4.11}$$

第四章 股票估价的原理与方法　85

从式（4.11）中可以看出，影响市净率的因素包括：

（1）当期股利支付率为 D_0/E_0，针对任何既定的增长率，市净率将随着股利支付率的增加而增加；

（2）当期股东权益收益率 E_0/BV，针对任何既定的增长率，市净率将随着股东权益收益率的增加而增加；

（3）贴现率 r 衡量的是风险报酬，因此，可以说市净率将随着风险程度的增加而降低；

（4）股利预期增长率 g，市净率将随着股利预期增长率的增加而升高。

可以看出，市净率的影响因素与市盈率的影响因素类似，只是在分子中多了股东权益收益率这一指标。像在市盈率中的分析一样，在这里一定要注意以上的分析都是在其他指标不发生变化的基础上的，没有这一假设是无法得出上述结论的。

【例 10】 下表列出了汽车制造业 6 家上市公司的每股收益、每股净资产以及每股价格，求市盈率和市净率，并利用这些数据来评估江铃汽车的股价。

公司名称	每股收益	每股净资产	每股股价	市盈率	市净率
上海汽车	0.53	3.43	11.98		
东风汽车	0.37	2.69	6.26		
一汽四环	0.52	4.75	15.4		
一汽金杯	0.23	2.34	6.1		
天津汽车	0.19	2.54	6.8		
长安汽车	0.12	2.01	5.99		
江铃汽车	0.06	1.92	(6.03)		

计算结果见下表：

公司名称	每股收益	每股净资产	每股股价	市盈率	市净率
上海汽车	0.53	3.43	11.98	22.6	3.49
东风汽车	0.37	2.69	6.26	16.92	2.33
一汽四环	0.52	4.75	15.4	29.62	3.24
一汽金杯	0.23	2.34	6.1	26.52	2.61
天津汽车	0.19	2.54	6.8	35.79	2.68
长安汽车	0.12	2.01	5.99	49.92	2.98
平均				30.23	2.89
江铃汽车	0.18	1.92			

按照市盈率估价：$P = 0.18 \times 30.23 = 5.44$（元/股）

按照市净率估价：$P = 1.92 \times 2.89 = 5.55$（元/股）

可以看出，用两个模型所得到的结果相差不是很大。

相对于其他估值模型而言，市净率模型有其自身的一些优点。首先，账面价值提供了一个可与市场价值进行比较的、相对稳定和直观的价值尺度，净资产的账面价值数据容易取得，易于理解。其次，对那些盈利为负的公司无法用市盈率模型进行评估，但是只要这些公司的净资产为正，就可以用市净率模型进行价值评估。最后，净资产的账面价值比净利润更稳定，而且不像利润那样容易被人为操纵。

同时，市净率模型在使用中也存在着一些不足之处。首先，账面价值受折旧等会计方法选择的影响较大。如果各公司实行不同的会计标准和会计政策，市净率就失去了可比性。其次，一些服务行业和高科技行业，其净资产与企业价值的关系不大，其市净率的比较就没有什么意义。最后，个别企业的净资产为负值，对于这样的公司，市净率模型没有任何意义。就像在上面无数次重复过的一样，在使用这一模型时，一定要考虑清楚模型的优劣和所适用的条件，千万不要因为模型使用不当而得出错误的结论。

六、市销率

市销率衡量的是价格与销售额之间的关系。就销售利润率相近的同类公司而言，市销率与市盈率具有正相关关系，因此，较高的市销率意味着市场估价较高，而市销率较低的公司则可能被市场低估了。市销率最近之所以被广泛地用于股票估价，主要是由于以下几个方面的原因：首先，新公司的盈利一般很低，公司的生命力主要来自销售收入，只要公司的经营活动量，即销售收入不断快速增长，市场占有率不断提高，那么公司的未来盈利将是必然的；其次，就同类型公司而言，销售收入越高，说明其掌控的现金流越大；最后，销售收入的数据通常较真实，而利润数据则经常被人为操纵或作假。

市销率的定义是市场价格与销售收入的比值，即

$$市销率 = \frac{每股市价}{每股销售收入} \tag{4.12}$$

假设公司以不变的增长率增长，由固定股利增长率股利贴现模型可以得出当前公司股票的价值，即

$$p_0 = \frac{D_1}{r-g} = \frac{D_0(1+g)}{r-g} = \frac{E_0 \times 股利支付率 \times (1+g)}{r-g}$$

$$= 销售额 \times 销售净利润率 \times 股利支付率 \times \frac{(1+g)}{(r-g)}$$

对公式两边同时除以当期销售收入得出

$$市销率 = 净利润率 \times 股利支付率 \times \frac{(1+g)}{(r-g)} \tag{4.13}$$

其中，从式 (4.11) 中可以看出，影响市销率的因素包括：

(1) 当期股利支付率 D_0/E_0，针对任何既定的增长率，市销率将随着股利支付率的增加而增加；

(2) 销售净利润率，针对任何既定的增长率，市净率将随着销售净利润率的增加而增加；

(3) 贴现率 r 衡量的是风险报酬，因此，可以说市销率将随着风险程度的增加而

降低；

（4）股利预期增长率 g，市销率将随着股利预期增长率的增加而升高。

可以看出，市销率的影响因素与市盈率的影响因素类似，只是多了销售净利润率这一指标的影响。在这里还是要讲，一定要注意以上的分析都是在假设其他指标不发生变化的基础上的，没有这一假设是无法得出上述结论的。

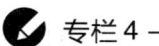

专栏 4-5

什么影响华尔街

在一本较有影响力的著作《什么影响华尔街》（What Works on Wall Street）中，美国数量投资者詹姆斯·奥肖内把价值与销售比描述为"价值因素之王"。

作者发现，市值与销售的比率较低的股票要比其他任何价值比率更能战胜市场。他强调，投资者应该警惕市销率超过 2 的股票。

奥肖内用 1951 年以来的数据，分析了所有用于选择普通股的基本投资策略，如现金流、市盈率、市净率、市销率等。奥肖内发现，根据每年重新平衡投资组合，在 1954 年到 1994 年的 40 年间，市销率最低的 50 只股票的平均年收益率为 15.42%，相比之下，所有股票的年收益率为 12.45%。市销率最高的股票的年收益率为 4.15%。而且，如果把市销率较低（≤1）的股票和表现出势头（12 个月价格表现最好的）的股票结合起来，那么在整个 40 年间，将产生 18.14% 的年收益率。

【例 11】 上汽集团 2019 年的销售收入为 8 433 亿元，净利润为 352.9 亿元（每股收益 2.19 元），年末股价为 23.85 元，股本为 116.83 亿股。预计 5 年后销售收入达 1 万亿元，销售净利率为 5%。

假设公司不分派股利，总股本不变，全部净利润用于再投资。求：

1. 2019 年底的市盈率和市销率为多少？
2. 预计 5 年后上汽集团将成为有代表性的成熟企业（市盈率为 10 倍），其股价应为多少？
3. 假设维持现在的市盈率和市销率，2024 年该企业需要多少销售额？这一假设能成立吗？

解：

1. 2019 年市盈率 = 20.85/2.19 = 9.52

2019 年市销率 = 23.85/（8 433/116.83） = 0.33

2. 2024 年预计每股净利 = 10 000×5%/116.83 = 4.28（元/股）

2024 年预计股价 = 4.28×10 = 42.8（元/股）

2024 年预计市销率 = 42.8/（10 000/116.83） = 0.5

3. 如果维持 2019 年底的市盈率和市销率，则：

2024 年预计股价 = 9.52×4.28 = 40.74（元/股）

2024 年每股销售收入 = 40.74/0.33 = 123.45（元/股）

2024 年销售额 = 123.45 × 116.83 = 14 422.66（亿元）

可以看出，2 和 3 中关于股价的结果相差不大，但销售收入的估计相差较大。2019 年市盈率和市销率偏低是因为汽车市场表现平淡，5 年内汽车市场应该有所回暖，市销率也将有所回升。

市销率模型有一些自身的优点。首先，不同于那些针对许多公司会变成负数而失去意义的市盈率和市净率，市销率模型对于大多数公司甚至是新公司都可以适用。因此，采用市销率模型可以大大降低因为从样本中删除某些公司而造成的偏差。其次，销售收入不受会计政策、会计方法的影响，不易受到人为操纵。

与此同时，市销率模型也存在一个较大的缺陷，市销率模型会对那些销售收入很高但是同时利润极低的公司赋予较高的价值。因此，这一模型主要适用于销售成本率低的服务类行业或者销售成本率趋同的传统行业中的企业。

七、托宾 q 比率

投资者除了将公司的股票价格与股利或盈利相比较外，还可以将公司证券的价值与公司本身资产的价值相比较。公司市值与公司资产的重置价值之比就是著名的托宾 q 比率。这一比率是以其创始人——著名的经济学家詹姆斯·托宾的名字来命名的，托宾因为"在金融市场及其与消费决策、就业、产出及物价之间的关系方面所取得的卓越研究成果"而获得了 1981 年的诺贝尔经济学奖。

托宾 q 是一个非常简单的概念，其值取决于两个变量，即公司的市场价值和公司资产的重置价值。当资产正好赢得所要求的报酬时，资产的市场价值将等于其重置成本（如果资本所得报酬等于资本成本，那么来自投资的现金流的现值将等于重置成本，这一点可以从现金流贴现模型中得出）。根据这个观点，从长远来看，市值与重置成本的比率应当趋于 1，但在短期，托宾 q 的值会发生一些偏离。当公司的预期收益很高或者增长很快时，其在金融市场上的价值将超过其资产的价值；相反，当公司的经营前景非常差或具有很大的不确定性时，公司的市场价值将低于其资产的价值。因此，那些获得负的超额报酬或者未能有效利用自身资产的公司的托宾 q 将小于 1，而那些能更有效利用其资产的公司则会获得高于 1 的托宾 q。

托宾 q 这一概念从理论上不仅简洁，而且十分有效。但是其在实际的应用中存在一些问题。托宾 q 的分子是企业资产的市场价值，这个值比较容易得到，资产的市场价值＝债权的市场价值＋股权的市场价值。就一个已经上市的公司而言，资产的市场价值就是公司股票的总市值。但其分母是资产的重置价值，资产的重置价值＝有形资产的重置价值＋无形资产的重置价值，这两种价值的评估在实践上都相当困难，相对而言，诸如知识产权、商标、专利等无形资产的重置价值就更难准确评估。

基于上述原因，托宾 q 比率在实践中还受到了诸多的限制，如果用其进行定量估价，在准确度上也不能令人十分满意。相对而言，托宾 q 比率在更大程度上是衡量市场所感受的公司管理质量，管理不善的公司会以低于其所拥有的资产的重置成本的市场价值进行交易。

【小结】

在本章我们首先重点介绍了风险型金融资产的典型代表——股票的价值评估原理，即股利贴现模型。作为一种经济学模型，这个模型更多地表达了一种思想或原理，即公司股票的内在价值在于公司未来的股（红）利。未来股利越大，则股票价值越高；股利增长越多，则股票价值越高。另外，这个模型还表明股票的价值与投资者要求的投资回报率有关，回报率要求越低，则股票价值越高。反之，在高度风险回避的投资者眼中，股票的价值就会相对偏低。

股利贴现模型一直被认为是"理论虽完美，但实用性不佳"。理论的完美性主要体现在模型反映了股票价值的经济本质，而且模型的表达式也十分简洁、明了。实用性不佳则主要是因为未来盈利或股利数据很难获取，特别是要获得精确的数据几乎不可能。另外，由于该价值模型对股利、增长率等数据又比较敏感，所以根据不很精确的数据评估出来的结果往往会产生较大的误差，使得股票估值的实际参考价值及其可信度大打折扣。

为了弥补股利贴现模型的局限性，第二节着重介绍了一些基于相对估值原理的股票估值方法。所谓相对估值原理包含两层含义：一是指在评估方法上，基本上是将股票的价格与公司的每股盈利、净资产等质量指标进行比值计算，以判断其市场价格与公司质量是否匹配；二是指这些评估方法主要用于与类似公司进行横向比较，以便分析股票市场价格的相对水平。

相对估值法因其简单易懂、便于计算而被广泛使用。但事实上每一种相对估值法都有其一定的应用范围，任何一种方法都不可能适用于所有类型的上市公司。目前在实际中，多种相对估值法存在着被乱用和滥用以及被浅薄化的情况。

股利贴现模型和相对估值法为一个硬币的两面，不存在孰优孰劣的问题。不同的估值方法适用于不同行业、不同财务状况的公司。对于不同的公司要具体问题具体分析，谨慎选择不同的估值方法。多种相对估值法与一种比较适用的股利贴现模型估值法结合使用，可能会取得比较好的效果。

作为金融经济学，我们介绍股票估价模型与方法的目的在于揭示股票作为典型金融资产其价值的本质。根据本章以上论述，我们对股票价值特性作如下总结[1]。

（1）股票的价值是不确定的，是某种状态依赖型的随机变量。

（2）股票估价的预期性。所有对股票价值的估计实际上都是建立在一定信息基础上的预期，这种预期通常还会受评估者主观意志的影响。所以，不同的人对同一种股票会有不同的估值，同一个人在不同的时间里也会有不同的估值。

（3）股票价值虽然是客观存在的，但不可观测。根据股利贴现模型，股票的价值取决于未来整个生命期内的股利以及最后的清算价值，而我们几乎没有多少关于企业未来的信息，就人类目前的预测能力，尚不能科学地观测到股票的内在价值。

---

[1] 陈伟忠. 动态组合理论与中国证券资产定价[M]. 西安：陕西人民出版社，1999.

（4）目前投资者能做的是根据已有信息对股票内在价值进行估计。由于信息不完全，人们对公司未来的认知通常是非常有限的，所以对股票的估值也通常有一定的偏差。

（5）估值对投资行为有影响，从而进一步影响市场价格。但是，市场价格还受许多其他因素的影响，价格的变化不一定反映价值的变化，价值仅仅是价格的主要决定因素之一。

【思考与练习题】

1. 讨论普通股估价的戈登模型或固定红利贴现模型，包括模型的假设、优点和缺点。

2. 南方公司的一位董事认为，投资者使用红利贴现模型这一事实证明了红利越高，股价越高。

（1）参考固定增长的红利贴现模型，运用它分析这位董事的观点。

（2）如果分红增加（其他因素不变），分析下列因素如何变化：

a. 持续增长率；b. 账面价值的增长率。

3. （1）恒瑞医药 2019 年实现净利润 53.26 亿元，预计每股红利为 1 元，投资者的期望收益率是 15%。如果恒瑞医药股票的每股售价为 85 元/股，求市场对其红利的期望增长率。

（2）如果恒瑞医药的红利年增长率下降到 10%，其股价如何变化？定性分析该公司的市盈率。

4. 预计农业发展公司的红利每股每年约增长 5%。

（1）如果今年的年终分红是每股 8 元，市场资本化率为每年 10%，利用红利贴现模型计算当前公司的股价。

（2）如果每股期望收益为 12 美元，未来投资机会的隐含收益率是多少？

（3）求未来增长（例如，超过市场资本化率的未来投资的股权收益率）的每股市值。

5. 目前东海公司没有发放现金红利，并且在今后四年中也不打算发放。它最近每股收益为 5 元，并被全部用于再投资。今后四年公司的权益利润率预计为每年 20%，同时收益被全部用于投资。从第五年开始，新投资的权益利润率预计每年下降 2%，至第十年权益利润率稳定在 10%，东海公司的资本成本为每年 15%。

（1）投资者估计东海公司股票的内在价值为多少？

（2）假设现在东海公司股票的市场价格等于内在价值，投资者预计明年它的价格会如何？

6. 大众公司股票目前每股股利为 4 元。

（1）如果大众公司打算以每年 5% 的比率无限增长其股利，请问 10 年后每股股利为多少？

（2）如果在第五年末大众公司股票的预期每股股利为 5.87 元，则股利的预期年增长率为多少?

7. 格力电器股票的售价为每股53元,市场预计未来股利平均按每年6%增长。该公司按每股3元支付当期股利,根据这些信息估算该股票的贴现率。

8. 对于大多数公司股票的估价来说,固定增长模型是一种过分简化的方法。但是很多市场分析人员都认为,若将股票市场作为一个总体来估价,固定增长模型不失为一种很有用的方法。固定增长模型作为一种定价方法,为什么对整个市场而非个别股票估价更具合理性呢?

9. 市盈率(P/E)比率或乘数方法,可以用来进行股票估价。解释一下这个过程,并且描述一下乘数是怎样随股票市场上可利用的报价单而变化的。

10. 为什么当一种股票的未来现金流的风险增大时,会对其市盈率产生影响?试从直观上和数学上加以解释。

11. 北方公司最近按每股4元支付股利,同年每股收益为8元。市场上同等风险水平股票的预期收益率为11%,股利预期按每年6%的比率持续增长,试估算北方公司股票的"正常"市盈率。

12. 假定我们是在2010年3月底,3月17日恒瑞医药股票除权,当期股利为0.94元/股,股票价格为39.21元,市盈率为43.87,市净率为11.2。假设市场要求的期望回报率是20%,依据股利贴现模型,当时市场预期该股票红利的增长率是多少?

根据2010—2020年的平均年增长率,当时的预期是高估还是低估了该股票红利的增长率?

【主要参考文献】

[1] [美] Aswath Damodaran. 投资估价 [M]. 中文版. 北京: 清华大学出版社, 2004.

[2] 布莱恩·克特尔. 金融经济学 [M]. 中文版. 北京: 中国金融出版社, 2005.

[3] 陈伟忠. 动态组合理论与中国证券资产定价 [M]. 西安: 陕西人民出版社, 1999.

[4] [美] 威廉·F. 夏普, 戈登·J. 亚历山大, 杰弗里·V. 贝利. 投资学 [M]. 中文版. 北京: 中国人民大学出版社, 1998.

[5] [美] 滋维·博迪, 亚历克斯·凯恩, 艾伦·J. 马库斯. 投资学(第4版)[M]. 中文版. 北京: 机械工业出版社, 2000.

[6] [美] 滋维·博迪, 罗伯特·莫顿. 金融学 [M]. 中文版. 北京: 中国人民大学出版社, 2000.

[7] [美] 阿斯瓦斯·达莫达兰. 估值: 难点、解决方案及相关案例(原书第3版)[M]. 中文版. 北京: 机械工业出版社, 2019.

[8] [美] 大卫, T. 拉勒比, 贾森, A. 沃斯. 估值技术 [M]. 王晋忠, 等译. 北京: 机械工业出版社, 2015.

第五章

风险及其估计

【学习目的与要求】

通过本章的学习,首先要正确了解风险的基本概念和基本特征;其次要了解风险的分类,重点掌握风险度量的方法及其应用。

【学习要点】

前面两章我们介绍了评估两大类资产价值的基本原理,投资者根据对资产价值的评估进行投资决策。但是,对于像股票这样的资产,其未来的收益取决于一系列因素。投资购买这种资产既可能获得比较高的收益,也可能得不到收益甚至发生亏损。此即所谓投资收益的不确定性(有时也称为风险),其中包括投资者利益受到损害的可能性。因此,在进行投资决策时,衡量投资产品风险的大小十分重要。

第一节 风险的概念

一、风险的含义

风险(risk)是市场经济,特别是金融活动中使用频率非常高的一个经济概念。所谓风险是指企业(或者某种组织)或个人的利益由于某些行为或因素在未来发生变化而受损的可能性。例如,航空公司的利润有可能因油价上升而下降,严重时还会导致亏损。虽然未来油价不一定上升,但一旦油价上升,公司利润就有可能下降甚至亏损。只要油价不稳定,这种可能性就存在。这就是全球航空公司共同面临的一种主要风险。

在金融系统中,风险是所有参与者特别关注的一个核心问题,更是金融经济学中的一个关键概念。人们普遍采用的风险定义为:某种损失发生的可能性。风险的概念包括两个本质内涵:利益受损和可能性。首先,没有利益受损就谈不上风险。例如,从事房屋出租的房东,其出租收益通常不会因为油价的波动而受影响。所以,石油价格的波动就不构成房东的风险，至少不是主要风险。其次，如果未来利益受损不是或有的而是确定的、必然的，比如，随着夏季的到来，公司的空调成本将比第二季度上升，由于这种成本的上升或利润的下降是一种必然，通常我们不称之为风险，而称之为变化。

在金融经济学中，风险的概念在更大程度上是指投资风险或金融交易风险。在现代金融市场中，投资收益通常具有不确定性，既有可能获得较高的收益，也有可能遭受损失。不确定性的程度越高，风险就越大。我们说不同的投资工具的风险程度不同，有些工具的投资风险较高，譬如股票投资，有些工具的投资风险较低，譬如国债投资。在美国，人们通常把主要期限为30天和90天的短期国库券称为"无风险工具"，将其收益率称为无风险收益率（risk-free rate）。因为美国的国库券期限短，通货膨胀风险（持有期内由于发生通货膨胀而导致实际利率下降）极小；如果考虑到政府的信用状况在可预见的短期内不会有变化，国库券不存在违约风险（default risk），只要持有国库券到期，就可以获得购买时已确知的收益率。因此，可以认为美国国库券的投资不存在风险。在我国，可以认为银行的活期储蓄存款是无风险投资，其利率可以被认为是无风险收益率。市场中，除了短期国库券和银行活期存款外，其他的投资工具都具有程度不同的风险。例如，股票投资就很有代表性，要想知道投资股票的未来实际收益是很困难的，即便是那些业绩良好的股票，其未来的价格变化也难以事先确知。因此，一般人们都认为股票投资是一项有很高风险的投资活动。

要全面、正确地理解风险的概念，还必须了解与风险直接关联的几个方面。

(1) 不确定性是风险存在的基础。投资者之所以面临风险，是因为所投资持有的资产的价值或收益具有不确定性，决定资产价值或收益的因素无法事先预知或控制。正是这种不确定性才产生了投资受损的可能性，才有了所谓风险的概念。我们知道，未来状态的不确定性是客观存在的，人们不能决定风险存在与否，也不能决定风险的大小，而只能在充分认识风险的基础上采取适当的对策。

(2) 具有承担风险后果的主体是风险存在的前提。也就是说，风险必须要有实际承担者。否则，所谓风险对那些不承担风险后果的人而言就毫无意义。例如，某些互联网融资平台把发放的小微贷直接打包资产证券化（ABS）卖给资本市场上的投资者，平台对小微贷的违约风险不承担任何责任，因此也就不会下功夫管控违约风险。

(3) 所谓的风险损失是指行为后果与预期目标发生的偏离。以投资的风险损失为例，假设一个投资者根据资金的机会成本、预期的通货膨胀率和承担的风险水平，预计了一个基本的回报率为8%，如果投资期末他得到的实际收益率只有5%，则他就蒙受了3%的风险损失。

风险的分类方法有很多种，我们会在第二节进行详细讨论。现代投资理论，把所有的投资风险分为两大类：系统风险和非系统风险，也称为市场风险和非市场风险或者不可分散风险和可分散风险。系统风险是指由整个市场的供求变化引致的风险。例如，大部分中国股票的持有者，不管他们持有什么股票，在2008年都随着整个市场价格的下跌而蒙受了巨大的损失。很明显，所有的证券，无论是债券还是股票，都具有一定的系统性风险，系统性风险直接包括了利率风险、市场风险和通货膨胀风险。非系统风险也就是"个体风险",是指那些非全局性因素变化所引起的风险,如某个公司的投资决策失误而导致收益率下降,或者公司董事会领导层变动而引起价格下跌等。通过分散化投资,这部分风险可以变小或者消除,因此,非系统风险也叫作可分散风险。

专栏 5-1

暴风集团谢幕: 400 亿市值跌至不足亿元, 6 万多股东一起"陪葬"

暴风集团(300431.SZ,暴风退)于 2020 年 11 月 9 日发布公告称,公司股票于 2020 年 9 月 21 日进入退市整理期,截至 2020 年 11 月 9 日已交易 30 个交易日,退市整理期已结束。公司股票已被深圳证券交易所决定终止上市,于 2020 年 11 月 10 日被深圳证券交易所摘牌。

此前,暴风集团因在法定披露期限届满之日起两个月内未披露 2019 年度报告,公司股票自 2020 年 7 月 8 日起暂停上市。公司在股票被暂停上市后的一个月内未能披露 2019 年度报告,触及深交所相关规定的股票终止上市情形。

截至 11 月 9 日收盘,暴风集团报 0.28 元/股,跌 3.45%,市值仅剩 9 226.69 万元。

追溯至 2015 年 3 月在创业板上市时,暴风集团曾在短短 40 个交易日内收获 37 个涨停板,打破 A 股涨停纪录,一度被称为"妖股"。2015 年 5 月末曾触及 327.01 元/股的股价高点,市值最高超 400 亿元。

好景不长,由于实控人冯鑫盲目模仿乐视扩张之路,一口气布局 VR、电视、体育、影业、金融等诸多产业,暴风集团资金链断裂后核心业务一蹶不振。此后,上市公司陷入数次增发失败、融资不利的窘境,冯鑫因一宗海外并购而深陷债务危机,最终在 2019 年 7 月因涉嫌犯罪被公安机关采取强制措施。

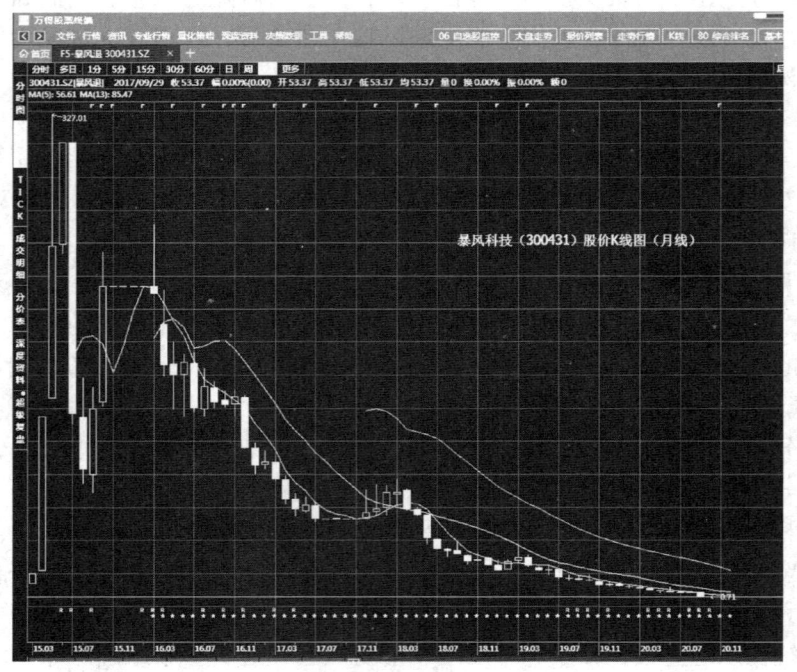

曾有投资者寄希望于外部资本能够支持暴风集团走出困局，然而，伴随着实控人冯鑫的入狱，暴风集团"树倒猢狲散"，上市公司只剩下一副空壳，至今一年多时间以来，公司情况无任何好转。

2020年7月1日，暴风集团发布了最后一条公告，提及公司存在被暂停上市及终止上市风险。公告显示，近期公司经营状况发生重大不利变化，资金紧张，难以维持公司正常运转。公司主营业务收入急剧下滑，应收账款回收困难，经营发展受到严重制约。公司现金流紧张，现金流入已经难以支撑日常经营。公司债务负担重，公司面临流动资金短缺导致无法及时偿债的情况。

此外，暴风集团目前仅剩10余人，同时存在拖欠部分员工工资的情形；现有员工无法承担2019年业绩预告、业绩快报和2020年第一季度业绩预告、第一季度报告的编制工作。北京仲裁委员会裁决公司向上海歌斐资产支付转让价款、违约金等合计4.7亿元。公司存在由于无法支付上述费用而产生的法律风险。

暴风集团发布的最后一份财报——2019年第三季度财报显示，截至报告期末，公司仍有6万多户股东。几乎所有投资者均蒙受了巨大的风险损失。

⬆ 资料来源：https://finance.sina.com.cn/tech/2020-11-09/doc-iiznctke0502946.shtml。

二、风险的特征

一般来说，风险具有如下主要特征。

1. 客观性。风险是不以人的意志为转移并超越人们的主观意志的客观存在。
2. 普遍性。风险广泛存在于自然界和人类社会，无处不在，无时不有。
3. 复杂性。风险是一种极其复杂的自然、社会现象，直到目前，人类只能在有限的空间和时间内控制和改变风险，不可能完全消除风险。
4. 偶然性。风险的基本特征是不确定性，因此，风险发生的时间、程度、后果都是偶然的，而且导致风险发生的各种风险因素也是偶然的。
5. 必然性。由于环境复杂多变，风险的发生是不可避免的。
6. 可变性。风险也是随着环境的改变而不断变化的，随着时间的推移和相应措施的实施，风险状况既可能恶化，也可能被化解。

三、风险与不确定性的差异

前面我们多次提到风险与不确定性，在这里我们着重论述两者的差异。风险与不确定性既有紧密联系，又有区别。所谓不确定性，是指行为主体（组织或个人）对其未来权益状态缺乏认知，他们不知道其未来权益是会增加还是会减少。例如，一位二年级的大学生通常并不知道他（她）毕业后能找到一个什么样的工作，月薪是多少；股票市场上的个人投资者一般也不知道一年后其投资收益会有多少。

不确定性是一个无法测量的主观概念，它包含两层含义：第一层含义可称为"相对的不确定性"，是行为主体因缺乏可获得的信息而导致认知缺乏。这种不确定性通常可以通过增加信息量来减少甚至消除。仍以二年级的大学生为例，如果他们利用暑假对历届学长的就业情况与薪资状况做一个系统全面的调查，就会对自己将来的就业和薪资状况有一个框架性的认识，相对不做调查的同学而言，其不确定性就会比较小。第二层含义通常称为"绝对或根本"的不确定性，即无论行为主体如何努力地搜集并加工分析可获得的信息，也无法消除的不确定性。一个典型的例子是英国巴林银行在日本股指期货上发生巨额亏损并因此而倒闭。事后分析表明，日本东京的地震是导致其巨额亏损的一个关键因素。而人类目前的科技水平尚无法准确预报地震，所以无论巴林银行的交易员们如何努力获取信息，都不可能消除地震原因导致的投资收益的不确定性。这种"根本的不确定性"是人类当前所不能认知或控制的，具有完全的客观性。实际中的"根本的不确定性"要广泛得多，凡是超出行为主体当前认知能力的因素所导致的不确定性都归结为"根本的不确定性"。

相对于不确定性，风险更加侧重于不确定性中包含的"可能损失"。资产的未来价值的不确定性既包含了价值增加的可能性，又包含了价值缩水的可能性。所以，风险是指不确定性中不利的一面，或称"负面不确定性"。在决策学中，风险和不确定性的区别在于我们是否拥有关于未来状态的概率信息（概率分布）。如果有确定的概率分布就是风险，否则属于不确定性。

第二节　风险的分类

按照不同的分类方法，风险可以分为多种。对于任何的分类方法，所有风险的共同特点就是不可预见性，相关变量的波动导致收益减少、经营成本增加等都是不可预期的。因此，风险分类有助于突出引起风险的因子的变化特征，管理者可以针对不同的风险采取不同的处理方法。

一、纯粹风险和投机风险

按照风险的性质，可分为纯粹风险和投机风险。

纯粹风险是指风险承担者遭受了风险损失而没有获得任何收益，导致的后果有两种：一是损失，二是无损失。纯粹风险的产生与自然力的破坏和人为失误有关，变化比较有规律，可以利用概率论中的大数法则来预测风险的概率。投机风险是指风险承担者可能会遭受损失，也可能获得收益。它导致三种后果，包括损失、无损失和获利。投机风险往往和经济、政治、科技以及社会的运动紧密相关。纯粹风险和投机风险在实际中的界定并不十分清晰，往往一种风险可能是二者的综合体。例如，投资者购买银行发行的债券，可能会面临着价值升高或者降低的风险，造成这种风险的原因可能是银行倒闭和市场利率变化，银行倒闭的风险对于客户来说是纯粹风险，市场利率的变动结果并不确定，在利率降低的情况下，客户获利，反之则受损，因此，是投机性风险。从这个角度区分风险，可以方便地分析投资者的行为，对于这两种风险，投资者的反应是不一样的，纯粹风险中风险的承担者必须采取措施来规避风险，或者完全没有感受到风险而被动接受，但投机风险中风险承担者无法规避投资的市场风险。

二、客观风险和主观风险

按风险发生的原因,可分为客观风险和主观风险。

客观风险是指实际结果与未来的结果之间的相对差异和变动程度,这种变动程度越大,风险也就越大;主观风险是指一种精神和心理状态所引起的不确定性,表现为人们对某种偶然的不幸事故造成的损失后果有所顾虑。

三、可分散的风险和不可分散的风险

按是否可以通过投资组合加以分散,可分为可分散的风险和不可分散的风险。

可分散的风险是指通过联合协议或者风险分担协议可减少的风险;不可分散的风险是指通过联合协议,联合的参与者不能减少的风险。例如,证券市场中的系统风险和非系统风险,系统风险是不可分散的,是指整个市场所承受的风险,主要包括市场风险、利率风险、购买力风险和汇率风险,是市场环境发生变化而产生的风险,这种风险是所有市场主体都必须承受的,在证券组合中无法抵消。非系统风险是可分散风险,它包括行业风险、财务风险、经营风险、违约风险等,是指企业面临的特有风险,如企业面临经营困难、工人要求提高工资、法律诉讼等。在市场中,不同企业之间通过资产组合可以相互抵消风险。这样区分可以检验资产组合或风险分散的效果,有助于风险管理主体采取相应的措施。在现代金融理论中,我们讨论最多的也是这两种风险。

四、财产风险、人身风险、责任风险和信用风险

按载体的不同可以分为财产风险、人身风险、责任风险和信用风险。

财产风险是指导致有形资产损毁或贬值的风险,如房屋、设备的损毁或贬值等。人身风险是指由于发生自然灾害、意外事故、疾病而导致人身伤残或者死亡等风险。责任风险是指个人或团体因为行为上的疏忽或过失,依法对他人遭受的人身伤害或财产损失应负法律赔偿责任的风险。责任风险还可以细分为过失责任风险和无过失责任风险,过失责任风险是指团体或个人因为疏忽或者过失而产生侵权的行为,导致他人财产受到损失或者人身受到伤害;无过失责任风险是指绝对责任风险,团体或者个人对侵权负有不可推卸的责任。信用风险则是一方违约或犯罪对另一方造成经济损失的风险。

五、可承受风险和不可承受风险

按风险的承受能力分为可承受风险和不可承受风险。

经济单位在对自己承受能力、财务状况进行充分分析的基础上,确认能够承受最大损失的限度,低于这个限度的风险是可承受风险。不可承受风险是指风险已经超过了经济单位所确认的最大损失的限度。

六、自然风险、社会风险、经济风险、政治风险和技术风险

按损失发生的原因,可以分为自然风险、社会风险、经济风险、政治风险和技术

风险。

自然风险是指自然现象和物理现象造成财物和人员损失的风险。社会风险是指个人或者团体的异常行为造成损失的风险。经济风险是指经济单位在从事经济活动中，因对市场判断失误或者投资行为不当导致损失的风险。政治风险是由于政治原因引起社会动荡而产生的风险。例如，因美国冷战思维占据上风而导致的中美贸易摩擦导致众多中美企业蒙受重大风险损失，华为就是其中受损最大的企业。2018年股市大跌也是由中美贸易摩擦引发的。技术风险是指因为科学技术发展而产生的风险。

七、经营风险、战略风险和财务风险

按风险的行为来源，可分为经营风险、战略风险和财务风险。

经营风险也可称为操作风险，是指公司为了形成竞争优势、增加股东的价值而自愿承担的一种风险，例如产品创新、技术变革等。战略风险是指政治与经济环境的根本性变化而产生的风险，同时也是一种不可分散风险。财务风险是指金融市场上的金融变量，如利率、汇率等发生变化导致公司面临资本或者收入损失的风险。当金融因素作用于衡量风险的利益变量（如收益、资本、特定现金流）时，金融风险就产生了。

当然，根据不同的需要，风险还可以有其他很多种分类方法，这里不再一一赘述。明确了风险分类，能帮助管理者从不同的方面来分析、降低风险，以便更好地进行风险控制和管理。

第三节 风险的度量方法

在发达的市场经济中，我们权衡一项金融资产的价值，主要是衡量其四个方面：资产本身的收入、资本收益率、交易成本和风险。只有全面地衡量这四个方面，才能有效地衡量一项金融资产的价值。本节主要阐述风险度量的几种方法。从历史来看，金融市场的波动性几乎是无规律的，无论什么时候投资，你都会面临两种情况，或涨或跌。为了能尽量避免风险发生所带来的损失，我们需要对风险进行测量来预知未来损失发生可能性的大小。

投资风险通常是在投资以后发生的，而投资者又希望投资前或投资时能够了解到投资风险的大小。因此，人们通常用投资后收益的各种可能情况及各种情况出现的概率来描述风险程度，即用概率分布来测度风险程度。

根据风险的概念，风险的测量应该同时反映两个方面：一是收益（或损失）的大小，二是收益或损失发生的概率。投资者在投资时，面临的未来收益是个随机变量，投资风险就源于投资收益的不确定性。因此，可以用随机变量的变异性度量方法来测度风险的大小。常用的风险测量方法有三种。

一、方差法

绝大多数学者把风险理解为未来投资收益的不确定性，或者未来实际收益与期望回

报的差异程度，因而用收益的方差或标准差来度量风险。方差法也称为离差法，即用随机变量的可能取值与其期望的平均偏离来衡量风险的大小。期望收益率的计算公式为

$$E(r) = \sum_{i=1}^{n} p_i r_i \tag{5.1}$$

$$\sum_{i=1}^{n} p_i = 1$$

根据计算离差方法的不同，可以有三种具体的计算公式。

（1）平均绝对离差（D）：

$$D = \sum_{i=1}^{n} p_i |r_i - E(r)| \tag{5.2}$$

（2）方差（σ^2）：

$$\sigma^2 = \sum_{i=1}^{n} p_i [r_i - E(r)]^2 \tag{5.3}$$

（3）标准离差（σ）：

$$\sigma = \sqrt{\sum_{i=1}^{n} p_i [r_i - E(r)]^2} \tag{5.4}$$

式中：p_i 为指标值 r_i 的概率；r_i 为第 i 个可能的指标值；$E(r)$ 为指标值的期望值；i 为可能的状态数。

但是，上述的几种度量方法并没有与风险的概念完全一致，它们同时涵盖了优于和劣于期望水平的两种可能结果，而且没有直接与损失联系起来。所以，也有学者认为，风险应该由投资可能产生的亏损的程度来衡量。在他们看来，如果未来的收益高于预期，对投资者来说并不是风险，所以又有下面的计算风险的半方差法。

二、半方差法

假设投资收益率为 r，r 的概率密度函数为 $p(r)$，r 的期望值为

$$\bar{R} = \int_{-\infty}^{+\infty} p(r) r \mathrm{d}r \tag{5.5}$$

则风险度量的半方差公式为

$$V^2 = \int_{-\infty}^{\bar{R}} p(r) r \mathrm{d}r \tag{5.6}$$

与式（5.5）相比，半方差法去除了 r 分布的右半部分。显然，如果 r 的密度函数 $p(r)$ 关于 r 的均值对称，则 $\sigma^2 = 2V^2$，两种方法无差异。

由图 5-1 可见，半方差法表示低于期望水平的可能和程度，与风险的原始概念比较接近。但半方差法在数学分析上不易处理，而且，在常见的对称分布情况下与方差法的结果一致。所以方差法更为常用，而半方差法只是在非对称分布情况下使用的一种辅助方法。

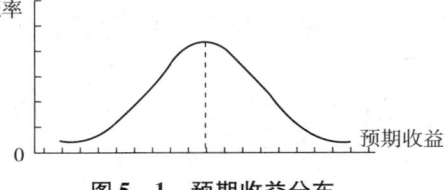

图 5-1 预期收益分布

三、β 系数法

β 系数法是由美国经济学家威廉·夏普（W. F. Sharpe）于 20 世纪 60 年代中期首次提出的，夏普在资产定价等金融经济学领域中成果卓著，并荣获了 1990 年诺贝尔经济学奖。

在一个高度发达的资本市场中，任何投资可被视为购买某种证券的行为。投资者面临的投资风险主要源于证券价格的波动，有效的投资组合可使投资者承受的非系统风险趋近于零。

一项资产的 β 系数等于当市场的平均收益率变动 1% 时，该证券的期望收益率的变化量：

$$\beta_i = \frac{\Delta r_i}{\Delta r_m} \tag{5.7}$$

式中：Δr_i 为第 i 种证券期望收益率的改变量；Δr_m 为市场组合收益率（市场平均收益率）的改变量；β_i 为第 i 种证券的 β 系数。

资产的 β 系数反映了资产收益率对市场变化的敏感度，由于在有效组合的情况下，投资者只面临市场整体变动的风险，即系统风险，因而 β 系数恰好能反映该资产风险的大小。β 系数越大，则对市场的敏感程度越高，因而风险就越大，反之，风险则越小。

β 系数法建立在风险度量的方差法的基础上。β 系数的计算公式为

$$\beta_i = \frac{\sigma_{im}}{\sigma_m^2} \tag{5.8}$$

其中：

$$\sigma_m^2 = E[r_m - E(r_m)]^2 \tag{5.9}$$

$$\sigma_{im} = \sum_{i=1}^{n} [r_i - E(r_i)][r_m - E(r_m)] p_i \tag{5.10}$$

式中：σ_{im} 为第 i 种资产的收益率（r_i）与市场收益率（r_m）之间的协方差；σ_m^2 为市场收益率的方差。

举例来说，假定投资者将 1 000 元投资于股票，持有期为 1 年，股票预期的红利为 30 元，一年后股价预期增长 10%，如果一年后股票分红和股价增长与预期的情况一致，到期投资者卖出股票，共可获得 1 130 元，持有期收益率为 13%。但是一年后股票的分红和价格都具有不确定性，投资者很难事先确定其最终总收益，但可以事先根据宏观经济形势和股票市场状况来估计量化收益前景，即通过分析得出不同收益水平的概率。假定投资者分析得出三种可能情况，每种情况的概率如表 5-1 所示，我们将如何计算风险程度呢？

我们通常用单位时间内单位投资量所得到的收益来度量投资收益的大小。因此，一般投资收益率的公式为

$$投资收益率 = \frac{期末价值 - 期初价值}{期初价值}$$

对于股票的投资收益率来说，一般用如下公式：

$$持有期收益率(HRP) = \frac{期末价格 - 期初价格 + 现金红利}{期初价格} \quad (5.11)$$

在本例中，各种情况下的收益率如表 5-1 所示。

表 5-1　　　　　　　　　　股票在不同情况下的收益率的概率分布

股票市场状况	概率	期末总价（元）	收益率（%）
繁荣	0.25	1 200	20
正常	0.60	1 100	10
萧条	0.15	900	-10

（1）期望收益。我们假定各种状况出现的概率为 p_i，各种状况的总收益率为 r_i，期望收益（expected return）$E(r)$ 为所有状况下收益的加权平均值。其期望收益的计算公式为式（5.1），利用表 5-1 中所列的数据，我们得到该投资的期望收益率为

$$E(r) = 0.25 \times 0.20 + 0.60 \times 0.10 + 0.15 \times (-0.10)$$
$$= 9.5\%$$

（2）方差与标准差。我们用上述的方差法来测度此例中的风险。标准差是方差的平方根，而收益率方差（variance）σ^2 是各种可能值相对于期望值离散程度的指标。由于各种可能收益的波动程度越大，方差的均值就越大，所以，方差和标准差可用来测度风险，方差和标准差越大，就意味着风险越大。将上例的数据代入式（5.3），则

$$\sigma^2 = 0.25 \times (20\% - 9.5\%)^2 + 0.60 \times (10\% - 9.5\%)^2 + 0.15 \times (-10\% - 9.5\%)^2$$
$$= 0.008475$$

$$\sigma = \sqrt{0.008475}$$
$$= 0.09206 \text{ 或 } 9.206\%$$

从上面的计算中，我们分别得到了期望收益率的方差和标准差，前者是预期的收益率，后者是预期的风险。投资者一般更会担心收益率为 -10% 的概率值有多大，而不会太多考虑收益率为 20% 的概率值有多大，标准差表现的是二者对中值的偏离程度。论证表明，如果概率分布为正态分布，期望收益率 $E(r)$ 与标准差 σ 就可以准确地体现概率分布的特点，也就是说，标准差 σ 可以精确地测度风险。

（3）超额收益与风险溢价。如果将投资回报分为两类：一是投资于有风险的金融工具，二是投资于无风险的金融工具，前者可以获得预期收益，后者可以获得无风险收益。两者之差称为超额收益（excess return），股票的期望收益率与无风险收益率之差也称为风险溢价（risk premium）。如果在上例的情形中无风险收益率每年为 4%，股票的期望收益率每年为 9.5%，那么股票投资的风险溢价每年为 5.5%。

专栏 5-2
历史数据中的风险溢价水平

历史数据与风险溢价　我们通过分析以往资产组合收益率和无风险利率之间的差别来估计风

险溢价。这里我们以近20年全球主要资产的实际收益率为例,来观察期望收益与风险的关系。表5-2是全球10种主要资产自2001年至2020年每年的收益率以及相关的统计指标。有趣的是,除英国外,其他9种资产的收益与风险呈现非常显著的线性关系,回归方程的R^2高达0.95。风险溢价为0.4,即年收益率的标准差每增加1%,平均年收益就要高0.4%。

表5-2　　　　　　　　　　　全球主要资产年收益率

年份	富时100	德国DAX	恒生指数	纳斯达克综指	日经225	标普500	沪深300	中小板指	国债指数	黄金指数
2001	-16.15	-19.79	-24.50	-21.05	-23.52	-13.04	—	—	—	—
2002	-24.48	-43.94	-18.21	-31.53	-18.63	-23.37	-16.17	—	—	—
2003	13.62	37.08	34.92	50.01	24.45	26.38	8.25	—	-0.39	—
2004	7.54	7.34	13.15	8.59	7.61	8.99	-16.30	—	-3.81	0.00
2005	16.71	27.07	4.54	1.37	40.24	3.00	-7.65	40.51	14.06	-3.86
2006	10.71	21.98	34.20	9.52	6.92	13.62	121.02	75.62	2.14	131.54
2007	3.80	22.29	39.31	9.81	-11.13	3.53	161.55	153.17	-0.46	441.74
2008	-31.33	-40.37	-48.27	-40.54	-42.12	-38.49	-65.95	-54.16	9.40	-61.06
2009	22.07	23.85	52.02	43.89	19.04	23.45	96.71	96.64	0.87	155.52
2010	9.00	16.06	5.32	16.91	-3.01	12.78	-12.51	21.26	3.21	13.13
2011	-5.55	-14.69	-19.97	-1.80	-17.34	0.00	-25.01	-37.09	4.05	-41.02
2012	5.84	29.06	22.91	15.91	22.94	13.41	7.55	-1.38	3.35	25.25
2013	14.43	25.48	2.87	38.32	56.72	29.60	-7.65	17.54	2.75	-46.35
2014	-2.71	2.65	1.28	13.40	7.12	11.39	51.66	9.67	4.42	40.87
2015	-4.93	9.56	-7.16	5.73	9.07	-0.73	5.58	53.70	6.09	43.43
2016	14.43	6.87	0.39	7.50	0.42	9.54	-11.28	-22.89	3.39	0.81
2017	7.63	12.51	35.99	28.24	19.10	19.42	21.78	16.73	0.67	-3.91
2018	-12.48	-18.26	-13.61	-3.88	-12.08	-6.24	-25.31	-37.75	5.62	-20.54
2019	12.10	25.48	9.07	35.23	18.20	28.88	36.07	41.03	4.35	27.76
2020	-14.34	3.55	-3.40	43.64	16.01	16.26	27.21	43.91	3.67	50.20
期望收益	1.29	6.69	6.04	11.46	6.00	6.92	18.40	26.03	3.52	44.32
标准差	14.33	22.40	24.45	23.85	22.41	16.92	54.07	51.97	3.81	113.47

历史数据分析　由表5-2可知,国债虽然没有违约风险,但其实际收益率却是时变的,甚至还有可能为负值,即亏损。这是因为在现实市场中,国债的价格受市场利率的影响,而市场利率却每时每刻都在变化。当市场利率上升时,则国债价格就会跌,之前的投资者就有可能遭受风险损失。很有意思的是,通常被作为货币保值品的黄金,其价格变化却最大,黄金投资者遭遇的价格波动比股票还大,而且其平均收益也是最大的。欧、美、日发达市场的股票平均收益和风险相对我国而言普遍较低,表现出成熟市场的稳健性。我国股票市场的价格波动是发达市场的2~3倍,充分反映了新兴市场的躁动与不成熟,好在期望收益率也比发达市场高出1~2倍,用较高的风险溢价弥补了投资者所承担的高风险。最终,全球范围内构成了较为合理的风险—收益关系。

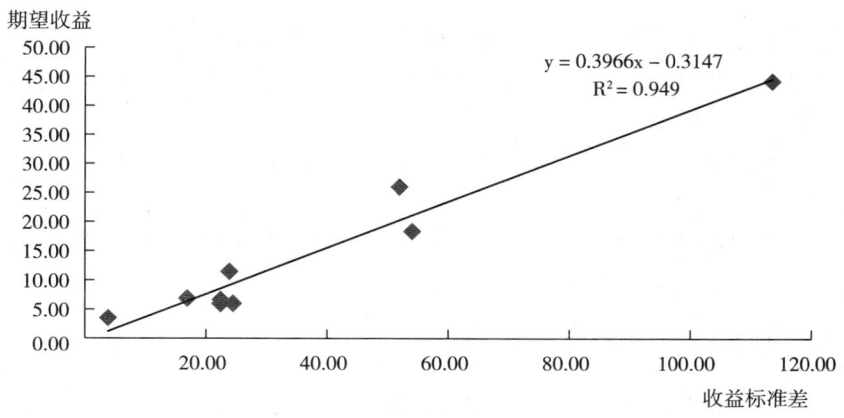

图 5-2 风险与收益的实证关系

在了解风险和风险溢价之后，投资者基本可以知道投资的无风险收益率是多少，投资股票的期望收益率是多少，也知道风险的程度，即标准差的值。另外也了解了风险溢价的水平，想要追求多高的收益，就要准备好承担多大的风险。但是，投资的决策行为还与其风险偏好有关。风险偏好和投资选择也是金融经济学中一个重要的部分，我们将在下一章讲述这部分内容。

【小结】

风险是指企业（或者某种组织）或个人的利益由于某些行为或因素在未来发生变化而受损的可能性。

投资风险分为两大类：系统风险和非系统风险，也称为市场风险和非市场风险或者不可分散风险和可分散风险。系统风险是指整个市场的供求变化引致的风险。非系统风险也就是"个体风险"，是指那些非全局性因素变化所引起的风险。通过分散化投资，这部分风险可以变小或者消除，因此，非系统风险也叫作可分散风险。

风险具有如下主要特征：客观性、普遍性、复杂性、偶然性、必然性、可变性。

风险按照不同标准可以进行不同的分类：按照风险的性质，可分为纯粹风险和投机风险；按风险发生的原因，可分为客观风险和主观风险；按是否可以通过投资组合加以分散，可分为可分散的风险和不可分散的风险；按载体的不同，可以分为财产风险、人身风险、责任风险和信用风险；按风险的承受能力，分为可承受风险和不可承受风险；按损失发生的原因，可以分为自然风险、社会风险、经济风险、政治风险和技术风险；按风险的行为来源，可分为经营风险、战略风险和财务风险。

风险的度量方法有很多，主要有方差法、半方差法、β 系数法等。

【思考与练习题】

1. 你对风险是怎样认识的？风险如何度量？

2. 什么是系统性风险与非系统性风险?

3. 金融机构面临的系统性风险和非系统性风险各有哪些?

4. 根据银广夏事件的启示,试分析我国基金业的持股集中度,我国基金是否存在持股集中的现象。

5. 自选一只股票,计算其近 20 周的每周收益率以及周收益率的波动率(方差或标准差)。

6. 选几只不同类别的股票,以市场指数代表市场的收益率,计算其方差、β 系数和风险溢价。比较它们的风险溢价和方差之间的关系。

【主要参考文献】

[1] 孙立坚. 金融经济学 [M]. 北京:高等教育出版社,2004.

[2] 周仲飞. 银行监管案例精编 [M]. 上海:上海财经大学出版社,2004.

[3] 朱宝宪. 投资学 [M]. 北京:清华大学出版社,2002.

[4] 陈伟忠. 组合投资与投资基金管理 [M]. 北京:中国金融出版社,2004.

[5] 兹维·博迪,罗伯特·C. 默顿. 戴维·L. 克利顿. 金融学(第二版) [M]. 中文版. 北京:中国人民大学出版社,2018.

第六章

风险态度与资产选择

【学习目的与要求】

通过本章的学习,要掌握投资者的风险态度及其分类、投资者的风险对策以及由此而产生的对资产需求的影响。

【学习要点】

投资者的风险态度的概念;投资者的效用函数与风险态度的数量化描述;风险对策的概念及种类;分散化投资与投资组合;投资组合的可行域、有效边界以及投资组合的最优化;切点组合的概念;资产选择行为及其对资产供求关系和价格的影响机理。

在任何一个金融市场中,资产的需求除了取决于资产的期望收益和风险外,还直接与投资者的风险偏好(态度)有关。如果投资者以高风险偏好为主,则市场对风险资产的需求就会相对比较大,而对无风险资产的需求较小。反之,如果市场以低风险偏好的投资者为主,则会形成较大的无风险资产需求,无风险资产的价格就会相对较高,而风险资产的价格则相对较低。

本章首先借助期望效用理论对投资者的风险态度进行分类,然后分析不同投资者的一般风险对策。接下来,为了了解投资者对各类资产的需求,我们运用现代投资组合理论分析投资者的组合策略和资产选择行为。最后,本章阐述了投资者的投资选择行为对资产需求的影响。

第一节 投资者的风险态度

每次给 MBA 班上"投资学"课时,我都会问:"如果你只有两个投资选择:货币市场基金和股票指数基金(上证 50ETF),你选择投资哪一个(只能选择其中之一)?"我得到的回答通常是多种多样的,总体来看,大约 50% 的人回答是货币市场基金,他们的理由是:投资货币市场基金更加安全,至少本金不会受损,风险小;也有大约 20% 的人选择股票指数基金，理由是可能获得几倍于货币市场基金的收益；剩余的大约30%的人认为不能简单地进行选择，而应该考虑某种组合。由此不难看出，不同的人在面对同样的风险时采取了不同的对策或行动。其内在原因就是不同的人有不同的风险态度。

所谓风险态度是指人们对可能的损失和可能的收益所给予的重视程度。对于那些高度重视损失的可能性而不很重视盈利可能性的人而言，保住现有财富不受损失比投资获得额外收益更加重要。所以，他们常常表现出风险厌恶或回避风险的行为倾向。而对于高度关注财富增长而相对轻视损失可能性的人而言，则通常表现出对高收益的投资机会保持更加积极的态度和行为倾向。

为了更加规范地表述有关风险态度的概念，在金融经济学中通常用到效用理论的有关概念和方法。

一、期望效用理论

（一）效用与效用函数

在消费者效用理论中，我们知道，效用（utility）是一定数量的某种东西给予消费者的满足，或满足消费者欲望的能力。而在金融经济学中，效用是指某种投资收益能给投资者带来的满足程度。由于投资收益意味着财富的增加，而财富的增加又意味着消费的增加，即消费效用的增加，因此，投资收益或损失对投资者而言仍然代表的是消费效用增加或减少。

在不确定的情况下，投资的结果既可能是盈利，也可能是亏损。人们在作出投资决策之前，要同时考虑盈利和亏损两个方面。由于投资者的风险态度不同，同等数量的盈利或亏损导致投资者效用的增加或减少也是不同的。

例如，现有这样一个投资机会：投资1万元，1年后将有50%的可能性获得33%的收益，同时也有50%的可能性获得−30%的收益率。你是否愿意进行这项投资？要回答这个问题，首先必须知道33%的收益率导致效用增加多少，而亏损30%又代表多大的效用损失。

因此，为了科学地表述收益与效用之间的关系，我们需要引入效用函数的概念。R表示投资某资产所带来的收益，$U(R)$表示投资者从收益R中得到的效用，则表示$U(R)$与R之间的对应关系的数学表达式就是效用函数，将效用函数用几何图形加以表示，就形成了效用函数曲线，如图6−1所示。

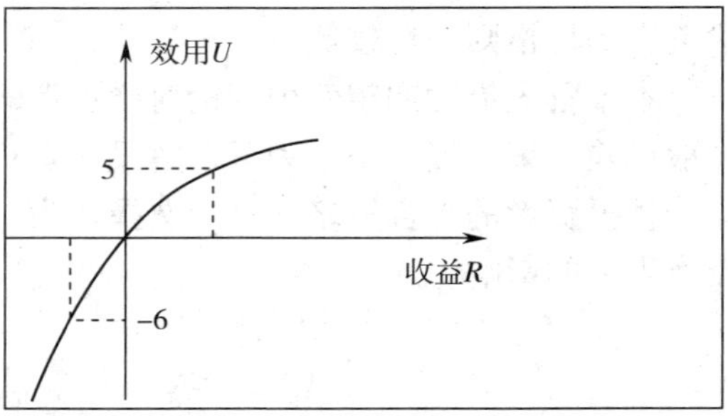

图6−1 一种风险厌恶型的效用函数

（二）投资的期望效用

利用效用函数，我们就可以把投资者的风险态度、投资收益以及风险综合起来分析投资决策问题。在上面的例子中，假定投资者认为33%的收益所对应的效用为5，而−30%的收益对应的效用为−6，则综合两种可能性，期望效用值为 $0.5 \times 5 - 0.5 \times 6 = -0.5$，即该投资者认为这项投资意味着效用的减少，所以应该放弃。

在一般情况下，若投资的期末收益 R 是离散型随机变量，则投资者的期望效用函数为

$$E[U(R)] = \sum P_i U(R_i)$$

若 R 为连续性随机变量，则其期望效用函数为

$$E[U(R)] = \int_{-\infty}^{+\infty} Rf(R)\,dR$$

式中：P_i 代表第 i 种状态发生的概率；R_i 为第 i 种状态下投资资产的收益水平；$f(R)$ 为 R 的概率密度函数；$E[U(R)]$ 为期望效用。

当期望效用大于零时，意味着投资将导致效用净增加，可以考虑进行投资；而如果期望效用小于零，则意味着投资者效用的净损失，应该放弃。

（三）期望效用最大化原则

1944年，美国普林斯顿大学著名的数学家冯·诺依曼（Von Neumann）和经济学家摩根斯坦（Oskar Morgenstern）在合著的《博弈论与经济行为》一书中提出的期望效用（Expected Utility，EU）理论是关于不确定性决策的规范理论。这一理论的核心思想是，当面对多项有风险的投资机会时，理性投资者一定选择期望效用最大的那项投资机会进行投资，这就是著名的"期望效用最大化"原则。这一原则充分考虑了投资者对收益与风险的综合看法。依据该原则所作出的投资决策不会给投资者带来最大的收益，而是能给特定投资者带来最大的期望效用。

二、投资者的效用函数及其风险态度

有了效用及效用函数的概念，我们就能对投资者的风险态度进行更加科学的表述。根据期望效用最大化原则，投资者在对一项期望收益为 $E(R)$ 的不确定性资产进行投资时，会在此项投资与数值等于 $E(R)$ 的确定性收益之间进行比较和选择。不同风险态度的投资者会依据其产生的效用大小而作出不同的评价和选择。

（1）如果投资者认为确定性收益优于不确定收益，即 $U[E(R)] > E[U(R)]$，则该投资者为风险厌恶型。

（2）如果投资者认为确定性收益等价于不确定收益，即 $U[E(R)] = E[U(R)]$，则投资者为风险中立型。

（3）如果投资者认为确定性收益劣于不确定收益，即 $U[E(R)] < E[U(R)]$，则投资者为风险偏好型。

其中，$U[E(R)]$ 定义为确定性收益的效用，是确定性收益给投资者带来的满足程度。$E[U(R)]$ 定义为期望效用，是不确定性收益给投资者带来的满足程度。对于风险厌恶型来说，确定性收益带来的效用要高于不确定性收益带来的效用，因此，他会选择前者；对于风险偏好型来说，确定性收益带来的效用要小于不确定性收益带来的效用，因此，他会选择后者；对于风险中立型来说，两者带来的效用相同。

不同风险态度的投资者作出以上选择，是由他们的效用函数的形态不同造成的。如图6-2所示，在坐标平面上，以横轴表示投资收益 R，以纵轴表示投资者从收益 R 中得到的效用 $U(R)$，则效用函数有如下特征。

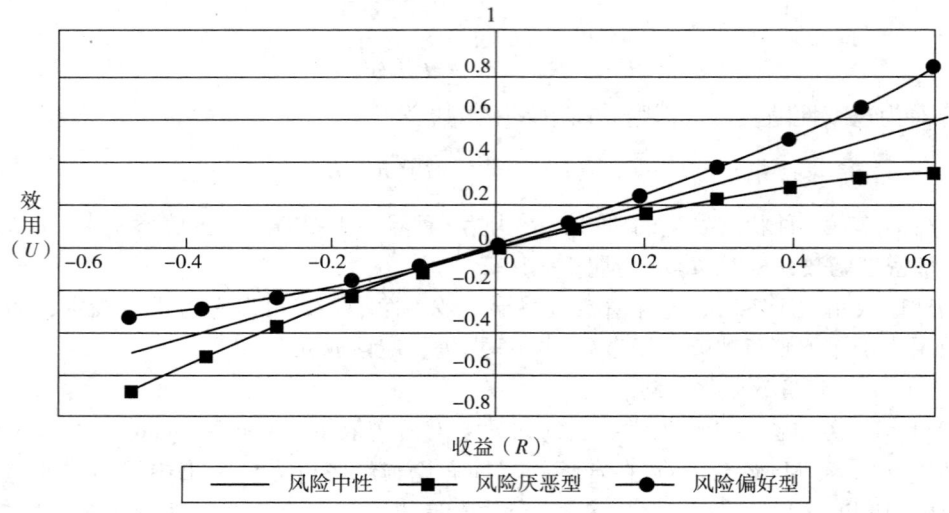

图6-2 二次型效用函数曲线

(1) $U'(R) \geq 0$，$U''(R) < 0$，该投资者为风险厌恶型。效用函数曲线表现为上凸形态，表示投资收益的边际效用递减。

(2) $U'(R) \geq 0$，$U''(R) = 0$，该投资者风险中立型。效用函数曲线表现为一条从左下方向右上方倾斜的直线，表示投资收益的边际效用不变。

(3) $U'(R) \geq 0$，$U''(R) > 0$，该投资者为风险偏好型。效用函数曲线表现为下凸形态，表示投资收益的边际效用递增。

下面举一个例子来进一步解释投资者效用函数的原理。假设有一种债券和一种股票。债券投资是无风险的，无论将来经济状况如何，债券投资都可以获得确定的收益20。而股票投资是有风险的，未来收益有两种可能性：当经济繁荣时，获得收益30；当经济衰退时，获得收益10，并且经济繁荣或者衰退的可能性均为1/2。投资债券或股票的期望收益都是20，但给风险态度不同的投资者带来的效用不相同。

(1) 对于风险厌恶型：

$$U(20) > \frac{1}{2}U(10) + \frac{1}{2}U(30) \tag{6.1}$$

式(6.1)表明，当两种证券的期望收益相同时，风险厌恶型会选择购买收益确定的证券。在本例中，具有确定收益20的债券给他带来的效用期望值高于不确定的收益10和30所带来的效用期望值，即期望效用，所以，风险厌恶者选择购买债券，如图6-3所示。

(2) 对于风险中立型：

$$U(20) = \frac{1}{2}U(10) + \frac{1}{2}U(30) \tag{6.2}$$

式（6.2）表明，当两种证券的期望收益相同时，风险中立型购买债券或者股票获得的效用是一样的，如图6-4所示。

（3）对于风险偏好型：
$$U(20) < \frac{1}{2}U(10) + \frac{1}{2}U(30) \tag{6.3}$$

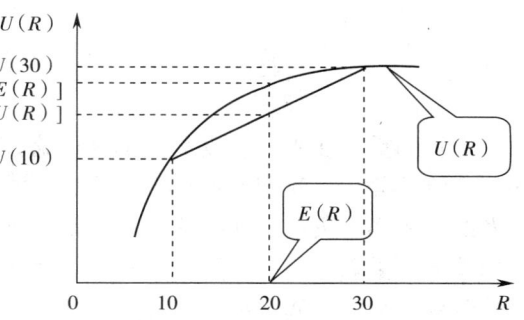

图6-3　风险厌恶型的效用函数曲线
$U[E(R)] > E[U(R)]$

式（6.3）表明，当两种证券的期望收益相同时，风险偏好型会选择购买收益不确定的证券。在本例中，具有确定收益20的债券给他带来的效用期望值低于不确定的收益10和30所带来的效用的平均值，即期望效用，所以，风险偏好型选择购买股票，如图6-5所示。

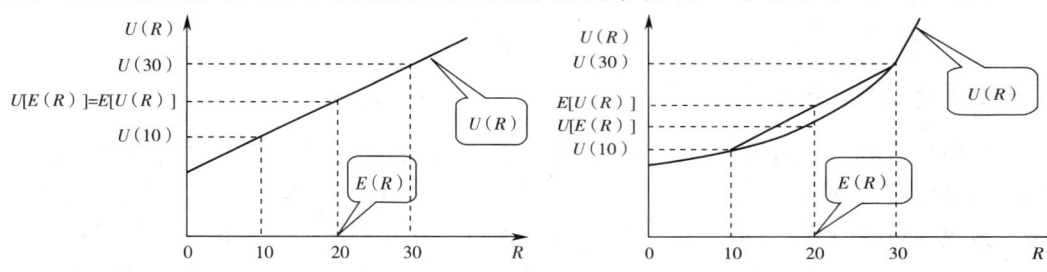

图6-4　风险中立型的效用函数曲线
$U[E(R)] = E[U(R)]$

图6-5　风险偏好型的效用函数曲线
$U[E(R)] < E[U(R)]$

人的风险态度部分反映了他的价值观，而价值观的形成直接取决于人生历程、所受的教育及文化熏陶等。通过观察，我们可以发现大部分受过高等教育的白领人士通常表现为风险厌恶型，而那些没有受过高等教育或者收入不高又渴望改变现状的人则较多地表现为风险偏好型。白领或中产阶层人士由于已有可观的财富积累，将来又有不错的预期收入，虽然也希望通过投资增加未来财富，但相比较而言，他们更加注重维持当前的生活水准不下降。当他们进行有风险的投资时，将不受损失摆在首位，而把收益放在第二位。那些当前比较贫穷而又十分迫切改变现状的人，在主观上更加看重收益的增加，而对于风险，他们的观点是：即使发生投资风险，也不至于使当前的贫穷现状改变多少。所以，他们更加倾向于冒险。近年来，许多学者和机构对投资者风险偏好进行了广泛的调查和研究，①② 结果表明大部分投资者比较厌恶和规避风险，倾向较为稳健的投资，特别是财富不多或有孩子的家庭更加偏向保守。而非常富裕的家庭、受教育程度高、年轻的投资者表现出更高的风险偏好。

---

① 中国证券投资者保护基金有限责任公司. 2019年度全国股票市场投资者状况调查报告［R］. 2020.
② 刘晓霞. 投资理财行为与风险偏好的调查研究［J］. 财务与金融，2016（2）：36-41.

第二节 投资者的一般风险对策

本章的重点在于分析投资者的风险态度以及风险管理行为对资产需求的影响作用。根据上节的分析,我们不难发现,无论投资者的风险态度如何,当发生风险损失时,投资者的效用都是负的,即投资者都不希望风险实际发生。因此,所有的投资者都会在可能的情况下采取一定的风险管理对策,而这些对策的实施通常意味着相应资产的供求状况的改变,从而引起价格的变化。

根据现代风险管理理论,风险管理对策一般有以下几类。

(1) 风险规避。放弃高风险的行为或投资。
(2) 风险预防与控制。在进行风险性的投资过程中,采取各种措施防止风险实际发生或者降低风险发生所造成的损失。
(3) 风险转移。将相关的风险转移给其他人承担。
(4) 风险自留。依靠自身的力量承担可能的风险损失。

一、风险规避方法

当任何投资者意识到风险的存在时,首先想到的是规避风险,避免遭受可能的风险损失。规避风险的基本方法就是放弃风险行为。例如,不对股票等风险资产进行投资。但是,在放弃风险行为的同时,也意味着丧失了可能的获利机会。所以,一般只有在以下情形之一出现时才会采取这种消极的风险对策:(1) 投资的期望收益不足以补偿风险,所以直接选择放弃;(2) 有其他无风险或低风险的投资获利机会可供选择;(3) 自身无能力将风险消除或转移;(4) 自身缺乏承担风险的能力。

专栏 6-1
央企加强风险管理

进入 21 世纪之初,央企连续发生的几起恶性经济事件引发了国务院国有资产管理委员会(以下简称国资委)针对央企风险管理采取实质行动,发出谨慎从事重大投资收购和衍生产品交易的警告。2004 年下半年,中航油因石油衍生品交易出现巨亏,向新加坡高等法院申请破产保护;某央企在陕西并购一个大型棉纺厂,由于对行业缺乏了解,战略决策失误,盲目并购,形成大量亏损。这些事件让国资委深感企业风险管理的重要。2004 年 12 月央企负责人会议上,李荣融主任特别强调了央企要进行风险管理。随后,国资委牵头,国家开发银行和第一会达风险管理公司参与成立了企业全面风险管理研究课题组,编写《全面风险管理指导纲要》(以下简称《纲要》)。

《纲要》适用于全体中央企业,要求企业在经营管理的各个环节和业务过程中执行风险管理的基本流程,建立健全风险管理的组织体系、信息系统和内部控制系统。《纲要》还特别以独立章节对"投资收购"和"衍生产品交易"两方面的风险控制子系统作出规定。对于重大投资收购计划,董事会会议应当先讨论通过其风险评估报告后方可进行表决,需不少于出席会议的相当数量董事同意方可视为董事会通过。尤其是"投资回报率低于同期商业银行存款利率的,不得投资收购"。而对于衍生品交易，《纲要》规定："应当以对冲企业风险为目的，除非董事会认定有非常有效的措施加以控制，企业不得进行纯粹以获利为目的的衍生产品交易。"

2006年6月，国资委出台《中央企业全面风险管理指引》，对中央企业开展全面风险管理工作的总体原则、基本流程、组织体系、风险评估、风险管理策略、风险管理解决方案、监督与改进、风险管理文化、风险管理信息系统等方面进行了详细阐述。对该指引的贯彻落实也提出了明确要求。

2018年7月，国资委发布的《2018年度中央企业全面风险管理汇总分析报告》披露，2018年各中央企业主要面临健康安全环保风险、投资风险、现金流风险、国际化经营风险、竞争风险、政策风险、业务转型风险、人力资源风险、质量风险、战略管理风险和法律纠纷风险（并列第十）等十大风险。

2020年1月，国资委印发了《关于切实加强金融衍生业务管理有关事项的通知》（国资发财评规〔2020〕8号），对原有金融衍生业务监管制度进行了整合、修订。

二、风险预防与控制

简单地回避风险在实际中无异于因噎废食。一种较为积极的风险对策是认真对待风险这一客观现实，并努力采取各种措施以降低风险实际发生的可能性（概率）或减少风险发生后所造成的损失。在实际中，有些风险产生于某些超出行为主体控制和影响范围的因素，例如，整个金融市场的波动、国际油价的变化、国际外汇市场的变化等。但也有部分风险产生于行为主体可以全部或部分控制的因素，例如：在航空公司的运营风险中，飞行事故导致的企业风险；商业银行经营风险中的操作风险；证券投资机构决策错误、盲目投资所导致的风险等。这些风险一般可以通过有效的管理制度和措施加以消除或减少，例如：航空公司、矿山开采企业等通过采取系统的安全生产管理措施来大幅度降低安全事故发生的概率或频率；证券投资机构通过系统、科学的信息收集和分析以及民主的决策机制来有效降低投资决策失误率，通过科学的分散化投资来降低风险发生后的损失等；商业银行为了预防贷款风险采取抵押贷款的方式来降低恶意逃债行为的发生概率，同时也大大减少了债务人违约后对银行造成的损失；企业在进出口业务中经常会要求以本币结算，以预防汇率波动而产生风险损失。

实际中的风险预防和控制方法非常多，限于篇幅，在此不一一列举。

三、风险转移

所谓风险转移是指原风险责任人将风险全部或部分转移给其他人承担。这是人类应对风险的基本方法之一。

【例1】 保险公司开办的航空意外险业务的本质是帮助投保人将该风险转嫁给所有飞机乘客，由所有飞机乘客共同承担飞行意外险。虽然从表面上看，是保险公司承担风险，负责向出险乘客支付赔偿额，但其支付的钱来自那些未发生飞行意外险的飞机乘客所交纳的保险费。所以，航空意外险实质上是一种风险转移机制，与其他保险业务基本类似。

【例2】 期货市场上的套期保值交易本质上也是一种风险转移行为。农业生产者通过卖出期货锁定将来产品的出售价格,从而将未来的价格下跌风险转嫁给了对方。航空公司通过买入燃油期货锁定将来的燃油成本,从而将未来的油价上升风险转嫁给了卖方。

【例3】 股票市场上的投资者通常面临系统风险和非系统风险,由于系统风险不能通过分散化组合投资的方式来减少或消除,所以投资者通常在系统风险较大时通过卖出股票指数期货的方式来降低或根本消除所持资产的系统风险。当整体市场价格下跌时,原资产遭受的损失可以由指数期货的盈利来弥补,使投资者总体避免了损失。资产原有的系统风险被转嫁到指数期货的买方,当市场指数下跌时,指数期货的买方将遭受损失。

【例4】 在金融衍生品市场中,所有期权类产品的买方都是花钱把风险转嫁给对方,而把盈利的机会留给了自己。卖方则承担了不确定的风险,获得了确定的收益(期权费)。这其实就是金融衍生品市场的风险再分配机制。

【例5】 在企业向银行申请贷款时,银行通常要求企业提供担保方。然后银行会和担保方签订担保合同,约定当借款人(被担保方)无法履行还本付息义务时,由担保方承担还本付息义务。银行由此将违约风险转移给了担保方。这种风险转移的方法通常被称为风险的合同转移法。

实际中的风险转移方法与方式不胜枚举,所有这些方式、方法不论表现形式如何,最终目的都是将风险从一个承担者转移给其他的承担者。

四、风险自留

风险自留是应对风险的一种策略,由行为人自己承担可能发生的风险损失。当为了获得潜在的盈利机会而对应的风险又在可承受的范围之内时,特别是在机会远大于风险时,行为人通常会采取风险自留的策略。常言道:"世上没有免费的午餐。"任何经济活动,特别是金融活动都或多或少地存在风险,虽然可以通过上述方法规避、降低或转移相应的风险,但每种方法都有成本,而且最终仍然还有一部分风险无法转移或消除,必须由自己承担。在有效市场中,不承担风险的人一般无法获得超过无风险收益水平的收益。所以,风险自留并不是一种被迫的、消极的行为选择,而是在经过理性、科学的分析之后,在对风险与收益进行全面权衡的基础上主动作出的行为选择。

采取风险自留策略的前提条件是:

(1)可能的风险损失必须发生在行为人(投资者)可承受的范围之内;

(2)风险行为(投资)必须能够获得足够的风险补偿,即期望收益要远高于无风险收益;

(3)投资者已经做好承担风险损失的准备。

金融市场的投资者,特别是机构投资者一般都有自己的风险管理目标,明确规定自己所能承受的最大损失,对于超过这一限度的任何风险都会采取一系列的措施加以防范。

运用风险自留策略一般都通过各种方式设立一个风险准备基金，在风险损失实际发生时，则动用该基金进行补偿。

第三节 投资组合理论

前面我们详细阐述了投资者的风险态度和应对风险的一般对策。由于不同的风险态度和风险对策导致了投资者在不同的情况下对各类资产的需求存在很大的差异，因此，影响到资产的供求状态和价格。一般而言，为了规避单一资产的特有风险（非系统风险），投资者会采取分散化投资的策略，正所谓"不要把鸡蛋放在一个篮子里"。类似地，为了降低或控制其他类型的风险（比如，系统风险或其他因素风险），投资者也会采取相应的风险资产组合策略。

为了了解投资者对各类资产的需求，我们必须首先了解投资者的组合策略和资产选择行为。20世纪50年代，以哈里·马柯维茨为代表的一批金融经济学家在这方面取得了一系列开创性的研究成果，并从此建立了金融经济学的重要基石之一——现代组合投资理论（portfolio theory）。这个理论为个人或家庭提供了一套如何在不确定条件下选择金融资产的规范性方法。

一、现代投资组合理论的起源

1952年，美国经济学家哈里·马柯维茨发表了一篇题为《投资组合选择》（*Portfolio Selection*）的论文。这篇著名的论文标志着现代投资组合理论的开端。每位投资者都希望获得尽可能高的投资收益，因此，总是倾向于集中投资于期望收益最高的单一资产。然而马柯维茨观察到的事实是，绝大部分投资者实际上都投资多种资产而不是仅投资期望收益最高的单一资产。这是为什么呢？进一步的研究发现，虽然投资者对每一种资产都有关于期望收益的判断，但同时他们也意识到，期望得到的收益有可能与未来实际得到的收益并不一致，有时实际收益要远远低于期望收益，即实际投资收益具有不确定性。为了应对这种投资收益的不确定性（或风险），投资者采取了分散化投资的策略。这种策略背后的逻辑是：多种资产的实际收益同时低于期望收益的可能性（概率）要小于单一资产发生这种情况的可能性。

马柯维茨把观察到的上述事实归纳为如下的资产选择原则：投资者不仅希望收益高，而且希望收益尽可能确定。这意味着投资者在寻求预期收益最大化的同时，也在寻求收益不确定性的最小化。在进行决策时，投资者力求使这两个相互制约的目标达到某种平衡。基于上述归纳，马柯维茨认为可以用数学规划的方法来描述投资者的资产选择行为。他首先对投资收益不确定性的度量问题进行了正规阐述，用概率论中方差的概念表述投资收益的不确定性，然后进一步将投资者的目标规范化：在不确定程度相同的条件下，追求期望收益最大化；而在期望收益相同的条件下，追求不确定程度最小化。在此基础上，马柯维茨建立了著名的"均值—方差（M-V）模型"来分析投资者的资产选择行为。这一模型后来成为现代投资组合理论的核心与基石。

二、投资组合的收益与不确定性

现代投资组合理论首先为我们揭示了组合投资降低不确定性的内在机理。通常一个投资组合由若干数量的资产构成,每种资产占有一定的比重。现在让我们把投资组合看成是一个资产整体,那么投资者的收益以及面临的不确定性就是该组合的收益和不确定性。下面我们就两种资产和多种资产的情况分别讨论组合资产的投资收益和不确定性。

(一) 两种资产组合的收益及其不确定性

由两种资产(证券)所构成的投资组合是最简单的投资组合形式。面对两种证券 A 和 B (投资收益都具有不确定性),投资者可以将其资金全部投向 A,或全部投向 B,也可以在两者之间按一定的比例分配。现假设某投资者将一笔资金以 x_A 的比例投资于证券 A,以 x_B 的比例投资于证券 B,且 $x_A + x_B = 1$。该投资者拥有一个证券组合 P。在今后一段时期(比如一年)内,证券 A 的收益率为 r_A,证券 B 的收益率为 r_B,则证券组合 P 的收益率为

$$r_P = x_A r_A + x_B r_B$$

投资者在进行投资决策时并不知道 r_A 和 r_B 的确切值,因而此时的 r_A 和 r_B 在投资者的眼中应为随机变量,对其分布的简化描述是它们的期望值和方差。那么组合资产的收益期望值(期望收益)和方差又会与单个资产有什么差别吗?

根据概率论的知识,我们知道为了得到组合投资 P 的期望收益和收益的方差,除了要知道 A、B 两种证券各自的期望收益率和方差外,还须知道它们的收益率之间的关联性——相关系数或协方差,这是因为:

投资组合 P 的期望收益

$$E(r_P) = x_A E(r_A) + x_B E(r_B) \tag{6.4}$$

投资组合 P 的收益方差

$$\begin{aligned}
\sigma_P^2 &= E(r_P - \bar{r}_P)^2 = E[(x_A r_A + x_B r_B) - (x_A \bar{r}_A + x_B \bar{r}_B)]^2 \\
&= x_A^2 \sigma_A^2 + x_B^2 \sigma_B^2 + 2 x_A x_B \mathrm{cov}(r_A, r_B) \\
&= x_A^2 \sigma_A^2 + x_B^2 \sigma_B^2 + 2 x_A x_B \sigma_A \sigma_B \rho_{AB}
\end{aligned} \tag{6.5}$$

式中:$\bar{r}_A$,$\bar{r}_B$ 分别为证券 A 和证券 B 的期望收益;ρ_{AB} 为 r_A 和 r_B 的相关系数;$\sigma_A \sigma_B \rho_{AB}$ 为协方差,记为 $\mathrm{cov}(r_A, r_B)$。

【例6】 已知证券组合 P 由证券 A 和证券 B 构成,投资比重各为 50%。证券 A 和证券 B 的期望收益率、方差以及相关系数见表 6-1。该投资组合的期望收益和方差是多少?

表 6-1　　　　　　　　　两种证券的收益与风险

	期望收益率	方差	相关系数
证券 A	10%	0.36%	0
证券 B	5%	0.04%	

分析:根据上述公式得

组合 P 的期望收益
$$E(r_P) = 0.5 \times 0.1 + 0.5 \times 0.05 = 7.5\%$$
组合 P 的方差
$$\sigma_P^2 = 0.5^2 \times 0.06^2 + 0.5^2 \times 0.02^2 + 0 = 0.1\%$$

由此可见，投资组合 P 的期望收益就是组合内各证券期望收益的加权平均，而权重就是投资的比重；投资组合 P 的不确定性已被大幅度降低，仅相当于证券 A 的 28%。当两种证券的相关性进一步减小时，组合收益的不确定性还将进一步降低，甚至有可能低于相对低风险的证券 B。表 6-2 和图 6-6 给出了几种典型相关性对应的组合方差。

表 6-2　　　　　　　　　相关系数对组合收益方差的影响

相关系数	组合权重		
	(0.5, 0.5)	(0.3, 0.7)	(0.1, 0.9)
-1	0.0400%	0.0016%	0.0144%
-0.5	0.0700%	0.0268%	0.0252%
0	0.1000%	0.0520%	0.0360%
0.5	0.1300%	0.0772%	0.0468%
1	0.1600%	0.1024%	0.0576%

由图 6-6 可知，无论投资组合的权重如何变化，组合收益的方差都随着组合内资产相关系数的减小而直线降低。组合投资之所以能够降低不确定性，是因为利用了不同资产收益之间的相关结构。当资产收益的相关系数为 -1 时，组合收益的方差成倍降低，有时甚至能低于风险最低的资产。而当资产收益之间的相关系数为 1 时，组合收益的方差并不能有效降低，而只是对各资产的收益方差进行了加权平均。

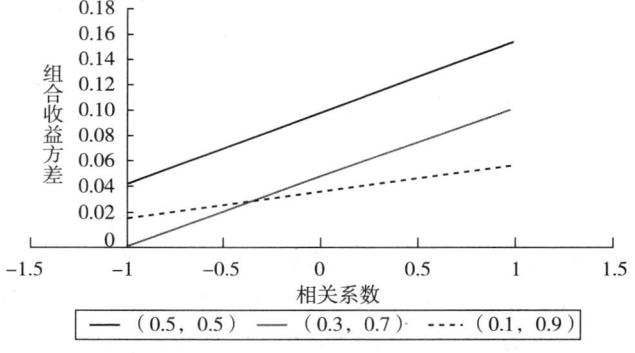

图 6-6　组合收益方差与相关系数的关系图

此外，选择不同的组合权重，可以得到包含证券 A 与证券 B 的不同的资产组合，这些不同的组合对应着不同的期望收益率和方差。相关系数对组合收益方差的影响将随着组合权重偏向于低风险资产（证券 B）而减小，随着组合权重偏向于高风险资产（证券 A）而增加，如图 6-7 所示。

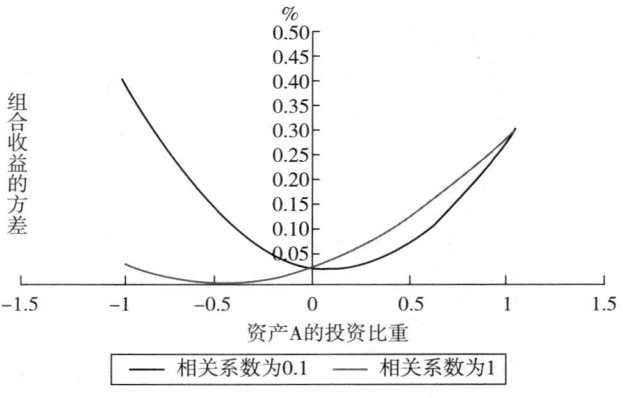

图 6-7　投资比重对组合收益不确定性的影响

图 6-6 和图 6-7 的右半部分表明（左半部分为允许卖空的情况，下面单独讨论），虽然我们无法决定资产 A 或 B 的收益及其不确定性，但可以通过选择具有特定相关关系的资产来构造组合并通过调整分配给各资产的投资比重来调控整个组合的收益及其不确定性。这意味着人们无须开发新的契约就可以创造新的投资品种，可以像建筑业或制造业那样人为地构造各种各样的新的投资品种，以满足各类投资者的各种需求。这是现代投资组合理论为我们揭示的一种最重要的思想，也是后来金融创新、金融工程所依据的基本思想之一。

（二）多种证券组合的收益与风险

现在，我们把前面两种资产的讨论拓展到任意多个资产的情形。设有 N 种资产，记为 A_1，A_2，A_3，…，A_N，资产组合 P = (x_1, x_2, x_3, …, x_N) 表示将资金分别以权重 x_1，x_2，x_3，…，x_N，投资到资产 A_1，A_2，A_3，…，A_N。正如两种资产的投资组合情形一样，投资组合的收益率等于各单个资产的收益率按组合的权重求得的加权平均，即设 A_i 的收益率为 r_i（$i=1$，2，…，N），则组合 P = (x_1, x_2, x_3, …, x_N) 的收益率为

$$r_P = x_1 r_1 + x_2 r_2 + \cdots + x_N r_N = \sum_{i=1}^{N} x_i r_i \tag{6.6}$$

推导可得证券组合 P 的期望收益率和方差，即

$$E(r_P) = \sum_{i=1}^{N} x_i E(r_i) \tag{6.7}$$

$$\sigma_P^2 = \sum_{i=1}^{N} \sum_{j=1}^{N} x_i x_j \mathrm{cov}(r_i, r_j) = \sum_{i=1}^{N} \sum_{j=1}^{N} x_i x_j \sigma_i \sigma_j \rho_{ij}$$

$$= \sum_{i=1}^{N} x_i^2 \sigma_i^2 + 2 \sum_{1 \leqslant i < j \leqslant N} x_i x_j \sigma_i \sigma_j \rho_{ij} \tag{6.8}$$

式中：ρ_{ij} 为 r_i 和 r_j 的相关系数（i，$j=1$，2，…，N）；σ_i^2 为证券 A_i 的收益率 r_i 的方差。

由于有众多的资产参与投资组合，对组合收益及其不确定性的调配更加自如，空间更大。但由式（6.7）、式（6.8）可知，当 N 非常大时，估算 $E(r_P)$ 和 σ_P^2 的工作量非常大。在计算机技术不很发达的 20 世纪 50 年代，投资组合理论不可能应用于大规模的资产组合，只能应用于不同大类的资产之间，如债券、股票、银行存单之间的组合调配。20 世纪 60 年代以后，人们进行了大量的研究，开发出许多资产收益的预期模型，以简化大型投资组合的计算工作。另外，随着计算机技术的迅速发展，目前已有计算机应用软件专门进行投资组合的计算，大大方便了投资者。

三、组合投资的可行域与有效边界

（一）投资组合的可行域

1. 两种资产情况下的组合可行域。由于投资者关注的核心是投资的期望收益以及不确定性，所以我们可以用两个数字特征——期望收益率和标准差来描述一种投资机会（或资产的投资特征）。任意一种资产（包括投资组合）都可用在以期望收益率 $E(r_P)$ 为纵轴和以标准差 σ_P 为横轴的坐标系中的一个点来表示，如图 6-8 所示。

在两种资产的情况下，通过改变投资分配的比重，我们实际上可以得到无数种投资组合方案，每个方案都对应着一对期望收益和收益标准差，即图 6-8 中的一个点。这一点将随着组合权重的变化而变化，其轨迹将是经过 A 和 B 的一条连续曲线，这条曲线被称为证券 A 和证券 B 的组合特征线。

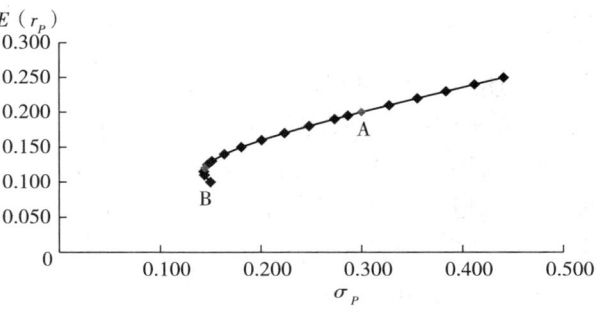

图 6-8　两种资产组合的可行集

根据式（6.4）和式（6.5）以及 $x_A + x_B = 1$，A、B 的证券组合 P 的组合特征线由下述方程所确定：

$$E(r_P) = x_A E(r_A) + (1 - x_A) E(r_B) \tag{6.9}$$

$$\sigma_P^2 = x_A^2 \sigma_A^2 + (1 - x_A)^2 \sigma_B^2 + 2 x_A (1 - x_A) \sigma_A \sigma_B \rho_{AB} \tag{6.10}$$

组合特征线的具体形状取决于证券 A、B 的期望收益率和方差，以及证券 A 与证券 B 之间的相关性。

（1）完全正相关下的组合特征线。在完全正相关的情形下，$\rho_{AB} = 1$，式（6.9）、式（6.10）变为

$$E(r_P) = x_A E(r_A) + (1 - x_A) E(r_B)$$

$$\sigma_P^2 = x_A^2 \sigma_A^2 + (1 - x_A)^2 \sigma_B^2 + 2 x_A (1 - x_A) \sigma_A \sigma_B$$

$$\sigma_P = | x_A \sigma_A + (1 - x_A) \sigma_B | \tag{6.11}$$

假设不允许卖空，即 $0 \leq x_A, x_B \leq 1$，则

$$\sigma_P = x_A \sigma_A + (1 - x_A) \sigma_B \tag{6.12}$$

因为 $E(r_P)$ 与 r_A 是线性关系，而 σ_P 与 r_A 是线性关系，所以，σ_P 与 $E(r_P)$ 之间也是线性关系。因此，由证券 A 与证券 B 构成的组合线是连接这两点的直线，如图 6-9 所示。

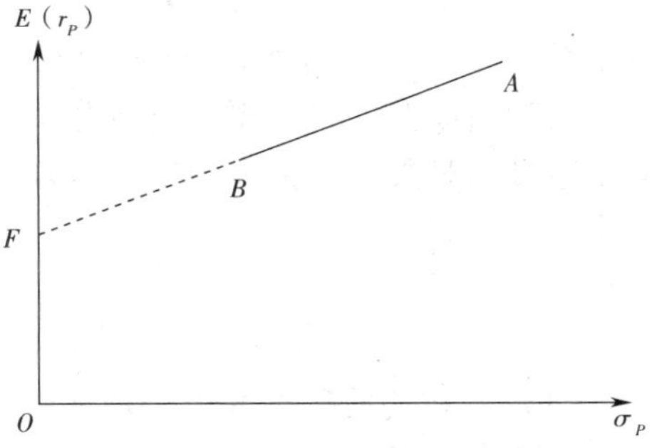

假设允许卖空，且证券 A 与证券 B 的风险状况不同，即 $\sigma_A \neq \sigma_B$（此时，A、B 不会落在一条垂直于横轴的直线上），令 $\sigma_P = 0$，由式（6.12）解得

$$x_A = \frac{-\sigma_B}{\sigma_A - \sigma_B}; \quad x_B = 1 - x_A = \frac{\sigma_A}{\sigma_A - \sigma_B} \tag{6.13}$$

图 6-9　$\rho_{AB} = 1$ 时的组合特征线

在图 6-9 中，$\sigma_B < \sigma_A$，故 $x_A < 0$。为了得到无风险组合，需要卖空证券 A，卖空资金所占的比例是 $x_A = \frac{-\sigma_B}{\sigma_A - \sigma_B} < 0$，无风险组合将落在自 A 到 B 连线的延长线的 F 点上。将式（6.13）代入式（6.9），可得到无风险组合的收益率，即

$$E(r_P) = \frac{-\sigma_B E(r_A) + \sigma_A E(r_B)}{\sigma_B - \sigma_A}$$

在上述例1中,如果两种证券的收益完全正相关,我们按照(-0.5,1.5)的方式分配资金,就能得到一个无风险组合(收益方差为零,见图6-7),而该组合的期望收益为2.5%。

综上所述,在 A、B 完全正相关的情况下,只要 $\sigma_A \neq \sigma_B$,无论将来证券 A 和证券 B 的收益率如何,总可以选择组合得到一个恒定的无风险收益率,我们称该组合为一个无风险组合或零方差组合。

(2)完全负相关下的组合特征线。在完全负相关的情形下,$\rho_{AB} = -1$,式(6.9)、式(6.10)变为

$$E(r_P) = x_A E(r_A) + (1 - x_A)E(r_B)$$
$$\sigma_P^2 = x_A^2 \sigma_A^2 + (1 - x_A)^2 \sigma_B^2 - 2x_A(1 - x_A)\sigma_A \sigma_B$$
$$\sigma_P = |x_A \sigma_A - (1 - x_A)\sigma_B| \tag{6.14}$$

此时,σ_P 与 $E(r_P)$ 之间是分段线性关系。证券 A 与证券 B 构成的组合特征线如图6-10所示。

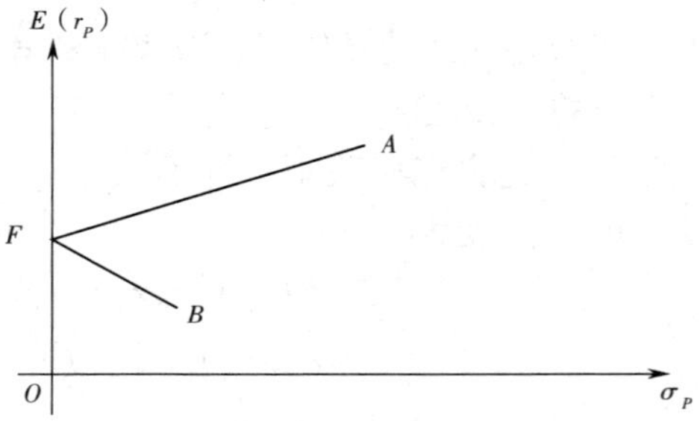

从图6-10可以看出,在完全负相关的情况下,按适当比例买入证券 A 和证券 B 可以形成一个无风险组合,得到一个稳定的收益率。令式(6.14)中的 $\sigma_P = 0$,解得

$$x_A = \frac{\sigma_B}{\sigma_B + \sigma_A}$$
$$x_B = 1 - x_A = \frac{\sigma_A}{\sigma_B + \sigma_A} \tag{6.15}$$

图6-10 $\rho_{AB} = -1$ 时的组合特征线

显然,$x_A > 0$,$x_B > 0$,这意味着需要同时买入证券 A 和证券 B。这一点是容易理解的,因为当证券 A 的收益率与证券 B 的收益率完全负相关时,它们完全反向变化,从而可以通过同时买入两种证券来抵消风险。将式(6.14)代入式(6.9),可得无风险组合的收益率,即

$$E(r_P) = \frac{\sigma_B E(r_A) + \sigma_A E(r_B)}{\sigma_B + \sigma_A}$$

(3)不相关情形下的组合特征线。当证券 A 与证券 B 的收益率不相关时,$\rho_{AB} = 0$,式(6.9)、式(6.10)变为

$$E(r_P) = x_A E(r_A) + (1 - x_A)E(r_B)$$
$$\sigma_P^2 = x_A^2 \sigma_A^2 + (1 - x_A)^2 \sigma_B^2 \tag{6.16}$$

上式确定的 σ_P 与 $E(r_P)$ 的曲线是一条经过 A 和 B 的双曲线,如图6-11所示。

为了得到最小方差组合,对式(6.16)求极小值:

$$\frac{\mathrm{d}\sigma_P^2}{\mathrm{d}x_A} = 2x_A \sigma_A^2 - 2(1 - x_A)\sigma_B^2$$

令 $\dfrac{d\sigma_P^2}{dx_A}=0$，解得

$$x_A = \dfrac{\sigma_B^2}{\sigma_A^2+\sigma_B^2}$$

$$x_B = 1 - x_A = \dfrac{\sigma_A^2}{\sigma_A^2+\sigma_B^2} \quad (6.17)$$

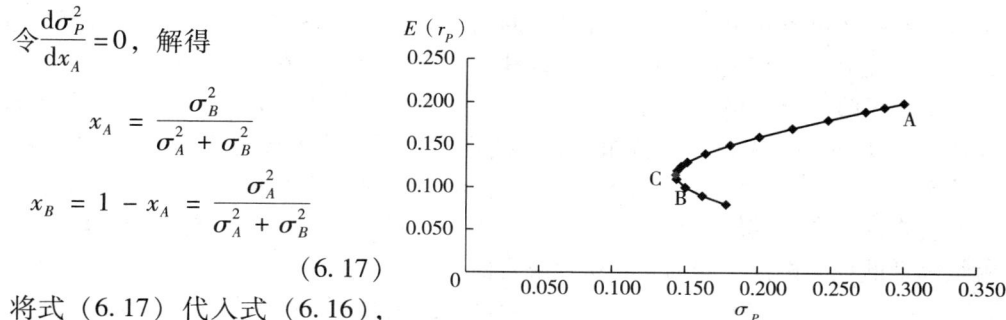

图 6–11　$\rho_{AB}=0$ 时的两种资产组合线

将式（6.17）代入式（6.16），可得证券组合的最小方差：

$$\sigma_P^2 = \dfrac{\sigma_A^2\sigma_B^2}{\sigma_A^2+\sigma_B^2} \quad (6.18)$$

显然，$0\leqslant x_A$，$x_B\leqslant 1$。分别以 x_A 和 x_B 的比例买入证券 A 和证券 B，可获得最小方差 $\sigma_P^2 = \dfrac{\sigma_A^2\sigma_B^2}{\sigma_A^2+\sigma_B^2}<\min(\sigma_A^2,\sigma_B^2)$，即可以通过按适当的比例买入两种证券，获得比两种证券中任何一种证券的风险都小的证券组合。

在图 6–11 中，C 点为最小方差组合。组合线上介于 A 与 B 之间的点代表的组合由同时买入证券 A 和 B 构成，越靠近 A，买入证券 A 越多，买入证券 B 越少。而 A 点的东北部曲线上的点代表的组合由卖空证券 B、买入证券 A 形成，越向东北部移动，组合中卖空证券 B 越多；反之，B 点的东南部曲线上的点代表的组合由卖空证券 A、买入证券 B 形成，越向东南部移动，组合中卖空证券 A 越多。

（4）组合特征线的一般情形。在一般情况下，通常 $0\leqslant |\rho_{AB}|\leqslant 1$，此时组合的期望收益和方差如同式（6.9）、式（6.10）一样，上述两式所确定的组合特征线仍然是一条双曲线。但曲线的弯曲程度取决于相关系数的大小。随着 ρ_{AB} 的增大，弯曲程度将降低。当 $\rho_{AB}=1$ 时，弯曲程度最小，呈直线；当 $\rho_{AB}=-1$ 时，弯曲程度最大，呈折线；证券 A、B 的收益率不相关是一种中间状态，比完全正相关的弯曲程度大，比完全负相关的弯曲程度小。一般情形的组合特征线如图 6–12 所示。

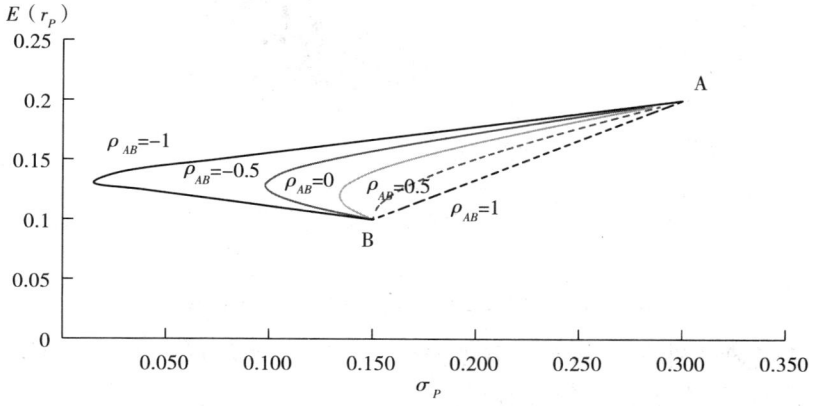

图 6–12　不同相关系数对应的组合特征线

从图 6-12 可以看出，在不允许卖空的情形下，相关系数越小，证券组合的风险越小，特别是在完全负相关的情形下，可以获得无风险组合。在不相关的情形下，虽然得不到一个无风险组合，但可以得到一个组合，其风险小于 A、B 中任意一个证券的风险。当证券 A 与 B 的收益率不完全负相关时，同样能找到一些组合（不卖空），使得其风险小于证券 A 与 B 的风险，比如图 6-12 中 $\rho_{AB}=-0.5$ 的情形。但当 $\rho_{AB}=0.5$ 时，则得到一个不卖空的组合，其风险小于单个证券的风险。可见，在不允许卖空的情形下，组合风险被降低的程度由证券间的相关系数决定。

2. 多种证券组合的可行域。现在我们假设可供投资的证券有三种：A、B 和 C，这时，可能的投资组合便不再局限于一条曲线（组合线）上了，而是位于 $[\sigma_P, E(r_P)]$ 坐标系中的一个区域。如图 6-13 显示的是由三种证券构造的 500 个随机组合样本。由图 6-13 不难看出，首先，投资者可以构造无穷多种不同的组合，获得不同的收益和风险特征。其次，投资者可能获得的收益和风险被局限在一定的区域（可行域）内，并不能获得任意的收益和风险结构。该可行域的形状与位置由这三种证券的收益—风险特征以及相互之间的相关性决定。最后，投资者的理性选择必将在可行域的边界上。

如果允许卖空，则三种证券组合的可行域将不再是图 6-13 中的有限区域，而是包含该有限区域的一个无限区域，如图 6-14 所示，即在允许卖空交易的情况下，投资者的选择空间被大大拓宽，投资者既可以构造风险较小、收益较低的组合，也可以构造期望收益超过 100%、收益的不确定性（风险）也很大（收益的标准差为 400%）的组合。各类投资者即使在证券品种不多的情况下也都能找到适合于自己的投资组合。但是，必须指出的是，如果投资者构造组合失误，则极有可能遭受巨大风险（期望收益为 -40%，收益标准差为 300%）。由此可见，我国目前不允许卖空，虽然限制了投资者的选择范围，但同时也大大减小了投资者因投资失误而遭受的风险。这对保护我国大部分不很成熟的投资者来说是很有阶段性的实际意义的。

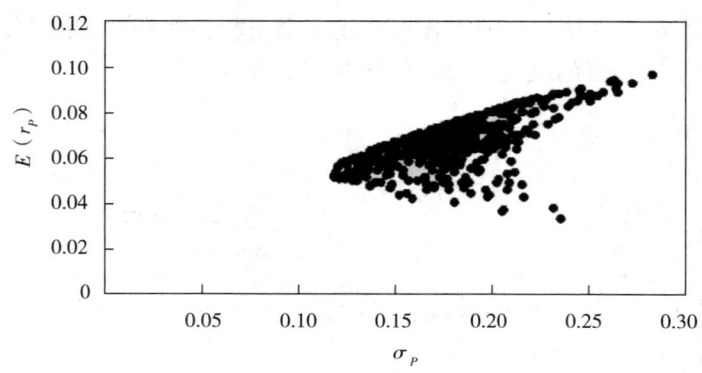

图 6-13　无卖空组合时三种资产组合的可行域

图 6-14 是通过利用 Excel 软件并根据以下求解可行域的式 (6.19)，经过 500 次随机抽样而获得的 500 组数据绘制而成的。

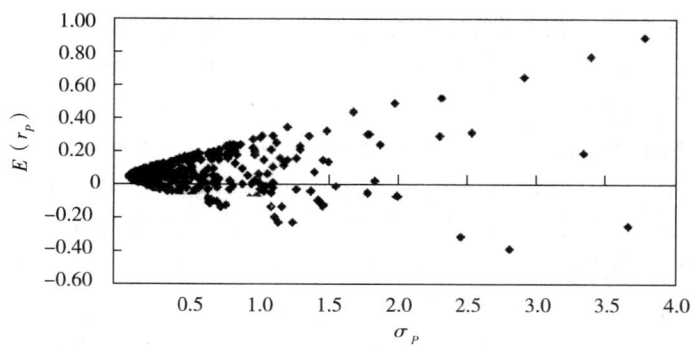

图 6-14　允许卖空时三种证券组合的可行域

$$\begin{cases} E(r_P) = \sum_{i=1}^{N} x_i E(r_i) \\ \sigma_P^2 = \sum_{i=1}^{N} x_i^2 \sigma_i^2 + 2 \sum_{1 \leq i \leq j \leq N} x_i x_j \sigma_i \sigma_j \rho_{ij} \\ \sum_{i=1}^{N} x_i = 1 \end{cases} \quad (6.19)$$

由式（6.19）可知，可行域的形状取决于可供选择证券的特征 $E(r_i)$ 和 σ_i 以及它们收益率之间的相关系数 ρ_{ij}。

（二）证券组合的有效边界

通过构造组合使投资者的选择范围大大增加，但是人们应该如何挑选证券组合呢？这取决于投资者的风险偏好。

1. 投资者的共同偏好规则。证券组合的可行域反映了所有可能的证券组合，它为投资者提供了一切可行的投资组合机会，投资者需要做的是在其中选择自己最满意的证券组合进行投资。不同的投资者由于对期望收益率和风险的偏好而有所区别，从而所选择的最佳组合也将不同。但投资者的偏好具有某些共性，在这个共性下，某些证券组合或许被所有投资者都视为好的，而某些证券组合则可能被认为是不好的。

大量的事实表明，投资者普遍是偏好期望收益而厌恶风险的，因而人们在进行投资决策时希望期望收益越大越好，风险越小越好。马柯维茨把投资者的这种偏好归纳为以下投资选择规则：

（1）如果两种证券组合具有相同的期望收益率和不同的收益率方差，那么他就选择方差较小的那种组合；

（2）如果两种证券组合具有相同的收益率方差和不同的期望收益率，那么他就选择期望收益率较高的那种组合；

（3）如果一种证券组合比另一种证券组合具有较高的期望收益率和较小的方差，则他会选择前一种组合。

这种选择规则，我们称为投资者的"共同偏好规则"，或"均值—方差准则"。

2. 证券组合的有效边界。人们在所有可行的投资组合中进行选择，如果证券组合的特征由期望收益率和收益率标准差来表示，则投资者需在$E(r_P)-\sigma_P$坐标系的可行域中寻找最有利的组合点。按投资者的共同偏好规则，我们可以先排除那些被所有投资者都认为是不好的组合，剩下的便是共同偏好不能区分好坏的组合。我们把这些组合称为有效证券组合，而相应地将那些被排除的坏的组合称为无效组合。从有效组合的定义可以看出，有效组合不止一个，并位于可行域的左上方，如图6-15所示。因为它是处在可行域的边界部分，故称为"有效边界"。对于可行域内部及下边界上的任意可行组合，均可以在有效边界上找到一个组合比它更好。但有效边界上的不同组合，比如B和C，按共同偏好规则不能区分好坏。因而，有效组合相当于有可能被某位投资者选作最佳组合的候选组合，不同的投资者可以在有效边界上获得任一位置。一个厌恶风险的理性投资者不会选择有效边界以外的点。值得注意的是，A点处于一个特别的位置，是上下边界的交汇点，该点代表的组合是所有可行组合中方差最小的组合，因此，被称为"最小方差组合"。

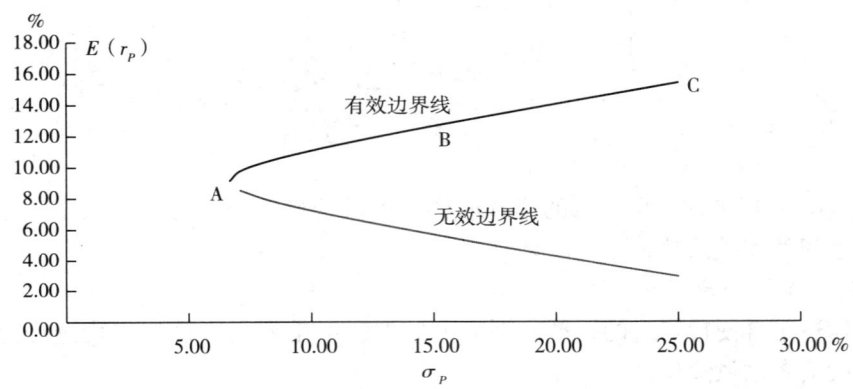

图6-15 均值—方差准则下的有效边界线

四、最佳资产组合

（一）投资者的偏好及其无差异曲线

按照投资者的共同偏好规则，有些证券组合之间是不能区分好坏的，其原因在于投资者个人除遵循共同的偏好规则外，还有其特殊的偏好特点，对那些不能被共同偏好规则区分的组合，不同投资者可能得到完全不同的比较结果。共同偏好规则不能区分的是以下情形中的两种证券组合A和B：

$$E(r_A) > E(r_B), 并且 \sigma_A^2 > \sigma_B^2$$

如图6-16所示，虽然证券组合A比证券组合B具有更大的风险，但它同时具有更高的期望收益率，这种期望收益率的增量可认为是对增加的风险的补偿。由于不同的投资者对期望收益率和风险的偏好态度不同，当风险从σ_B增加到σ_A时，期望收益率将补偿$E(r_A)-E(r_B)$。是否满足投资者个人的风险补偿要求，将因人而异，从而按照他们各自不同的偏好对两种证券得出完全不同的比较结果。

投资者甲（中立）认为，增加的期望收益率恰好能补偿增加的风险，所以A与B两种证券组合的满意程度相同,选择哪一种证券组合都无所谓,即证券 A 与证券 B 无差异(或称等效)。

投资者乙(厌恶)认为,增加的期望收益率不足以补偿增加的风险,所以证券 B 不如证券 A 更令他满意,即证券 A 比证券 B 好。

投资者丙(偏好)认为,增加的期望收益率超过对增加风险的补偿,所以证券 B 更令人满意,即证券 B 比证券 A 好。

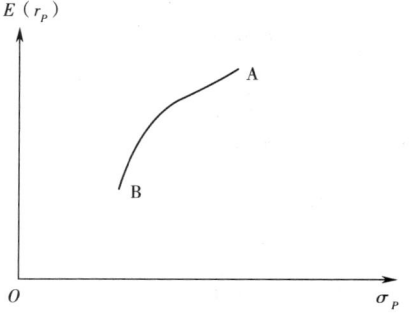

图 6-16 共同偏好规则不能区分的组合

在同样的风险状态下,要求得到的期望收益率补偿越高,说明该投资者对风险越厌恶。在上述三位投资者中,乙对风险的厌恶程度最高,因而他最保守;甲次之;丙对风险的厌恶程度最低,说明他愿意冒风险。

从上述三位投资者作出选择的依据来看,他们都是根据自己对风险的态度(厌恶风险的程度)来衡量期望收益率是否能够补偿增加的风险,从而作出比较(选择)的。

一个特定的投资者,任意给定一个证券组合,根据他对风险的态度,按照期望收益率对风险补偿的要求,可以得到一系列满意程度相同(无差异)的证券组合。比如,在图 6-17 中,某投资者认为,尽管证券组合 A、B、C、D 的收益各不相同,但是它们给他带来的满足程度相同,因此,这四个证券组合是无差异的,选择其中任何一种证券组合进行投资都可以。于是,用一条平滑的曲线将证券组合 A、B、C、D 连接起来,就可近似看成一条无差异曲线。当这样的组合很多时,它们在平面上便形成了严格意义上的无差异曲线。

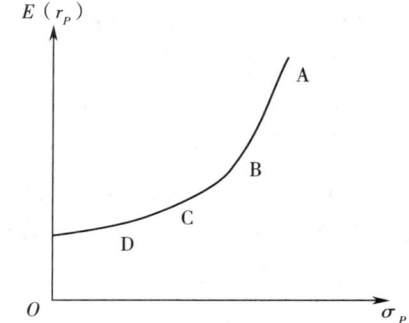

图 6-17 满足程度相同的证券或组合

不言而喻,偏好不同的投资者,无差异曲线的形状也不同。尽管如此,对于追求收益又厌恶风险的投资者来说,他们的无差异曲线都具有如下六个特点:

(1)无差异曲线是由左至右向上(弯曲)的曲线;
(2)每个投资者的无差异曲线形成了密布整个平面又互不相交的曲线簇;
(3)同一条无差异曲线上的组合给投资者带来的满足程度相同;
(4)不同的无差异曲线上的组合给投资者带来的满足程度不同;
(5)无差异曲线的位置越高,其上的组合给投资者带来的满足程度就越高;
(6)无差异曲线向上弯曲的程度大小反映了投资者风险偏好的强弱。

如图 6-18 所示,某投资者认为他对经过 A 的那一条曲线上的证券组合的满意程度相同,因而证券组合 B 与证券组合 A 无差异;组合 C 比 A、B 所在的无差异曲线上的任何组合都好,因为 C 所在的无差异曲线的位置高于 A、B 所在的无差异曲线。同理,组合 A 与 B 均优于组合 D。

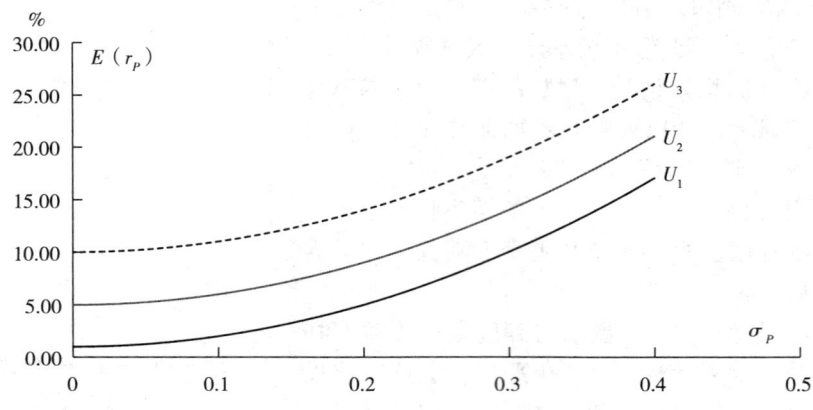

图 6-18 投资者的无差异曲线

(二) 不同类型投资者的无差异曲线

虽然无差异曲线有以上共性，但是对于不同类型的投资者，由于伴随一定风险的收益给他们带来的效用是不同的，因此，他们的无差异曲线的形状也是不同的。风险厌恶型的无差异曲线是上凹的，曲线的斜率为正，说明每增加单位风险，投资者所需要的收益补偿增加，如图 6-19 (a) 所示；风险中立型的无差异曲线是水平的直线，由于他对风险感觉无所谓，因此，风险不同的资产的预期收益相同，给投资者带来的效用是相同的，如图 6-19 (b) 所示；风险偏好型的无差异曲线是上凸的，曲线的斜率为负，说明每追加单位风险，投资者所需要的收益补偿减少，如图 6-19 (c) 所示。

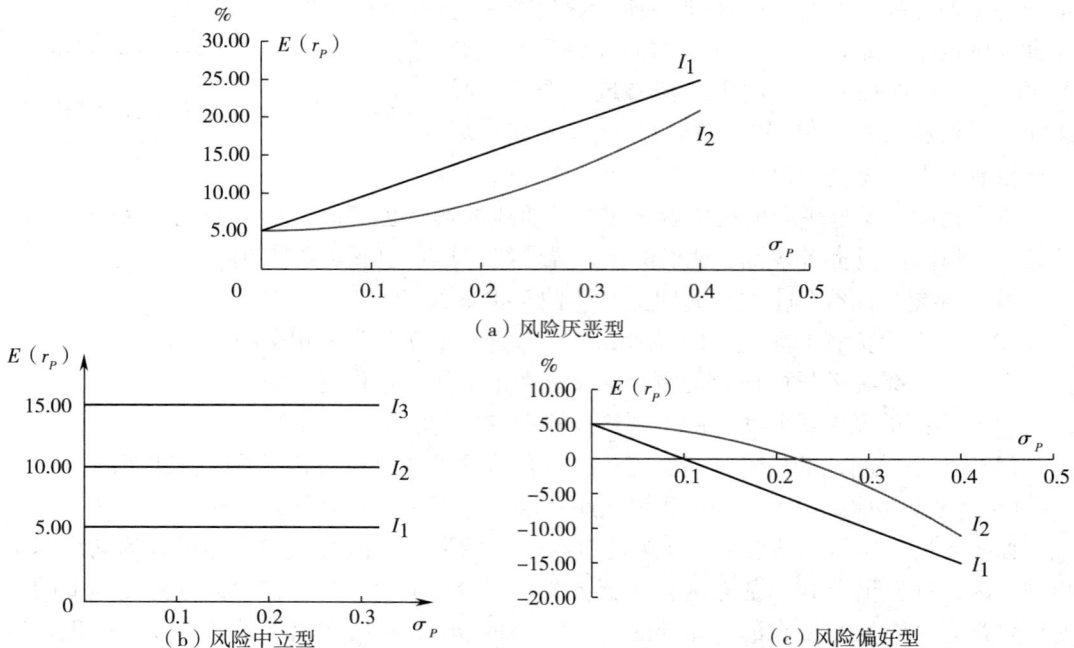

图 6-19 不同风险态度对应的无差异曲线

需要注意的是，同一类型的投资者的风险厌恶程度也是不同的。在无差异曲线图上，表现为曲线的斜率不同。无差异曲线的斜率表示风险与收益之间的替代率。以风险厌恶型为例，无差异曲线的斜率越大，说明每增加一单位风险，投资者需要较多的收益进行补偿，才能得到与原来风险较小的投资相同的效用，表明其风险厌恶程度较高，如图6-20所示；无差异曲线的斜率越小，说明每增加一单位风险，投资者需要较少的收益进行补偿，就能得到与原来风险较小的投资相同的效用，表明其风险厌恶程度较低。

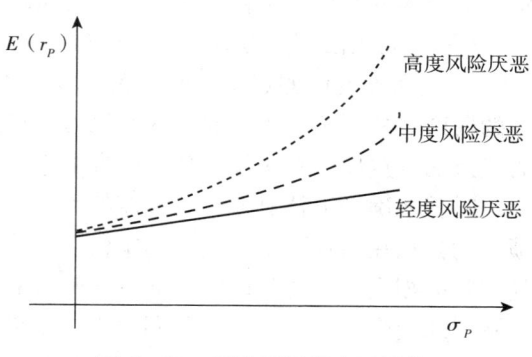

图6-20 风险厌恶程度不同的无差异曲线

（三）最佳证券组合的确定

投资者的共同偏好规则可以确定哪些组合是有效的（即投资价值相对较高），哪些组合是无效的（即投资价值相对较低）。特定的投资者个人可以在有效组合中选择自己最满意的组合。这种选择取决于他个人的偏好。投资者个人的偏好通过他的无差异曲线来反映，无差异曲线的位置越靠上，其满意程度越高，因而投资者需在可行域中（实际上只要在有效边界上）寻找一个具有下述特征的有效组合：相对其他可行组合而言，该组合所在的无差异曲线的位置应该最高。这样的组合便是使他最满意的有效组合，它恰恰是无差异曲线簇与有效边界的切点所表示的组合。

如图6-21所示，投资者按照他的无差异曲线簇将选择有效边界上M点所代表的证券组合作为他的最佳组合，因为M点在所有的有效组合中能获得最大的满意程度，其他有效边界上的点都将落在M下方的无差异曲线上。不同投资者的无差异曲线簇可获得各自的最佳证券组合（关于最佳投资组合中各资产权数的具体数值，将在引入无风险资产情形时进行详细推导）。

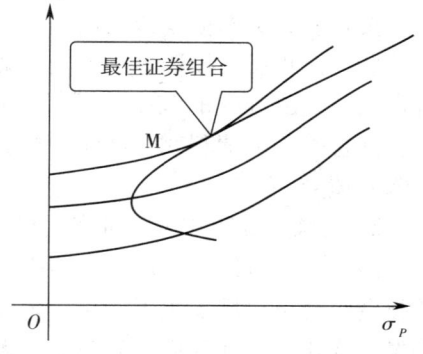

图6-21 投资者的最佳证券组合

五、引入无风险资产时的投资组合选择

在以上内容中，我们讨论了投资组合收益与风险的构成，并介绍了如何确定有效投资组合与最佳投资组合。但是到目前为止，投资者的投资范围局限于风险资产或证券。而在现实的金融市场上，除了风险资产外，还存在无风险资产，如国债、银行存款等。如果将投资范围由风险资产扩大到包含无风险资产，那么可供投资者选择的投资机会就增加了，相应的投资方案就需作出调整。我们首先分析由无风险资产与风险资产所形成的投资组合的收益与风险的构成，然后在此基础上，讨论当存在无风险资产时，组合投

资有效边界的变化以及投资者的投资策略。

（一）无风险资产与风险资产的组合

1. 无风险资产的定义。所谓无风险资产，是指不受外界因素的影响，具有确定收益率的资产。从理论上讲，严格的无风险资产是不存在的。任何一种股票都存在风险，因为股票的收益率受众多不可预知因素的影响而具有不确定性。对于债券，尽管投资者在购买时就明确知道持有期末收益率的大小，但仍然存在风险。比如公司债券，如果发行债券的公司在债券到期时拖延还本付息，或无力履行偿债责任，那么债券持有人就会遭受一定的损失。又比如政府债券，尽管政府有足够的能力保证到期还本付息，但当物价上涨、通货膨胀出现时，实际利率将低于名义利率，存在购买力风险。

从实际角度看，如果投资者购买短期国债（或政府债券），一方面，这种债券不存在违约的可能性，另一方面，可视短期内的物价水平保持不变，那么这类短期债券就可看成是无风险资产。投资者购买无风险资产进行的投资就是无风险投资。

无风险资产具有持有期末收益率为确定值的特性，由于收益率不具有变异性，因此，收益率的方差 $\sigma_F^2 = 0$。同时，无风险资产的收益率不受任何其他风险资产收益率变化的影响，因此，无风险资产收益率与任何风险资产收益率之间不存在相关性，即协方差（或相关系数）也为零。

投资者购买国债（或政府债券）进行无风险投资，相当于投资者向国家（或政府）贷款。与此相反，投资者也可能按某利率水平获得借款进行风险投资。一般来讲，投资者借入与贷出资金的利率水平是不同的，但为了简便起见，我们通常假定借贷利率相等，并且等于国债利率。这样，投资者借入资金就等价于卖出债券，而贷出资金就等价于购入债券。

2. 无风险资产与风险资产的组合。当存在无风险资产时，投资者就可对无风险资产与风险资产进行组配，形成新的投资组合。由于增加了新的投资机会，可供投资者选择的投资组合可行域发生了变化，因此，投资组合的有效边界及投资者的最佳投资组合也将发生变化。下面我们首先考察对无风险资产与风险资产进行组合时收益与风险的计量及特征。

假设风险资产 A 的未来收益率为 r_A，风险（收益标准差）为 σ_A，无风险资产 F 的未来收益率为 r_F。由前面的分析可知，F 的风险为零，即 $\sigma_F = 0$，且其与风险资产 A 的收益率之间的相关系数也为零，即 $\rho_{AF} = 0$。若投资者将其全部资金按比例 x_A、x_F（$x_A + x_F = 1$）分别投资于风险资产 A 与无风险资产 F，形成一个投资组合 P，则 P 的期望收益率和方差为

$$\begin{aligned} E(r_P) &= x_A E(r_A) + x_F E(r_F) \\ &= x_A E(r_A) + (1 - x_A) r_F \\ &= r_F + x_A [E(r_A) - r_F] \end{aligned} \quad (6.20)$$

$$\begin{aligned} \sigma_P^2 &= \text{cov}(r_P, r_P) = \text{cov}(x_A r_A + x_F r_F, x_A r_A + x_F r_F) \\ &= x_A^2 \sigma_A^2 + x_F^2 \sigma_F^2 + 2 x_A x_F \sigma_A \sigma_F \rho_{AF} \end{aligned}$$

因为 $\sigma_F = 0$，$\rho_{AF} = 0$，

所以 $\sigma_P^2 = x_A^2 \sigma_A^2$
$\sigma_P = x_A \sigma_A$ (6.21)

从式（6.21）可以看出，由无风险资产与风险资产构成的投资组合，其风险的大小取决于分配给风险资产的资金比例。

在对无风险资产 F 与风险资产 A 进行组合投资时，随组合权数 x_A、x_F 的不同，可形成许多投资组合，这些投资组合的期望收益率及风险各异。由式（6.21）解出 $x_A = \dfrac{\sigma_P}{\sigma_A}$，代入式（6.20），可得到投资组合的期望收益率与方差满足以下关系：

$$E(r_P) = r_F + \frac{E(r_A) - r_F}{\sigma_A} \sigma_P \qquad (6.22)$$

式（6.22）表明，任意一个投资组合 P 的期望收益率 $E(r_P)$ 是其风险 σ_P 的线性函数。由无风险资产与风险资产构成的组合在 $E(r_P) - \sigma_P$ 坐标图上是一条截距为 r_F，斜率为 $\dfrac{E(r_A) - r_F}{\sigma_A}$ 的直线，如图 6-22 所示。此直线被称为资本配置线（Capital Allocation Line, CAL），其截距 r_F 是任何投资组合的基本收益率，而斜率代表了投资组合单位风险的报酬。由式（6.21）可以看出，投资于风险资产 A 的比例 x_A 越大，投资组合 P 的风险就越大，乘以单位风险报酬 $\dfrac{E(r_A) - r_F}{\sigma_A}$ 后的总风险报酬 $\dfrac{E(r_A) - r_F}{\sigma_A} \sigma_P$ 就越大。也就是说，投资组合 P 的期望收益率与其所具有的风险大小成正比例关系，P 的风险越大，相应地，期望收益率就越大，反之，则相反。

在图 6-22 中，直线 CAL 上的任何一点代表由 F 与 A 构成的一个投资组合。若投资者以资金比例 $x_A = 0$、$x_F = 1$ 进行投资，即将所有资金投资于无风险资产，则形成了一个退化的投资组合，该组合对应于 CAL 上的 F 点。相反，若投资者对风险资产 A 进行全额投资（$x_A = 1$，$x_F = 0$），则形成了另一退化的投资组合，该组合就是 CAL 上的风险资产 A。一般地，当组合权数 x_A、x_F 满足以下条件：

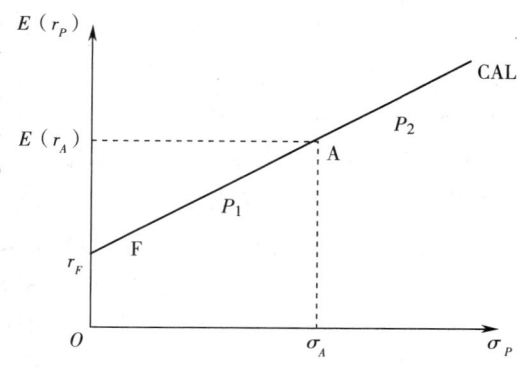

图 6-22 无风险资产与风险资产的资本配置线（CAL）

$$0 < x_A < 1, x_F = 1 - x_A$$

时，形成的投资组合 P 的期望收益率与风险就满足：

$$r_F < E(r_P) < E(r_A), 0 < \sigma_P < \sigma_A$$

此时，投资组合 P 位于 CAL 上点 F 与点 A 之间，x_A 越接近 0，P 就越靠近 F，x_A 越接近 1，P 就越靠近 A。特别地，若 $x_A = x_F = 0.5$，即对无风险资产 F 与风险资产 A 进行等额投资，则形成的投资组合 P 的期望收益率与风险分别为

$$E(r_P) = 0.5[r_F + E(r_A)]$$
$$\sigma_P = 0.5\sigma_A$$

此时，P 位于 F 与 A 的中点（如图 6-22 中的 P_1）。

若允许投资者按利率 r_F 借入资金（相当于卖空无风险资产 F），投资者就可以构造出对风险资产 A 进行超额投资的方案，此时 $x_A > 1$，$x_F = 1 - x_A < 0$，投资者不仅将自有资金全部投资于风险资产 A，而且还将卖空无风险资产所获得的资金对风险资产 A 实行追加投资，这种投资组合的期望收益率将高于风险资产 A 的期望收益率，当然，风险也比风险资产 A 高，在 CAL 上它位于 A 的右上方。

在实际中，投资者不可能以贷出资金的利率 r_F 借入资金，我们假定借贷利率相等，只是为了讨论起来简便。若借入利率 r'_F 高于贷出利率 r_F，则当投资者对 A 进行超额投资时，资本配置线 CAL 的斜率 $\dfrac{E(r_A) - r'_F}{\sigma_A}$ 将变小，CAL 以 A 为分界点形成了一条折线，如图 6-23 所示。

（二）引入无风险资产后有效边界的变化

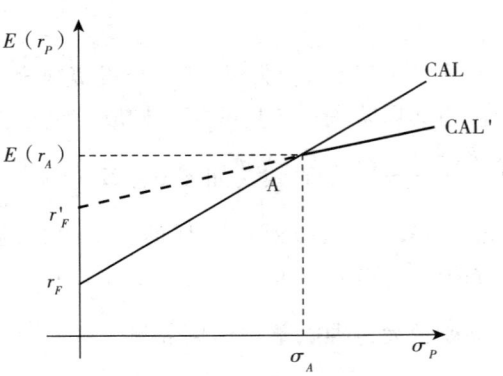

图 6-23 借贷利率不等时的资本配置线 CAL

在完全由风险资产形成的投资范围内考察组合投资，有效投资组合构成的有效边界是 $E(r_P) - \sigma_P$ 坐标图上开口向右双曲线的上半支（见图 6-15），投资者的最佳投资组合是无差异曲线与有效边界相切的点所对应的投资组合（见图 6-21）。下面我们分析引入无风险资产后投资组合的有效边界会有什么样的变化。

假设市场上有多种风险资产，同时还存在收益率为 r_F 的无风险资产 F，投资者可按利率 r_F 自由借贷（相当于购买 F 或卖空 F）。由风险资产可构成众多的风险资产组合，无风险资产 F 与这些风险资产组合的再组合就形成了各不相同的资本配置线（CAL），这些资本配置线在纵轴上的截距相同，都为 r_F，而斜率则各异。所有这些资本配置线构成了新的投资组合可行域，如图 6-24 所示。如果不允许卖空，则新的投资可行域为实线所围区域；如果允许卖空，则可行域扩展到虚线部分，表现为一散射区域。

由前面的分析可知，资本配置线的截距 r_F 代表投资组合的基本收益率，斜率则代表单位风险的报酬，位于斜率较大的资本分配线上的投资组合，能带给投资者的总风险报酬就越大，从而期望收益率就越大。如图 6-24 所示，资本配置线 CAL（A）的斜率小于 CAL（B）的斜率，位于 CAL（A）上的投资组合由于能获得更大的风险报酬而优于 CAL（B）上的投资组合。

在所有资本配置线中，由无风险资产 F 与风险资产组合 T 形成的资本配置线 CAL（T）的斜率最大，这一条资本配置线称为最佳资本配置线（Optimal CAL），相应地，风险资产组合 T 称为最佳风险资产组合，位于最佳资本配置线上的每个投资组合都由 F 与 T 构成，而且具有如下特征：

（1）在相同风险水平上，具有最大的期望收益率；

（2）在相同期望收益率水平上，具有最小的风险。

因此，最佳资本配置线就成为引入无风险资产后的有效边界。从图 6 – 24 可以看出，新的有效边界始于 F 并与原风险资产组合的有效边界相切，切点就是最佳风险资产组合。

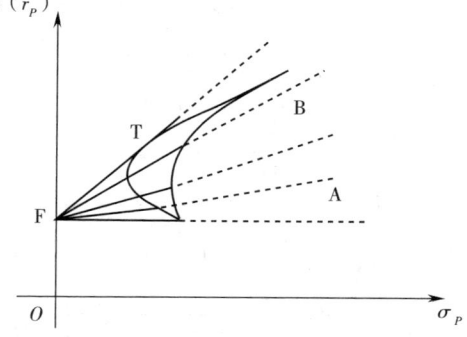

图 6 – 24　引入无风险资产后的投资可行域

在存在无风险资产的情况下，有效边界就是最佳资本配置线，因此，确定有效边界的关键是找到最佳风险资产组合 T。在此，我们仅考察风险资产为两种时有效边界的确定。

【算例】　假设只有两种风险资产，即 A（上证 50 指数基金）和 B（深证中小企业板指数基金），年期望收益率分别为 6% 和 15%，收益率的标准差分别为 5% 和 15%，收益之间的相关系数为 0.1，无风险收益率为 2%。在这样一个市场中，投资者会怎样构造他们的最优组合呢？

首先，应该根据共同偏好规则，找到有效边界。由组合 T 的定义可知，T 必须能使得单位风险的报酬（风险价格）达到最大，即 $\max\left(k_T = \dfrac{E(r_T) - r_F}{\sigma_T}\right)$。

利用 Excel 软件中的"规划求解"功能，我们很容易得到组合 T：75.845% 的资金投资到资产 A，剩下 24.155% 的资金投资到资产 B。

组合 T 的期望收益及标准差分别为 8.174% 和 5.68%。

然后，投资者再将资金分配给无风险资产和组合 T，就可以得到对应的有效组合。例如，投资者王某认为自己属于风险厌恶型，故将其 100 万元资金的 60% 投资无风险资产，资金的 40% 投资组合 T。根据 T 的构造，王某的实际组合是：60 万元的无风险资产、30.34 万元的上证 50 指数基金（0.4×100×75.85%）以及 9.66 万元的深证中小企业板指数基金。根据这样的组合投资，王某的期望收益和风险分别为

$$0.6 \times 2\% + 0.4 \times 8.174\% = 4.47\%$$
$$0.4 \times 5.68\% = 2.272\%$$

所有厌恶风险的理性投资者，在如此的市场条件下，必然会采取类似于王某的投资策略，即利用组合 T 和无风险资产实现单位风险回报最大的投资。虽然投资者的风险偏好有所不同，但他们最终的投资组合都将在这一新的有效边界线上，如图 6 – 25 所示。

图中切点右上方的直线部分表示当卖空无风险资产并将资金全部投资到 T 时，所得到的投资组合。不难看出，此时的有效组合已经在较大程度上优于纯风险资产的有效边界。

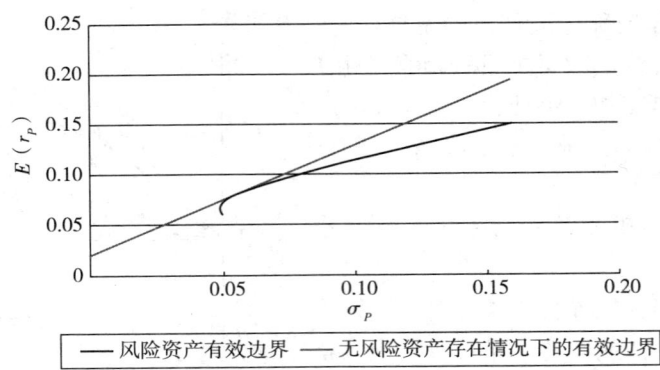

图 6-25 无风险资产存在情况下的有效边界

表 6-3　　　　　两种资产情况下的切点组合

资产	A	B
期望收益	6%	15%
收益方差	0.0025	0.0256
协方差	0.0008	
切点组合 T	75.85%	24.16%
最大风险价格	1.0872	

（三）引入无风险资产后的最佳资产组合的确定

当存在无风险资产时，有效边界不再是一条曲线，而是一条直线。对投资者来讲，他的投资决策就是在直线型有效边界上选择他认为最满意的投资组合。由于不同投资者对风险的偏好不一样，因而在对期望收益率与风险作出权衡后所选择的投资组合也就不一样。一般来讲，风险厌恶型将投资较多的无风险资产与较少的风险资产组合 T，而风险偏好型恰恰相反。下面我们进行进一步分析。

投资者在作出投资决策时，总是选择使其期望效用达到最大的投资组合。从第二节我们知道，投资者的期望效用函数可以表示为资产收益的均值 $E(R)$ 和标准差 σ_R 的函数，即 $E(U) = f[E(R), \sigma_R]$。为了简要说明如何通过期望效用最大化确定最佳投资组合，我们假设投资者具有如下形式的期望效用函数：

$$E(U) = E(R) - \frac{1}{2}b\sigma_R^2 \tag{6.23}$$

式中：b 为投资者的风险厌恶系数。不同投资者的风险厌恶系数是不一样的，b 越大，代表投资者越厌恶风险。

有效边界上投资组合 P 的期望收益率与标准差分别为

$$E(r_P) = x_F r_F + x_T E(r_T) = r_F + x_T [E(r_T) - r_F] \tag{6.24}$$

$$\sigma_P = x_T \sigma_T \tag{6.25}$$

式中：x_F、x_T 分别为分配于无风险资产 F 与最佳风险资产组合 T 的资金比例。投资者对最佳投资组合的选择实际上就是确定 x_F、x_T（$x_F + x_T = 1$），使形成的投资组合 P 具有最大的期望效用，即求如下函数的最大值：

$$E(U) = E(R) - \frac{1}{2}b\sigma_R^2$$

$$= r_F + x_T[E(r_T) - r_F] - \frac{b}{2}x_T^2\sigma_T^2$$

由极值条件得

$$\frac{dE(U)}{dx_T} = E(r_T) - r_F - b\sigma_T^2 x_T = 0$$

解此方程，得到最佳投资组合中 F 与 T 的资金分配比例如下：

$$x_T^* = \frac{E(r_T) - r_F}{b\sigma_T^2}, \quad x_F^* = 1 - x_T^* \tag{6.26}$$

显然，在投资者选择的最佳投资组合中，用于风险资产投资的资金比例 x_T^* 与投资者的风险厌恶系数 b 成反比，投资者越厌恶风险，b 的值越大，所持有的风险资产就越少；反之，则持有风险资产的比重就大。

如前所述，投资者的最佳投资组合可以通过他的无差异曲线与有效边界来确定，那么在存在无风险资产的情形下，我们也可以利用此方法来确定其最佳投资组合。如图 6-26 所示，投资者的最佳投资组合为其无差异曲线与有效边界线的切点。

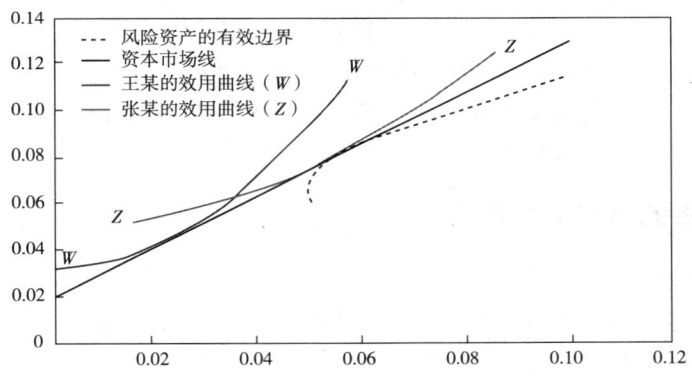

图 6-26　存在无风险资产时，投资者的最佳投资组合

我们仍然就上面的例子来进行分析。假定投资者王某的风险厌恶系数 $b = 50$，代入式（6.26）可计算出王某的最优投资组合，即（参见图 6-26 中的 W 曲线）

切点组合 T 的投资比重 =（8.174% - 2%）/ [50 ×（0.0568)^2] = 38.3%

无风险资产的投资比重 = 1 - 38.3% = 61.7%

按照这样的投资方案，虽然王某的期望收益并不高，但风险极低，符合王某高度厌恶风险的个性。

现假定投资者张某与王某不同，进取心较强，风险厌恶程度较低，其风险厌恶系数 $b = 20$。用同样的方法可计算出张某的最优投资组合（参见图 6-26 中的 Z 曲线）：

切点组合的投资比重 =（8.174% - 2%）/ [20 ×（0.0568)^2] = 95.7%

无风险资产的投资比重 = 1 − 95.7% = 4.3%

由此可见，由于张某的风险厌恶程度较低，他几乎将全部资金投资到切点组合，在获得比较高的期望收益的同时，也承担了较大的风险。

第四节 资产选择行为与资产需求

金融经济学研究的核心是金融市场的供求关系变化、资产价格决定与变化的内在机理。然而，决定供求关系的关键因素之一——需求，却直接取决于投资者的资产选择行为。任何一种资产如果能被大多数投资者选择作为投资对象，则对该资产的需求就会比较大，其价格也会比较高。反之，那些无人问津的资产的需求自然不足，价格当然也比较低。

投资组合理论研究了人们如何对其拥有的财富进行投资。它是一个权衡预期收益与风险的过程，目的是寻找收益与风险的最佳匹配，以获得最大限度的满足。我们将这一过程称为资产选择。显然，投资者的这种资产选择行为直接决定着各类资产的需求强度，并进而对其价格产生直接的影响。

简单地讲，资产配置就是在一个投资组合中选择资产的类别并确定其比例的过程。狭义的投资组合选择只包括对如何投资股票、债券和其他证券的决策。广义的概念则包括购买还是租借房屋，购买哪种保险，买多少，如何管理负债等。更广泛的定义还包括对人力资源的投资。当投资者面对多种资产，考虑应该拥有多少种资产、每种资产各占多少比重时，资产配置的决策过程就开始了。由于不同类型的投资者对收益与风险的偏好不同，他们的资产需求也是多样化的。

一、投资者的资产选择行为

(一) 资产及其分类

资产就是能够在未来带给投资者收益的物品或契约。总体而言，资产可分为实物资产 (physical assets) 和金融资产 (financial assets)。

实物资产是指那些具有实物形态的资产，通常包括房地产、黄金或其他贵金属、宝石、古玩、字画等。这些物品之所以成为资产而不作为纯粹的消费品，是因为这些物品可能在将来由于自身价格上升而为其持有者带来收益。以房地产为例，随着经济的不断发展，人们收入的不断提高，社会财富的不断积累，房地产的价格总体上表现为上升的趋势。因此，人们购买并拥有房地产一方面可以获得居住等消费效用，而另一方面又可以获得因房价上升而带来的资产增值或投资收益。所以，在市场经济条件下，房地产兼具消费与投资两大功能。其他实物资产通常也具有类似特征。

金融资产则包括货币、股票、债券、银行存款及其他金融工具等。所有金融资产的一个共同特征是：它们本质上都是某种金融交易契约。金融资产没有实物形态，没有消费功能。但金融资产代表了持有人的财富或未来的权益，是有价值的。

金融资产与实物资产相比虽然没有实物形态，经常让人感觉不踏实，但金融资产通常具有较好的流动性，投资者可以方便地将金融资产携带、转移到其他地方或者卖出变现。而投资实物资产通常需要额外的成本，例如存放成本、维护成本、防盗或安全成本等，另外，实物资产的移动成本也比较高，房地产则不具备移动的可能性。

（二）资产的投资特征

虽然实物资产与金融资产具有以上差异，但在投资方面具有类似的特征。首先，不论是实物资产还是金融资产，都具有收益的特征，即投资者可以通过购买拥有资产来获得收益，至少存在获得收益的可能性。当然，不同的资产在不同的时期可能产生的收益是有差别的。由于资产在未来产生的收益具有不确定性，所以投资者的预期收益与资产的实际收益也可能不一致。资产的预期收益特征才是影响投资者决策的最终因素。资产的预期收益率越高，投资者对该资产的需求越多。

其次，资产具有风险特征，由于实物资产通常具有消费功能，所以有"投资、消费两相宜"的特点。在排除假货、赝品的前提下，投资实物资产的风险较小。实物资产中的房地产是风险最小的资产，既可自住，也可用于出租，同时还可以获得房价长期上涨带来的资产增值。宝石、字画及古玩的投资风险通常要比房地产的投资风险高，特别是不懂行的投资者买到假货的风险很大。黄金等贵金属的投资功能则主要表现为保值，特别是在战乱时期，其投资价值较高。在金融资产中，一般而言，国债的风险最低，公司债的风险次之，而普通股票的投资风险则最高。金融资产还有许多其他种类，各自都有其风险特征。一般而言，资产的风险越高，投资者对该资产的需求则越少。

更深层的资产风险特征表现为资产收益对不同风险因素的敏感性。在不同的时期，影响资产的主要风险因素往往是不同的。以我国证券市场为例，2001年中期的主要风险是因价格长期上涨、大幅度脱离资产本身价值而积累的价格风险，一旦投资者的信心受挫，价格就会大幅度下跌。而在2005年和2006年，市场的主要风险则是原材料价格（能源价格、贵金属价格以及部分农产品的价格等）风险，以及航空、冶炼、制造业等行业的股票价格风险陡增，相对而言，石化、食品、商业及金融等行业的风险变小。所以，即使都是股票，在不同时期，风险特征也有很大差别。

资产的第三个投资特征则是资产的流动性。所谓资产的流动性是指资产交易的便利程度，特别是大笔交易的便利性。一般地，实物资产的流动性都比较低，交易不是很方便，交易成本也比较高。而金融资产借助于高效的金融市场，其流动性普遍较好。例如，在交易所挂牌的国债、股票、可转债等都具有很高的流动性。但类似于风险投资公司投资获得的非上市的股权，则流动性较差。虽然不同的投资者或投资目的对流动性的要求不同，但一般而言，资产的流动性越高，投资者对该资产的需求则越多。

二、资产选择行为：资产配置

（一）消费与投资的选择

投资者的资产选择行为首先表现为消费与投资的选择，即人们选择是多消费还是多投资，这将在社会财富一定的情况下决定资产的整体需求。人们是选择消费还是选择投资取决于人们对未来收入与支出的预期、当前的财富总量、储蓄倾向、投资的收益预期以及风险等一系列因素。一般而言，当人们认为将来的生活已经有足够的保障时（比如，已经积累了大量的财富或者未来收入会大幅度增长等），就会选择更多的消费。反之，则会选择更多的储蓄和投资。近十年来，我国政府一直在努力刺激消费，试图将经济增长的方式从投资推动型转变为消费拉动型，但收效甚微。其根本原因就在于大多数中国人的收入预期不很乐观，而预期支出很大（如医疗、养老、子女教育、买房等支出）。

投资的预期收益和风险同样也会影响人们的消费与投资的选择。如果投资收益高且风险小，人们就会减少消费而增加投资，以便在将来获得更大的消费效用。反之，则不会通过减少消费来增加投资。我国证券市场自2001年中至2005年底，经历了4年半的熊市，让全体中国人充分感觉到了金融市场的投资风险。在这期间，上证指数下跌了50%，大部分投资者损失惨重，市场人气不旺，投资的积极性严重受挫。在极度缺乏投资品种的情况下，全社会的投资需求被迫转向正处于恢复期的房地产市场，并在一系列外界环境因素的影响下掀起了几乎涵盖全国的房地产投资热潮。仅在2002年底至2004年底的两年中，上海房地产的平均价格就上涨了150%，给全社会带来了极大的震撼，以至于中央政府出面对房地产业实施了宏观调控。

（二）投资中的资产选择

消费与投资的选择结果通常是当前消费与未来消费的一种合理配置，这是生命期内总消费效用最大化的理性选择。为了能够扩大未来的消费，进行适当的投资，获取投资收益通常是一般家庭的必然选择。这种选择构成了全社会投资需求的基础，也是整个资本市场存在的基础。

在完成了消费与投资的选择之后，投资的第一步是进行资产大类的配置。如前所述，资本市场上的投资品种繁多，各有不同的特征，投资者也各有偏好。所以，投资者首先要根据自身的偏好和要求，将资金在不同大类资产之间进行合理的配置，即确定各类资产的投资数额或比例。这种行为通常被称为"资产配置"，一般表现为将资产在低风险、低收益的资产与高风险、高收益的资产之间进行分配。一种典型的资产配置被称为"三分法"：银行存款、国债以及股票各占1/3。

国内外的经验表明，正确的资产配置是投资成功的关键。我国近几年的投资实践也充分印证了这一点。中国在2008年国际金融危机最严重时的2009年初投资美国股市并作为长期资产持有，同时配合国内资产的动态配置：2009—2013年的医药和消费类股票、2013—2015年转为信息类股票+黄金ETF的组合，2015年之后则转为消费类股票+黄金ETF的稳健组合，平均而言投资者至少可以获得每年40%以上的收益率。

资产配置表现为投资者在大类资产之间的选择。正确了解投资者的这种选择行为对于理解资产需求及其价格变化非常重要。根据现代组合理论，我们可以发现影响投资者资产选择行为的因素有以下几个。

1. 投资者的类型与结构。投资者类型主要指投资者在风险偏好、信息以及管理能力等方面的特征。在任何一个国家或社会都有不同类型的投资者，有的是低风险偏好，有的是高风险偏好；有的拥有丰富的信息（知情交易者），有的则极度缺乏信息（不知情交易者）；有的具有严密的组织结构和高效的决策机制（机构投资者），而有的则投资随意或者管理效率低下（大部分散户投资者）。不同类型的投资者的资产选择行为的差异较大。然而，对于正确理解资产需求及其变化来说，重要的是投资者的结构，即哪种类型的投资者占大多数，或者说主流投资者的类型才是决定资产选择行为的关键。

2. 可投资资产的特征：收益和风险。决定投资者资产配置行为的重要因素是各大类资产的收益与风险特征。显然，那些风险相对较低、预期有较高收益的资产将被理性投资者作为重点配置对象，而不持有或减持那些价格高企、泡沫成分较大的资产。由于资产的预期收益和风险经常随着经济、社会等各方面因素的变化而改变，因此投资者的资产配置也经常处于不断调整的过程中。这种调整是导致资产需求及其价格变化的主要原动力。我国2002年以后房地产价格的飙升以及2005年以后股票市场的繁荣都是主流投资者进行资产配置调整的直接结果。

除了资产风险的大小外，决定资产需求的另一个风险特征是资产的风险对冲功能。当某种资产有助于对冲某种风险时，投资者出于风险控制的需要会买入该种资产，从而增加对该资产的需求。例如，对于大量投资持有物流行业股票的投资者来说，若石油价格攀升，则使得其投资风险陡增。为了对冲油价风险，该投资者就会买入石油期货或石油类的看涨期权。所以，了解资产的风险对冲功能有助于我们更加全面地理解资产需求及其变化。

3. 投资环境。所谓投资环境是指资产交易的公平程度、信息的有效程度（信息充分程度、信息对称程度以及透明程度等）、投资者权益的保障程度以及税收待遇等外部环境。这些环境条件直接影响投资者的风险评价、交易成本（包括信息成本）以及投资的其他利益（如税收抵扣、延迟纳税等）。投资环境好，则投资者会增加资产配置，反之，则会减少资产配置。

投资者的资产配置一方面受上述因素的影响，另一方面直接决定了各类资产的总需求。所以，资产配置行为是资产定价机制的基础。

三、资产选择行为对资产需求及其价格的影响

根据新古典经济学的一般均衡思想，资产的价格取决于资产的供求状态，而资产的需求直接取决于投资者的资产选择行为。在投资者的资产选择行为稳定的情况下，市场很容易实现供求均衡，并且形成相对稳定的价格。

但是，由于资产选择行为受上述诸多因素的影响（有时还包括投资者的情绪），资产选择行为经常发生变化。这种变化直接导致对有些资产的需求下降，而对另一些资产的需求上升。当不同投资者的资产选择行为的变化方向不一致时，对资产需求的影响将会部分地相互抵消，资产的价格还会保持相对稳定。但如果投资者的资产选择行为出现一致性的变化，则将对资产的需求产生巨大的影响，并将导致资产价格大幅度上升或下降。

以我国为例，2005年下半年，由于中央政府对房地产业进行宏观调控，房地产价格的上升势头得到了有效遏制，价格上升趋势明显减缓。与此同时，国内资金供应充裕，

特别是外来资金不断进入我国寻求投资以人民币计价的各种资产。国债等固定利率资产的价格居高不下，收益率极低（2%左右）。证券市场则经历了长达四年半的熊市，累计跌幅高达50%，广大投资者亏损累累。此时我国投资者可以投资的三大类资产中，房地产和债券类资产由于价格高企，积聚的风险较大；股票市场虽然风险也很大，但毕竟经过多年的下跌，价格风险已释放充分。于是，投资者在重新评估各大类资产的收益和风险之后，选择股票作为资产配置的重点。从2005年底开始，越来越多的资金进入股票市场，投资者的预期随着股票价格的逐渐上升而迅速趋于一致。到了2006年4月，投资者的资产选择行为达到了高度一致，大量的资金从银行流向股票市场。资产选择行为的这种全国性的高度一致，迅速形成了对股票资产的巨量需求并快速推高了股票的价格。2006年"五一"节之后的第一周，沪、深两市的成交量急剧扩大，达到2 987亿元的历史最大周成交量。与此同时，股票价格全面飙升，上证指数周涨幅达11.29%，也创有史以来之最。

资产需求的这种突然变化突出反映了投资者资产选择行为的一致性对资产需求及其价格的影响。在一般情况下，这种一致性通常不高，但在一定条件下会产生比较高、持续时间较长的一致性。资产选择行为的一致性导致资产需求及其价格的动态变化，这种变化有时与资产本身的价值变化毫无关系。因此，资产的价值是决定资产价格及其变化的一个重要因素，但不是唯一因素。

专栏6-2
十大机构展望2015年股市——无人看空

国泰君安："新繁荣"启动

2015年起，A股及整个资本市场将迎来三到五年长周期的大发展，由资本市场发展而带动的转型与增长是"新繁荣"的典型特点。我们认为"新繁荣"的特点将体现在股票定价（特别是市值）与企业行为、监管变革的互动上。股票估值正在成为企业转型、兼并收购的风向标。中国经济的真正转型已经在微观层面上开始，未来三年A股市场的大范围、长周期的扩张使转型从企业层面（微观）向国家层面（宏观）升华成为可能。"新繁荣"就是摆脱投资单一驱动的多元增长和转型繁荣。

海通证券：旭日东升

2014年，改革之轮启动，A股增量资金入场，指数脱贫的同时，内部结构开始走向均衡。本轮行情的起点是利率下行、催化剂是改革加速、防护栏是稳中求进，大类资产配置转向股市的趋势已形成，2015年市场向上趋势不变，所谓"旭日东升"。伴随增量资金入场，交易活跃度提升助推行情从小盘向中盘扩散。

申银万国：英雄时代

2014年高层通过新股发行改革，鼓励融资和宽容跨界成长开启了股票市场的正循环。无风险利率下行，系统性风险溢价下降的逻辑将会进一步强化，大类资产配置角度增加权益类资产的配置已成趋势，市场主线将由存量博弈转变为增量资金推动。2015年的增量资金是保险的配置资金和外资，是真正意义的投资"正规军"，更加脚踏实地，注重价值分析。高分红的蓝筹龙头和估值调整合理的白马成长是首选资产。

兴业证券：大决战

2015 年将继续平稳降速，这是"新常态"而非"黑天鹅"。首先，降速转型，就业平稳。对于 GDP 累计同比的贡献率，如今，第三产业已经超过第二产业，容纳了更多的劳动力，转型对冲了降速对就业的影响。其次，2015 年"三驾马车"的增速"降中趋稳"，通胀压力小。其中，消费保持平稳；投资增速将继续下降，房地产投资和地方基建增速下行压力大，但是，基于中央对冲，不会出现"硬着陆"；净出口增速继续保持低位。

预计至少在 2015 年，中央银行货币政策操作仍然将维持宽货币的基调，从而给股市提供了宽松的流动性环境。以未来 1~2 年的维度来看，新一轮牛市的核心逻辑并非经济的"新繁荣"，而是类似 1996—2001 年经济冷、改革热，在改革的旗帜下，社会财富如千军万马过独木桥一般冲向具有赚钱效应的 A 股市场。

招商证券：市场运行"新常态"，估值体系"国际化"

中国资本市场正在进入对内融合、对外开放的新阶段，其他市场的信息、逻辑和资金将对原来封闭的股票市场产生越来越大的影响。2015 年，投资者对于海外新增资金流入的预期将驱动 A 股市场的波动。

需要重视这个预期的原因是：(1) 从人民币国际化大战略来看，资本市场开放的确定性相当高；(2) 市场预期未来进入的配置资金推动估值体系接轨的逻辑非常明确，会使那些投资回报周期长、收益弹性低、涨得慢的公司再次受到关注。

中金公司：2015 年股债双牛

周期性放松引导市场利率下行，流动性整体宽松，提升风险偏好的同时降低尾部风险的增长。历史上，A 股市场估值与实际利率呈现负向关系，预计实际利率下行将推动市场估值扩张。我们预计沪深 300（4 925.299，−163.93，−3.22%）指数前向 12 个月市盈率将从当前 7.6 倍扩充至 8 倍左右水平；结构性改革将继续发力提升中国增长质量和可持续性。

到目前为止，党的十八届三中全会提出的 300 多项改革约七成已经启动或取得积极进展。持续的改革在纠正中国面临的结构性问题，中国延续几年的"增速换挡"渐近尾声，7% 左右的中期档位可能在逐步形成。在此宏观背景下，我们自上而下预测 2015 年 A 股盈利将增长 10.6%。

中信建设：股权时代，重估中国

2015 年 A 股波动的三种路径是：情景一，从估值驱动切换到盈利基本面，改革成效让"短牛"变成"长牛"；情景二，经济波动加大，"快牛"调整后，进入"慢熊"；情景三，冲高调整后，流动性推动延续。2015 年，应该在改革的深化中探索从"快牛"向"慢牛"切换的线索。

华泰证券：改革兴，牛市起

展望 2015 年，经济增速虽然面临下行风险，但是政策为市场提供了一个经济的"下跌期权"，宽松的流动性同时也消除了金融系统债务问题的尾部风险。股市的宏观环境积极向好，改革红利逐步体现到企业盈利；而且，经过四年的调整，A 股整体估值处于低位，相对其他大类资产具备较强吸引力，充分具备了走牛的条件。

瑞银证券：大股小牛，小票大熊

预计沪深 300 指数在 2015 年将上升到 3 000 点，较目前指数高 20%；市盈率从当前的 8.9 倍上升到 10.3 倍；而企业盈利增速继续放缓至 7%。风格切换将在 2015 年发生。

动力来自：(1) 大小股票的估值差/股价表现差异，都将达到历史高位；(2) A 股通常具有"kill winner"倾向。我们统计，2000 年以来，T 年涨幅居前的 5 个行业在 T+1 年落入表现最差的

10 个行业的概率高达 46%；(3) 2014 年小股票的"故事"，预计将在 2015 年遭遇严峻的业绩验证；(4) 国企改革一旦推动，中大市值国企开始"资产置换"，或将吸引资金离开小盘股；(5) 持续涌入的海外资金更青睐中大市值股票。

光大证券：**互联引领，变革驱动**

虽然市场预期 2015 年 GDP 将放缓至 7.0% 左右，但我们依然维持看多 A 股市场的观点。我们认为，中国经济整体不会出现系统性风险且将从原油价格下跌与人民币汇率走软中受益，政府的执行力与政策的延续性、针对性将提升市场对改革的信心，存量资金的持续活跃将带动增量资金入市，金融市场改革创造的机会将把 A 股带入新的繁荣。

↑ 资料来源：证券时报网，2015-01-05.

附录：阿莱悖论与 S 形效用函数

期望效用函数将投资者分为三类，但现实生活中，人们的风险偏好可能是相当复杂的。有时候人们非常厌恶风险而购买保险，通过放弃部分收益以规避风险；有时候人们又喜欢冒风险而购买彩票，以期获得意外的收益。因此，不能简单地判断投资者是风险厌恶型还是风险偏好型，或风险中立型。

在冯·诺依曼等提出期望效用理论后不久，阿莱（Allais Paradox）提出了著名的阿莱预期效用悖论。阿莱悖论的内容如下。

假设有两个实验，每个实验中有两种方案，实验者根据自己的情况进行选择，设 P 是概率。

实验一：

方案 1：以概率 1 获得 100 万元；

方案 2：以 0.10 的概率获得 500 万元，以 0.89 的概率获得 100 万元，以 0.01 的概率什么也得不到。

实验二：

方案 3：以 0.11 的概率获得 100 万元，以 0.89 的概率什么也得不到；

方案 4：以 0.10 的概率获得 500 万元，以 0.90 的概率什么也得不到。

设 R 是一个随机变量，并且

$$R = \begin{cases} 1, & \text{当实验者获得 100 万元时} \\ 5, & \text{当实验者获得 500 万元时} \\ 0, & \text{当实验者什么也得不到时} \end{cases}$$

以上实验用随机变量模型表示为

方案 1：$R_1 = 1$

方案 2：$R_2 = \begin{cases} 1 \\ 5 \\ 0 \end{cases}$

方案 3：$R_3 = \begin{cases} 1 \\ 0 \end{cases}$

方案 4：$R_4 = \begin{cases} 5 \\ 0 \end{cases}$

设 $U(R)$ 表示实验者的效用函数，则：

实验一：$\sigma_1 = E[U(R_2)] - E[U(R_1)]$
$= 0.1U(5) + 0.89U(1) + 0.01U(0) - U(1)$
$= 0.1U(5) + 0.01U(0) - 0.11U(1)$

实验二：$\sigma_2 = E[U(R_4)] - E[U(R_3)]$
$= 0.1U(5) + 0.9U(0) - 0.1U(1) - 0.89U(0)$
$= 0.1U(5) + 0.01U(0) - 0.1U(1)$

$$\sigma_1 = \sigma_2 = \sigma$$

$E[U(R_2)] - E[U(R_1)] = E[U(R_4)] - E[U(R_3)]$，则：

$\begin{cases} E[U(R_2)] > E[U(R_1)], E[U(R_4)] > E[U(R_3)], \sigma > 0 \text{ 时} \\ E[U(R_1)] > E[U(R_2)], E[U(R_3)] > E[U(R_4)], \sigma < 0 \text{ 时} \end{cases}$

阿莱经过无数次实验发现，实验一的统计结果显示 $E[U(R_1)] > E[U(R_2)]$，实验二的统计结果显示 $E[U(R_4)] > E[U(R_3)]$。这与冯·诺依曼等提出的期望效用理论的分析结果不一致，这就是阿莱悖论。

针对这个悖论，2002 年度诺贝尔经济学奖获得者美国普林斯顿大学的心理学家丹尼尔·卡尼曼（Daniel Kahneman）教授和他的长期合作者阿莫斯·特沃斯基（Amos Tversky）在 1979 年发表了著名的论文《前景理论——风险条件下决策的一个分析》，在这篇论文中，他们提出了许多违反期望效用理论的实验结果，在对这些实验结果进行分析的基础上提出了自己的理论，称为前景理论（Prospect Theory）。该理论的基本假设之一是人们的效用函数可能是 S 形的，他们还列举了许多实例以说明人们的这种行为特征。

所谓 S 形效用函数就是效用函数在一定财富或收益水平之上是凸函数，而在一定财富或收益之下则是凹函数，其函数图形就像字母 S 的形状，如图 6-27 所示。

S 形效用函数的经济意义通俗易懂。具有 S 形效用函数的投资者在收入较低时是风险偏好型，而在财富积累到一定程度时变成风险厌恶型。在现实生活中，这种人也是常见的，当人们贫困潦倒时，总是比较敢于冒风险，

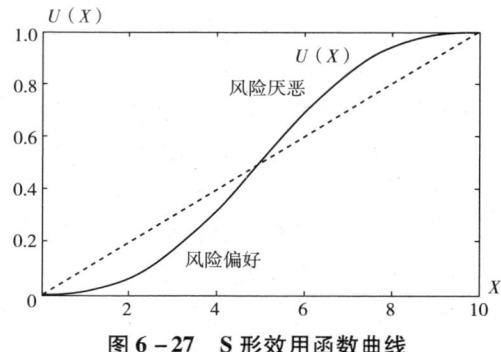

图 6-27 S 形效用函数曲线

努力创业。当逐渐富裕之后，生活安逸，人们就变得保守起来，不太愿意冒风险。显然，这是大多数投资者具有的心理特征。

通过 S 形效用函数还可以说明财富减少给人们带来的效用降低程度比财富增加带来的效用提高程度更大，也就是说，人们在财富增加时可能没有多少反应，但当财富减少时，其反应可能非常强烈。卡尼曼等借此说明人们更关心财富的变化，而不是财富存

量。虽然 S 形效用函数认为投资者的风险态度会依其财富水平的不同而变化,但是其本质上还是遵循期望效用最大化原则的。因此,投资者主要被划分为三类,即风险厌恶型、风险中立型、风险偏好型。

【小结】

所谓风险态度是指人们对可能的损失和可能的收益所给予的重视程度。

金融经济学中,效用是指某种投资收益能给投资者带来的满足程度。人们在作出投资决策之前,要同时考虑盈利和亏损两个方面。由于投资者的风险态度不同,同等数量的盈利或亏损导致投资者效用的增加或减少也是不同的。

期望效用理论是关于不确定性决策的规范理论,核心思想是,当面对多项有风险的投资机会时,理性投资者一定选择期望效用最大的那项投资机会进行投资,这就是著名的"期望效用最大化"原则。

不同风险态度的投资者会依据其产生的效用大小而作出不同的评价和选择。

(1) 如果投资者认为确定性收益优于不确定收益,即 $U[E(R)] > E[U(R)]$,则该投资者为风险厌恶型。

(2) 如果投资者认为确定性收益等价于不确定收益,即 $U[E(R)] = E[U(R)]$,则投资者为风险中立型。

(3) 如果投资者认为确定性收益劣于不确定收益,即 $U[E(R)] < E[U(R)]$,则投资者为风险偏好型。

其中,$U[E(R)]$ 定义为确定性收益的效用,是确定性收益给投资者带来的满足程度。$E[U(R)]$ 定义为期望效用,是不确定性收益给投资者带来的满足程度。

根据现代风险管理理论,风险管理对策一般有以下几类。

(1) 风险规避。放弃高风险的行为或投资。

(2) 风险预防与控制。在进行风险性的投资过程中,采取各种措施防止风险实际发生或者降低风险发生所造成的损失。

(3) 风险转移。将相关的风险转移给其他人承担。

(4) 风险自留。依靠自身的力量承担可能的风险损失。

马柯维茨的资产选择原则:在不确定程度相同的条件下,追求期望收益最大化;而在期望收益相同的条件下,追求不确定程度最小化。

在所有可行的投资组合中进行选择,如果证券组合的特征由期望收益率和收益率标准差来表示,则投资者需在 $E(r_P) - \sigma_P$ 坐标系的可行域中寻找最有利的组合点。

投资者个人的偏好通过他的无差异曲线来反映,无差异曲线的位置越靠上,其满意程度越高,因而投资者需在可行域中(实际上只要在有效边界上)寻找一个具有下述特征的有效组合:相对其他可行组合而言,该组合所在的无差异曲线的位置应该最高。这样的组合便是使他最满意的有效组合,它恰恰是无差异曲线簇与有效边界的切点所表示的组合。

在完全由风险资产形成的投资范围内考察组合投资,有效投资组合构成的有效边界

是 $E(r_P)-\sigma_P$ 坐标图上开口向右双曲线的上半支，投资者的最佳投资组合是无差异曲线与有效边界相切的点所对应的投资组合。

资产配置就是在一个投资组合中选择资产的类别并确定其比例的过程。狭义的投资组合选择只包括对如何投资股票、债券和其他证券的决策。广义的概念则包括购买还是租借房屋，购买哪种保险，买多少，如何管理负债等。更广泛的定义还包括对人力资源的投资。当投资者面对多种资产，考虑应该拥有多少种资产、每种资产各占多少比重时，资产配置的决策过程就开始了。

【思考与练习题】

1. 考虑一个风险资产组合。年末来自该资产组合的现金流可能为 70 000 美元或 200 000 美元不等，均为 0.5；可供选择的无风险国库券的投资年利率为 6%。

（1）如果投资者要求 8% 的风险溢价，则投资者愿意支付多少钱去购买该资产组合？

（2）假定投资者可以购买（1）中的资产组合数量，该投资的期望收益率为多少？

（3）假定现在投资者要求 12% 的风险溢价，则投资者愿意支付的价格是多少？

（4）比较（1）和（2）的答案，关于投资所要求的风险溢价与售价之间的关系，投资者有什么结论？

2. 考虑一个资产组合，其预期收益率为 12%，标准差为 18%。国库券的无风险收益率为 7%。与国库券相比，投资者更偏好风险资产组合，则最大的风险厌恶水平为多少？

3. 在期望收益—标准差图上，画出无差异曲线。相应的效用水平为 5%，风险厌恶系数 $A=3$（提示：选择几个可能的标准差值，从 5% 至 25%，找出效用水平为 5% 的预期收益率；将得出的预期收益—标准差点连接成线）。

4. 画出无差异曲线，相应的效用水平为 4%，风险厌恶系数 $A=4$。比较第 3 题与第 4 题的答案，投资者可以得出什么结论？

5. 画出风险中立投资者的无差异曲线，效用水平为 5%。

6. 风险厌恶系数 A 对风险偏好型而言会出现什么情况？画出它的效用水平为 5% 的无差异曲线。

7. 根据下列数据回答：

效用公式数据		
投　　资	预期收益 $E(r)$（%）	标准差（%）
1	12	30
2	15	50
3	21	16
4	24	21

$U=E(r)-0.005A\sigma^2$，这里 $A=4$。

（1）根据上述效用公式，如果投资者的风险厌恶系数 $A=4$，投资者会选择哪种投资？

a. 3 b. 2 c. 3 d. 4

(2) 根据上述效用公式，如果投资者是风险中立的，会选择哪种投资？

a. 3 b. 2 c. 3 d. 4

(3) 在效用公式中，变量 A 表示：

a. 投资者的收益要求

b. 投资者对风险的厌恶

c. 资产组合的确定等价利率

d. 对每 4 单位风险有 1 单位收益的偏好

8. 假设你管理一种预期回报率为 38% 和标准差为 28% 的风险资产组合，短期国债利率为 8%。

(1) 你的委托人决定将其资产组合的 70% 投入你的基金中，另外 30% 投入货币市场的短期国库券基金中，则该资产组合的预期收益率与标准差各是多少？

(2) 假设你的风险资产组合包括下面给定比率的几种投资：

股票 A：25%

股票 B：32%

股票 C：43%

那么你的委托人包括短期国库券头寸在内的总投资中各部分投资所占的比例各是多少？

(3) 你的风险资产组合的风险回报率是多少？你的委托人呢？

(4) 在预期收益与标准差的图表上画出你的资产组合的资本配置线（CAL），资本配置线的斜率是多少？在你的基金的资本配置线上标出你的委托人的位置。

(5) 假如你的委托人决定将占总投资预算为 x 的投资额投入你的资产组合中，目标是获得 16% 的预期收益率。

a. x 是多少？

b. 你的委托人在三种股票、短期国库券和基金方面的投资比例各是多少？

c. 你的委托人的资产组合回报率的标准差是多少？

(6) 假如你的委托人想把他投资额的 y 比例投资于你的基金中，以使他的总投资的预期回报最大，同时满足总投资标准差不超过 18% 的条件。

a. 投资比率 y 是多少？

b. 投资预期回报率是多少？

(7) 你的委托人的风险厌恶程度为 $A=3.5$：

a. 应将占总投资额的多少 y' 投入你的基金中？

b. 你的委托人的最佳资产组合的预期回报率与标准差各是多少？

9. 考虑以下你管理的风险资产组合和无风险资产的信息：$E(r_P)=11\%$，$\sigma_P=15\%$，$r_1=5\%$。

(1) 你的委托人要把他的总投资预算的多大一部分投资于你的风险资产组合中，才能使他的总投资预期回报率等于 8%？他在风险资产组合 P 上投入的比例是多少？在无风险资产方面投入的比例又是多少？

（2）他的投资回报率的标准差是多少？

（3）另一委托人想要尽可能地得到最大的回报，同时又要满足你所限制他的标准差不得大于12%的条件，哪个委托人更厌恶风险？

10. 一位银行的个人理财经理正在考虑两种基金的投资组合：第一种是股票基金，第二种是债券基金。这些风险基金的概率分布如下：

资产名称	期望收益（%）	收益率标准差（%）
股票基金	20	30
债券基金	12	15

基金回报率之间的相关系数为0.10。

（1）两种风险基金的最小方差资产组合的投资比例是多少？这种资产组合的期望收益与标准差各是多少？

（2）画出表并在坐标平面上画出这两种风险基金组合的投资机会集，股票基金的投资比例为0~100%，按照20%的幅度增长。

（3）从无风险回报率到可行域画一条切线，你的图标表现出来的最佳资产组合的期望收益和标准差各是多少？

（4）计算出最佳风险资产组合下每种资产的比率以及期望收益与标准差。

11. 假设证券市场有很多股票，股票A与股票B的特性如下：

资产名称	期望收益（%）	收益率标准差（%）
股票A	10	5
股票B	15	10

投资收益的相关系数为 -1。

假设投资者可以以无风险收益率r贷款，则r的值为多少？（提示：设想建立股票A与股票B的无风险资产组合）

12. 下面哪一种资产组合不同于马柯维茨描述的有效边界？

选择	资产组合	期望收益（%）	收益率标准差（%）
A	W	15	36
B	X	12	15
C	Z	5	7
D	Y	9	21

13. A、B、C三种股票具有相同的期望收益率和方差，下表为三种股票收益之间的相关系数。

名称	A	B	C
股票 A	+1.0		
股票 B	+0.9	+1.0	
股票 C	+0.1	-0.4	+1.0

根据这些相关系数，你认为风险最低的资产组合是：

a. 平均投资于 A、B　　　　　　b. 平均投资于 A、C

c. 平均投资于 B、C　　　　　　d. 全部投资于 C

【主要参考文献】

[1] [美] 约翰 L. 马金, 等. 投资组合管理：动态过程（第三版）[M]. 中文版. 北京：机械工业出版社，2012.

[2] [美] 滋维·博迪，亚历克斯·凯恩，艾伦·J. 马库斯. 投资学（第 4 版）[M]. 中文版. 北京：机械工业出版社，2000.

[3] [美] 滋维·博迪，亚历克斯·凯恩，艾伦·J. 马库斯. 投资学题库与题解（原书第 4 版）[M]. 中文版. 北京：机械工业出版社，2000.

[4] [美] 弗兰克·奈特. 风险、不确定性与利润 [M]. 郭武军，刘亮，译. 北京：华夏出版社，2013.

[5] [美] 小詹姆斯·L. 法雷尔，沃尔特·J. 雷哈特. 投资组合管理理论及应用 [M]. 中文版. 北京：机械工业出版社，2000.

[6] [美] 兹维·博迪，亚历克斯·凯恩，艾伦·J. 马科斯. 投资学精要（第四版）[M]. 中文版. 北京：中国人民大学出版社，北京大学出版社，2003.

[7] 蒂里·龙嘉利. 基于风险的资产配置策略 [M]. 北京：中国金融出版社，2016.

[8] 李爱忠. 投资组合最优决策问题研究 [M]. 北京：中国金融出版社，2020.

[9] [美] 戴维·M. 达斯特. 资产配置的艺术 [M]. 中文版. 上海：上海人民出版社，2005.

[10] 万上海. 均值—方差效用函数在证券组合投资决策中的应用 [J]. 运筹与管理，2003（6）.

[11] 黄淳，于泽，李彬. 不确定经济学对风险偏好的认识 [J]. 教学与研究，2005（4）.

[12] 熊和平. 风险态度与投资组合分析 [J]. 预测，2001（2）.

[13] [美] 威廉·F. 夏普，戈登·J. 亚历山大，杰弗里·V. 贝利. 投资学 [M]. 第五版，中文版. 北京：中国人民大学出版社，1998.

[14] 唐爱国. 效用偏好同类者广义随机占优——具有 S 形效用函数的群体决策规则 [J]. 经济科学，2005（2）.

第七章

资本资产定价模型

【学习目的与要求】

学习本章的目的在于理解资本市场的预期均衡机制。根据一般均衡思想，理解为什么市场组合在市场均衡时就是切点组合，并进而深入理解"分离定理"和资本市场线。在此基础上，结合有效组合应该满足的条件，正确理解"证券市场线"的由来，从而深刻了解资本资产定价模型的内在逻辑。

【学习要点】

投资者预期一致、资本市场无摩擦以及所有资产市场化等概念；总供给等于总需求，即市场出清的概念；市场组合与资本市场线的概念以及分离定理；市场组合有效与证券市场线的关系；β系数、资产的系统风险及其对资产定价的作用。

上一章介绍了投资组合理论，有效的组合投资依赖于对各资产的收益与风险预期及资产收益之间相关性的理解，而且当投资者遵循均值—方差准则时，投资者可以方便地实现有效投资。

如果说马柯维茨的投资组合理论为投资者提供了一种规范性的指导，那么人们自然会想到这样的问题：如果所有的投资者的确都遵循这种理论进行投资，资本市场上资产的价格及其变化可能会有什么样的规律呢？

本章介绍资本资产定价模型（Capital Asset Pricing Model，CAPM）。资本资产定价模型是现代金融经济学的重要基石之一，是由威廉·夏普（Willian Sharpe，1964）、约翰·林特（John Lintener，1965）及简·莫森（Jan Mossin，1966）等人先后独立地提出来的。

威廉·夏普等人受到马柯维茨理论的影响和启发，根据新古典经济学的一般均衡思想和方法，研究并提出了一套关于资本市场在供求均衡时资产收益与风险所应该具有的内在关系的理论，简称"均衡定价理论"。类似于新古典经济学，资本资产定价模型研究并揭示了在投资者遵循马柯维茨的投资行为规范的前提下，资本市场应该具有的内在规律。资本资产定价模型回答了关于资本市场的基本问题：融资者应该为投资者支付多高的回报？或者，投资者应该要求多高的投资回报率？虽然资本资产定价模型建立在一种理想市场（完美市场）的基础上，与现实市场有一定的距离，但其解决或回答的是所有融资者和投资者都共同面临的基础性问题。它为所有资本市场参与人提供了一套决策准则，当之无愧地成为现代金融经济学的核心内容之一。

专栏 7-1
现代金融经济学先驱——威廉·夏普

威廉·夏普，资本资产定价模型的奠基者。由于在金融经济学方面的贡献，其与默顿·米勒和哈里·马柯维茨三人共同获得1990年第十三届诺贝尔经济学奖。

人物生平：

1934年6月16日，威廉·夏普出生于美国马萨诸塞州的坎布里奇市。父亲学英国文学，母亲学科学。

1951年，夏普进入加州大学伯克利分校，一年的课程学习之后，他转学到洛杉矶加州大学，选择主修企业管理专业。

短期服役之后，1956年夏普作为一名经济学家加入兰德公司。夏普是在兰德公司工作的同时继续在加州大学洛杉矶分校攻读博士学位的。

1961年，夏普在华盛顿大学商学院接受了一个金融学方面的职务，定居在西雅图。一安顿下来，他便开始着手归纳其博士论文的规范性成果，并于1963年发表在《管理科学》上，更加重要的是他开始使博士论文最后一章中的均衡理论一般化。到1961年秋季他发现，不必对影响证券报酬的因素数目做任何假设即能得到一组很相似的结果。1962年1月他第一次在芝加哥大学公开这个方法，此后不久将一篇这个题材的文章投向《金融》杂志。由于编辑部的原因，该文迟至1964年9月才发表。这篇文章在内容和标题两方面为现今被称为资本资产定价模型（CAPM）的理论提供了主要基础。

1968年之后，夏普应邀在斯坦福大学商业研究生院担任一个职务，他在1970年才去那里，在去之前他完成了一本书《证券组合理论和资本市场》，总结了这些领域中的规范和实证工作。

20世纪70年代，夏普的大部分研究集中在与资本市场均衡有关的问题以及它们对投资者的证券组合选择的影响上。在1974年美国通过关键立法后，他开始研究退休基金的投资政策。他还写了一本教科书《投资学》，将规范的理论和经验的材料归纳在一起，便于大学生和研究生学习。1978年该书的第一版很成功。现在与高登·亚历山大合作的这本书已出了第五版。与高登·亚历山大合作的，1989年出版的另一本书《投资学基础》，也受到读者好评。

1976—1977年，夏普在国民经济研究所迈塞尔的领导下，作为研究银行资本充足率问题的研究小组成员，研究存款保险和拖欠风险之间的关系。成果于1978年发表在《金融和数量分析》杂志（JFQA）上，支持基于风险的保险费概念。与劳里·古德曼合作的经验工作也说明证券的市场价值能提示关于资本是否充足的重要信息。国民经济研究所的项目强烈建议更多地关注金融机构的风险。

1980年夏普被推选为美国金融学会主席。他选择以《分散投资管理》为讲演题目。

20 世纪 80 年代，夏普继续对有关退休基金投资政策的问题进行研究。1983 年，他与米海尔·哈利逊完成了针对此问题的一篇理论文章。与此同时，他开始对美国股票市场产生报酬的过程产生兴趣。加州大学伯克利分校的巴尔·罗森堡是这项研究的先驱者，他在 1982 年发表了关于纽约股票交易所证券报酬的因素的一篇经验论文。夏普也开始将精力集中于资产配置。为此，他进行了一系列的准备工作，包括一本书《资产配置工具》、优化软件和数据库。《资产配置工具》在 1985 年第一次出版。

1983 年，他帮助斯坦福大学建立了一个关于国际投资管理的培训项目，初期与日内瓦的国际管理研究所合作，以后与伦敦研究生院联合运作。这个计划是为希望得到金融经济理论和有关经验研究的全面基础的高级投资专业人员设计的。夏普担任此计划的主任一直至 1986 年。1986 年后，夏普向斯坦福大学请假两年，以创办夏普—罗素研究公司，业务是研究并开发程序以帮助养老金、基金会和捐赠基金选择与他们的情况和目标适合的资产配置。

由于夏普在金融领域的成就和影响，他担任了许多名誉职务。从 1975 年至 1983 年，担任大学退休股票基金的理事、注册金融分析师学会的研究基金会的理事、金融定量研究会的委员、注册金融分析师协会的教育和研究委员会委员，还担任日光证券投资技术研究所和瑞士联邦银行的单位证券管理部的策略顾问。他也获得了来自各方面的奖项：1980 年，他获得美国商学院协会的优异贡献奖；1989 年得到金融分析师协会尼古拉·摩洛道夫斯基基金金融专业优异贡献奖；1990 年则获得诺贝尔经济学奖。

主要贡献：

夏普对经济学的主要贡献是在有价证券理论方面对不确定条件下金融决策的规范性分析，以及资本市场理论方面关于以不确定性为特征的金融市场的实证均衡理论。

他在 20 世纪 60 年代将马柯维茨的分析方法进一步发展为著名的"资本资产定价模型"（CAPM），用来说明在金融市场上如何确立反映风险和证券收益的均衡关系。在模型中，夏普把马柯维茨的选择理论中的资产风险进一步分为资产的"系统"（市场）风险和"非系统"风险两部分。前者是由总体股价变动引起的某种资产的价格变化，后者则是由影响股价的某些资产特有要素引起的价格变动。夏普提出一个重要理论是，投资的多样化只能消除非系统风险，而不能消除系统风险。亦即投资于任何一种证券，都必须承担系统风险并因此获得相应的风险报酬。

假设有两种具有相同 β 系数的有价证券组合，一种是由非系统风险大的股票构成，另一种是由非系统风险小的股票构成。"有风险"的有价证券组合比"安全"的有价证券收益更大吗？夏普的资本资产定价模型给予了否定的回答。两种有价证券组合的收益应该相同，非系统性风险对投资者的收益没有影响。

从资本资产定价模型的实际应用方面看，CAPM 一直是金融学界激烈争论的焦点，直到罗尔发表了著名的"罗尔计划"（Roll's Critique）。人们的注意力从系统风险的计量上转移到更复杂的风险因子法上了。但是，资本资产定价模型在金融经济学中的基础性和重要性是不容忽视的。

第一节 资本资产定价模型的假设及资本市场线

资本资产定价模型在现代组合理论的基础上，结合新古典经济学的一般均衡思想研究资本市场的均衡问题。因此，资本资产定价模型首先通过一系列的假设对资本市场进行了完美化的界定。

一、资本资产定价模型的基本假设

1. 投资者遵循均值—方差准则选择投资组合,即在同一风险水平下,他们选择具有较高预期回报率的资产组合;或者在收益率相同的条件下,他们将选择具有较小标准差(风险)的资产组合。

2. 所有投资者关于资产收益和风险的预期相同(一致)并在所考虑的时间段内不变。这条假设意味着所有投资者的信息对等(对称)且理性。

3. 投资者可以按一个无风险利率不受限制地贷款或借款。

4. 所有投资者可任意和不断地获取信息,即信息是完全和免费的。

5. 所有的资产都已市场化,包括人力资本等,即资本市场上包括了所有可投资的资产。

6. 任何一种资产都是无限可分的,投资者可以买入或卖出一分钱的资产。

7. 资本市场无摩擦,即没有税收和交易成本。

8. 市场处于完全竞争状态,即不存在垄断和操纵,所有投资者都是价格接受者。

9. 市场至少存在一种无风险资产,无风险利率对所有投资者来说都相同且在所考虑的时间内不变。由于市场上的确存在类似无风险的资产(国债或银行定期存单等),但又不是绝对的无风险资产,所以需要通过这一假设来简化分析,同时也更加符合实际。

以上假设看上去很复杂,而且与现实市场严重脱节。然而,实际上当我们对现实市场有了深入的了解之后就会发现,以上假设是对现实市场的具有较高近似程度的简化处理。以假设1至假设4为例,大多数机构投资者在实际投资过程中普遍都遵循"收益最大化、风险最小化"的投资准则,在承担风险的同时都要求有额外的回报。机构投资者通常有相当大的投资规模(如华安基金管理公司管理、运作着500多亿元的资金,而且将来资产规模还会进一步增长),获取信息的成本被分摊到巨大规模的资金上,单位信息成本微乎其微,甚至可以忽略不计。由于机构投资者拥有相近的信息收集和分析能力,所以并没有理由认为机构投资者之间会有严重的、持续的信息不对称,即信息在机构投资者之间近似对称。至于市场上存在的大量小投资者,虽然人数很多,但是资金规模小而且很分散,在大多数时间里对市场或价格的影响非常小,可以忽略不计。所以,如果我们从总体和长远的角度考察市场,着眼于决定市场供求和价格的根本因素,我们就能发现以上假设的市场并非空中楼阁,而是对现实的近似和简化。

满足以上假设条件的资本市场被称为完美(perfect)市场。虽然现实市场不同于完美市场,但是正如威廉·夏普在其获奖演说中所描述的那样,现实市场正在向一些简单的、金融理论所假设的条件靠拢。

二、分离定理

分离定理(separation theorem)是1983年诺贝尔经济学奖获得者詹姆斯·托宾(James Tobin)于1958年提出的,是资本资产定价模型中的一个重要内容。

在上一章中我们看到，投资组合包括无风险资产后，有效边界变为直线型，并与风险资产组合的有效边界相切，切点所对应的组合被称为"切点组合"，是所谓的"最佳"风险资产组合。

根据假设条件，投资者对各资产的预期收益率、标准差和各资产之间的协方差，以及无风险利率大小的看法相同，则投资者面对的线性有效边界相同。这样，不同的投资者都选择相同的最佳风险资产组合（切点组合）。不同投资者对风险和收益率的不同偏好表现在其投资组合中无风险资产所占比重的大小，有些投资者比较保守，风险厌恶程度比较高，他们可能会将较大比例的资金投资于无风险资产，而将较小比例的资金投资于切点组合。而有的投资者则比较激进，风险厌恶程度比较低，则将较小比例的资金投资于无风险资产，甚至可能会借入资金，并将所有资金投资于切点组合，使切点组合的投资比例大于1。但无论风险厌恶程度如何，所有投资者的风险资产组合都是一样的，即切点组合。

这就是说，一个投资者的最佳风险资产组合与其风险偏好无关，投资者选择的投资组合实际上由两种资产所构成：无风险资产和切点组合。风险资产组合相同，其偏好上的差别由无风险资产与风险资产组合的不同投资比例来体现。这就是托宾提出的"分离定理"。

分离定理的核心：任何有效组合都等价于某个由无风险资产和切点组合构建而成的组合；或者说可以分解为两种资产：无风险资产和切点组合。所以，投资者只需要将资金在无风险资产和切点组合之间进行适当配置，就可以实现最优投资组合。这意味着投资者的组合构造工作的彻底简化。

这样，投资者在确定投资组合时，可以分两个步骤进行：
（1）确定切点组合，不用考虑投资者的无差异曲线；
（2）根据投资者的无差异曲线确定切点组合与无风险资产的投资比例。

现在的问题是：如何构造切点组合？为了解决这个问题，我们需要了解切点组合的内部构造，即各风险资产所占的比重是多少。资本资产定价模型为我们解决了这个问题，即当市场达到供求均衡时，切点组合就是市场组合。

三、市场组合

市场组合（market portfolio）是由市场上所有风险资产构成的组合，在该组合中，每种风险资产的投资比例等于该风险资产的市值占所有风险资产市值总和的比例。

根据分离定理，每个投资者选择相同的最佳风险资产组合（切点组合），所有投资者的手上持有不同比例的两种资产：切点组合与无风险资产。

假定共有 n 种风险资产，一种无风险资产，K 位投资者，第 i 种资产的价格和发行量分别为 P_i 和 Q_i，则

$$x_i^M = \frac{P_i Q_i}{\sum_{i=1}^{n} P_i Q_i} \quad (i = 1, 2, \cdots, n)$$

即市场组合中第 i 种风险资产的投资比例,等于该风险资产的市值占市场组合的市值总和的比例。

假设 x_i^T 为切点组合中第 i 种风险资产的资金比例,λ^k 为第 k 位投资者投资于切点组合的资金比例,x_i^k 为第 k 位投资者投资于第 i 种风险资产的资金比例,$x_i^k = \lambda^k \times x_i^T$,令 I_k 为第 k 位投资者的投资量,则全部投资者对第 i 种风险资产的总需求 D_i 为

$$D_i = \sum_{k=1}^{K} x_i^k I_k = \sum_{k=1}^{K} \lambda^k x_i^T I_k$$

$$= x_i^T \sum_{k=1}^{K} \lambda^k I_k = x_i^T \sum_{i=1}^{n} P_i Q_i$$

(当市场达到均衡时,所有风险资产的总需求等于总供给,即 $\sum_{k=1}^{K} \lambda^k I_k = \sum_{i=1}^{n} P_i Q_i$)

又因为在均衡状态时每种风险资产的供给与需求也相等,即 $D_i = P_i Q_i$,所以

$$x_i^T = \frac{P_i Q_i}{\sum_{i=1}^{n} P_i Q_i} = x_i^M$$

即当资本市场达到供求均衡时,切点组合实际上就是市场组合。

这是资本资产定价模型的一个非常重要的结论:当资本市场达到均衡状态时,市场组合是有效组合。由于市场组合的内部构造是已知的,所以投资者可以方便地投资于有效的风险资产组合。当现实市场与资本资产定价模型假设的理想市场相同或相近时,这一结论就将具有非常重大的实际意义:所有的投资者只需投资于市场组合和无风险资产就能够实现有效投资,整个社会的投资效率将因此而大幅度提高。后来,在全世界蓬勃发展的指数基金(或指数化投资)的理论基础就是资本资产定价模型的这一结论。

四、资本市场线

根据前面的分析,当资本市场达到均衡时,切点的证券组合为市场组合 M。由图 7-1 所示,从点 (O, r_f) 出发,作一条过点 M 的射线,这条射线被称为资本市场线(Capital Market Line,CML)。这条线上的每个点都代表通过市场组合与无风险借入或贷出的组合得到的一个有效组合。CML 表示资本市场达到均衡时,有效组合的预期收益率与标准差之间的线性关系。

在 M 点,投资者将其资金全部投资于市场组合。保守的投资者可能会贷出一些资金,将其余资金投资于市场组合,其投资组合将位于 CML 线上 M 点的左侧;而较激进的投资者会借入一些资金,并将所有资金投资于市场组合(此时市场组合的投资比例大于1),其投资组合将位于 CML 线上 M 点的右侧。

图 7-1 中:r_f 代表无风险利率;σ_M 代表市场组合的标准差;$\bar{r}_M$ 代表市场组合的预期收益率;σ_P 代表有效组合的标准差;$\bar{r}_P$ 代表有效组合的预期收益率。

所有非有效组合都将位于资本市场线的下方。由于假定所有投资者都遵循马柯维茨

的均值—方差准则，所以不存在持有非有效组合的投资者，所有投资者的组合都落在资本市场线上。

资本市场线的数学表达式为

$$\bar{r}_P = r_f + \left(\frac{\bar{r}_M - r_f}{\sigma_M}\right)\sigma_P \qquad (7.1)$$

CML 的截距为 r_f，是投资者延迟消费而得到的补偿，是资金的时间价格。CML 的斜率等于市场组合的预期收益率和无风险利率的差 $(\bar{r}_M - r_f)$ 除以它们风险的差 $(\sigma_M - 0)$，即 $(\bar{r}_M - r_f)/\sigma_M$，是市场组合的单位风险报酬，即市场（系统）风险的价格。

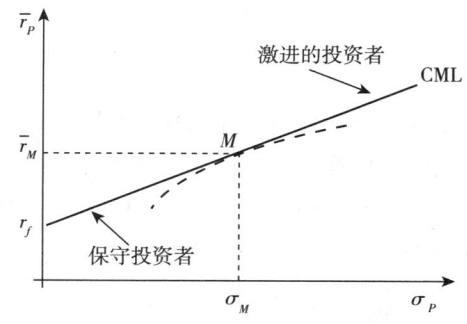

图 7-1 资本市场线

资本资产定价模型用资本市场线回答了"投资者应该要求多大的回报率"的问题。根据资本市场线，首先，投资者要求的回报率取决于投资者所持组合的风险 σ_P 的大小，$\sigma_P^2 = x_M^2 \sigma_M^2$，如果投资者投资于市场组合的比例 x_M 比较低，则 σ_P 较小，投资者只能要求较低的投资回报；反之，则可以要求较高的回报。其次，投资者的投资回报水平取决于市场组合的风险价格水平，即 $\frac{\bar{r}_M - r_f}{\sigma_M}$ 的大小。如果整个资本市场的投资者都非常厌恶风险，那么市场组合将会有较高的风险溢价 $(\bar{r}_M - r_f)$，投资者自然也能获得相对较高的风险收益。反之，如果市场上的投资者都具有很低的风险厌恶度，则市场组合的风险溢价就会比较低，投资者自然不能奢望获得高回报。第三个决定因素就是资本市场上资金的富余（或稀缺）程度，当市场上的资金非常充裕时，r_f 较低，这样，市场组合的风险溢价就会比较低，所有投资者的投资回报都不会高，不论投资者的风险偏好如何。

分离定理（也称"两基金定理"）和资本市场线是资本资产定价模型的重要内容。它告诉我们，在某个理想（完美）的资本市场中，所有投资者手中持有的有效资产组合实际上都等价于一个由市场组合和无风险资产构造而成的资产组合。投资者的风险偏好直接表现在他投入市场组合的资金比重，该比重越低，表明其风险厌恶程度越高。投资者在这样的市场中所能获得的期望收益取决于他对市场组合的投资力度（资金比重），而且为正的线性关系。任何投资组合的期望收益（有效或非有效）都不能超过资本市场线上（相同的标准差）对应的水平。

资本资产定价模型关于"在完美市场的均衡状态下，市场组合是有效的"的论断，对金融实务界产生了巨大的影响力。虽然，现实市场与完美市场有一定的差距，市场组合可能不一定是最优的，但应该是一种次优的选择，特别是当现实市场正在不断地朝"完美"的方向发展的今天就更应该如此。受资本资产定价模型思想的影响，自 20 世纪 70 年代，美国金融业开始了指数基金的实践和探索，不久便风行全世界并在 20 世纪末的 10 年中取得了十分骄人的成绩，战胜了 80% 以上的股票型基金。

第二节 证券市场线

在第一节我们论证了 CML 代表的是有效组合的预期收益率和风险之间的线性关系。现在我们要研究单个资产的预期收益与其风险之间的均衡关系。就单个资产而言，由于它是一个非有效组合，位于 CML 线的下方，所以，CML 不能反映单个资产的预期收益率与其风险之间的均衡关系。

一、资本资产定价模型

资本资产定价模型（CAPM）的核心内容之一是关于单个资产在市场实现均衡时的预期收益与其风险之间的关系，即证券市场线，并提出了新的风险度量参数：贝塔（β）系数。

根据"两基金定理"，在资本市场均衡状态下，投资者手中持有的风险资产是所谓的市场组合，投资者的风险唯一来自市场组合的风险。市场组合的风险用 σ_M^2 或 σ_M 来度量，而 $\sigma_M^2 = \sum_{i=1}^n x_i \sigma_{iM}$ [①]。由此不难看出，市场组合的风险大小取决于各资产与市场组合的收益协方差 σ_{iM}。由于有些证券与市场组合有较低的协方差，对市场组合的风险贡献较少，而有些证券则反之，对市场组合的风险贡献较大。因此，投资者为了规避风险自然喜欢那些与市场组合的协方差较低的资产，并要求较低的收益，而对那些具有较高协方差的资产则要求较高的收益。由此可见，在市场均衡的情况下，各证券的期望收益率应该与对应的协方差有一种正相关关系，即协方差越大的证券应能提供更高的期望收益率。换言之，单个资产（证券）的风险应由 σ_{iM} 表示，而不是 σ_i^2。这是资本资产定价模型的一个最重要的发现。

依据上述思想，威廉·夏普等人通过严格的数学推证，得出了著名的证券市场线方程，即单个证券期望收益的均衡方程：$\bar{r}_i = r_f + \beta_i (\bar{r}_M - r_f)$。

下面给出了一种较为简单易懂的推导过程。

假设风险资产共有 n 种，令：

(1) $X^M = (x_1^M, x_2^M, \cdots, x_n^M)^T$ 为市场组合，x_0 为无风险资产的投资比例，X_i^M 为证券 i 在市场组合中的比例。

(2) $\bar{R} = (\bar{r}_1, \bar{r}_2, \cdots, \bar{r}_n)^T$ 为证券期望收益向量，r_f 为无风险资产的预期收益率，

[①] 记市场组合的方差为 σ_M^2，x_i^M 与 x_j^M 分别是证券 i 和证券 j 在市场组合中的投资比例，σ_{ij} 为证券 i 和证券 j 的协方差，σ_{iM} 为证券 i 与市场组合 M 的协方差。根据协方差的性质：$\text{cov}(a\xi, b\eta) = ab\text{cov}(\xi, \eta)$，$\text{cov}(\xi_1 + \xi_2, \eta) = \text{cov}(\xi_1, \eta) + \text{cov}(\xi_2, \eta)$，则有

$$\sigma_M^2 = \sum_{i=1}^n \sum_{j=1}^n x_i x_j \sigma_{ij} = \sum_{i=1}^n x_i \left[\sum_{j=1}^n (x_j \sigma_{ij}) \right] = \sum_{i=1}^n x_i \left[\sum_{j=1}^n x_j \text{cov}(r_i, r_j) \right]$$

$$= \sum_{i=1}^n x_i \left[\sum_{j=1}^n \text{cov}(r_i, x_j r_j) \right] = \sum_{i=1}^n x_i \left[\text{cov}(r_i, \sum_{j=1}^n x_j r_j) \right] = \sum_{i=1}^n x_i \text{cov}(r_i, r_M) = \sum_{i=1}^n x_i \sigma_{iM}$$

$\bar{r}_i$ 为证券 i 的期望收益率，$i = 1, 2, \cdots, n$。

(3) n 个风险资产的协方差矩阵为：

$$\Omega = \begin{bmatrix} \sigma_1^2 & \sigma_{1,2} & \cdots & \sigma_{1,n} \\ \sigma_{2,1} & \sigma_2^2 & \cdots & \sigma_{2,n} \\ \vdots & \vdots & & \vdots \\ \sigma_{n,1} & \sigma_{n,2} & \cdots & \sigma_n^2 \end{bmatrix}$$

根据第一节，我们知道，在市场均衡的情况下，市场组合是有效组合。作为一个特殊的有效组合，市场组合必须满足所有有效组合都满足的以下条件[①]：

$$\Omega X^M = \gamma(\bar{R} - r_f \mathbf{1}) \tag{7.2}$$

$$\sigma_M^2 = \gamma(\bar{r}_M - r_f) \tag{7.3}$$

由式（7.3）得

$$\gamma = \frac{\sigma_M^2}{\bar{r}_M - r_f} \tag{7.4}$$

将式（7.4）代入式（7.2）得

$$\bar{R} - r_f \mathbf{1} = (\bar{r}_M - r_f) \frac{\Omega X^M}{\sigma_M^2} \tag{7.5}$$

把式（7.5）写成非向量形式就是

$$\bar{r}_i - r_f = \frac{\bar{r}_M - r_f}{\sigma_M^2} \sigma_{iM} \quad (i = 1, 2, \cdots, n)$$

此时，我们已经可以看到前面的推测得到了证明，即单个证券的均衡期望收益与该证券与市场组合的协方差成正比。

令 $\beta_i = \frac{\sigma_{iM}}{\sigma_M^2}$，则得到资本资产定价模型的标准形式：

$$\bar{r}_i = r_f + \beta_i(\bar{r}_M - r_f) \tag{7.6}$$

这样，在完全资本市场达到均衡时，证券 i 的预期收益率 $\bar{r}_i$ 可分为两部分：一是无风险利率 r_f，代表资金的时间报酬；二是证券 i 的系统风险的风险溢价，其值为 $\beta_i(\bar{r}_M - r_f)$。

参数 β_i 是证券 i 的收益与市场组合收益的协方差占市场组合方差的比重，度量证券 i 的收益率对市场组合收益率变动的敏感程度，反映了证券 i 面临的与市场相关联的风险，即市场风险（一个证券面临的总风险包括市场风险与非市场风险，市场风险又称为系统风险、不可分散风险，非市场风险又称为非系统风险、可分散风险。具体内容将在第三节阐述）。$(\bar{r}_M - r_f)$ 是具有单位系统风险的市场组合的风险报酬，也称为系统（市场）风险的价格。

由于 $\beta_i = \frac{\sigma_{iM}}{\sigma_M^2} = \rho_{iM} \frac{\sigma_i}{\sigma_M}$，所以那些相对波动性较大且与市场组合有较大相关性的证券

[①] 陈伟忠. 动态组合投资理论与中国证券资产定价 [M]. 西安：陕西人民出版社，1999：第三章.

会具有较大的系统风险,投资者出于规避风险的考虑会对这些证券要求较高的期望收益;相反,对于那些与市场组合相关性较小或者本身收益很稳定的证券,投资者将要求较低的期望收益。

假定一个任意投资组合P由n个证券构成,各证券在组合中的投资比例为x_i,则有等式①:

$$\beta_P = \sum_{i=1}^{n} x_i \beta_i \tag{7.7}$$

即一个组合的β值是它的各成分证券β值的加权平均,权数为各成分证券的投资比例。市场组合$\beta_M=1$,无风险资产$\beta=0$。

【例1】 一个投资组合由三种证券组成,这三种证券的贝塔值与投资比例如下:

证券	贝塔值	投资比例
A	0.8	0.4
B	1.2	0.1
C	1.3	0.5

则此投资组合的贝塔值为

$$\beta_P = \sum_{i=1}^{n} x_i \beta_i = 0.4 \times 0.8 + 0.1 \times 1.2 + 0.5 \times 1.3 = 1.09$$

对于一个投资组合P来说,$\bar{r}_P$与β_P之间的关系符合等式②:

---

① $\beta_P = \dfrac{\text{cov}(r_P, r_M)}{\sigma_M^2} = \dfrac{\sum_{i=1}^{n}\text{cov}(x_i r_i, r_M)}{\sigma_M^2} = \dfrac{\sum_{i=1}^{n} x_i \text{cov}(r_i, r_M)}{\sigma_M^2} = \sum_{i=1}^{n} x_i \beta_i$

② 由$\bar{r}_i = r_f + \beta_i(\bar{r}_M - r_f)$,得$\bar{r}_i - r_f = \beta_i(\bar{r}_M - r_f)$,

$x_1(\bar{r}_1 - r_f) = x_1\beta_1(\bar{r}_M - r_f)$
$x_2(\bar{r}_2 - r_f) = x_2\beta_2(\bar{r}_M - r_f)$
$\quad\quad\quad + \quad\quad\quad\quad\quad +$
$x_3(\bar{r}_3 - r_f) = x_3\beta_3(\bar{r}_M - r_f)$
$\quad\quad\quad + \quad\quad\quad\quad\quad +$
$\quad\quad\quad \cdots \quad\quad\quad\quad\quad \cdots$
$\quad\quad\quad + \quad\quad\quad\quad\quad +$
$\underline{x_n(\bar{r}_n - r_f) = x_n\beta_n(\bar{r}_M - r_f)}$
$\sum_{i=1}^{n} x_i(\bar{r}_i - r_f) = \sum_{i=1}^{n} x_i\beta_i(\bar{r}_M - r_f)$

因为,$\sum_{i=1}^{n} x_i(\bar{r}_i - r_f) = \sum_{i=1}^{n} x_i \bar{r}_i - r_f \sum_{i=1}^{n} x_i = \bar{r}_P - r_f$

$\sum_{i=1}^{n} x_i\beta_i(\bar{r}_M - r_f) = (\bar{r}_M - r_f)\sum_{i=1}^{n} x_i\beta_i = \beta_P(\bar{r}_M - r_f)$

所以有:$\bar{r}_P - r_f = \beta_P(\bar{r}_M - r_f)$

这样,对于一个投资组合P来说,$\bar{r}_P$与β_P之间的关系符合等式:

$\bar{r}_P = r_f + \beta_P(\bar{r}_M - r_f)$

$$\bar{r}_P = r_f + \beta_P(\bar{r}_M - r_f) \tag{7.8}$$

由式（7.6）与式（7.8），我们可以看到，投资者投资于风险资产或风险资产组合，由于面临系统风险，要求获得比无风险资产更高的回报率。单个风险资产或风险资产组合的预期收益率取决于三个因素：（1）无风险利率 r_f。如果资本市场上资金紧缺，r_f 较高，则单个风险资产或风险资产组合的预期收益率也相应较高；如果资本市场上资金富余，r_f 较低，则单个风险资产或风险资产组合的预期收益率也相应较低。（2）市场组合的风险溢价。如果投资者非常厌恶风险，则市场组合的风险溢价（$\bar{r}_M - r_f$）较高，单个风险资产或风险资产组合的预期收益率也就相对较高；反之，如果市场上的投资者都具有很低的风险厌恶度，则市场组合的风险溢价就会比较低，单个风险资产或风险资产组合的预期收益率也就相对较低。（3）单个风险资产或风险资产组合的以 β 值相对度量的系统风险。β 值越大，投资者承担的系统风险较大，要求的收益率也较高；反之，β 值越小，投资者承担的系统风险较小，要求的收益率也较低。

二、证券市场线

在 $\beta_i O \bar{r}_i$ 平面上过点 $(0, r_f)$ 和点 $M(1.0, \bar{r}_M)$ 作一条直线，这条直线就被称为证券市场线（Security Market Line，SML），如图 7-2 所示。

证券市场线（SML）描述了单个证券及任意一个投资组合，包括有效组合和非有效组合，预期收益率与其系统风险的线性关系。SML 的截距为 r_f，斜率为 $(\bar{r}_M - r_f)$，斜率为正（如果 $\bar{r}_M < r_f$，则大家都不会投资于风险资产），所以 SML 向右上方倾斜。

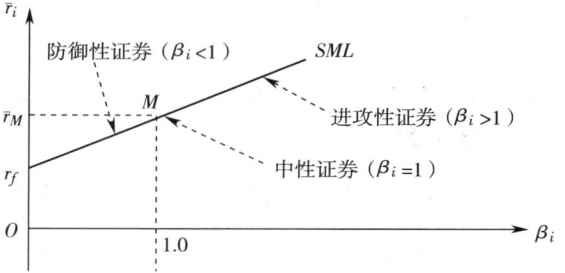

图 7-2 证券市场线

$\beta = 0$ 的证券，虽然具有正的标准差，但对市场组合的风险没有任何影响，系统风险为零，其预期收益率 $\bar{r}_i$ 等于无风险收益率 r_f。

$\beta = 1$ 的证券，系统风险与市场组合的风险相同，相应地，其预期收益率 $\bar{r}_i$ 等于市场组合的预期收益率 $\bar{r}_M$。我们称这类证券为中性证券。

$0 < \beta < 1$ 的证券，系统风险小于市场组合的风险，$(\bar{r}_i - r_f) < (\bar{r}_M - r_f)$，当市场组合的预期收益率上升时，其预期收益率上升得比市场组合慢；当市场组合的预期收益率下降时，其预期收益率下降得也比市场组合慢。我们称这类证券为防御性证券。

$\beta > 1$ 的证券，系统风险大于市场组合的风险，$(\bar{r}_i - r_f) > (\bar{r}_M - r_f)$，当市场组合的预期收益率上升时，其预期收益率上升得比市场组合快；当市场组合的预期收益率下降时，其预期收益率下降得也比市场组合快。我们称这类证券为进攻性证券。

如表 7-1 所示：（1）证券 A 的 β 值为零，类似于无风险证券，其预期收益率等于无风险利率，不随市场组合预期收益率的变动而变动。（2）证券 C 的 β 值为 1.0，属于中性证券，其预期收益率等于市场组合的预期收益率。（3）证券 B 的 β 值为 0.8，属于防御性证券，当市场组合的预期收益率由 10% 增加到 11% 时，其预期收益率增加了 0.8 个百分点，比市场组合上升得慢；当市场组合的预期收益率由 10% 下降到 9% 时，其预期收益率下降了 0.8 个百分点，比市场组合下降得慢。（4）证券 D 的 β 值为 1.5，属于进攻性证券，当市场组合的预期收益率由 10% 增加到 11% 时，其预期收益率增加了 1.5 个百分点，比市场组合上升得快；当市场组合的预期收益率由 10% 下降到 9% 时，其预期收益率下降了 1.5 个百分点，比市场组合下降得快。

表 7-1　　　　　　$\bar{r}_M$ 变动时不同 β 值证券的预期收益率的变动情况

证券	β 值	预期收益率		
		市场组合预期收益率为 9% 时	市场组合预期收益率为 10% 时	市场组合预期收益率为 11% 时
A	0	3%	3%	3%
B	0.8	7.8%	8.6%	9.4%
C	1.0	9%	10%	11%
D	1.5	12%	13.5%	15%

注：假设无风险利率 $r_f = 3\%$。

所以，当市场处于牛市时，投资者如果选择进攻性证券，可获得比市场组合更高的预期收益；当市场处于熊市时，投资者如果选择防御性证券，则可使其预期收益率下降得比市场组合慢。

三、证券市场线与资本市场线的区别

1. 度量风险的方法不同。资本市场线（CML）的横坐标是 σ，也就是说，以标准差来度量有效组合的风险；证券市场线（SML）的横坐标是 β，即以 β 值来度量单个证券或证券组合的风险。

2. CML 图仅描绘了有效投资组合的预期收益率，SML 图则描绘了有效投资组合、单个证券和其他非有效投资组合的预期收益率（见表 7-2）。

表 7-2　　　　　　单个证券与不同组合在 CML 和 SML 上所处的位置

项目	CML	SML
有效投资组合	在 CML 上	在 SML 上
任意单个证券与其他非有效投资组合	在 CML 的右下侧	在 SML 上

四、证券市场线的几个简单应用

（一）确定股权投资的合理回报率

在现代股权投资和股份制经济中有一个基础性问题一直困扰着投资者和融资者，即融资者应该支付给投资者多少回报是合理的。在资本资产定价模型出现之前，人们一般

认为风险（σ）越大，则回报应该越高。资本资产定价模型的出现矫正了传统观念，并给出了确定合理回报的基本公式（7.6）。自资本资产定价模型出现之后，公司金融领域普遍将其作为确定合理回报的理论基础。

（二）股票估值

股票是当今最为普遍的投资工具，但所有的投资者都面临着一个共同的问题：如何对各种各样的股票确定其合理价格？在第三章我们介绍了股利贴现模型等几种股票估值模型，但各模型中都需要已知贴现率 r_i，而且不同的贴现率对应于不同的估值结果。因此，股票估值的核心问题转变成如何确定合理的贴现率。而股票的贴现率是公司的股权投资者在相应风险条件下所要求的投资回报率。

资本资产定价模型为确定贴现率提供了一种更为科学的工具和方法。投资者根据上市公司股票的 β 值和证券市场线，就可以计算出该股票的均衡期望收益率：$\bar{r}_i = r_f + \beta_i (\bar{r}_M - r_f)$，以此作为股票估值中的贴现率。

例：某上市公司今年将给投资者每股 0.5 元股利，且预期今后每年将以 8% 的速度稳定增长。当前的无风险利率为 3%，市场组合的风险溢价为 7%，该公司股票的 β 值为 1.1，则该股票的期望收益率为

$$\bar{r} = 3\% + 1.1 \times 7\% = 10.7\%$$

即该股票的合理贴现率为 10.7%。在此基础上，根据第三章所讲的相应模型，可计算出股票的合理价位。在此例中，根据固定股利增长率模型：$p = \dfrac{D_1}{r-g}$，该股票的合理价位是

$$p = 0.5/(10.7\% - 8\%) = 18.5(元)$$

如果目前股价低于 18.5 元，投资者的实际预期收益率高于均衡预期收益率，证券位于 SML 的左上方。投资者将会买入该股票，随着购买数量的增加，其价格将上涨，实际预期收益率将会降低，直到证券回落到 SML 上为止。

如果目前股价高于 18.5 元，投资者的实际预期收益率低于均衡预期收益率，证券位于 SML 的右下方。投资者将会卖出该股票，随着卖出数量的增加，其价格将下降，实际预期收益率将上升，直到证券回落到 SML 上为止。

目前，资本资产定价模型已经成为金融分析师们在股票（股权）估值中最广泛使用的方法之一。

（三）基金绩效评估

证券投资基金是一种利益共享、风险共担的集合证券投资方式，即通过发行基金单位，集中投资者的资金，由基金托管人托管，由基金管理人管理和运作资金，从事股票、债券等金融工具的投资。

投资者投资于证券投资基金，可以享受专家理财、规模经营降低成本、分散投资回避风险等方面的好处，但同时也产生了委托代理风险。投资者在选择基金产品时，就需要了解投资基金的绩效评估情况。

20 世纪 50 年代以前，主要是根据投资基金的单位净资产和收益率两个指标来进行证券投资基金的绩效评估，由于没有考虑基金投资收益的波动性，即没有将风险纳入业

绩评价之中，所以有很大的缺陷。到 20 世纪 60 年代，Treynor（1965）、Sharpe（1966）及 Jensen（1968）在资本资产定价模型的基础上，综合考虑收益与风险，提出了几种评估投资基金整体绩效的指标。这几个指标目前仍广泛应用于发达国家的资本市场中。

1. 特雷纳指标（Treynor，1965）：$TP = \dfrac{r_P - r_f}{\beta_P}$。在投资基金的运作过程中，基金经理应该尽力通过投资组合的设定来消除系统风险。特雷纳指标以投资基金单位系统风险的超额收益率来判断投资基金的运作是否合理、良好。该指标越大，基金绩效就越好。

2. 夏普指标（Sharpe，1966）：$SP = \dfrac{r_P - r_f}{\sigma_P}$。夏普指标度量了投资基金每单位总风险（系统风险和非系统风险）的超额报酬率。指标越大，基金绩效越好。

夏普认为，管理水平不同的投资基金之间的风险差异在于非系统性风险。管理水平较高、业绩较好的投资基金，其总风险接近系统性风险；而管理水平不好、业绩欠佳的投资基金，由于其非系统性风险增加，从而总风险增加。所以，应该采用总风险而非系统风险来度量基金运作业绩的优劣。

3. 詹森指标（Jensen，1968）：$JP = r_P - [r_f + \beta_P(r_M - r_f)]$。詹森指标度量的是基金的实际收益减去以相同系统风险按事后 SML 获得的预期收益后得到的超额收益，体现了投资基金的证券选择能力。该指标越大，基金运作效果越好。

在对基金绩效进行综合评估的基础上，产生了评估基金证券选择与市场时机选择能力的模型。市场时机的选择是指根据对市场的判断，选择组合的 β 值，当市场上涨时，选择 β 值大的组合；当市场下跌时，选择 β 值小的组合。如果基金运作对市场判断准确，其证券组合的收益将超过同 β 值的基准组合的收益。

4. T－M 模型。Treynor 和 Mazuy（1966）采用下式进行回归分析：

$$r_P - r_f = \alpha + \beta_1(r_M - r_f) + \beta_2(r_M - r_f)^2 + \varepsilon$$

式中：α 为证券选择能力指标；β_1 为系统风险；β_2 为择时能力指标；ε 为误差项。

当 $\beta_2 > 0$ 时，则在市场上涨时期，基金的风险溢价会高于基准组合的风险溢价，而在市场下跌时期，基金风险溢价的下跌幅度会低于基准组合的下跌幅度，从而表明该基金具有时机选择能力。

α 与市场的走势无关，用于判断基金经理的证券选择能力。若 $\alpha > 0$，则表明该基金经理具备证券选择能力。

5. H－M 模型。Heriksson 和 Merton（1981）构造了一个随机变量模型：

$$r_P - r_f = \alpha + \beta_1(r_M - r_f) + \beta_2(r_M - r_f)D + \varepsilon$$

这里 D 是一个虚拟变量。当 $r_M > r_f$ 时，$D = 1$；当 $r_M < r_f$ 时，$D = 0$。这样，基金的 β 值在市场下跌时期为 β_1；在市场上涨时期为 $\beta_1 + \beta_2$。如果 $\beta_2 > 0$，则表示在市场上涨的牛市行情中，基金经理会主动调高 β 值，在市场下跌的熊市行情中，基金经理会调低 β 值，说明基金具有时机选择能力。

所有上述评价投资基金绩效的方法都以资本资产定价模型为理论基础，都是资本资产定价模型在实际中的一种应用。由此，我们不难看出资本资产定价模型巨大的理论和实际应用价值，尽管其实际价值远不仅限于此。

第三节 系统风险、非系统风险与 β 系数

一、系统性风险与非系统性风险

资本市场线揭示了市场均衡时，有效组合的预期收益率与其用标准差度量的风险之间的正向线性关系，风险越大，预期收益率越大。但单个证券通常不具有这种一般性的规律。

金融经济学家们经过研究发现，总的来讲，证券的投资风险来自两个方面：一是来自整个经济系统的不确定性，当整个经济繁荣时，证券的投资收益自然会比较高，而在经济萧条或衰退时期，资产的投资收益一般也会比较低。作为经济系统中的一个单元，一般很难摆脱经济环境的影响。二是来自资产自身的因素，投资股票的收益取决于上市公司的经营业绩，而企业的经营业绩与其自身的管理水平、技术进步的速度等一系列因素有关，这些因素的任何变化都会导致公司经营业绩的变化，从而导致投资者收益的变化。

在现代金融经济学中，我们把整个经济系统的不确定性导致的风险称为"系统风险"或"市场风险"；而把公司自身的因素导致的风险称为"非系统风险"或"特异风险"。系统风险又称为不可分散风险，即即使通过分散化投资也无法消除的风险。非系统风险则称为可分散风险，即通过充分的分散化投资可以显著地降低甚至消除这种风险。

（一）系统风险

系统风险是指与整个市场的变动相联系的风险，如利率风险、通货膨胀风险、经济周期性波动风险等。不同证券受同一系统风险的影响不同。

1. 利率风险，是指市场利率波动引起证券收益变动的风险。市场利率的变化会引起证券价格的变动，与证券价格呈反方向变化。当利率提高时，证券价格下降；当利率下降时，证券价格上涨。不同证券受利率风险的影响不同。例如对固定收益债券来说，长期债券受利率风险的影响大于短期债券。

2. 通货膨胀风险，又称购买力风险，是指通货膨胀、货币贬值给投资者带来实际收益率下降的风险。实际收益率＝名义收益率－通货膨胀率，当通货膨胀率上升的速度快于名义收益率上升的速度时，投资者的实际收益率是在下降的。

不同证券受通货膨胀风险的影响不同。名义收益率不变的证券，如固定利率债券和优先股，受通货膨胀风险的影响较大；而浮动利率债券与普通股的名义收益率是不断变化的，受通货膨胀风险的影响较小。

3. 经济周期性波动风险，是指证券市场行情受经济周期等的影响而周期性波动的风险。证券行情的变动受多种因素的影响，但决定性的因素是经济周期的变动。不同证券受此风险的影响不同。比如，当股市由牛市转为熊市时，几乎所有股票的价格都会下

跌，但下跌幅度不同；当股市由熊市转为牛市时，几乎所有股票的价格都会上涨，但上涨幅度不同。

(二) 非系统风险

非系统风险是指只对某个行业或个别公司的证券产生影响的风险，如上市公司的违约风险、经营风险、财务风险等。这类由于行业或企业自身某些因素的变化而引起的风险，与其他证券的收益没有必然的联系，不会影响其他证券的收益。当某些证券价格下跌、收益减少时，另一些证券的价格可能正好上升、收益增加，投资者通过合理的分散化投资，可以使这类风险相互抵消。所以，非系统性风险可通过分散化投资来消除。

1. 违约风险，又称信用风险，是指证券发行人在证券到期时无法还本付息而使投资者遭受损失的风险。它主要受证券发行人的经营能力、盈利水平、事业稳定程度及规模大小等因素的影响。

2. 经营风险，是指公司的决策、管理人员在经营管理过程中出现失误而导致公司的盈利水平变化，从而使投资者的预期收益下降的风险。

3. 财务风险，是指公司的资产负债比例不合理与资产质量发生问题引起投资者收益下降的风险。

资本资产定价模型的核心思想之一是：在证券市场上，由于非系统性风险可以通过分散化投资加以消除，所以市场参与者对这种风险不会给予收益补偿；对预期收益产生影响的只能是无法分散的系统性风险。

为了正确地表述资本资产定价模型的这一思想，我们需要引入证券收益的市场模型：

$$r_i - r_f = \beta_i (r_M - r_f) + \varepsilon_i \tag{7.9}$$

它表示证券 i 的风险收益来自整个市场（经济系统）和公司自身原因（ε_i）。根据式 (7.9)，我们可以得到

$$E(r_i) = E[r_f + \beta_i(r_M - r_f) + \varepsilon_i] = E[r_f + \beta_i(r_M - r_f)] + E(\varepsilon_i)$$

$$\sigma_i^2 = \text{var}[r_f + \beta_i(r_M - r_f) + \varepsilon_i] = \beta_i^2 \sigma_M^2 + \sigma_{\varepsilon i}^2$$

这样，证券 i 的总风险 σ_i^2 被分解为两部分。

第一部分是 $\beta_i^2 \sigma_M^2$，与市场组合的风险有关，为证券 i 的系统风险。证券 i 的 β_i 值越大，它的系统风险也相对越大，所以，资本资产定价模型用 β_i 值来测度证券 i 的系统性风险。第二部分是 $\sigma_{\varepsilon i}^2$，是证券 i 特有的风险，为证券 i 的非系统风险，非系统风险与 β_i 值没有关系，其大小与证券的均衡期望收益率无关。

对证券投资组合而言：

$$r_P = \sum_{i=1}^n x_i r_i = \sum_{i=1}^n x_i [r_f + \beta_i(r_M - r_f) + \varepsilon_i]$$

$$= \sum_{i=1}^n x_i [r_f + \beta_i(r_M - r_f)] + \sum_{i=1}^n x_i \varepsilon_i$$

$$= r_f + \beta_P(r_M - r_f) + \varepsilon_P$$

其总风险为 $\sigma_P^2 = \beta_P^2 \sigma_M^2 + \sigma_{\varepsilon P}^2$，其中 $\beta_P^2 \sigma_M^2$ 为系统风险，$\sigma_{\varepsilon P}^2$ 为非系统风险。

由于 $\sigma_{\varepsilon P}^2 = \sum_{i=1}^{n} x_i^2 \sigma_{\varepsilon i}^2$，因此投资者可以通过建立充分分散化的投资组合来大幅度降低甚至消除总风险中的非系统风险。随着投资组合中证券种数的增多，证券的非系统风险对投资组合风险的影响变得越来越小，投资组合总的风险越来越接近其系统风险。

既然分散化投资可以消除非系统风险，投资者就不会因为承担非系统风险而获得额外报酬。投资者只有通过承担系统风险才能从市场获得风险报酬。如果投资者持有单个证券或其他非有效组合，承担的总风险要大于系统风险，而获得的收益却小于相同总风险的市场组合，因此，只能位于 CML 的下方。

需要注意的是，国内外学者的实证研究表明，证券收益的方差、证券收益与市场组合收益的协方差及证券的 β 值会随时间的变化而变化，即存在显著的时变风险（time-varying risk），构造投资组合可在很大程度上降低 β 值的时变性。这也与理论分析相一致，即随着组合中包含的证券种数的增加，该组合将接近于市场组合，其 β 值恒定为 1，不存在时变性。所以，资本资产定价模型认为那种集中投资于一种或少数几种资产的投资策略是非有效的。

二、证券 β 值的估计：历史 β 值

在实际中，当我们运用资本资产定价模型估计某个证券或投资组合的预期收益率 $\bar{r}_i$ 时，首先需要知道该证券在未来一段时间内的 β_i 值。然而，实际中没人知道证券在未来的 β_i 值。我们只能根据历史数据来计算历史 β_i 并以此近似估算未来的 β_i 值。

要计算历史 β 值，我们需要以下数据：无风险利率 r_f、证券 i 和市场组合的历史收益率序列。

1. 无风险利率的选择。无风险利率是在风险中性假定的前提下，投资者在不承担任何风险的情况下的利率。但在实践中是很难找到真正的无风险利率的。

国外的研究大多把短期国债的年收益率作为无风险利率。美国以三个月国库券的利率作为无风险利率，英国以两周国债的回购利率作为无风险利率。在国际金融市场上，常采用信用级别较高的银行同业间信贷产品作为无风险资产，以其利率 Libor（伦敦同业拆借利率）作为无风险基准利率。

国库券一般可视为无风险资产的典型代表，短期国库券的利率是无风险利率指标的一个很好选择，但我国的债券市场还很不发达，债券品种少，多为中长期债券。目前可供选择的利率有：（1）居民储蓄存款利率（不考虑利息税）；（2）国债回购利率；（3）银行同业拆借利率等。三者各有优缺点。我国个人投资者的储蓄占其投资总额相当大的比重，短期定期存款的利息收益稳定，信用水平高，但是非市场化。国债回购利率和银行同业拆借利率是由市场决定的，但个人投资者不能参与交易。

2. 证券和市场组合的历史收益率数据。按照金融实证研究的规范方法，历史收益率数据（$r_{i,t}$）来自历史价格数据（$P_{i,t}$）。为了消除证券在过去发生的分红、送/配股的影响，一般要对原始数据进行复权处理，然后用复权价格（$P_{i,t}$）计算历史收益率。根据投资周期的不同，历史收益率数据通常有日收益率、周收益率、月收益率以及年收益率

等。历史收益率的计算公式以周收益率为例：

$$r_{i,t} = \frac{P_{i,t} - P_{i,t-1}}{P_{i,t-1}} \tag{7.10}$$

式中：$P_{i,t}$ 为第 t 周周末收盘价。

市场组合的历史收益率一般以某个覆盖面比较广、具有代表性的市场指数（如沪深300）的收益率作为市场组合的近似替代。指数收益率的计算公式同式（7.10）。

3. 通过回归分析计算证券的历史 β 值。计算历史 β 值的回归模型如下：

$$r_i - r_f = \alpha_i + \beta_i(r_M - r_f) + \varepsilon_i \tag{7.11}$$

以指数组合来代表市场组合，表示证券 i 的历史风险溢价与市场指数的风险溢价之间的关系，ε_i 衡量证券 i 的持有期收益率与回归直线之间的随机偏差，其期望值为零。回归直线 $r_i - r_f = \alpha_i + \beta_i(r_M - r_f)$ 被称为证券 i 的特征线（characteristic line），如图 7-3 所示。

表 7-3　　　　　　　　沪深 300 指数与个股月收益率

时间	沪深 300	顺丰控股	中国动力	中国银行	Shibor 月
2018-01-31	6.08	-0.85	-2.86	14.36	1.36
2018-02-28	-5.90	-0.12	6.64	-6.83	1.37
2018-03-30	-3.11	-0.44	-2.80	-7.09	1.37
2018-04-27	-3.63	-5.66	-2.32	-2.80	1.34
2018-05-31	1.21	3.33	-4.30	-1.31	1.26
2018-06-29	-7.66	-7.02	-25.27	-4.24	1.27
2018-07-31	0.19	-3.82	3.90	0.28	1.23
2018-08-31	-5.21	-6.98	4.80	-1.93	1.05
2018-09-28	3.13	6.66	21.95	4.79	1.01
2018-10-31	-8.29	-12.20	-10.23	0.00	1.01
2018-11-30	0.60	-6.63	9.81	-2.96	1.02
2018-12-28	-5.11	-6.96	-2.50	0.00	1.02
2019-01-31	6.34	-8.67	-0.81	1.94	1.01
2019-02-28	14.61	21.26	13.17	4.35	0.92
2019-03-29	5.53	0.97	5.76	-1.82	0.88
2019-04-30	1.06	-9.69	-9.98	3.18	0.88
2019-05-31	-7.24	-9.65	-6.30	-0.26	0.91
2019-06-28	5.39	13.65	5.92	1.08	0.93
2019-07-31	0.26	9.54	7.16	-0.80	0.89
2019-08-30	-0.93	11.34	-0.83	-4.85	0.89
2019-09-30	0.39	-4.83	-8.92	1.42	0.88
2019-10-31	1.89	0.53	-8.31	3.35	0.88

续表

时间	沪深300	顺丰控股	中国动力	中国银行	Shibor 月
2019-11-29	-1.49	-4.24	4.82	-1.89	0.89
2019-12-31	7.00	-2.00	-8.97	1.65	0.90
2020-01-23	-2.26	5.46	-3.60	-2.17	0.88
2020-02-28	-1.59	24.81	-12.97	-1.66	0.86
2020-03-31	-6.44	-3.49	-0.48	-1.97	0.78
2020-04-30	6.14	-0.95	-2.69	0.00	0.64
2020-05-29	-1.16	-2.59	-3.45	-0.86	0.48
2020-06-30	7.68	20.01	0.06	0.87	0.52
2020-07-31	12.75	29.65	24.08	-4.31	0.68
2020-08-31	2.58	19.99	2.36	-1.50	0.82
2020-09-30	-4.75	-4.58	-11.08	-2.44	0.85
2020-10-30	2.35	1.97	-2.03	-0.63	0.87
2020-11-30	5.64	-3.38	1.84	3.77	0.92
2020-12-31	5.06	10.29	1.30	-3.64	0.94

资料来源：同花顺 iFIND。

这样，我们可以用一些软件（如 SPSS 或 Excel 等软件），按一元线性回归模型：$Y = \alpha + \beta X + \varepsilon$，以普通最小二乘法（Ordinary Least Square，OLS）来处理历史数据得到 β_i 的历史估计值。其中 Y 为证券 i 的风险溢价，即 $Y = r_i - r_f$；X 为所选股价指数的风险溢价，$X = r_M - r_f$。

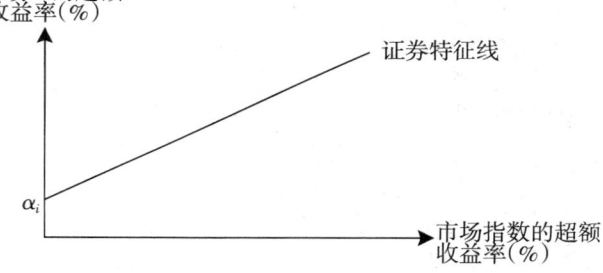

图 7-3 证券特征线

【例 2】 顺丰控股（002352）β 值的估算。

1. 样本期间的选择：样本期间为 2018 年 1 月 31 日到 2020 年 12 月 31 日。
2. 无风险利率：选用同期一年期 Shibor 利率月化（年利率/12，不考虑利息税）。
3. 股票收益率和市场组合收益率。
（1）股票收益率：股票的月涨跌率作为股票的月收益率。

$$r_{it} = \frac{P_{it} - P_{i(t-1)}}{P_{i(t-1)}}$$

式中：r_{it} 为第 i 种股票在第 t 月的收益率；P_{it} 为第 i 种股票在第 t 月的收盘价；$P_{i(t-1)}$ 为第 i 种股票在第 $t-1$ 月的收盘价。

收盘价均采用后向复权后的数据。

（2）市场组合收益率：以沪深300指数的周涨跌率来近似估计市场组合的月收益率。

表7-4 指数组合与个股的超额收益率（月）

时间	沪深300	指数超额收益 $(r_M - r_f)$	顺丰控股	股票超额收益 $(r_i - r_f)$	Shibor (r_f)
2018-01-31	6.08	4.72	-0.85	-2.22	1.36
2018-02-28	-5.90	-7.27	-0.12	-1.49	1.37
2018-03-30	-3.11	-4.48	-0.44	-1.81	1.37
2018-04-27	-3.63	-4.97	-5.66	-6.99	1.34
2018-05-31	1.21	-0.05	3.33	2.07	1.26
2018-06-29	-7.66	-8.93	-7.02	-8.29	1.27
2018-07-31	0.19	-1.04	-3.82	-5.05	1.23
2018-08-31	-5.21	-6.26	-6.98	-8.03	1.05
2018-09-28	3.13	2.12	6.66	5.65	1.01
2018-10-31	-8.29	-9.30	-12.20	-13.21	1.01
2018-11-30	0.60	-0.43	-6.63	-7.66	1.02
2018-12-28	-5.11	-6.12	-6.96	-7.98	1.02
2019-01-31	6.34	5.34	-8.67	-9.68	1.01
2019-02-28	14.61	13.69	21.26	20.34	0.92
2019-03-29	5.53	4.65	0.97	0.08	0.88
2019-04-30	1.06	0.18	-9.69	-10.57	0.88
2019-05-31	-7.24	-8.15	-9.65	-10.56	0.91
2019-06-28	5.39	4.47	13.65	12.73	0.93
2019-07-31	0.26	-0.64	9.54	8.65	0.89
2019-08-30	-0.93	-1.83	11.34	10.45	0.89
2019-09-30	0.39	-0.49	-4.83	-5.71	0.88
2019-10-31	1.89	1.01	0.53	-0.35	0.88
2019-11-29	-1.49	-2.38	-4.24	-5.13	0.89
2019-12-31	7.00	6.10	-2.00	-2.90	0.90
2020-01-23	-2.26	-3.14	5.46	4.58	0.88
2020-02-28	-1.59	-2.46	24.81	23.95	0.86
2020-03-31	-6.44	-7.22	-3.49	-4.27	0.78
2020-04-30	6.14	5.51	-0.95	-1.59	0.64
2020-05-29	-1.16	-1.65	-2.59	-3.07	0.48
2020-06-30	7.68	7.16	20.01	19.49	0.52
2020-07-31	12.75	12.07	29.65	28.97	0.68
2020-08-31	2.58	1.76	19.99	19.18	0.82
2020-09-30	-4.75	-5.60	-4.58	-5.43	0.85
2020-10-30	2.35	1.48	1.97	1.10	0.87
2020-11-30	5.64	4.72	-3.38	-4.30	0.92
2020-12-31	5.06	4.12	10.29	9.34	0.94

数据来源：同花顺 iFIND。

用 SPSS 软件，以 Y 为顺丰控股的风险溢价，以 X 为市场指数的风险溢价，对方程 $Y = \alpha + \beta X + \varepsilon$ 进行一元线性回归，结果见表 7-5。

表 7-5　　　　　　　　　　　　回归结果

Regression Analysis

R^2	0.340	n	36
R	0.583	k	1
Std. Error	8.808	Dep. Var.	股票超额收益

ANOVA table

Source	SS	df	MS	F	p-value
Regression	1 360.85	1	1 360.85	17.54	0.0002
Residual	2 637.48	34	77.57		
Total	3 998.33	35			

Regression output

					confidence interval	
variables	coefficients	std. error	t (df = 34)	p-value	95% lower	95% upper
Intercept	1.2207	1.4681	0.831	0.4115	-1.7629	4.2043
指数超额收益	1.1052	0.2639	4.188	0.0002	0.5690	1.6415

由最后一行可知，自变量"指数超额收益"通过 T 检验（p-value < 0.01）。

上述计算结果表明，在样本期内顺丰控股的 β 为 1.105，属于进攻性股票，其价格波动高于市场平均。当股市上涨时，此股票的涨幅会高于市场平均水平，反之亦然。回归所得的 α 值虽然为 1.22，但 T 检验不通过，说明在样本期内此股票未能获得额外收益。

专栏 7-2
中国证券市场指数基金发展历程

资本资产定价模型的一个重要贡献就是发现了最优的风险资产组合，其实就是市场组合。因为市场资产组合完全分散了非系统性风险，其风险调整后的收益最大。这个结论在为指数化投资提供一个最直观的理论解释的同时，也成为了传统意义上指数化投资的重要内涵。

我国的指数基金始于 20 世纪初。受美国指数基金在 20 世纪 90 年代辉煌业绩的激励，2002 年 11 月，我国首只指数基金——华安中国 A 股增强型指数基金问世（跟踪 MSCI 中国 A 股指数），从而拉开了中国指数基金发展的序幕。万家、博时以及融通等基金公司迅速跟进，发行了各自的指数基金。

2003年1月,首只全复制指数基金"天同上证180指数基金"(现万家上证180指数基金)的发行,意味着完全意义的指数基金被引入中国。2005年2月23日,我国首只全复制交易型开放式指数基金(ETF)——华夏上证50ETF上市交易,ETFs从此进入公众的投资视野。从我国首只指数基金诞生到2008年底的6年时间,虽然全球范围指数基金(尤其是ETFs)迅猛发展,但在中国的扩张速度却较为缓慢,探索、尝试性的特点突出,被动型指数型基金增长速度远远落后于主动型基金。截至2008年底,中国指数基金(含债券指数基金)只有21只,资产规模仅1 000亿元左右。

2009年,中国指数基金出现了较快增长。当年新增27只指数基金,超过前6年总和。净值规模达3 430亿元,较2008年底增长233%。此后,我国指数基金进入快速发展期,其中2015年和2019年受牛市影响指数基金增长尤其快。截至2020年底,我国指数基金数已达1 571只,近10年来复合增长率达33%。指数基金资产规模(AUM)则达到了18 158亿元,年均增速16.6%。指数基金数量占股票基金总数的2/3,资产规模(AUM)占股票基金中资产的65%。在前十大股票基金中有一半是指数基金,三成是混合基金,只有两成是普通(主动)股票基金。

指数基金快速增长的主要原因有:一是市场监管部门持之以恒地推动、鼓励和支持;二是指数基金,特别是一些行业指数基金(消费ETF、医药ETF以及白酒ETF等)的优秀表现使越来越多的投资者认识到了指数化投资的优越性。

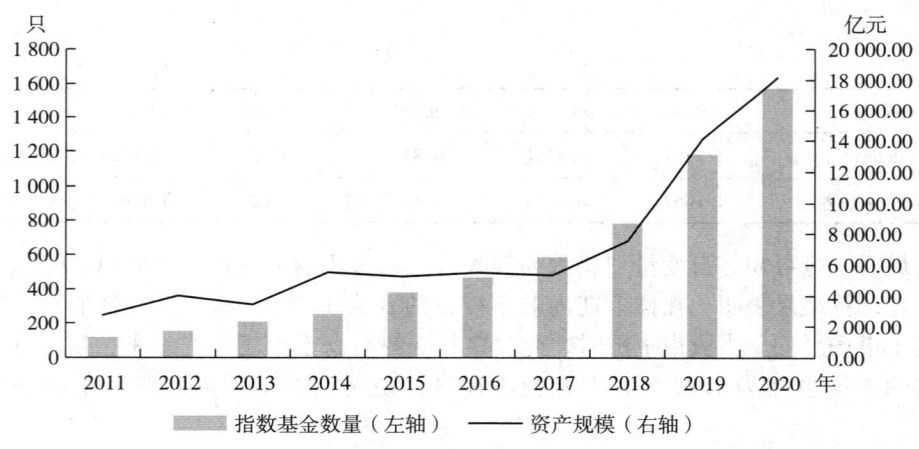

图 7-4 中国指数基金十年发展

(数据来源:同花顺 iFIND)

三、指数基金投资模式的演变

传统的指数化投资指的是以复制和追踪某一市场指数为目标,通过充分分散化和被动式管理来最小化交易成本并取得市场平均收益的一种投资模式,因此,又称为"消极"或"被动"投资(passive investment)。

传统的指数化投资模式主要有以下几个方面的特点。

一是持有整个市场的股票以达到充分分散化。选择全市场指数作为跟踪的标的指数。

二是实施不需要技巧的被动式管理，以便降低交易成本。按照指数成分股的权重等比例地持有全部成分股，不需要任何技巧，因此，也不需要任何研究和分析，只有指数成分股发生调整时，才对组合的结构进行对应的调整，以最大限度地降低交易成本。

三是指数化投资最终只能得到全市场的平均收益。以全市场指数作为跟踪标的的指数化投资所能得到的就是市场的平均收益。

四是选择哪一种指数无所谓，只要是全市场指数以便能做到充分分散化即可。尽管在短期内不同指数的表现会有不同，但指数化强调长期投资，因此，这种短期差异可以不予考虑。无论选择哪一种指数都无所谓，因此，不需要考虑标的指数的选择问题。

目前，全球证券价格指数体系日益细化。按市场产品种类可划分为传统的股票价格指数、固定收益证券指数、商品指数、房地产指数以及对冲基金指数和 ADR 指数等；按市场地域范围可划分为国别指数、区域指数和全球指数。而且每种指数系列内部又可以部门、行业相区分。此外，还出现了以价值、成长、稳健性和大盘、中盘、小盘等划分的适合特定投资者需求的特殊风格指数。

指数体系的发展带动了指数化投资的发展，产生了积极指数化（active indexing）这个全新的模式。该模式不再是一个传统意义上的"消极"或"被动"管理过程，相反，是一个极具"积极主动"色彩的管理过程，包括"积极"的指数编制和"积极"的指数组合管理等多个方面。

由于指数的风险收益结构不同，有低风险、低收益的指数，也有高风险、高收益的指数，因此，不同风险收益偏好的投资者就可以选择追踪不同标的指数的基金资产来获得不同的风险收益组合。"积极"的指数组合管理则是指根据投资目标的不同，评价和选择最优的标的指数，之后是通过优化复制指数以及控制追踪误差和追踪成本等多个方面来取得最优的指数追踪效果。由于细化后的指数（如风格指数，而非全市场指数）并不代表整个市场，而是反映某个市场的某个局部，因此，指数化投资的结果不再是获得整个市场的平均收益，而是获得某个市场某个局部的平均收益。这些都与传统意义上的指数化投资理念不同。

四、交易所交易基金

1993 年，美国道富环球投资管理公司（SSgA）在美国证券交易所（AMEX）上市追踪标准普尔 500 指数的存托凭证（SPDRs），这是第一只交易所交易基金（ETFs）。从美国的实践看，绝大多数交易所交易基金都以追踪某一证券价格指数为目标，通过分散化投资和被动式管理来取得市场的平均收益，综合了封闭式基金和开放式基金的优点，既可以在二级市场上像股票一样买卖，也可以像开放式基金一样进行申购赎回，集中了指数基金、开放式基金和封闭式基金的长处，被称为第三代投资基金。在短短几年时间里，全球交易所交易基金市场无论在资产规模上，还是在产品数量上，都获得了极大的发展。摩根士丹利和彭博资讯的有关统计数据显示，截至 2020 年底，全球已有 ETF 8 607 只，总规模近 8 万亿美元，其中欧美国家或地区占 85% 左右。

表7-6 中国前十大股票指数基金

代码	名称	最新份额（亿份）			最新资产净值（亿元）	
		截止日期	份额	调整后份额	截止日期	资产净值
161725.OF	招商中证白酒指数	2021-01-15	371.86	371.86	2021-01-08	568.4742
510050.OF	华夏上证50ETF	2021-02-19	129.60	129.60	2020-12-31	565.7428
510300.OF	华泰柏瑞沪深300ETF	2021-02-19	77.63	77.63	2020-12-31	457.4841
512880.OF	证券ETF	2021-02-19	351.51	351.51	2020-12-31	389.0542
510500.OF	南方中证500ETF	2021-02-19	47.75	47.75	2020-12-31	382.3705
510330.OF	华夏沪深300ETF	2021-02-19	51.39	51.39	2020-12-31	305.8819
159919.OF	嘉实沪深300ETF	2021-02-19	40.93	40.93	2020-12-31	250.9304
510180.OF	华安上证180ETF	2021-02-19	55.72	55.72	2020-12-31	239.0444
159995.OF	华夏国证半导体芯片ETF	2021-02-19	161.61	161.61	2020-12-31	238.7216
512000.OF	券商ETF	2021-02-19	244.43	244.43	2020-12-31	229.5829

附录：资本资产定价模型的扩展

标准资本资产定价模型是建立在一系列严格的假设前提的基础上的，如所有的资产都已市场化、投资者对资产收益和风险的一致性预期、投资者的借贷利率相同且不受限制、资本市场无税收和交易成本、至少存在一种无风险资产等。在现实的市场中，这些条件是很难满足的，目前没有一个国家的资本市场能够包含所有资产，即使在资本市场高度发达的美国，也不能将人力资本、商誉、黄金珠宝等包括在资本市场中；由于信息不对称及投资者本人的知识结构等，投资者对资产的收益和风险的看法会不同，不能形成一致性预期；不同投资者的资信水平不同，借贷利率不是完全相同的，而且是有限制的；没有完全无摩擦的市场，即市场上存在税收和交易成本；市场上无绝对的无风险资产，如被认为近似于无风险资产的国库券也具有通货膨胀风险。

严格的假设前提使标准资本资产定价模型与现实市场有较大的距离，为了使这个理论更符合现实市场，学术界掀起了关于资本资产定价模型改进的研究热潮。下面简单介绍其中的几个模型。

一、对卖空的限制

允许无限制卖空这个假设在许多国家是不成立的。如我国的上海和深圳两个证券交易所都不允许买空卖空。

取消卖空假设后得到的有效边界线位于原有效边界线的下方。

$\sigma_1^{*2}(\mu)$：允许卖空的情况下有效组合的方差函数；$\sigma_2^{*2}(\mu)$：不允许卖空的情况下有效组合的方差函数。如图7-5所示，$\sigma_2^{*2}(\mu) \leq \sigma_1^{*2}(\mu)$。

市场组合 M 是由市场上所有的风险资产构成的组合,在该组合中,每种风险资产的投资比例 x_i^M 等于该风险资产的市值占所有风险资产市值总和的比例,$x_i^M > 0$,即没有投资者将其卖空,所以市场组合也是不允许卖空条件下的有效组合。$\sigma_1^{*2}(\bar{r}_M) = \sigma_M^2 = \sigma_2^{*2}(\bar{r}_M)$。

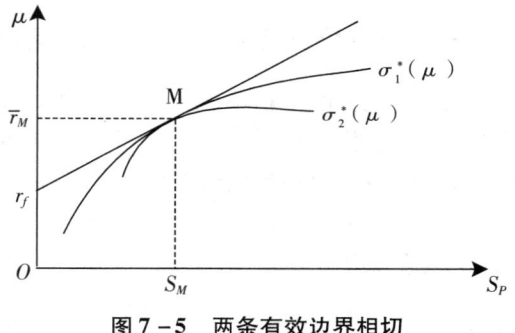

图 7-5 两条有效边界相切

所以,在允许卖空与不允许卖空情况下的两条有效边界线在 $(\bar{r}_M, \sigma_M)$ 处相切,在不允许卖空情况下的 CML、SML 与允许卖空情况下的 CML、SML 完全相同,即不允许卖空不改变资本资产定价模型。

二、有税收情况下的均衡模型

标准资本资产定价模型假设市场上不存在税收,然而在现实市场中,不同的投资者、不同的资产适用于不同的税种和税率,在证券市场上通常有三种税:证券交易税、股红所得税、资本利得税,非常复杂。这里仍需作出一定的假设:(1) 不存在证券交易税;(2) 税率只与投资者有关,与证券种类无关。

此时投资者根据税后收益与风险来构造投资组合,所实现的均衡受税收结构的影响,不同于标准的资本资产定价模型。假定股红收益率是确定的,得到其简化形式为:

$$\bar{r}_i = r_f(1 - T) + \beta_i[r_m - r_f - T(D_M - r_f)] + TD_i$$

$$T = \frac{T_d - T_g}{1 - T_g}$$

式中:T_d 为股红收益所得税税率的平均水平;T_g 为资本利得所得税税率的平均水平;D_M 为市场组合股红收益率;D_i 为股票 i 的红利收益率。

虽然实际上投资者一般不能准确知道当期各证券的红利水平,但从这个结论中我们还是能得到有益的启示。

(1) 当股红收益所得税税率的平均水平 T_d 高于资本利得所得税税率的平均水平 T_g 时,$T > 0$,均衡期望收益率 $\bar{r}_i$ 是股红收益率 D_i 的增函数。这意味着投资者对股红收益高的股票(证券)要求更高的税前收益,那些红利虽然高但价格增长不快的证券将受到市场的冷落。投资者更偏爱红利收益低而资本利得高的证券。

(2) 有税收的情况下,证券市场的均衡定价关系不能用第二节中所讲的 SML 来描述,而必须在三维空间 (r, β, D) 的平面上来描述。市场风险的报酬也与无税收的情况下不同,当 $D_M < r_f$ 时,市场要求比无税收时更高的风险报酬。

(3) 当资本利得税很少甚至为零时,低课税者偏向于高红利证券以充分利用其税收方面的相对优势,而高课税者则偏向于低红利证券。投资者的税率结构对资产的定价结构有影响。

三、非市场化资产对资本资产定价模型的影响

非市场化资产是指不能公开、自由交易的资产。标准资本资产定价模型假设所有的资产都已市场化,这样,投资者可以方便地买卖任意数量的某种资产,以调整资产组合获得最优收益,但在现实市场中有大量的非市场化资产,如人力资本、商誉、古董等。

迈耶斯(Mayers)于 1972 年对存在非市场化资产情况下的均衡关系进行了研究,推导出的均衡关系为

$$\bar{r}_i = r_f + \frac{\bar{r}_M - r_f}{\sigma_M^2 + (P_H/P_M)\text{cov}(r_M, r_H)} \times \left[\text{cov}(r_i, r_M) + \frac{P_H}{P_M}\text{cov}(r_i, r_H)\right]$$

式中:r_H 为非市场化资产的平均收益率;P_H 为非市场化资产的总值;P_M 为市场化资产的总值。

与标准资本资产定价模型相比,在存在非市场化资产的情况下,风险度量方法和风险报酬水平明显不同。

资产收益的风险取决于三个因素:与市场化资产的协方差 $\text{cov}(r_i, r_M)$、非市场化资产与市场化资产的相对规模 $\frac{P_H}{P_M}$、与非市场化资产的协方差 $\text{cov}(r_i, r_H)$。与非市场化资产正相关,即 $\text{cov}(r_i, r_H) > 0$ 的资产,风险较大,其预期收益率较高;与非市场化资产负相关,即 $\text{cov}(r_i, r_H) < 0$ 的资产,风险较小,其预期收益率较低。

单位风险报酬除受市场组合的风险溢价($\bar{r}_M - r_f$)、方差 σ_M^2 的影响外,还取决于市场组合与非市场化资产的协方差 $\text{cov}(r_M, r_H)$、非市场化资产与市场化资产的相对规模 P_H/P_M。当市场组合与非市场化资产正相关时,即 $\text{cov}(r_M, r_H) > 0$ 时,单位风险报酬较低;当市场组合与非市场化资产负相关时,即 $\text{cov}(r_M, r_H) < 0$ 时,单位风险报酬较高。

此外,还有布莱克(Black,1972)推导出的在缺乏无风险资产的情况下的零 β 资本资产定价模型;对假设条件"投资者可以按一个无风险利率不受限制地贷款或借款"进行修正的资本资产定价模型;默顿(Merton,1973)提出的"跨期资本资产定价模型"(ICAPM);C - CAPM 等。

以上的衍生资本资产定价模型都是在放松某一条假设情况下得到的,丰富了标准资本资产定价模型。但还没有得到同时放松两条以上假设情况下的资本资产定价模型,至少得不到像标准资本资产定价模型那么简单的均衡模型,而且还没有突破"预期一致"与"所有资产都市场化"这两条关键假设的限制,与现实市场仍有差距。

【小结】

资本资产定价模型是建立在一系列严格的假设基础上的,根据这些假设,投资者选择的投资组合实际上由两种资产构成:无风险资产和切点组合。投资者的最佳风险资产组合(切点组合)相同,与其风险偏好无关;其偏好上的差别由无风险资产与风险资产组合的不同投资比例来体现。

当资本市场达到均衡状态时,切点组合为市场组合,这也意味着在均衡资本市场

上，市场组合是有效组合。市场组合包括所有的证券，各证券的投资比例为它的市值占所有证券市值的比例。

证券的风险可分为系统性风险与非系统性风险，系统性风险不能通过分散化投资来消除，非系统性风险可以通过分散化投资加以消除，投资者不会因为承担非系统风险而获得报酬，只有承担系统性风险才能获得报酬。

资本市场线（CML）代表有效组合的预期收益率与以标准差度量的风险（是有效组合的总风险，也是指系统风险，因为有效组合的非系统风险已被消除）之间的均衡关系。

证券市场线（SML）描述了单个证券及任意一个投资组合的预期收益率与其以 β 值相对度量的系统风险之间的线性关系，即 $\beta_i = \dfrac{\sigma_{im}}{\sigma_M^2}$。

资本资产定价模型明确了切点组合的结构并提出了市场组合的概念，提出了新的风险度量方法，提出了单个证券的均衡定价方程，无论是在理论界还是在金融产业都产生了广泛而深远的影响。虽然资本资产定价模型是建立在严格的假设基础上的，现实市场与完美市场有一定的差距，但现实市场正在不断地朝"完美"的方向发展，该理论有着重要的指导意义。

【思考与练习题】

1. 名词解释

    市场组合   分离定理   系统风险   非系统风险 β 系数

2. 资本资产定价模型的基本假设是什么？
3. 资本市场线的截距和斜率的含义是什么？
4. 证券市场线描述的是（   ）。
（1）证券的期望收益率与其系统风险的关系；
（2）市场组合是风险证券的最佳资产组合；
（3）证券收益与指数收益的关系；
（4）由市场组合与无风险资产组成的有效资产组合。
5. 以下说法是对还是错？
（1）β 值为零的证券的预期收益率为零。
（2）资本资产定价模型表明如果要投资者持有高风险的证券，相应地要提供给投资者更高的回报率。
（3）通过将 75% 的资金投入国库券，将 25% 的资金投入市场组合，可以构建 β 值为 0.75 的投资组合。
6. 假定市场组合的预期收益率是 8%，无风险利率为 3%，则公司 A 的预期收益率是 9%，公司 A 的 β 值为多少？
7. 已知无风险收益率 $r_f = 3\%$，市场组合预期收益率为 10%，证券 A 与证券 B 的 β 值分别为 $\beta_A = 1.5$，$\beta_B = 0.8$。
（1）两个证券的预期收益率各是多少？

(2) 当市场组合预期收益率为11%与9%时，两个证券的预期收益率各是多少？

8. 设有三个独立的证券 A、B、C，$\beta_A = 1.3$，$\beta_B = 0.7$，$\beta_C = 1.0$，$\sigma_{\varepsilon A} = 0.06$，$\sigma_{\varepsilon B} = 0.4$，$\sigma_{\varepsilon C} = 0.05$，$\sigma_M = 0.07$，则：

(1) 这三个证券各自的总风险、系统风险是多少？

(2) 投资组合 P_1 由证券 A、B 等比例投资构成，P_1 的总风险、系统风险、非系统风险分别是多少？

(3) 投资组合 P_2 由证券 A、B、C 等比例投资构成，P_2 的总风险、系统风险、非系统风险分别是多少？与投资组合 P_1 相比，总风险、系统风险与非系统风险有什么变化？

9. 市场组合的预期收益率是10%，无风险利率为3%。某股票今天的售价为15元，在年末将支付每股1元的红利，β 值为1.2，预计年末此股票的价格为多少？

10. 如果一个投资组合由4种证券组成，β 值与投资比例如下表所示：

证券	β 值	投资比例
A	1.1	0.3
B	0.9	0.2
C	1.2	0.4
D	1.3	0.1

则此投资组合的 β 值为多少？

11. 根据标准资本资产定价模型，假定无风险利率为6%，市场组合收益率为16%，判断以下哪种情况是可能的，为什么？

(1)

资产组合	预期收益	β 值
A	20	1.4
B	25	1.2

(2)

资产组合	预期收益	标准差
A	30	35
B	40	25

(3)

资产组合	预期收益	标准值
A	6	0
B	18	24
C	16	12

(4)

资产组合	预期收益	标准差
A	6	0
B	18	24
C	20	22

(5)

资产组合	预期收益	β 值
A	6	0
B	18	1.0
C	16	1.5

(6)

资产组合	预期收益	β 值
A	6	0
B	18	1.0
C	16	0.9

(7)

资产组合	预期收益	标准差
A	6	0
B	18	24
C	16	22

【主要参考文献】

[1] 威廉·F. 夏普，戈登·J. 亚历山大，杰弗里·V. 贝利. 投资学（第五版）[M]. 中文版. 北京：中国人民大学出版社，1998.

[2] 兹维·博迪，亚历克斯·凯恩，艾伦·J. 马科斯. 投资学精要（第四版）[M]. 中文版. 北京：中国人民大学出版社，北京大学出版社，2003.

[3] 陈伟忠. 动态组合投资理论与中国证券资产定价 [M]. 西安：陕西人民出版社，1999.

[4] 毛二万. 金融经济学 [M]. 沈阳：辽宁教育出版社，2002.

[5] 李向科，戚发全. 金融数学 [M]. 北京：中国人民大学出版社，2004.

[6] 戴晓凤，晏艳阳. 现代投资学——组合投资分析与管理 [M]. 长沙，湖南人民出版社，2003.

[7] 图兰·G. 巴利，罗伯特·F. 恩格尔，斯科特·默里. 实证资产定价 [M]. 北京：中国人民大学出版社，2020.

[8] 邹辉文. 资产定价原理 [M]. 北京：经济科学出版社，2010.

[9] 威廉·F. 夏普. 投资者与市场：组合选择资产定价及投资建议 [M]. 上海：格致出版社，2011.

[10] Brian Kettell, 2001, "*financial economics*", pearson education limited.

第八章

套利定价理论
——金融市场的套利均衡机制

【学习目的与要求】

了解套利交易行为的概念及其基本特征,理解什么是无风险套利并掌握唯一价格定律。了解投资预期生成的多因素模型及其机制,建立"因素风险"的概念并理解什么是因素风险的价格。正确理解套利定价理论的经济含义。

【学习要点】

套利交易行为及其在现实中的表现;套利交易被触发的条件及交易成本对套利交易的影响;多因素模型及其经济内涵;唯一价格定律及其成立的前提;套利定价理论的经济含义及其对实际的指导意义。

"套利"(arbitrage)是投资行业常用的专业术语,套利交易对市场运行状况有重要影响。

第一节 套利交易行为

在学习套利定价理论之前,我们有必要先介绍一下关于套利的一些基本知识。

一、套利的概念

套利是指利用同一种(或等价的)产品的价格差异谋利的一种交易方式,而严格意义上的套利指的是利用同一种(或等价的)产品的价格差异无风险地赚取利润的行为。套利是使市场实现均衡的重要力量。比如同一产品在不同市场的价格出现显著差异(价差大于零),套利者就会低买高卖,原先价低的市场的价格会上涨,原先价高的市场的价格会下跌,一直调整到两个市场价格一致为止(价差为零),从而使该产品价格回归均衡水平。实务上,利用产品价差变化谋利的交易被称作"价差交易",也是一种套利交易的方式,通常也被简称为套利。

套利交易通常具备三个特征:(1)买入、卖出同时完成;(2)交易者不承担任何风险;(3)不需要投资但有正的收益,或者交易利润率大于无风险利率。

在实际市场中，套利的概念相对比较宽泛，而且不很严格，常常用来指在特定市场中同时进行买入、卖出交易的行为。套利者首先搜寻那种具有不同价格的商品交易机会，当价差大到足以补偿交易成本以及所承担的可能风险时，套利者则迅速两边下单，完成交易。实际中的套利通常都有一定的风险（尽管不大）和成本，所以，为了区别于理论上的纯套利（无风险套利），这种行为有时被称为风险套利。

在现代金融市场上，套利是一种广为使用的交易策略，最具代表性的是以较高的价格出售证券并同时以较低的价格购进相同的证券（或功能上等价的证券），也就是同时进行的低买高卖。同时性是其区别于一般市场上低买高卖的投机行为的主要特征。

套利是与投机交易不同的另一种交易方式，它们的不同主要体现在以下几个方面。

第一，盈利的理念不同。普通投机交易只是利用价格的上下波动来赚取利润，而套利则是利用相同或相似实物或证券价格间的"不同"（可以是时间不同，也可以是地区不同或品种不同等），从相对价格差异来套取利润。就金融市场而言，普通投机者关心和研究的是单一合约的涨跌，而套利者关心的则是不同合约之间的价差。

第二，操作的方式不同。普通投机交易在一段时间内只买或只卖，或者是先低买后高卖。而套利交易则是在同一时间内买入和卖出，身兼多头和空头两种角色。

第三，套利的风险较小。一般来说，当进行套利时，由于所买卖的合约是同类的，因此它们的价格在运动方向上是一致的，买入合约的损失会由卖出合约的盈利来弥补，或者卖出合约的损失会由买入合约的盈利来抵消。因此，套利可以为避免价格剧烈波动而引起的损失提供某种保护，其承担的风险较单方向的普通投机小。

第四，套利的成本较低。一般来说，套利是两笔交易，而且这两笔交易同时发生，为了鼓励套利，国外的交易所规定套利的佣金支出高于一个单盘交易的佣金费用，但低于一个回合单盘交易的佣金费用的两倍。同时，由于套利的风险较小，收取的保证金小于一张合约，大大减少了资金的占用。

专栏 8－1

约翰·麦利威瑟： 败于黑天鹅事件的债券套利之父

债券套利之父被炒鱿鱼

对于"梦之队"这三个字，NBA 球迷们绝对不会感到陌生。1992 年，在奥运会上，由飞人乔丹、魔术师约翰逊、大鸟伯德等优秀球员组成的美国男篮队在球场内上演了一场场美妙绝伦的篮球盛宴，力压群雄，赢得冠军。这支球队被誉为"梦之队"。

在美国的华尔街，也曾有这样一支群星闪耀的梦之队。组建"华尔街梦之队"的人是华尔街的神童、数学天才约翰·麦利威瑟。

麦利威瑟，1947 年出生，在美国芝加哥南部罗斯兰地区的小镇罗斯摩尔长大成人。因为数学成绩特别突出，他获得过全美荣誉学生奖，芝加哥大学 MBA 毕业。1974 年，他加入华尔街著名的投资银行所罗门兄弟公司。

麦利威瑟凭借其优异的数学才能设计出量化模型，在债券市场上进行套利交易。所谓债券套利，就是买入低估的债券，同时卖出高估的债券，通过交易差价不断缩小获取利润。

麦利威瑟的创新为公司创造了巨额利润，他年纪轻轻就以"债券套利之父"的荣誉蜚声华尔街。

1991年8月，所罗门兄弟公司爆发了莫泽尔丑闻事件，债券交易员保罗·莫泽尔欺骗了美国财政部，提交了假债券投标书，导致所罗门兄弟公司濒临倒闭，时任董事长引咎辞职。在投资界信誉最好的沃伦·巴菲特成了所罗门兄弟公司的大股东和新董事长。

作为所罗门兄弟公司的套利和债券部门主管，约翰·麦利威瑟要对他的手下莫泽尔的行为负失察的责任。尽管手下都极力保护麦利威瑟，且由他负责的套利部门一直是公司最赚钱的部门，他也有望将来成为该公司首席执行官，但时年45岁的麦利威瑟还是被公司炒了鱿鱼。

组建"华尔街梦之队"

1994年，麦利威瑟选择自立门户，创建了长期资本管理公司。他带走了自己在所罗门公司的交易员团队，聘请了美联储副主席大卫·莫里斯、两位天才型的数理经济学家——后摘取1997年诺贝尔经济学奖的哈佛大学企业管理学教授罗伯特·C.默顿和斯坦福大学金融学教授迈伦·斯科尔斯。这些人在华尔街举起了量化投资的旗帜。

默顿和斯科尔斯提出并推广了"布莱克—斯科尔斯"公式，对期权定价理论作出了杰出贡献。从20世纪80年代后期起，默顿把用于分析期权定价的数学方法应用于更为广阔的金融领域，使金融风险管理有了定量的分析工具。

有了默顿和斯科尔斯两位天才数理经济学家的加盟，麦利威瑟升级了他的债券交易模型，并建立了电脑自动交易系统。当市场出现套利机会时，该系统会自动发出指令并执行交易。由于债券套利的价差通常很小，长期资本管理公司用放大杠杆率的方法将似乎无风险的微利变成暴利。这是一种高杠杆的量化投资模型，它将人脑和电脑有机地结合，在控制风险的条件下，通过杠杆率的高低调节投资的收益率。但是，对于这种创新的投资模式，华尔街的主流大佬们并不认同，他们认为这是在用大概率赚小钱，会因小概率而赔大钱。

在残酷的金融市场中，长期资本管理公司出手不凡，公司业绩大大超出了市场批评家的预料。1996年，长期资本管理公司认为，德国的债券利率将上升，而丹麦、意大利和希腊的债券利率将下降。他们用量化投资模型锁定了两类债券的利率之差，市场表现与他们的预测惊人的一致，长期资本管理公司的客户和公司的天才们都获得了收益。一时间，仿佛全球金融市场都在几位天才数学家的掌控之中。在长期资本管理公司成立后三年内，公司年平均回报率高达40%，并有惊无险地渡过了亚洲金融危机。

1997年，默顿和斯科尔斯获得了诺贝尔经济学奖。长期资本管理公司从此被称为"华尔街梦之队"。

败给了黑天鹅事件

长期资本管理公司的量化投资策略并非完美无瑕。他们最大的敌人是学术界所称的黑天鹅事件，即泛指几乎无法预测但可能极具破坏力的小概率突发性事件。很不幸，黑天鹅事件真的发生了。

1998年，长期资本管理公司的模型预测，发展中国家的债券利率将下降，欧美发达国家的债券利率将上升，二者之间的差距将逐渐缩小。他们在此抓住机会，锁定两类债券的利率之差，静候到期收取暴利。这一次，他们将总投资规模扩大到不可思议的3 250亿美元，用几十亿美元的自由资金撬动了3 250亿美元的债券资金。

当年8月，由于全球油价暴跌，彼时的俄罗斯经济极度困难，俄罗斯政府突然宣布卢布贬值，并一度关闭了债券市场。货币贬值和政府违约导致债券市场发生了趋势性逆转，并带动资金从发展中国家流向发达国家。这时，发达国家的债券利率下降，而发展中国家的债券利率上升。这和长期资本管理公司投资模型的预测完全相反。短短的150天，长期资本管理公司的资产净值暴跌90%，出现了43亿美元的巨额亏损，而这几乎等于该公司的全部资产。

1998年9月23日，通过美国联邦储备局的斡旋，美林和摩根出资接管了长期资本管理公司。至此，华尔街的梦之队黯然谢幕。但他们开创的量化投资模式却被华尔街传承了下来。时至今日，量化投资已经成为证券投资基金产业的主流投资方式之一。

⬆ 资料来源：吴小杰，刘志军. 约翰·麦利威瑟：败于黑天鹅事件的债券套利之父［J］. 法律与生活，2018.1（上）：48-49.

二、发生在我们身边的套利交易

套利是金融市场上最常见的交易方式之一，随着中国金融市场与金融产品的不断发展，套利将越来越多地发生在我们的身边。下面是发生在不同市场与产品上的套利交易的三个例子。

（一）可转债上的套利

1992年我国上市了第一只可转债。2018年以来，可转债市场快速发展。近年来，可转债上的套利备受市场关注。海外成熟市场上，可转债上套利的基本思路是"做多可转债，做空对应股票"。具体而言，当可转债的转换平价与其标的股票的价格产生折价时，就会出现套利空间，投资者可以通过将手中的转债立即转股并卖出股票进行套利，或者通过融券并卖出股票，然后购买可转债立即转股以偿还先前融券的方式进行套利。

在我国市场上，很多人利用可转债没有涨跌幅限制和T+0交易规则来进行套利。股票的涨停板制度限制了资金的做多动能，但是可转债没有这个限制。反应快的股民看到正股涨停，就会立马买进可转债，或者某只股票突发利好，就可以买进可转债。买的人越多，可转债涨得越多，套利空间也就越大。比如，2019年7月1日泰晶科技一字板涨停，股票很难买到，很多投资者就去买泰晶转债，直接把泰晶转债的开盘价顶到上涨16%，日内最高涨幅30%。如果交易速度够快，泰晶科技日内可以套利14%，比涨停收益还高。

专栏8-2
可转债成追涨利器

2020年2月初，医疗类、新能源产业链相关股票表现强势，也捧红了不少可转债品种。5日，东音股份开盘涨停，刺激转债市场第一高价券东音转债大涨超30%。事实上，以无涨跌停限制的可转债作为追涨利器，可以达到抢筹正股的效果。但是，"追涨"可转债时，也需警惕正股下跌风险。

1. 超八成可转债上涨

5日，A股发力上攻带动可转债联袂走高。Wind数据显示，截至收盘，中证转债指数涨0.76%，报347.48点，超八成可转债收涨。东音转债领涨，涨幅达31.41%，收报264元。

东音转债当时是转债市场第一高价券，其正股东音股份5日开盘即涨停。4日，中国工程院院士、国家卫健委高级别专家组成员李兰娟团队宣布,根据初步测试,在体外细胞实验中显示,抗病毒药物阿比朵尔能有效抑制冠状病毒。从 2019 年开始筹划借壳东音股份上市的罗欣药业,就拥有阿比朵尔相关专利。

战"疫"大背景下,医疗行业是"排头兵",相关股票表现持续强势,也带火了部分医疗行业公司的可转债。此外,特斯拉概念股的表现也带火了相关可转债。例如,特斯拉产业链公司璞泰来于 4 日涨停,当日上市的璞泰转债也先后涨达 20%、30%,被两次实施临时停牌。

2. 可转债优势显现

正股涨停之时,可转债优势就显现出来了。由于可转债理论上没有涨跌幅限制,股票涨停后投资者可以通过买入可转债获取正股筹码。例如,东音股份 5 日开盘涨停,投资者若预计该股还有上涨空间,就可以考虑买入东音转债。当日东音转债开盘价为 220.99 元,投资者若按此价格买入,并按照 6.55 元的转股价格转股,每一张可转债可以换约 15 股东音股份,每股成本约为 14.73 元。东音股份 5 日涨停收报 14.31 元,若下一交易日涨幅达 3% 以上,投资者就大概率能兑现正收益。

可转债虽无涨跌停限制,但在上海证券交易所上市的可转债需要遵循《上海证券交易所交易规则》和《上海证券交易所证券异常交易实时监控细则》的有关规定。交易日内,沪市可转债首次较前收盘价涨超过 20%,将被实施一次临时停牌,时长为 30 分钟;若之后又涨超过 30%,则会被实施第二次临时停牌,盘末最后 3 分钟才恢复交易。深圳证券交易所则无此规定。

对于有套利空间但未进入转股期的可转债,投资者要保持谨慎。从买入可转债那刻起,直到转股起始日前,还存在正股下跌导致套利空间消失甚至亏损的风险。Wind 数据显示,截至 5 日收盘,共有 14 只可转债存在套利空间,但有 6 只处于转股期。相应地,这 6 只可以"即时"兑现的可转债套利空间较小;而套利空间更大的可转债,普遍还未进入转股期。

↑ 资料来源:罗晗. 可转债成追涨利器 [N]. 中国证券报,2020-02-06.

(二)期货市场上的套利

期货市场丰富了套利交易的工具与手段,其中上海铜期货和伦敦铜期货之间的跨场套利就是一种非常典型的套利。与"融资铜"现象一道,铜期货市场的套利交易一度为国内媒体所关注。

专栏 8-3
疯狂的铜 "挪移":从伦敦到上海

从 2013 年开始,全球市场就开始疯狂地演绎一场从伦敦到上海"搬运"铜的戏码:铜库存不断从伦敦金属交易所(LME)被"挪移"到上海期货交易所(SHFE)以及上海保税区,但随着库存的大幅增加,国内保税区铜库存回流入国际市场或在国内遭抛售的风险也在加大。

1. 疯狂的铜"挪移"

"去年下半年至今,全球铜库存转移趋势显著,伴随着监管加强及投行退出 LME 仓储业务的步伐加快,LME 铜库存加速逐渐隐性化,其中大量外流至亚洲地区,而中国的高溢价及融资需求吸引大量精铜进口,推升国内铜隐性库存不断升高。"国信期货分析师顾冯达对《第一财经日报》记者表示。

数据显示,LME 铜库存从 2013 年底的 65 万吨下降到 2014 年 3 月的 25 万吨;与此同时,虽然国内 SHFE 铜库存基本保持了相对稳定，持续在 16 万吨左右的水平波动，但是上海保税区铜库存已经达到 70 万吨左右的高位，成为了堆积大量进口精炼铜的"影子仓库"。

值得注意的是，目前中国经济在放缓，实体经济并不支撑大规模的铜进口。2014 年前两个月，中国工业利润增速大幅下滑至个位数水平，为近一年来最低；汇丰公布的中国 3 月制造业 PMI 预览值也连续三个月萎缩，但铜进口并未减少。据海关数据，中国 2 月末锻造铜及铜材进口 38 万吨，同比增长 27.5%，1~2 月累计同比增长 25%；中国 2 月精炼铜进口 28 万吨，同比增长 29.94%，出口 1.5 万吨，同比下滑 59.44%。

2. "3 月份以来，人民币的持续贬值和国内资金价格的下行，包括内外价差扩大，都显著提升了融资铜的成本，2013 年下半年持续至今的铜库存搬运现象临近拐点。"瑞银证券分析师林浩祥表示。

中国是世界最大的铜需求国。瑞信报告认为，尽管其他新兴经济体的潜在需求也很大，但自从经济危机以来，其需求已经显著下降。发达国家的精炼铜消费量增长停滞，甚至已经出现紧缩，铜价疲软主要受市场对中国经济增长前景的担忧和融资违约风险的影响。

↑ 资料来源：杨柳晗. 疯狂的铜"挪移"：从伦敦到上海［N］. 第一财经日报，2014-04-03.

（三）外汇市场上的套利

随着我国经济开放度的持续提高和人民币汇率制度的不断变革，外汇市场的套利也逐渐为国内所熟悉。

在人民币面临升值压力的过程中，国际金融市场上曾有一批活跃的投资者利用离岸人民币市场和在岸人民币市场的不同定价进行套利操作。举例来讲，如果离岸市场上一年期人民币无本金交割远期（NDF）定价为 7.35，而在岸市场上一年期人民币远期（DF）定价为 7.55，套利者可以通过离岸市场做空人民币 NDF，同时在在岸市场做多 DF 进行套利。

专栏 8-4
在岸、离岸人民币套利

在连续两日走强之后，2017 年 1 月 6 日上午离岸、在岸人民币均出现不同程度走软。与此同时，中国香港离岸市场的银行拆借利率（Hibor）仍然高企。究其原因，德国商业银行中国经济学家周浩在接受上证报记者采访时表示，在岸、离岸人民币对美元汇率价差依旧较高，或有套利盘出现。而离岸人民币走软，也在推动在岸人民币下行。

周浩分析认为，今天是星期五，如果今天持有隔夜做空人民币的头寸，那么最早也要等到星期一早晨才可以做一个反向的平盘。如果人民币不在下周出现暴跌，那么持有这样的头寸意义很小。所以，如果是搏一把超跌反弹，那么在尾盘前这些头寸应该选择平盘出局，反向平仓一旦大规模出现，可能会导致离岸人民币（CNH）在尾盘收复失地。

在目前的波动市况下，搏反弹的头寸毕竟有限。周浩认为，离岸人民币在早盘的下跌很有可能是这样的几种头寸。

首先，套利头寸，相对较为专业的投资者一般会考虑在远期市场进行套利，但从目前的价格水平来看，离岸人民币对美元的一年远期价格弱于在岸人民币对美元一年远期，也弱于无本金交割远期（NDF）的价格。所以，即使有套利盘，其方向选择是在远期市场买入离岸人民币，这种交易盘出现，只会导致离岸人民币走强。

其次，由于即期市场上的方向与远期市场相反，离岸人民币对美元即期目前强于在岸人民币，可能会有投资者看到了离岸与在岸人民币之间的价差，因此通过做空离岸人民币，但做多在岸人民币的方式套取其中的价差。这样的交易存在一定的风险，即如果无法在离岸市场交割人民币，那么可能需要考虑反向平仓带来的风险。在离岸人民币头寸较紧的状况下，一旦手中没有人民币交割，那么就需要借入人民币，资金成本能否覆盖交易本身的盈利，是值得考虑的问题。

资料来源：周浩：在岸、离岸人民币套利盘出现［EB/OL］. 中国证券网，2017-01-06.

三、套利交易的基本方式

套利交易包括跨品种套利、跨期套利、跨市场套利、期现套利、无风险套利等几种方式。

（一）跨品种套利

跨品种套利是指利用两种不同的，但相互关联的品种的合约的价格差异进行套利，即买入某一交割月份某种品种的合约，同时卖出另一相同交割月份、相互关联的品种的合约，以期在有利时机同时将两种合约对冲平仓获利。在商品期货市场上，跨品种套利又可称为跨商品套利。跨品种套利可分为两种情况：一是相关商品之间的套利，二是原料与成品之间的套利，后者是指利用原材料商品和它的制成品之间的价格关系进行套利。最典型的是大豆与其两种制成品——豆油和豆粕之间的套利。

在我国的期货市场上，小麦/玉米套利是比较流行的一种跨品种套利。小麦和玉米均可用做食品加工及饲料，合约有同升同降的趋势。具体做法是：买入（或卖出）小麦期货合约，同时卖出（或买入）与小麦期货合约交割月份相同的玉米期货合约。由于小麦价格通常高于玉米价格，二者之间的价差一般为正数。一方面，小麦/玉米价差的变化有一定的季节性，通常在冬小麦收割后的6月、7月，小麦价格相对较低，而玉米价格相对较高，二者之间的价差趋于缩小；另一方面，在9月、10月、11月玉米收获季节，玉米价格相对较低，小麦价格相对较高，二者之间的价差会进一步扩大。在已知小麦/玉米之间的正常价差关系后，套利者就可以利用出现的异常价差的机会进行套利。

【例1】 小麦/玉米间的跨品种套利。

假设在7月30日，11月份小麦合约的价格为3.75美元/蒲式耳，而11月玉米合约的价格为2.45美元/蒲式耳，前一合约价格比后者高1.30美元/蒲式耳。套利者根据两种商品的合约间的价差分析，认为价差小于正常年份的水平，如果市场机制运行正常，这二者之间的价差会恢复正常。于是，套利者决定在买入1手11月份小麦合约的同时，卖出1手11月份玉米合约，以期望在未来某个有利时机（假如在9月30日）同时平仓获取利润，交易情况如表8-1所示。

表 8-1　　　　　　　　　　　　小麦/玉米套利实例

7月30日	买入1手11月份小麦合约，价格为3.75美元/蒲式耳	卖出1手11月份玉米合约，价格为2.45美元/蒲式耳	价差为1.30美元/蒲式耳
9月30日	卖出1手11月份小麦合约，价格为3.50美元/蒲式耳	买入1手11月份玉米合约，价格为2.10美元/蒲式耳	价差为1.40美元/蒲式耳
套利结果	亏损0.25美元/蒲式耳	获利0.35美元/蒲式耳	
	净获利（0.35-0.25）×5 000 = 500（美元）		

（二）跨期套利

跨期套利是指在同一市场（主要是指同一交易所）上同时买入、卖出标的相同、不同交割月份的期货合约，以期在有利时机同时将这两个交割月份不同的合约对冲平仓获利。比如，在上海期货交易所买进6月份铜期货合约，同时卖出10月份铜期货合约，期望未来在有利价位卖出6月份铜合约，同时买进10月份铜合约而获利。

在一般情况下，在交易所上市交易的每种期货合约都有两个以上的交割月份。其中一些期货合约离现货月份较近，称为近期月份合约；另一些期货合约离现货月份较远，称为远期月份合约。无论是近期合约还是远期合约，随着各自交割月份的临近，其价格与现货价格的差异都会逐渐减少，直至一致，但近期合约价格和远期合约价格之间不存在一致问题。交易者可以根据远期、近期月份合约价之间的差异，结合具体的市场行情及对市场状况发展趋势的分析预测，判断不同交割月份合约价格间的关系是否正常。如果不正常，无论价差过大还是过小，交易者都可以相机采取行动进行跨期套利，待价格关系恢复正常时对冲了结，获取投机利润。

跨期套利是围绕同种期货合约不同月份的价差而展开的。不同交割月份的期货价格之间存在一定的关联，而影响这种价格关系的重要因素是持仓费。一般来讲，远期合约因持仓费用较近期合约大，价格也应比近期合约高。例如大豆期货合约，假定大豆3月份的价格为2 200元/吨，期货大豆的仓储费收取标准为每吨每天0.5元，即每月0.5×30=15（元），银行贷款利率为5%，那么每吨大豆的月持仓费用为$\frac{(2\,200 \times 5\%)}{12}$+15=24（元）。

大豆期货价格的理论价格见表8-2。

表 8-2　　　　　　　　　　　　大豆期货的理论价格

月份	3月	5月	7月	9月
价格（元）	2 200	2 248	2 296	2 344

以上列举的价格仅仅是理论价差，而在实际市场中，跨月交割的期货价格的价差会受到很多因素的影响，因此，对合理价差的判断不会如此简单。

根据交易者在市场中所建立头寸的不同，跨期套利可以分为牛市套利、熊市套利和蝶式套利三种。

1. 牛市套利（bull spread）。在正向市场上，如果供给不足，需求相对旺盛，则会导致近期月份合约价格的上升幅度大于远期月份合约，交易者可以在买入近期月份合约的同时，卖出远期月份合约而进行牛市套利。

【例2】 牛市套利实例一。

假设在5月30日，9月份铜期货合约的价格为19 980元/吨，11月份合约价格为20 030元/吨，前一合约价格比后者低50元。套利者根据历年5月底的9月份合约和11月份合约间的价差大于正常年份的水平，如果市场运转正常，二者之间的价差会恢复正常。于是，套利者决定在买入1手9月份铜合约的同时卖出1手11月份铜合约，以期望在未来某个有利时机（比如在7月30日）同时平仓获取利润，交易情况如表8-3所示。

表8-3　　　　　　　　　　　　牛市套利实例一

5月30日	买入1手9月份铜合约，价格为19 980元/吨	卖出1手11月份铜合约，价格为20 030元/吨	价差为50元/吨
7月30日	卖出1手9月份铜合约，价格为20 010元/吨	买入1手11月份铜合约，价格为20 045元/吨	价差为35元/吨
套利结果	获利30元/吨	亏损15元/吨	
	净获利5×30-5×15=75（元）		

注：1手=5吨。

分析上例可知：

第一，如果套利者只买入9月份铜合约，到时平仓可以获得净利30×5=150元，为什么还要卖出11月份合约以致遭受损失，使得最后盈利只有75元呢？因为如果只买入9月份铜合约，预测正确可以获得丰厚的利润。一旦预测失败，损失也是非常大的。而做牛市套利，同时买入、卖出同种商品不同交割月份的合约，由于合约价格间有同升同降的一般规律，加上交易行为相反，在9月份合约上的获利虽然因在11月份合约交易中的亏损而减少，但若预测错误，9月份合约交易中的亏损可以由11月份合约交易中的盈利部分抵消。因此，与单边的多头或空头投机交易相比，套利的吸引力在于投机风险降低。

第二，套利的成败取决于价差的变化，与价格变化方向及程度无关。在牛市套利中，无论价格升降，不同交割月份的价差缩小才能盈利。价差的缩小表现为四种情况：9月份合约价格上升，11月份合约价格下降；9月份合约价格不变，11月份合约价格下降；两种合约价格均上升，但9月份合约价格的升幅大于11月份合约价格的升幅；两种合约价格均下降，但9月份合约价格的降幅小于11月份合约价格的降幅。

【例3】 牛市套利实例二。

如果【例2】中的套利者按价格19 980元/吨在5月30日买入9月份铜期货合约，同时以20 030元/吨卖出11月份铜期货合约后，市场价格下降，由于11月份合约价格下降的幅度大于9月份合约价格下降的幅度，因此，跨期套利才能盈利，交易情况如表8-4所示。

表 8-4 牛市套利实例二

5月30日	买入1手9月份铜合约，价格为19 980元/吨	卖出1手11月份铜合约，价格为20 030元/吨	价差为50元/吨
7月30日	卖出1手9月份铜合约，价格为19 970元/吨	买入1手11月份铜合约，价格为20 010元/吨	价差为40元/吨
套利结果	亏损10元/吨	盈利20元/吨	
	净获利 5×20 − 5×10 = 50（元）		

【例 4】 牛市套利实例三。

如果【例3】中不同交割月份的价差不但不缩小反而扩大，在牛市套利中投机者就会蒙受损失，如表8-5所示。

表 8-5 牛市套利实例三

5月30日	买入1手9月份铜合约，价格为19 980元/吨	卖出1手11月份铜合约，价格为20 030元/吨	价差为50元/吨
7月30日	卖出1手9月份铜合约，价格为20 000元/吨	买入1手11月份铜合约，价格为200 060元/吨	价差为60元/吨
套利结果	获利20元/吨	亏损30元/吨	
	净亏损 5×30 − 5×20 = 50（元）		

在正向市场中，牛市套利最突出的特点是，套利者的损失有限而获利的潜力巨大。原因在于：其一，只有价差扩大，此种套利才会出现损失。在正向市场上进行套利，则意味着远期合约对近期合约的升水扩大。但是由于存在着套利的可能性，这一升水又不会超过从近期合约交割月到远期合约交割月间的持仓费，因此损失是有限的。其二，无论价格是升是降，只要价差缩小即可获利。如果近期合约价格的升幅极大，还有可能超过远期合约价格的升幅，形成近期合约对远期合约升水，其升水额取决于近期市场对商品的需求程度及供给的短缺程度，不受其他的限制，所以获利潜力是十分巨大的。

在反向市场上，需求远大于供给，导致现货价格高于期货价格，以及近期合约价格高于远期合约价格。虽然持有现货的持仓费依旧存在，但已被忽略，购买者愿意承担。在这种情况下，可以入市进行牛市套利，交易者应当注意两点。其一，只要价差扩大，无论价格升降，交易者均可获得净利；如果价差缩小，则出现净亏损。只有近期合约价格相对于远期合约价格的升幅更大时，或远期合约价格相对于近期合约价格的跌幅更大时，才能入市做牛市套利。其二，因近期合约对远期合约的升水可以不受限制，远期合约对近期合约的升水却受制于持仓费，所以，这种牛市套利的获利潜力巨大，风险却有限。

2. 熊市套利（bear spread）。熊市套利在做法上恰好与牛市套利相反。在正向市场上，如果近期供给量增加，需求减少，则近期合约价格的跌幅大于远期合约价格的跌幅，或者近期合约价格的涨幅小于远期合约价格的涨幅，交易者可以在卖出近期合约的同时，买入远期合约而进行熊市套利。

【例5】 熊市套利实例。

假设在5月30日，9月份大豆合约的价格为2 630元/吨，11月份大豆合约的价格为2 680元/吨，前者比后者低50元/吨。套利者根据历年5月底的9月份合约和11月份合约间的价差分析，认为9月份合约的价格较高，或者11月份合约的价格较低，价差小于正常年份的水平，如果市场机制运行正常，则二者之间的价差会恢复正常。于是，套利者决定在卖出1手9月份大豆合约的同时，买入1手11月份大豆合约，以期望在未来某个有利时机（比如在7月30日）同时平仓获取利润，交易情况如表8-6所示。

表8-6　　　　　　　　　　　　熊市套利实例

5月30日	卖出1手9月份大豆合约，价格为2 630元/吨	买入1手11月份大豆合约，价格为2 680元/吨	价差为50元/吨
7月30日	买入1手9月份大豆合约，价格为2 610元/吨	卖出1手11月份大豆合约，价格为2 670元/吨	价差为60元/吨
套利结果	获利20元/吨	亏损10元/吨	
	净获利 10×20 − 10×10 = 100（元）		

如果5月30日成交后到7月30日市价不降反升，只要价差扩大，仍可以获得净利。

分析【例5】表明，在正向市场上，熊市套利和前面的牛市套利一样。其一，纯粹的多头或空头投机可以获得更大的利润，同时风险也很大。套利获利虽然较小，风险也较小。其二，就套利而言，获取利润的关键是价差发生变动，与价格变动的方向无关。二者的区别在于，一方面，在正向市场上，熊市套利可能获取的利润有限，而可能蒙受的损失无限。因为此种套利获得净利的前提是价差扩大，而在正常市场中，价差最多只能扩大到和持仓费相等的水平。另一方面，近期合约价格却可能大幅度上升，导致其价格水平远高于远期合约价格，所以，可能的损失也就没有了上限。

在反向市场中，熊市套利与反向市场中的牛市套利的情况相反。

3. 蝶式套利。蝶式套利是跨期套利另一种常用的形式，它也是利用不同交割月份的价差进行套期获利，由两个方向相反、共享居中交割月份合约的跨期套利组成。蝶式跨期套利的原理是：套利者认为，中间交割月份的期货合约价格与两旁交割月份合约价格之间的相关关系将会出现差异。

例如：（1）买入3手大豆3月份合约，卖出6手大豆5月份合约，买入3手大豆7月份合约。（2）卖出3手大豆3月份合约，买入6手大豆5月份合约，卖出3手大豆7月份合约。

蝶式套利实际上是两个跨期套利。在例（1）中第一个为买空套利（买入3月份合约，卖出5月份合约），第二个为卖空套利（卖出5月份合约，买入7月份合约）。例（2）正好与例（1）相反。

可见，蝶式套利是两个跨期套利互补平衡的组合，可以说是"套利的套利"，其有以下几个特点。

（1）蝶式套利实质上是同种商品跨交割月份的套利活动。

(2) 蝶式套利由两个方向相反的跨期套利构成，一个是卖空套利，另一个是买空套利。

(3) 连接两个跨期套利的纽带是居中月份的期货合约。在合约数量上，居中月份合约的数量等于两旁月份合约的数量之和。

(4) 蝶式套利必须同时下达三个买空/卖空/买空的指令，并同时对冲。

(5) 蝶式套利与普通的跨期套利相比，从理论上看，风险和利润都较小。

(三) 跨市场套利

跨市场套利简称跨市套利，是指在某个交易所买入（或卖出）某一交割月份的某种商品合约的同时，在另一个交易所卖出（或买入）同一交割月份的同种商品合约，以期在有利时机分别在两个交易所对冲在手的期货合约获利。

在期货市场上，许多交易所都交易相同或相似的期货商品，如芝加哥期货交易所、东京谷物交易所都进行玉米、大豆期货交易，伦敦金属交易所、纽约商品交易所都进行铜、铝等有色金属交易。一般来说，这些品种在各交易所间的价格会有一个稳定的差额。一旦这一差额发生短期的变化，交易者就可以在这两个市场间进行套利，购买相对价格较低的合约，卖出相对价格较高的合约，以期在期货价格趋于正常时平仓，赚取低风险利润。

跨市场套利与跨期套利的原理相同。

【例6】 小麦的跨市场套利。

假设在7月1日，堪萨斯交易所12月份小麦期货合约的价格为7.50美元/蒲式耳，同日芝加哥交易所12月份小麦期货合约的价格为7.60美元/蒲式耳。套利者认为，虽然堪萨斯交易所的合约价格较低，但和正常情况相比仍稍高，预测两个交易所12月份合约的价差将扩大。据此分析，套利者决定卖出1手堪萨斯交易所12月份的小麦合约，同时买入1手芝加哥交易所12月份的小麦合约，以期望在未来某个有利时机（比如在7月10日）同时平仓获取利润，交易情况如表8-7所示。

表8-7　　　　　　　　　　跨市场套利实例

7月1日	卖出1手堪萨斯交易所12月份小麦合约，价格为7.50美元/蒲式耳	买入1手芝加哥交易所12月份小麦合约，价格为7.60美元/蒲式耳	价差为0.10美元/蒲式耳
7月10日	买入1手堪萨斯交易所12月份小麦合约，价格为7.40美元/蒲式耳	卖出1手芝加哥交易所12月份小麦合约，价格为7.55美元/蒲式耳	价差为0.15美元/蒲式耳
套利结果	亏损0.10美元/蒲式耳	获利0.15美元/蒲式耳	
净获利 (0.15-0.10)×5 000=250（美元）			

跨市场套利在操作中应特别注意以下几方面的因素。

(1) 运输费用。运输费用是决定同一品种在不同交易所间价差的主要因素。一般来说，离产地越近的期货交易所的期货价格越低，离产地远则价格越高，两者之间的正常差价为两地间的运费。投资者在进行跨市场套利时,应着重考虑两地间的运输费用和正常的差价关系。

(2) 交割品级的差异。跨市场套利虽然是在同一品种间进行的,但不同交易所对交割品的品质级别有不同的规定。以大豆期货为例,各交易所对可交割大豆的标准品级的各项指标(如纯粮率、出油率、水分、杂质)等的规定都不尽相同,这在一定程度上造成了该品种在各交易所间价格的差别。同时,各交易所对替代品的升贴水标准也有很大的差异。投资者在进行跨市场套利时,应对各交易所间交割品级的差别有充分的了解。

(3) 交易单位与汇率波动。投资者在进行跨市场套利时,可能会遇到不同交易单位和报价体系问题,这将会在一定程度上影响套利的效果。如果在不同国家的市场进行套利,还要承担汇率波动的风险。投资者在进行套利前,应对可能出现的损失进行全面的估量。

(4) 保证金和佣金成本。跨市场套利需要投资者在两个市场缴纳保证金和佣金,保证金的占用成本和佣金费用要计入投资者的成本之中。只有两个市场间的套利价差高于上述成本时,投资者才可以进行跨市场套利。由于跨市场套利是在两个市场进行交易,其交易成本一般要高于其他套利方式。

(四) 期现套利

期现套利是指某种期货合约,当期货市场与现货市场在价格上出现差距,交易者就会利用两个市场低买高卖,从而缩小现货市场与期货市场间的价差。可以说,期现套利是跨市场套利的扩展,只是把套利行为发展到现货与期货两个市场而已。

在发达国家的期货市场,期货交割一般都是由套利而不是套期保值形成的。当某一期货合约的价格出现偏离时,就会出现大量的无风险套利机会,当期货价格明显高于现货价格时,就会有套利者进行期现套利,买进现货并用于期货交割。期现套利有助于现货价格与期货价格趋同。

【例7】 大连大豆的期现套利。

假设在 8 月 30 日,9 月份大豆合约的价格为 2 660 元/吨,大连现货市场的价格为 2 560 元/吨,前一合约价格比后者价格高 100 元/吨。套利者根据大连商品交易所的交割费用情况和现货市场的流通费用情况,认为期货价格远高于现货价格加上交割费用,可以进行期现套利。

(1) 交割整理成本。进入期货市场交割的大豆对品质的要求非常严格,现货流通中一般只作一次过筛整理,而用于期货交割的大豆一般需要用清洗机进行整理,根据地区和粮质的不同,整理费用一般为每吨 30~60 元。

(2) 运输成本。以火车运输为例,由于用于期货交割的大豆在运输过程中对外包装的防污染要求比较严格,进行实物交割的货主一般申请盖车,车厢内要打扫干净,车厢四周要作铺垫。这样需要增加成本每吨 3~6 元。

(3) 关于发票。在大豆现货采购中,卖方货主一般采用普通发票,可以抵扣 10% 的税款;用于期货交割的大豆货主则要求提供增值税发票,增加了购买成本。

(4) 质检成本。仓库对现货大豆入库检验的收费标准不同,现货大豆的铁路入库费用为每吨 2 元。

(5) 入库成本。大豆入库分为铁路专用线入库和汽车倒入两种方式。现货大豆的铁路入库费用包括库内搬运费、卸车费、铁路费用、过磅费、入库力资费和帆篷布费等，共计每吨 23.64 元；现货大豆的汽车入库费用包括入库力资费和过磅费，每吨 2.2 元。用于期货交割的大豆铁路入库费用为每吨 25 元；用于期货交割的大豆汽车入库费用为每吨 4 元。

(6) 仓储成本。以大连地区为例，现货大豆的仓储费为每吨每天 0.15～0.2 元；期货大豆的仓储费包括仓储费、自然损耗费、熏蒸费等，收取标准为每吨每天 0.5 元，5 月 1 日至 10 月 31 日期间，每天每吨加收 0.10 元的高温季节储存费。

综上所述，通过以上各项费用的比较，根据大豆的质量差异和地区的不同，产地大豆现货销售到大连地区和用于期货市场交割费用之间的差价为每吨 60～80 元。此外，从历年交割大豆的品质分析，相当部分经过产地整理清选后用于期货交割的大豆的等级、杂质和水分达到升水，升水的幅度一般在每吨 30 元，此时卖方可以得到这个升水。因此，若卖方得到升水时的交割成本为每吨 30～50 元，则进行期现套利可以盈利 50～70 元/吨①。

但需要注意的是，现货市场流通过程中的费用会因时间、地点、对象的不同而发生变化，期货市场的交割费用也将随着现货市场规范化程度的提高和交割制度的不断完善而朝逐步降低的方向发展。

(五) 无风险套利

以上介绍的几种类型的套利都是在实务操作中经常发生的，所用的例子大都是我国期货市场上目前经常出现的情况，这些套利交易实际上也面临着种种不确定因素，是有风险的。与实际发生的不同，套利定价理论中的套利是无风险套利，它的特点就是完全没有风险。前面介绍的外汇套利，如果不考虑人民币和美元两种货币利率的变化因素，就是无风险套利的例子。在现实的金融市场上，真正的无风险套利很少发生。在有效市场上，无风险套利的机会一旦出现，往往会转瞬即逝。

◢ 专栏 8 – 5
无风险套利机会转瞬即逝的道理 ▮▮▮▮▮▮▮▮▮▮▮▮▮▮▮▮▮▮▮▮▮▮▮▮▮▮▮▮▮▮▮▮

美国经济学界多年前流传着这样一个笑话。有一天，一位学富五车的经济学老教授和一位初出茅庐的年轻助理教授一起外出吃午饭。当走在人行道上的时候，眼尖的年轻教授发现地上有张 100 美元的大面额钞票，便弯下腰准备把它捡起来。不料，那位老教授立刻出手拦住他说："别捡了，这钞票是假的。"年轻教授不服气，问道："你如何断定这钞票是假的?"老教授随口回答："如果 100 元的钞票是真的，早该被人捡走了。"

老教授的答案看似可笑，却是新古典经济学的标准答案。市场的高效率保证它时时出清，谈

---

① 此处的套利交易为买入现货、卖出期货，到期进行实物交割。买卖价差为 100 元，各种交割成本累计 60～80 元，加上整理清洗得到的价格升水 30 元，套利交易利润为 50～70 元/吨 (即 100 + 30 – 交割成本)。

判桌上没有剩下的钱,人行道上也不可能有还未被捡走的钞票。在老教授看来,年轻教授是经济学修养不够才会伸手去捡那掉在地上的钞票。

根据这个道理,如果现实中真的出现了无风险套利的机会,一定会被"先知先觉"的人充分利用,从而转瞬即逝。

四、套利交易发生的条件及其对市场的作用与影响

投资者不是在任何情况下都能够进行套利交易的,也就是说,套利交易的发生需要满足一定的条件。一般来讲,只有在资产价格出现了偏差,并且不存在套利的障碍以及套利成本小于套利收益的情况下,才有套利交易发生。

(一)资产定价出现了偏差

套利交易发生的前提条件是必须存在资产定价上的偏差。

1. 相同的资产在不同市场上的价格不同。当相同资产的价格不同时,套利者可以从价格较低的市场上购入该资产,然后在价格较高的市场上出售该资产,从而获得正的收益;或者借入该资产,出售给价格较高市场上的购买者,然后再到价格较低的市场上买入相同的资产归还出借人,并保留所获得的差价;在允许卖空的条件下,套利者在价格较高的市场上卖空该资产,用所获得的资金到价格较低的市场上买入该资产平仓。

2. 相同现金流量的资产的价格不同。当具有相同现金流量的资产的价格不同时,套利者除了可以在卖出价格较高的资产的同时,买入价格较低的资产,或将出售价格较高的资产所获得的资金来买入价格较低的资产,获取部分差价之外,还可以使用价格较低资产的现金流入来清洁套利者对于价格较高资产的付款义务。

3. 用未来价格确定的资产,其目前的交易价格不等于未来价格的现值。用未来价格确定的资产,当其目前的交易价格与未来价格的现值不同时,如果当日价格低于未来价格的现值,套利者卖出一个远期合约,同时借款来买入该资产,在到期日套利者交割资产并收到约定的价款,套利者归还借款,支付借款利息并获取收益。如果其目前的交易价格高于未来价格的现值,套利者将买入一个远期合约,同时卖出基础资产并将多出部分借出。在到期日,套利者收回投资,完成交割,从而获取收益。

(二)不存在对套利的限制以及套利成本小于套利收益

如果存在资产定价的偏差,就有进行套利的可能。但是,如果不存在对套利交易的限制,或者套利的成本高于套利的收益,那么套利交易仍然不能发生。

套利交易的限制一般可分为制度的限制和市场的限制两大类。

制度的限制是指某些政策或规定不允许进行套利交易或设置了障碍,限制套利交易。比如,我国长期以来存在对外汇的严格管制,在这种情况下,即使中外市场上存在跨市场的套利机会,我国的投资者也会由于受外汇管制无法进行套利交易;或者虽然绕过管制,但实际的成本或风险过高而不能套利。由此看来,套利的限制和套利成本的大小通常是联系在一起的。

市场的限制是指市场上本身存在的限制套利的因素。比如市场上存在市场操纵行为,将会对套利产生不利影响。套利一般是基于两个同涨同落的价格之间的差异,而市

场操纵会破坏两个价格之间的关系，给套利交易带来很大的风险，从而限制了套利交易。比如在期货市场中，有时可能发生挤空现象。不管是什么类型的套利，如果做空的合约发生挤空现象，套利头寸往往是亏损的，当挤空行为得不到中止时，价格偏差将扭曲到难以想象的地步。就买沪铜、卖伦铜的套利而言，如果伦铜市场出现挤空行为，导致伦铜现货/三月期的升水扩大，直至超过沪铜当月/三月期的升水，则我们要么交割，要么高成本地向远期移仓。无论哪种处理方式，我们的套利都将承受风险。

交易成本是影响套利交易能否发生的一个重要因素。在期市套利中，交易成本包括买卖期货合约的手续费，如果涉及实物交割，还需要支付交割手续费。此外，如果买卖缺乏流动性的合约，因较大的买卖价差而支付的相关成本可能会非常大，对套利者的限制也是非常明显。如果交易成本足够高，以致超过了套利可能获得的收益，套利交易也就不可能发生。

套利交易（套利行为）是现代有效市场的一个决定性因素。理论上的套利获得利润是无风险的，投资者一旦发现这种机会，就会设法利用。当市场处于不均衡状态时，价格偏离了由供求关系决定的价值，此时就出现了套利机会。而套利力量将会推动市场重建均衡。因为资本是逐利的，套利机会的存在会吸引投资者去套取无风险利润，随着他们的买进卖出，套利机会最终会消失，市场恢复均衡。而如果存在套利的限制条件或者套利的成本过高，市场就很难恢复均衡状态。

一个比较直观的例子是20世纪80年代价格双轨制的情况。当时体制内的计划价格远低于体制外的市场价格，因此，存在明显的套利机会。然而，一般人员很难获得体制内的资源，也就不能进行套利交易。只有部分有背景的人士才能够低价获得体制内的资源，然后以高价倒卖到市场上，这就是所谓的"官倒"，实际上就是一种套利行为。然而，这种套利也不是无限制的，这种操作毕竟是非法的，参与的人员有限，数量也有限。因此，在制度性因素的限制下，换句话说，是在一般投资者套利成本（在这一例子中，一般投资者要套利必须花费高昂的公关费）过高的情况下，套利交易不足，套利机制无法有效发挥，市场也就不可能实现均衡，也就是说，这种价格差别（双轨价格）消失不了，除非价格双轨制被取消。

第二节 投资收益预期的多因素模型与投资风险的细分

在上一节里，我们比较直观地展示了套利行为及其表现形式。在后面的几节里，我们将主要介绍套利定价理论。

一、投资收益预期及其模型

根据前面几章的讨论，我们应该已经能够发现，投资者的预期收益及其不确定性是投资决策的关键，也是决定资产价格的关键因素。但是，在前面几章并没有具体讨论这些预期收益及其不确定性的大小是如何获得的。现在，为了能够正确理解套利定价理论,我们有必要先了解一下专业投资者是如何获得各种不同资产的预期投资收益及其不确定性估计的。

(一) 实际收益率和预期收益率

1. 实际收益率。衡量投资活动实际所获得的收益水平,一般采用实际收益率(有时简称为收益或回报率或回报)指标,该指标反映的是投资者投资持有的资产价值在一段时期内变化的百分比:

$$实际收益率 = \frac{资产期末价值 - 资产期初价值}{资产期初价值} \qquad (8.1)$$

其中,期初价值是资产在 $t=0$ 时刻的价格,期末价值是资产在 $t=1$ 时刻的市场价值以及在 $t=0$ 到 $t=1$ 时期内的现金收付(如股红或利息收入等)。

实际的投资收益一般必须到期末才能知道,甚至必须在将资产卖出、还原成货币之后才能确定上一阶段的实际收益水平,否则,通常只能视为"浮动盈亏"。实际收益有时也被称为"事后收益",即必须在投资活动结束之后才能确定和知道。

2. 预期收益率。当实际进行投资决策时,没有投资者能知道眼下这笔投资的实际收益将会是多少,特别是在进行有风险的投资时更是如此。很多大型投资项目,投资周期长,运行周期更长,其中蕴含了大量的不确定性,经济、社会效益难以度量,尽管在决策之前要做大量的调查研究、模拟分析以及技术经济评价,但没有人能够知道其实际能达到的投资收益率水平,能够做到的是进行预期估算。在金融投资领域,由于金融资产价格变化频繁,除投资国债外,通常投资者无法事先知道其投资的实际收益率。

投资者实际决策时所依据的是投资的预期收益和预估风险。所谓预期收益是投资者在决策之前通过对各种信息进行分析,对未来一段时间内资产价值或价格的变化趋势进行预测、判断之后,对未来最可能实现的收益率水平作出的某种估计。预期收益率是未来实际收益率的某种平均水平,或称为"期望值"。

例如,某投资基金根据国家经济发展和公司发展的趋势,初步选择浦发银行作为投资的一个重点资产。在决定资金分配的数量时,投资决策委员会希望了解今后一年的预期收益。投资经理向投资委员会介绍道:根据国家及上海的发展趋势,估计在今后的一年中,浦发银行的主营收入将增长 30%,在正常情况下,年末的每股收益能达到 0.8 元;按照国际上银行股的平均市盈率 15 倍计算,估计年末浦发银行的市场平均价格应该在 12 元左右;而当前市场价只有 9 元左右,所以,预期年收益率可达 30%。

投资决策委员会觉得投资经理的研究分析很有道理,综合各方面因素考虑之后,决定投入不超过 1.5 亿元的资金在浦发银行的股票上。

当然,实际的预期生成过程要复杂且困难得多,通常要研究部门或者投资团队深入、系统地调查研究、分析、判断,这些研究和分析一般要涉及所有对资产未来价值有影响的主要因素,诸如宏观经济和政策的未来走向、行业发展的趋势与变化、金融市场的供求状况及其变化趋势等。在"投资学"中一般都会对这种投资分析的内容、过程以及方法等进行详细讨论。

(二) 预期收益率的生成模型

如何有效、快捷地获得预期收益率是所有投资者，不论是机构投资者还是个人投资者，始终必须面临的问题。多年来，随着投资实践的不断深入，产生了越来越多的预期收益生成模型和方法。其中一种最简单的也是最普及的预期收益生成模型就是所谓的"市场指数模型"，有时也称为"单因素模型"。

1. 市场指数模型。在现实的股票市场中，大多数股票的价格都会与市场指数同涨跌，当股市下跌时，只有极少数股票不跌；而当股市上涨时，也只有极少数股票不会上涨。因此，可以设想某一股票在给定时期内的收益率与同一时期市场指数（如上证指数或标准普尔 500 指数等）的收益率有很大的相关性。市场指数模型抓住了这一关系，而且在很大程度上简化了预期收益的生成过程。

市场指数模型可表示如下：

$$r_i = \alpha_{iI} + \beta_{iI} r_I + \varepsilon_{iI} \tag{8.2}$$

式中：r_i 为一定时期内证券 i 的收益率；r_I 为相同时期市场指数的收益率；α_{iI} 为截距项；β_{iI} 为斜率项；ε_{iI} 为随机误差项。

由式（8.2）得预期收益率：

$$\bar{r}_i = \alpha_{iI} + \beta_{iI} \bar{r}_I \tag{8.3}$$

根据市场指数模型，资产的预期收益取决于市场指数的预期收益率。如果斜率 β_{iI} 是正的，方程 (8.3) 就意味着市场指数的预期收益率越高，则证券 i 的预期收益率也越高。

我们可以将斜率项视为一个证券的收益率相对市场指数回报率的敏感性，通常称之为贝塔值（或贝塔系数）。在资本资产定价模型成立的前提下，这里的贝塔值就是资本资产定价模型中的贝塔值。

假设有一只进攻型的股票 A，其 $\alpha = 3\%$、$\beta = 1.2$，则股票 A 的预期收益率为

$$\bar{r}_A = 3\% + 1.2 \bar{r}_I$$

如果市场指数的预期收益率较高，为 10%，则可预期投资股票 A 的收益率为 15%〔$=3\% + (1.2 \times 10\%)$〕。相反，如果市场指数的预期收益变得不很理想，变成了 -5%，则股票 A 的预期收益率也会比较差——-3%〔$=3\% - (1.2 \times 5\%)$〕。

根据市场指数模型，投资者可以将主要精力放在预测市场指数的未来变化率上。只要有了可靠的指数预期收益率，便可根据不同资产的 α_{iI}、β_{iI} 得到其对应的预期收益率。适用于市场指数模型的资产通常是那些比较分散化的资产组合，比如证券投资基金等，这类资产的主要风险就是由指数收益率的不确定性代表的市场风险。

2. 预期收益的因素模型。市场指数模型虽然简单，但只能适用于特定的、比较分散化的资产组合，不具有普遍意义。实际上，资产的收益通常是由一系列相关因素决定的。以股票为例，投资股票的收益无非来自两个方面：公司经营活动创造的价值和因为市场对股票价值重估而发生的溢价。投资收益率的高低则取决于这两部分之和，而这两部分价值的多少则取决于一系列的影响因素，包括经济增长速度、利率变化、石油等原材料价格的变化、技术创新以及劳动力成本的变化等。

基于这种考虑，可以根据这些具有重要影响的因素来确定预期收益率，通过引

入"因素"来描述证券的收益率是如何产生的,也就是通过"因素"来解释收益率的生成过程。另外,出于普遍性的考虑,我们还必须选择那些影响各种资产的共同因素。

假设有一个或多个因素影响证券的收益率,那么证券分析的一个首要目标是确定这些因素以及证券收益率对这些因素的反应程度,即敏感性,反映这种关系的就是所谓预期收益率的因素模型。

因素模型又称为指数模型,用于描述资产收益与各种因素或指数变动之间的关系。因素模型为投资经理们提供了一个根据各因素可能的变化来确定资产预期收益率的框架。

前面讲到的市场模型也属于因素模型,用市场指数的收益率反映了宏观因素的重要影响。市场指数的变动也是由于其他因素的变化导致的,因此,把注意力直接放到风险的根源上可能会比间接地运用市场替代更有效。

(1) 单因素模型。最简单的因素模型是单因素模型。在单因素模型中,假定收益率生成过程仅包含一个因素。

假定当分析 A 公司股票的收益率时,只考虑其与预期的国内生产总值(GDP)的增长率有关系。预期 GDP 增长率与 A 公司股票的收益率之间的关系以方程的形式可表示如下:

$$r_t = a + bGDP_t + e_t \tag{8.4}$$

式中:r_t 为 A 公司股票在时期 t 的收益率;GDP_t 为 GDP 在时期 t 的预期增长率;e_t 为 A 公司股票在时期 t 的个别或特有的收益率;b 为 A 公司股票对预期 GDP 增长率的敏感性;a 为与 GDP 无关的因素的作用。

表 8-8 列出了相关的已知数据。我们可以采用计量经济学中简单线性回归的分析技术(我们可以在 Excel 中完成此项工作),在统计上拟合这些数据。

表 8-8　　　　　　　　　　　收益率的因素模型数据

年	GDP 增长率	A 公司股票的收益率
1	5.8	15.7
2	6.7	18.2
3	7.4	14.9
4	2.7	9.2
5	6.1	11.6
6	5.6	9.3
7	8.2	21.3
8	4.5	12.1
9	3.3	6.4
10	9.6	19.8

回归的结果，我们可以得到如下关系式：
$$\bar{r}_t = 1.9 + 2.0 GDP_t$$

以横轴表示预期 GDP 的增长率，以纵轴表示 A 公司股票的收益率，绘制一条直线，如图 8-1 所示。这条直线具有正的斜率 2，表明 GDP 增长率与 A 公司股票收益率之间正相关，即较高的 GDP 增长率与较高的收益率相联系。

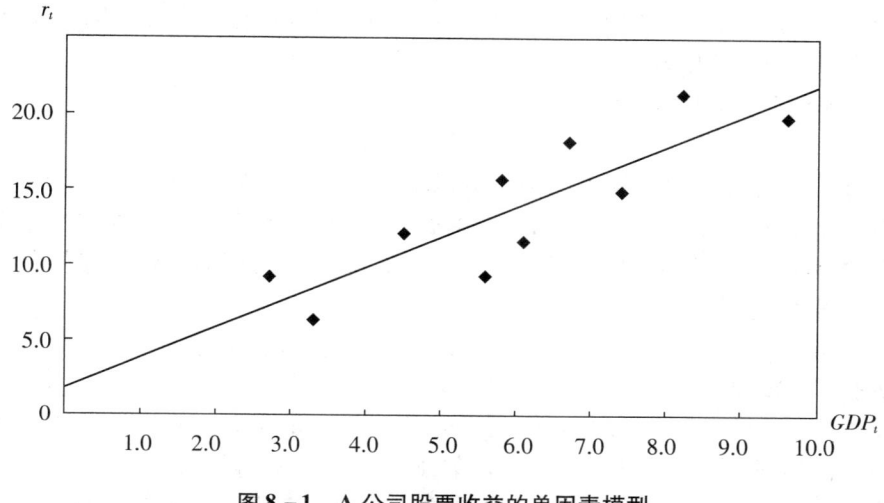

图 8-1　A 公司股票收益的单因素模型

更为一般地，单因素模型可由上述例子扩展到 t 时期包括任意证券 i 的情况，方程如下：

$$r_{it} = a_i + b_i F_t + e_{it} \tag{8.5}$$

式中：F_t 是 t 时期因素的预期值；b_i 是证券 i 对该因素的敏感性；e_{it} 是随机误差项，也就是一个均值为零、标准差为 σ_{ei} 的随机变量。

（2）多因素模型。实际上，影响投资收益预期的不仅仅是一个因素，还存在具有广泛影响的其他经济因素。诸如国内生产总值（GDP）的增长率、利率、通货膨胀率、能源（如石油）价格等很多经济变量都会对企业的经营活动乃至股票的价值产生影响，当人们认识到这种影响时，投资者的收益预期就取决于对这些影响因素变化的预期或判断。因此，当人们要生成资产的预期收益时，必然要搞清楚资产的收益与这些影响因素的数量关系。由于包含多个因素，用来描述这种关系的方程就被称为"多因素模型"。

为了说明多因素模型的优势，现在假定有两个公司，一个是为居民供电的电力公司，另一个是航空公司。由于居民的用电需求对经济周期的反应不敏感，电力公司股票的收益率对 GDP 的敏感度较低，但电力公司等公共事业公司产生的现金流相对稳定，所以其股票现值和债券比较相似，都和利率成反向变化，其收益率对利率的敏感度较高。航空公司恰恰相反，其效益与经济周期的关系密切而与利率的相关性较低，因此，航空公司的股票收益率对 GDP 的敏感性较高而对利率的敏感性较低。如果未来某个时候有消息表明经济将扩张，预期 GDP 和利率都会增长，这一消息是好是坏？无疑，对电力公司来说，由于它对利率很敏感，因此这是条坏消息；对航空公司来说，由于它对 GDP 很敏感，因此这是条好消息。显然，无论是仅包括 GDP 因素的单因素模型还是仅包括利率因素的单因素模型，都不能很好地对预期收益率及其风险进行很好的解释。这时，同时包括 GDP 因素和利率因素的多因素模型就能更好地捕捉不同资产的收益率对宏观经济变动反应的差异。

作为多因素模型的一个例子，我们可以考虑一个双因素模型。在双因素模型中，投资收益取决于两个影响因素。

双因素模型在 t 时期的方程式为

$$r_{it} = a_i + b_{i1}F_{1t} + b_{i2}F_{2t} + e_{it} \tag{8.6}$$

式中：F_{1t} 和 F_{2t} 代表所考虑的影响收益率的两个因素；b_{i1} 和 b_{i2} 分别是证券 i 对两个因素的敏感性；e_{it} 是随机误差项；a_i 是当两个因素的取值均为零时，证券 i 的预期收益率。

更为一般地，可以把多因素模型扩展到多于两个因素的情形。如果有 k 个因素，多因素模型可表示如下：

$$r_{it} = a_i + b_{i1}F_{1t} + b_{i2}F_{2t} + \cdots + b_{ik}F_{kt} + e_{it} \tag{8.7}$$

在这种情形下，每种证券具有对应于 k 个因素的 k 个敏感性。

在发达金融市场中，多因素模型不论是在学术界还是在实务部门都十分流行。比较有名的模型有 CRR 五因素模型[①]、所罗门兄弟公司的模型以及法玛（Fama）与弗兰奇（French）的三因素模型[②]等。事实上，许多大型金融机构都有自己研发的多因素模型，但由于涉及公司的商业机密而不曾对外披露。

二、投资风险的细分：因素风险

在第七章的资本资产定价模型中，资产的投资风险被分解为系统（市场）风险与非系统风险（公司特有的风险），并用贝塔系数度量资产的系统风险。然而大量的实证研究表明[③]，资产的贝塔系数并不稳定，在不同时期，同一资产的贝塔系数往往会有显著的差异。进一步的研究还发现，之所以出现这种现象，是因为市场指数综合了所有因素的影响，而实际上，在不同阶段影响市场的因素各不相同，而各种资产受不同因素影响的程度（敏感性）也是不同的。

例如，贵金属价格的持续上涨会对贵金属生产行业（铜、铝等厂商）和消费行业（电力、电器等厂商）产生非常大的影响。与此相关的公司股票在这一阶段的贝塔值也就显著地不同于平常时期。类似地，由于石油价格持续上升，航空公司与石油公司股票的贝塔值也会显著地不同于往常。因此，要想正确或较为准确地预期资产在未来一段时期内的收益与风险，就必须将单指数预期模型改成多因素模型，将资产的投资风险作进一步的细分，即将原来的系统风险分解为一系列的因素风险。根据多因素模型（8.7），

---

① N. Chen, R. Roll, and S. Ross, 1986, "Economic Force and the Stock Market", *Journal of Business*, 59.

② Eugene F. Fama and Kenneth R. French, 1996, "Multifactor Explanations of Asset Pricing Anomalies", *Journal of Finance*.

③ 陈伟忠，上保平．上海证券市场时变风险的存在及其成因分析［J］．预测，1998（2）．

我们不难发现，投资收益之所以不确定，是因为影响因素在未来的状态是不确定的，所以，投资风险就可以具体细化为因素风险。

根据多因素模型（8.7），我们可以方便地得到资产的预期收益率、预期收益的方差以及资产预期收益之间的协方差：

$$E(r_i) = \bar{r}_i = a_i + b_{i1}\bar{F}_1 + \cdots + b_{iK}\bar{F}_K \quad (i = 1, 2, \cdots, n)$$

$$\sigma_i^2 = E(r_i - \bar{r}_i)^2 = E\left[\sum_{j=1}^{K} b_{ij}(F_j - \bar{F}_j)\right]^2$$

$$= b_{i1}^2 \sigma_{F_1}^2 + \cdots + b_{iK}^2 \sigma_{F_k}^2 + \sigma_{e_i}^2 \text{①} \quad (8.8)$$

$$\sigma_{ij} = b_{i1}b_{j1}\sigma_{F_1}^2 + b_{i2}b_{j2}\sigma_{F_2}^2 + \cdots + b_{iK}b_{jK}\sigma_{F_K}^2 \quad (i \neq j, i, j = 1, 2, \cdots, n)$$

式中：$\sigma_{F_j}^2$ 是因素 j 的方差；$\sigma_{e_i}^2$ 是随机误差项 e_i 的方差。

石油公司股票的投资者通常会密切关注两个关键因素：市场指数和国际石油价格。他们的投资收益主要取决于这两个因素在未来的变化情况，其投资风险则基本取决于这两个因素的不确定性。所以，这些投资者的预期风险由三部分组成：市场风险、油价风险以及由所有其他综合因素构成的风险：

$$\sigma_{Stock}^2 = b_M^2 \sigma_M^2 + b_{oil}^2 \sigma_{oil}^2 + \sigma_e^2 \quad (8.9)$$

因此，因素模型使得我们只要通过证券对因素的敏感性和因素的方差就可以得出协方差，从而大大简化了确定马柯维茨有效集的繁重任务。

此外，运用因素模型，我们可以细分投资的风险。证券 i 的风险可以分解成一系列的因素风险：$b_{iF_1}^2 \sigma_{F_1}^2$，$b_{iF_2}^2 \sigma_{F_2}^2$，$\cdots$，$b_{iF_K}^2 \sigma_{F_K}^2$，以及与因素没有任何关系的残差风险（或非因素风险）。通过风险细分，可以清楚地了解风险的内部结构，而且投资者还可以有针对性地进行风险管理，对不同的风险采取不同的风险管理对策。

三、资产的风险特征分析（敏感系数）

前面已经提到，因素模型把资产的风险分为两部分：一部分是因素风险，来源于普遍因素（主要是经济因素）的不确定性；另一部分是非因素风险，受资产特有事件的影响。

其中，尽管因素风险是所有资产都要面对的风险，但每种资产对因素变化的反应程度并不相同。上述各方程中的敏感系数 b（对资产或证券 i 来说是 b_i，对组合 p 来说就是 b_p）用来度量资产对因素变化的反应程度，称为因素敏感性或因素负荷。有时该系数也用符号 β 表示，此时又被称为因素贝塔。在因素模型中，同样大小的因素变化给不同证券带来的影响由敏感系数的大小来描述，敏感系数的大小反映了不同证券的因素风险特征，或者我们可以直接把敏感系数称为资产的风险特征。

虽然具体的证券对各种因素的敏感性具有相对的稳定性，不以投资者的意志为转移，但投资者可以通过证券组合的方法来获得自己期望的因素敏感性。比如，如果某投资者不善于把握石油价格的变化，也缺乏对冲油价风险的手段和技能，则可以调整所投

---

① 假设各因素相互独立，且因素与残差也相互独立。

资的证券组合,使其对油价的敏感性降到最低,甚至为零,从而完全摆脱油价波动的影响。类似地,那些善于把握油价波动的投资者则可以构造和投资对油价高度敏感的证券组合,以期获得油价投机的收益。

在上述两因素模型中,证券组合的收益方差可表示如下:

$$\sigma_p^2 = b_{p,M}^2 \sigma_M^2 + b_{p,oil}^2 \sigma_{oil}^2 + \sigma_{e_p}^2 \tag{8.10}$$

其中:

$$b_{p,M} = \sum x_i b_{iM} \qquad b_{p,oil} = \sum x_i b_{i,oil} \tag{8.11}$$

$$\sigma_{e_p}^2 = \sum x_i^2 \sigma_{e_i}^2 \tag{8.12}$$

就像单个证券风险的分解那样,组合的总风险也可以被看作由两部分构成,相应地,方程(8.10)右边的第一项和第二项分别被称为组合的因素风险和非因素风险。

类似前面章节中说明的分散化导致市场风险的平均化和个别风险的降低,对任何因素模型,分散化也会导致因素风险的平均化和非因素风险的降低。

首先,由式(8.11)不难看出,证券组合的因素敏感性系数是组合内各证券敏感性系数的加权平均。组合中的各个证券对因素的敏感性 b_i 可能大,也可能小,在一般情况下,随着组合中证券数量的增加,其在整个组合中的比重下降,对组合的因素敏感性 b_p 的影响也有所减弱。所以,因素风险会因分散化而平均化,而不是显著地增大或减小。

但是,如果投资者刻意将某些特殊的证券组合在一起,就有可能使得组合具有特定的因素敏感性。比如,把石油公司的股票和航空公司的股票放在一起,就可能得到对石油价格不具有敏感性($b_{p,oil} = \sum x_i b_{i,oil} = 0$)的债券组合。类似地,也可以构造对某因素具有单位敏感性($b_{p,M} = \sum x_i b_{iM} = 1$)的债券组合(如市场指数基金)。由此可见,在因素模型的框架下,投资者可以通过组合构造来实现对各种投资风险的管理,投资者可以选择承担什么风险,不承担什么风险。

其次,组合投资通过分散化可以使组合的非因素风险 $\sigma_{e_i}^2$ 大幅度下降。为了便于说明,我们假定投资于每种证券的数量相等,则可用 $\frac{1}{N}$ 代替 x_i,代入方程(8.12)中,我们得到

$$\sigma_{e_p}^2 = \sum_{i=1}^{N} \left(\frac{1}{N}\right)^2 \sigma_{e_i}^2$$

$$= \left(\frac{1}{N}\right)\left[\frac{\sigma_{e_1}^2 + \sigma_{e_2}^2 + \cdots + \sigma_{e_N}^2}{N}\right]$$

方括号中的值是组合中所有证券非因素风险的平均值,而组合的非因素风险仅仅是它的 $1/N$。当组合变得越来越分散时,组合中证券的数目 N 会越来越大,$1/N$ 就会变得越来越小,从而使得组合的非因素风险变小。总之,分散化会有效降低非因素风险。

第三节 聪明的套利交易者与无风险套利机会的消失

在上一节的基础上,本节我们介绍套利定价模型。套利定价理论的核心就是市场上总是存在聪明的投资者去抓住并充分利用套利机会进行套利,直至无风险套利机会消失为止。

我们知道,资本资产定价模型是一个描述为什么不同的证券具有不同的预期收益率的均衡模型。资本资产定价模型要求大量的假设条件,其中包括马柯维茨在最初发展均值—方差模型时所作的那些假设。例如,假设每个投资者根据组合的预期收益率和标准差,并使用无差异曲线来选择最佳投资组合等。但套利定价理论使用较少的假设条件,其首要的假设条件是,每个投资者都会利用在不增加风险的情况下增加组合的收益率的机会。

一、风险特征相同的资产应该有相同的期望收益:唯一价格定律

无风险套利机会只有在金融市场违背了一条经济学定律——"唯一价格定律"(law of one price)的情况下才会出现。所谓的"唯一价格定律"就是说两种具有相同特质的资产,应该以同样的价格出售;而在两个不同的市场进行交易的同一种资产,也应该以同样的价格进行买卖。如果出现不同的价格,就会产生获利的机会,投资人可以卖出价格被高估的资产,买进价格被低估的资产。此时,套利者将可以锁住一笔确定的利润,也就是所谓的"免费的午餐"。"天下没有免费的午餐"只适用于完全竞争市场,不完全竞争市场则给了套利者表演的舞台。

案例:一个违反唯一价格定律的例子

20世纪80年代初期,曾经出现了违反唯一价格定律的现象,当时美国的汇率非常高,对美国人来说,国外物价水平变得非常低。《华尔街日报》记者指出,美国人买张机票飞到伦敦,在当地享受几天的美食及旅馆住宿,并购买了毛衣、威士忌、瓷器,总共花费比在纽约进行同样的消费还要低廉,省下来的钱足以支付往来伦敦和纽约的机票费用。随着时间的流逝,英国物价上涨,改变了英镑和美元的汇率水平,直到两地的价差不再存在。此时,就不值得搭飞机到伦敦的哈罗得(Harrods)百货公司买克什米尔毛衣,在纽约的沙克斯第五大道(Saks Fifth Avenue)百货公司也能以同样的价格买到。

资料来源:[美] 彼得·伯恩斯坦. 投资革命:源自象牙塔的华尔街理论 [M]. 中文版. 上海:上海远东出版社,2001.

在投资领域,风险与收益是匹配的,也就是说,高风险对应高收益,低风险对应低收益。如果投资者愿意承担高风险,其前提肯定是存在较高的期望收益作为补偿。更进一步,作为"唯一价格定律"在投资领域中的体现,风险特征相同的资产应该有相同的

期望收益。在因素模型中,这一点非常清楚,我们可以回顾式(8.8):

$$\sigma_i^2 = b_i^2 \sigma_F^2 + \sigma_{e_i}^2$$

由于投资组合的整体风险中的非因素风险部分可以被分散掉,因此,投资者关心的是资产的因素风险。而因素风险的大小取决于资产的因素敏感系数或者风险特征。于是,具有相同风险特征的资产具有相同的风险,进而具有相同的期望收益。否则,就会违背"唯一价格定律",出现无风险套利机会。

> 在经济学家的核心命题——完全竞争的资本市场中,套利必须存在……如果套利行为不存在,那么资本市场将会严重且持续地违反经济学的一个重要基本原则,亦即唯一价格定律。
>
> ——米勒(Merton Miller)

二、套利定价模型

斯蒂芬·罗斯在1976年提出了套利定价理论(APT)。套利定价理论同资本资产定价模型一样,预测了风险预期收益相关的证券市场线。但套利定价理论得出证券市场线的方式与前者不同,是在唯一价格定律的基础上得出的。罗斯的套利定价理论基于三个基本假设:(1)证券收益能用因素模型表示;(2)有足够多的证券来分散风险;(3)高效运转的证券市场不允许有持续的套利机会。

套利定价理论的出发点是假设投资的收益率与未知数量的未知因素相联系。

(一) 充分分散的投资组合与套利定价理论

$$r_p = a_p + b_p F + e_p \tag{8.13}$$

$$\bar{r}_p = a_p + b_p \bar{F} \tag{8.14}$$

如前所述,由于非因素风险可以被分散化投资消除掉,影响组合收益的只有因素风险。

假设有两个充分分散化的投资组合 A 和 B,它们的因素敏感性相同,即 $b_{pA} = b_{pB}$,那么,根据式(8.10),它们具有相同的因素风险。在这种情况下,必定有 $\bar{r}_{pA} = \bar{r}_{pB}$。如果 $\bar{r}_{pA} \neq \bar{r}_{pB}$,比如 $\bar{r}_{pA} > \bar{r}_{pB}$,则在任何因素值之下,都会存在 $(\bar{r}_{pA} - \bar{r}_{pB})$ 大小的套利空间(如图 8-2 所示)。以具体数字为例,如果 $\bar{r}_{pA} = 10\%$,$\bar{r}_{pB} = 8\%$,我们卖空 100 万元的组合 B,同时买入 100 万元的组合 A,这样一项零净投资的策略就可以帮我们赚取 2 万元的无风险利润。具体过程为

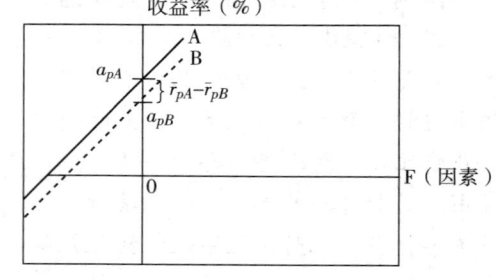

图 8-2 两个组合间的套利机会

$$
\begin{array}{ll}
10\% \times 100 \text{ 万元} & \text{(在资产组合 A 上做多)} \\
\underline{-8\% \times 100 \text{ 万元}} & \text{(在资产组合 B 上做空)} \\
2\% \times 100 \text{ 万元} = 2 \text{ 万元} & \text{(净利润)}
\end{array}
$$

卖空组合 B 并买入组合 A 将会影响证券的市场价格，相应地，两个组合的预期回报率也将作出调整。通过计算预期收益率的方程可以很清楚地看到这种套利操作的影响：

$$\bar{r} = \frac{\overline{P}_1}{\overline{P}_0} - 1$$

式中：$\overline{P}_0$ 是证券的当前价格，$\overline{P}_1$ 是证券的预期期末价格，购买组合 A 将导致其当前的综合（加权）价格上升，从而导致其预期收益率 $\bar{r}$ 下降。相反，卖空组合 B 将降低其当前的综合价格，从而导致其预期收益率上升。

这种买卖行为将一直持续到套利机会消失为止。最终，预期收益率和因素敏感性之间将满足如下线性关系：

$$\bar{r}_{pi} = \lambda_0 + \lambda_1 b_{pi} \tag{8.15}$$

式中：λ_0 和 λ_1 分别为无风险收益率与该因素风险的价格。

值得注意的是，套利定价理论和资本资产定价模型一样，都是证券价格的均衡模型。图 8-3 显示了方程（8.15）给出的套利定价理论的资产定价方程的图形。根据套利定价理论，一个因素敏感性和预期收益率都没有落在那条直线上的证券或资产组合的定价就是不合理的，就会为投资者提供一个无风险套利的机会，套利者就会充分利用这个套利机会，直到该证券或资产组合的预期收益率落在那条直线上为止，此时套利机会消失。

如图 8-3 所示，如果组合 D 位于套利定价理论资产定价线之下，我们可以用选取适当比例的组合 C 和 F，构造一个位于套利定价理论资产定价线上的新组合 S，使得 $b_S = b_D$，但组合 S 的预期收益率高于组合 D。根据前面的分析，在 S 和 D 之间存在套利

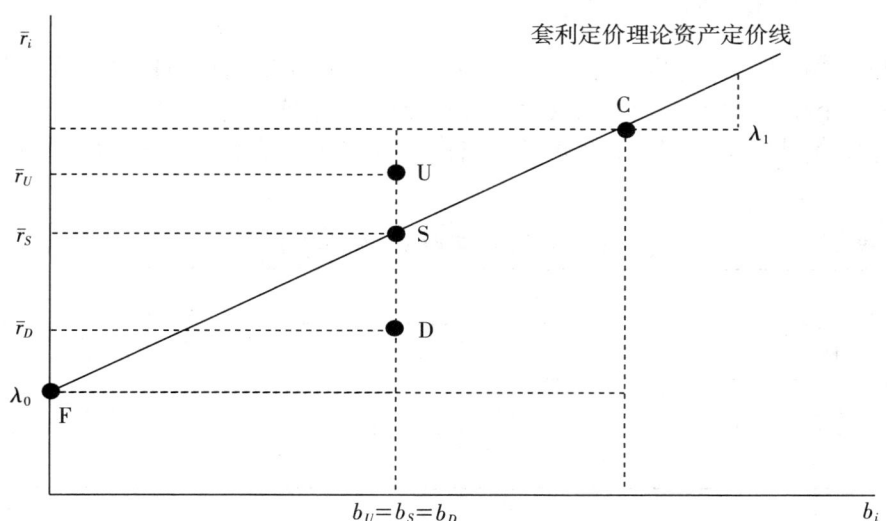

图 8-3 套利定价理论资产定价线

机会。投资者会卖空 D 而购买 S，卖空 D 的结果是，组合 D 的综合价格将下降，进而预期收益率将上升直到它位于套利定价理论资产定价线上为止。同样，如果组合 U 位于套利定价理论资产定价线之上，套利的力量会使其预期收益率下降直到它落在这条直线上为止。

（二）单个资产与套利定价理论

前面已经说明每个充分分散化的投资组合的预期收益与其因素敏感性具有线性相关关系。如果所有充分分散化的投资组合均满足该关系，那么所有单个证券也将几乎肯定满足该关系。也就是说，单个资产的预期收益率和敏感性将近似满足如下线性关系：

$$\bar{r}_i = \lambda_0 + \lambda_1 b_i \tag{8.16}$$

一个资产组合仅在其中的任何单个证券的头寸都只占非常小的比例的时候，才能符合"充分分散化"的要求。如果只有一只证券违反了预期收益与因素敏感性的线性关系，这种违反对充分分散的资产组合所产生的影响非常小，以至于对任何实际情况均不具有重要意义，也不会出现有意义的套利机会，可以忽略不计。但是，如果许多证券都违反上述关系，那么，这一关系对充分分散化的投资组合来说将不再成立，套利机会就会出现。因此，将无套利条件加在一个单因素证券市场上，这意味着预期收益与因素敏感性的线性关系对所有充分分散化的投资组合及所有单个证券（除可能的一小部分以外）都成立。

【例8】 为了表述方便，先假设只有一个因素，且这个因素就是工业产值的预期增长率。在这种情况下，投资回报率由下面的单因素模型决定：

$$r_i = a_i + b_i F_1 + e_i$$

式中：r_i 为证券 i 的回报率；F_1 为因素值，在此例中为工业产值预期增长率；e_i 为随机误差。

在上述方程中，b_i 是我们前面提到的证券 i 对因素的敏感性（或证券 i 的特征）。

假设某个投资者拥有三种证券，每种证券的当前市值均为 4 000 元。这样，该投资者当前可投资财富 W_0，即 12 000 元。当前，这三种证券的预期收益率和敏感性见表8-9。

表 8-9　　　　　　　　　三种证券的预期收益率和敏感性

i	$\bar{r}_i$ (%)	b_i
证券 1	15	0.9
证券 2	21	3.0
证券 3	12	1.8

这些预期收益率和因素敏感性是否代表一个均衡状态？如果不是，证券价格和预期收益率将如何变化以恢复均衡状态？

显然，上述预期收益率和因素敏感性数据不成比例，不是一个均衡状态。在套利力量的作用下，均衡状态将会实现。下面的分析将说明这一点：

根据套利定价理论，投资者将竭力发现构造一个套利组合的可能性，以便在不增加风险的情况下，增加组合的预期回报率。

要成为套利组合，必须满足如下条件。

(1) 是一个不需要投资者额外资金的组合。如果用 x_i 表示投资者对证券 i 的持有量的变化（因此，也表示套利组合中证券 i 的权重），该条件可用下列方程表示：

$$x_1 + x_2 + x_3 = 0 \tag{8.17}$$

(2) 对任何因素都没有敏感性。因为组合对某一因素的敏感性等于组合中各证券对该因素敏感性的加权平均，该条件可表述为：

$$b_1 x_1 + b_2 x_2 + b_3 x_3 = 0 \tag{8.18}$$

(3) 具有正的预期收益率，用不等式表示如下：

$$x_1 \bar{r}_1 + x_2 \bar{r}_2 + x_3 \bar{r}_3 > 0 \tag{8.19}$$

在本例中，式（8.18）可写为

$$0.9 x_1 + 3.0 x_2 + 1.8 x_3 = 0 \tag{8.20}$$

也就是说，在本例中，套利组合对工业产值无敏感性。[①]

根据方程（8.17）和方程（8.20），我们可以识别潜在的套利组合。两个方程三个未知数，意味着有无限多组满足两个方程的 x_1、x_2 和 x_3。我们可以随意为其中的一个变量赋一个值，比如令 $x_1 = 0.1$，上述两个方程可写为

$$0.1 + x_2 + x_3 = 0 \tag{8.21}$$

$$0.09 + 3.0 x_2 + 1.8 x_3 = 0 \tag{8.22}$$

根据上述两个方程，解得 $x_2 = 0.075$，$x_3 = -0.175$。因此，(0.1 0.075 -0.175) 就是一个潜在的套利组合。

把 x_1、x_2 和 x_3 的值代入式（8.20）中，可以得到该套利组合的预期收益率为 $(15\% \times 0.1) + (21\% \times 0.075) + [12\% \times (-0.175)] = 0.975\% > 0$，可以确认，该组合是一个套利组合。

具体来讲，该套利组合包括购买 1 200 元（$= W_0 \times x_1 = 12\ 000 \times 0.1$）的证券 1 和 900 元（$= W_0 \times x_2 = 12\ 000 \times 0.075$）的证券 2，以及出售 2 100 元 $[= W_0 \times x_3 = 12\ 000 \times (-0.175)]$ 的证券 3。该组合属于无本万利的投资（不需要任何额外资金，没有任何因素风险，却能带来正的预期收益），具有很强的吸引力。对于套利组合的实际效果，在表 8-10 中进行了总结。

---

① 严格上说，套利组合除了要求因素风险等于 0 外，非因素风险也应该等于 0。然而，套利组合的非因素风险往往大于 0，只不过其数量非常小，套利理论认为可以忽略不计。

表 8-10　　　　　　　　　　套利组合的投资效果

项目	变量	旧组合（1）	套利组合（2）	新组合（1）+（2）
权重	X_1	0.333	0.100	0.433
	X_2	0.333	0.075	0.408
	X_3	0.333	-0.175	0.158
性质	$\bar{r}_p$	16.000%	0.975%	16.975%
	b_p	1.900	0.000	1.900
	σ_p	11.000%	很小	约 11.000%

（三）套利定价理论与资本资产定价模型

由于无风险资产具有常数收益率，对因素无敏感性，因此，对于无风险资产，$\bar{r}_i = r_f$。套利定价方程（8.16）表明，任何 $b_i = 0$ 的资产均有 $\bar{r}_i = \lambda_0$，因此，可以得到 $\lambda_0 = r_f$。可见，套利定价理论定价方程中的 λ_0 一定等于 r_f。所以，套利定价理论定价方程又可以写为

$$\bar{r}_i = r_f + \lambda_1 b_i \tag{8.23}$$

为了进一步确定 λ_1，我们考虑一个纯因素组合，用 p^* 表示，该因素组合对因素具有单位敏感性，意味着 $b_{p^*} = 1.0$。根据方程（8.23），可以得到该组合的预期收益率：

$$\bar{r}_{p^*} = r_f + \lambda_1 \tag{8.24}$$

经过变形，该方程可写为

$$\bar{r}_{p^*} - r_f = \lambda_1 \tag{8.25}$$

可见，λ_1 正好是单位敏感性的组合的预期超额收益率（即大于无风险利率的那部分预期收益率），也被称为因素风险溢价或因素预期收益率溢酬。用 $\delta_1 = \bar{r}_{p^*}$ 表示对因素有单位敏感性的组合的预期收益率，方程（8.25）可改写为

$$\delta_1 - r_f = \lambda_1 \tag{8.26}$$

代入方程（8.23）中，我们可以得到套利定价理论定价方程的第二种形式：

$$\bar{r}_i = r_f + (\delta_1 - r_f) b_i \tag{8.27}$$

回想资本资产定价模型中讲到的证券市场线方程：

$$\bar{r}_i = r_f + (\bar{r}_M - r_f) \beta_{iM} \tag{8.28}$$

对比方程（8.27）和方程（8.28），两方程形式上的一致性意味着贝塔与因素敏感性存在一定程度上的联系。

三、套利定价模型的意义

在前面的几节中，我们介绍了套利的概念和一些具体的例子，以及套利定价理论和模型的一些细节。作为本章的总结，我们来看看套利定价模型具有什么意义。

（一）套利机制是实现金融市场均衡的重要机制

套利理论表明，现代金融市场最重要的均衡机制是套利均衡机制。虽然以资本资产定价模型为代表的理性预期均衡也是现代金融市场中一种重要的均衡机制，但预期均衡机制发挥作用的前提是所有投资者或大多数投资者都具备理性预期，而且各类投资者的

预期还必须相同。在具备这样一系列的前提条件的情况下，当市场均衡价格关系被打破时，许多投资者将改变他们的资产组合：买入一些资产或者卖出另一些资产。由于预期一致，因此这种资产组合的调整行为将直接导致市场供求关系和价格的变化。虽然每位投资者只进行有限的投资转移，但是众多投资者的投资转移汇合起来必将形成大规模的买卖活动，从而使均衡价格得以恢复。

套利均衡机制比预期均衡机制则更进了一步，它不要求全体或大多数投资者都具有理性预期，而只要求有部分聪明的套利者并且套利交易能够顺畅地实现。要想顺畅地实施套利交易，通常要求市场允许卖空，即有关市场必须具备卖空机制。2008 年 10 月，经国务院同意，中国证监会宣布正式启动证券公司融资融券业务试点工作。上海证券交易所、深圳证券交易所于 2010 年 3 月 31 日起正式开通融资融券交易系统，融资融券业务正式启动，我国证券市场开始引入了卖空机制。

在一个具备套利机制的市场中，当套利机会出现时，每位套利者，不管风险偏好如何，总想尽可能多地拥有无风险套利组合的头寸。因此，即便是很少的套利者能判断出套利机会，均衡价格也能得到恢复。

如果某项资产（或组合）的价格低于（或高于）应有的均衡水平，就会形成套利机会，套利者会大量买进（或卖空）该项资产（或组合），从而改变市场供求关系，形成提高该项资产价格的力量，直到其恢复均衡价格水平为止。从直观上看，这种实现金融市场均衡的重要机制与跷跷板游戏所呈现出来的特征有些类似。

专栏 8-6
金融市场的套利均衡机制——跷跷板模型

套利机制是促进金融市场实现均衡的重要机制，这一机制可以用跷跷板的比喻来形象地加以说明。

如图 8-4 所示，跷跷板两端均有钱袋悬挂上方。假设投资者目前处在跷跷板的左端 A 处，踮起脚尖、伸长胳膊也够不到该处上方的钱袋，而跷跷板的右端较高，距钱袋更近。如果过去，钱袋唾手可得。于是投资者就向右端跑去。然而，一旦他超过支点 O 处，跷跷板的右端就会开始下降。刚开始他体力充沛，身轻如燕，到达右端尚能从钱袋中抓取部分钞票；然后，他会发现跷跷板左端又已经翘起，可以反身飞奔向左端，以再次抓取若干钞票。如果他体力下降，速度不够快，等跑到原来加高的一端的钱袋下方时，会发现该端下降得足够多，已经摸不到钱袋了。最终，对投资者而言，不再有获利的空间，他只能静静地待在支点 O 处，也就是使跷跷板平衡的位置上。

实现金融市场均衡的套利机制与跷跷板的情况非常相似。投资者向跷跷板两端跑动抓取钞票可视为买卖资产进行套利，跷跷板两端的高低可看作价格的高低，相应地，投资者跑动造成的跷跷板两端的此起彼伏相当于买卖行为对资产价格形成压力，导致相应价格的上升或下降，最后站于支点上相当于恢复均衡价格状态。

总之，跷跷板模型揭示了套利作为金融市场均衡机制的关键所在，即：如果价格高于均衡水平，套利行为形成的压力会使其下降；如果价格低于均衡水平，套利的力量会使其上升，直至它们恢复均衡为止。套利交易是改变市场供求的重要力量，金融市场均衡主要靠套利机制来实现。

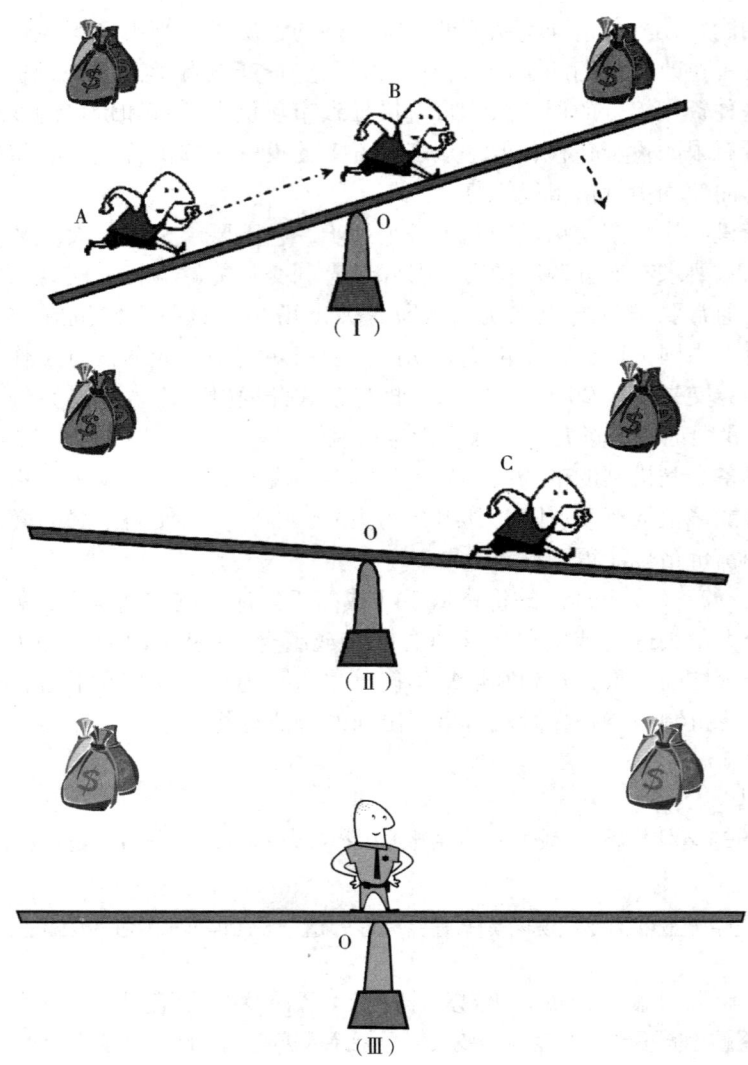

图 8-4 套利均衡的跷跷板模型说明

> 不懂得无套利均衡分析,就是不懂得现代金融学的基本方法论,当然,也就不懂得金融工程的基本方法论。就像不懂得供需均衡分析,就不懂得西方经济学的基本方法论一样。
>
> ——宋逢明(1999)

(二)"唯一价格定律"与套利交易密切相关

"唯一价格定律"指出,如果两种资产在所有经济意义的相关方面都相等,则它们的市场价格应相等。市场违背"唯一价格定律"是触发套利交易的必要条件,也就是说，如果发生了套利交易，市场上一定有违背"唯一价格定律"的情况存在。如果反过来，却不一定成立，也就是说，市场违背"唯一价格定律"不是触发套利交易的充分条件。

之所以如此，关键在于现实市场中对套利交易存在许多制约，正是这些"市场摩擦"的存在，导致在市场上出现违背"唯一价格定律"的时候，套利交易也未必能够发生。所以，套利交易的成本是决定"唯一价格定律"以及"无套利均衡"是否成立的关键。我国现阶段的证券市场由于套利机制尚未健全，套利交易的成本还比较高，所以还未能实现无套利均衡。健全套利机制、降低套利交易成本将是我国金融市场发展的重要方向之一。

(三) 期望收益取决于资产对风险因素的敏感性

因素模型表明，资产的期望收益（准确地讲，是风险报酬）可以通过若干风险因素来解释。因素模型把某种证券的预期收益率分成了两部分：一部分是无风险收益，另一部分则归因于一系列的风险因素。这符合投资界的一般思维模式。投资之所以有风险，就是因为决定（或影响）未来实际收益的一系列因素具有不确定性。因素的不确定性越大，投资者对该因素要求的风险报酬就越高；资产收益对其敏感性越高，投资者就会要求相对低敏感性资产更高的风险报酬。因此，因素风险是投资者关注的主要风险形式。

尽管风险因素对所有资产具有普遍的影响，但它对不同资产的风险和收益的影响大小并不相同。套利定价理论表明，投资者对不同资产要求的风险报酬取决于其资产对风险因素的敏感性，它们之间存在线性相关的关系。

【小结】

套利是指利用同一种（或等价的）产品的价格差异谋利的一种交易方式，而严格意义上的套利指的是利用同一种（或等价的）产品的价格差异无风险地赚取利润的行为。

套利交易通常具备三个特征：(1) 买入、卖出同时完成；(2) 交易者不承担任何风险；(3) 不需要投资但有正的收益，或者交易利润率大于无风险利率。

套利交易包括跨品种套利、跨期套利、跨市场套利、期现套利、无风险套利等几种方式。

衡量投资活动实际所获得的收益水平，一般采用实际收益率（有时简称为收益或回报率或回报）指标，该指标反映的是投资者投资持有的资产价值在一段时期内变化的百分比。

预期收益率是未来实际收益率的某种平均水平，或称为"期望值"。

因素模型把资产的风险分为两部分：一部分是因素风险，来源于普遍因素（主要是经济因素）的不确定性；另一部分是非因素风险，受资产特有事件的影响。

罗斯的套利定价理论基于三个基本假设：(1) 证券收益能用因素模型表示；(2) 有足够多的证券来分散风险；(3) 高效运转的证券市场不允许有持续的套利机会。

要成为套利组合，必须满足如下条件：

(1) 是一个不需要投资者额外资金的组合；
(2) 对任何因素都没有敏感性；
(3) 具有正的预期收益率。

当市场中不存在套利机会时，资产的预期收益率和多个因素有关，资产的预期收益率与多个因素之间所构成的模型称为套利定价模型。

套利定价模型可以分为单因素模型和多因素模型，常见的是多因素模型。

【思考与练习题】

1. 什么是套利？请了解一下目前我国金融市场上有关套利的情况，列举三个套利交易的例子。

2. 在什么情况下才有可能发生套利交易？

3. 因素模型是一个关于资本定价的均衡模型吗？套利定价理论模型呢？请对照资本资产定价模型进行说明。

4. 表 8-10 中的数据是如何得出的？请给出演算过程。

5. 基于单因素模型，如果所有证券的平均非因素风险（$\sigma_{e_i}^2$）是 225，那么相对权数的 10 种证券的组合的非因素风险是多少？100 种证券呢？1 000 种证券呢？

6. 假设一个单因素模型的形式为

$$r_i = 4\% + b_i F + e_i$$

考虑三个充分分散化的组合，因素的期望值为 8%。

投资组合	因素敏感性	期望收益率（%）
A	0.8	10.4
B	1.0	10.0
C	1.2	13.6

有一个投资组合不在因素模型关系的直线上吗？哪一个？你能由其他两个组合构造一个组合，使其与"线外"的组合具有相同的敏感性吗？这样一个组合的期望收益率是多少？你希望投资者对这三个组合采取什么行动？

7. 基于单因素模型，假设无风险收益率为 6%，一个具有单位敏感性的投资组合的期望收益率为 8.5%。考虑具有下列特征的两种证券的一个投资组合：

证券	因素敏感性	比例
A	4.0	0.3
B	2.6	0.7

根据套利定价理论，该组合的均衡期望收益率是多少？

8. 什么是"唯一价格定律"，它在金融学领域的表现是什么？

【主要参考文献】

[1] 郑振龙，陈蓉. 金融工程（第五版）[M]. 北京：高等教育出版社，2020.

［2］保罗·威尔莫特，戴维·欧瑞尔. 金融方程式：数量金融的应用与未来［M］. 北京：机械工业出版社，2018.

［3］刘海龙. 证券市场的微观结构、套利定价与风险控制［M］. 上海：上海交通大学出版社，2019.

［4］滋维·博迪，亚里克斯·凯恩，艾伦·J. 马库斯. 投资学（原书第10版）［M］. 中文版. 北京：机械工业出版社，2017.

第九章

有效市场理论

【学习目的与要求】

通过本章的学习,掌握有效市场的定义、类型,理解市场有效性对投资者投资的影响,懂得市场有效性的理论基础,学会如何对市场有效性进行检验。

【学习要点】

有效市场的定义、类型及对投资者的意义;市场有效性与理性预期均衡;市场有效性的检验;有效市场理论的争论。

有效市场假说(Efficient Market Hypothesis,EMH)是现代金融市场理论中重要的概念之一。有效市场假说就是说股票价格已经完全反映了所有的相关信息,人们无法通过某种既定的分析模式或操作始终如一地获取超额利润。

第一篇讨论市场有效问题的著述可追溯到 Gibson(1889)。Gibson 曾描述过这一假说的大致思想(尽管当时还没有"有效市场"这一提法)。最早描述和检验随机游走模型的是法国经济学家 Bachelier。Bachelier(1900)认为价格行为的基本原则应该是"公平游戏",投机者的期望利润应为零。在 Bachelier 之后关于证券价格行为的研究并没有得到很大的发展,直到后来出现了计算机。Kendall(1953)在做了大量的序列相关分析后,发现股票价格序列就像在随机漫步一样,下一周的价格是由前一周的价格加上一个随机数构成。实际上,关于 Kendall 的结论,Working(1934)早已提出过,只是 Working 的论述缺乏像 Kendall 那样有力的实证研究证据。他们提出的股票价格序列可以用随机游走模型很好地描述的观点是建立在观察的基础上的,而并没有对这些假设进行合理的经济学解释。直到 Samuelson(1965)在仔细研究了随机游走理论之后,才揭示了有效市场假说期望收益模型中的"公平游戏"原则。Fama 是有效市场理论的集大成者,为该理论的最终形成和完善作出了卓越的贡献。Fama(1970)不仅对有关有效市场假说的研究做了系统的总结,而且提出了一个完整的理论框架。在此之后,有效市场假说蓬勃发展,其内涵不断加深,外延不断扩大,最终成为现代金融经济学的支柱理论之一。

第一节 有效市场理论概述

一、股票价格的随机游走与有效市场

股票市场价格（或其他证券价格）的涨落是否有迹可循，始终是投资者最为关心的问题之一。1953年，Kendall对股票价格的历史变化进行了研究，试图寻找某些变化规律。但令人惊奇的是，Kendall的研究表明，股票价格的变化完全无规律可循，他无法找到某种可以进行事前预测的股票价格变化模式。股票价格的波动完全是随机的。

股票价格的随机游走意味着价格变化是相互独立的，每次价格的上升或下降与前一次的价格变化毫无联系，对下一次的价格变化也毫无影响。股票价格的变化就像人们抛掷硬币一样，哪面朝上（升），哪面朝下（降），完全是随机的。Kendall对股票价格的历史变化进行了研究，研究发现：(1) 证券价格反映了所有已公开的信息；(2) 证券价格的变化是相互独立的；(3) 证券价格变化的概率分布与时间无关。

Kendall的这一发现乍看起来似乎令人惊奇，但仔细推敲一下，是证券市场的必然选择。假设某人确实找到了某种可预测股票价格未来变化的规律，那么无疑发现了一个可以轻松致富的秘诀，他只要按照这一规律的指引去买入、卖出股票，就会在短时间内成为世界上最富有的人之一。但是，这种神话在现实中是不可能存在的。如果这一规律确实存在并且可以为人们所发现、所学习，那么这一规律在短时间内就会失去意义。比如，某一规律表明目前价格为5元/股的甲公司股票将在未来三天内上升至10元/股，而所有的投资者在了解了这一情况后，都希望用5元或稍高一点的价格买入甲公司的股票。然而，所有持有甲公司股票的人显然不会同意以如此低廉的价格卖出自己手中的股票，其最终结果将是甲公司股票在很短的时间内就上涨到10元/股。也就是说，由规律带来的好消息将立即反映在股票价格上，而不是在一段时间之后才反映出来。

一般来说，投资分析家们是通过各种"信息"与"消息"来预测股票价格的未来变化的，而任何可能用于预测股票价格的信息都应该已经反映在股票价格上了。如前所述，当有消息表明某股票价格将要上涨时，人们会蜂拥而至购买该股票，从而促使股票价格迅速上升至相应的价位。因此，投资者能够得到的只是与股票风险相对应的合理的回报。

有效市场假说的提出是建立在许多有关资本市场的假设条件上的。这些假设条件包括：(1) 资本市场上有大量的相互竞争的、以利润最大化为目标的理性参与者，这些参与者都各自独立地对股票价值进行分析并作出投资决策；(2) 各种信息以一种随机的方式进入市场，而且每种信息公布之后的调整一般是互相独立的；(3) 资本市场上互相竞争的投资者都力图使股票价格能够迅速地反映各种新信息的影响，有时市场反应过度，有时市场则反应不足，但是在任一时点都无法进行预测。

二、有效市场假说的定义

在资本市场交易的过程中，交易者能够得到多大的回报，资源将朝什么方向流动，

在什么条件下实现及如何实现资源的重新配置和重新组合，取决于相应的资产价格。未来是不确定的，大量的经济、政治及社会因素都会直接或间接地、或强或弱地影响到特定资产未来的收益和价格。

并非所有这些信息都会影响特定资产价格，只有市场参与者获知了这些信息，并相信会影响到资本市场的供求时，即能影响市场参与者预期的信息时，才是有意义的。正是在这个基础上，1965 年，美国芝加哥大学尤金·法玛（Eugene Fama）在商业学刊上发表了《股票市场价格行为》一文，提出了著名的有效市场假说。该假说认为，在一个充满信息交流和信息竞争的市场中，一种特定的信息能够在证券市场上迅速被投资者知晓，随后，股票市场的竞争将会驱使证券价格充分且及时地反映该组信息，从而使得投资者根据该组信息所进行的交易不能获得非正常报酬，而只能赚取经风险调整后的平均市场报酬率。

专栏 9-1
有效市场假说之父——尤金·法玛（Eugene Fama）

法玛的成就在于他在 20 世纪 60 年代末开始了市场有效性方面的研究。所谓市场有效性问题是指市场价格是否充分反映市场信息的问题。

尤金·法玛是美国芝加哥大学金融学教授、美国艺术与科学学院的院士、计量经济学会会员、美国金融学会会员。1995 年，比利时的鲁汶大学授予法玛荣誉博士学位。法玛的研究兴趣十分广泛，包括投资学理论与经验分析、资本市场中的价格形成、公司金融、组织形式生存的经济学（the economics of the survival of organizational forms）。

尤金·法玛是第三代意大利裔美国人，生长于波士顿。在塔夫茨大学本科学习时，他擅长体育，主修法语，当时他的生活似乎与金融一点关系都没有，是一个偶然的机会把他带入了金融学世界。在本科时，他在一个教授那里做兼职，工作是建立描述股票价格的模型，在价格波动的基础上开发"买入"和"卖出"信号，通过分析过去的股价来预测未来的股价。虽然他建立的模型与过去的股价吻合得很好，但是那些模型都不能很好地对未来的股价进行预测，这使法玛非常困惑。这个困惑，加上他在建立模型中学到的技术，把他推进了芝加哥大学商学院的大门，并最终带领他进入金融的殿堂。在芝加哥大学，他获得了 MBA 学位（1963 年）和博士学位（1964 年），之后，一直在芝加哥大学进行教学、研究。在 40 多年里，法玛的研究工作一直处在金融学的最前沿。

他最重要的成就就是提出了"有效市场假说"。1968 年，《机构投资者》杂志刊登了他的文章《股票价格的随机游走》，这篇论文像一块巨石一样，震撼了整个金融界。在这篇文章里，他提出了意义深远的"有效市场假说"，直到现在每年依然有无数的论文在讨论"有效市场"的各种变形及其适用性。事实上，法玛的这个理论是为数不多的为华尔街所熟知的学术成果之一，所以在开始教书生涯的同时，法玛也成为了一位华尔街名人。"有效市场假说"认为，由于市场上的信息充分透明，对于任何人来说都不可能持续地战胜市场，得到超过市场平均收益的收益；而股票价格是随机的，那些所谓的市场预测家不可能持续地预测市场。

虽然"有效市场假说"遭到了很多金融学家的批判，人们发现了许多市场异象，难以为"有效市场假说"所解释，法玛依然对自己的杰作信心十足。他认为那些市场异象在他提出"有效市场假说"之前就已经在市场上存在了，只是在几十年前人们受到技术的限制而不能发现它们，最近人们在"有效市场假说"的启示下，大量应用计算机技术对大量的数据进行各种检验后才发现了它们。他认为这是科学发展的自然规律，一个基础性的理论总是会遭遇许多例外。但是，除非人们能够通过解读各种异常现象并提出一个可证伪的新范式来系统地代替原来的"有效市场假说"，否则"有效市场假说"的地位是不可能被动摇的。如果人们研究的目的只是给"有效市场假说"挑刺，那么他当然可以找到许多异象，但是这样的研究并没有意义，重要的是人们能不能创造出一个科学的理论来解释这些现象。

法玛基于价格与信息的关系，对资本市场有效性给出了一个颇有影响的描述性定义：如果证券价格充分反映了可得信息，每种证券的价格都永远等于其投资价值，则该证券市场是有效的。

《新帕尔格雷夫经济学大辞典》对市场有效性的解释是："若资本市场在证券价格形成中充分而准确地反映全部相关信息，则称其为有效率。规范言之，若证券价格并不因为向所有证券交易参与者公开了信息集 Φ 而受到影响，那么，就说该市场对信息集 Φ 是有效率的。而且对信息集 Φ 有效率意味着以 Φ 为基础的证券交易不可能获取经济利润。"[①]

在法玛的基础上，Malkiel（1992）从以下三个方面更全面、明确地定义了有效市场：（1）一个有效的市场应该充分准确地反映所有与决定价格相关的信息；（2）就某种特定的信息而言，如果将其披露给所有的市场参与者后，证券价格不会发生变化，则该资本市场是有效的；（3）若市场是有效的，就不可能以某种特定的信息为基础进行交易而获得经济利润。

按照上述定义，如果市场是有效的，就意味着：

（1）已有的相关信息得到充分利用，并被完全准确地反映到证券价格上。

（2）由于所有决定资产价格的信息都反映在价格中，因此，就不存在能够影响市场参与者预期但不为他们所知的信息。有效市场是均衡市场，在决定证券价格的相关因素稳定的条件下，证券价格不会剧烈波动，利用证券价格的波动的投机也无利可图。

（3）市场的均衡是通过市场参与者的选择而实现的。而市场参与者的选择又以信息为基础，人们不可能通过改变自己的选择来获得额外的预期利益。

法玛基于市场价格与信息的关系（或以价格是否反映相关信息为标准）定义市场效率，抓住了资本市场最重要的基本特征。但法玛的定义只是对市场运行结果的描述，没有说明在什么条件下信息能够完全反映在证券价格中（或通过什么途径能够提高市场效率），也没有为我们研究形成有效市场的过程提供更多的东西。

有效市场假说的意义体现在以下几个方面：（1）揭示了证券市场的特征，改变了人

[①] 史蒂文·N. 杜尔劳夫，劳伦斯·E. 布卢姆. 新帕尔格雷夫经济学大辞典（第二卷）[M]. 中文版. 北京：经济科学出版社，1996：128.

们对证券市场是无规律的认识。(2) 促进了金融理论的发展。没有有效市场大量的实证检验作后盾,以均衡为基础的资本资产定价模型(CAPM)的推理过程以及期权定价理论等都很难被迅速而全面地接受。(3) 实证研究所揭示的有效性、非有效性特征为研究新兴证券市场的发展状况提供了参照。通过比较新兴市场与发达市场的实证结果,可以发现两种市场在投资理性、市场规范、交易规则上的差异,为规范新兴市场提供了参照。

在20世纪60年代这一假说提出之后的10年内,有效市场假说无论在理论方面还是在实证检验方面,都取得了巨大的成功。学术上通过强有力的理论推理证明了这一假说的成立,更引人注目的是大量随之涌现的实证检验结果也几乎都支持这一假说。事实上,金融理论绝大多数的研究领域,尤其是证券分析理论,都是在这一学说及其应用的基础上建立起来的。有效市场假说的发源地——芝加哥大学俨然变成了世界金融理论的中心。迈克尔·詹森(Michael Jenson)曾经是芝加哥大学的研究生,同时也是有效市场假说的创立者之一,他在1978年声称:"迄今为止,没有任何一个经济学命题能像有效市场假说那样获得如此坚实的实证检验的支持。"

三、有效市场的类型

Harry Roberts 根据股票价格对相关信息反映的范围的不同,将市场分为三类:弱式有效市场、半强式有效市场和强式有效市场。后来,法玛又对这三种有效市场进行了阐述。

根据法玛的定义,有效市场中证券的价格充分反映了全部可以提供的信息 Φ_t。而且他把可提供的信息 Φ_t 分为三类:一是历史信息,通常指股票过去的价格、成交量、公司特性等;二是公开信息,如红利公告等;三是内部信息,指的是非公开的信息。

由此根据证券价格所反映的信息的不同,把有效市场假说分为三种不同的类型。

(一) 弱式有效市场

在弱式有效市场上,股票价格已经反映了所有的历史信息,如市场价格的历史变化状况、交易量的变化状况、短期利率的变化状况等。就预测而言,研究股价的历史序列没有用。弱式有效市场假说正是著名的随机游走理论。弱式有效市场假说意味着趋势分析等技术分析手段对于了解证券价格的未来变化情况、谋取利润是没有帮助的。由于股票价格变化等历史数据是公开的,也是绝大多数投资者可以免费得到的信息,因此,广大投资者会充分利用这些信息并使之迅速、完全地反映到证券市场价格中去。最终,这些信息由于广为人知而失去了价值。如果购买信息需要付费,那么这些成本将立刻反映在证券价格上。

因此,弱式有效市场是一个不可能通过分析历史价格进行买卖决策获得超额利润(除非靠运气)的市场。

(二) 半强式有效市场

半强式有效市场为,股票的当期价格不仅反映了历史价格中的所有信息,而且反映了被研究公司的所有可以公开获得的信息。金融分析师和投资者们努力搜寻并分析公开信息不会产生持续的超额收益。这种公开信息，如公司年报、公司公告、与公司股利政策相关的信息、即将进行股票拆分等信息等，对分析师没有持续价值。

实际上，半强式有效市场假说坚信，一旦信息为公众获得，就会立即被反映在股票价格中。尽管这种调整不能立即被证明是正确的，但是，不久后市场将正确地分析这一点。因此，分析市场将很难通过基本分析获取利润。

因此，半强式有效市场是一个不可能通过运用公开信息进行买卖决策获得超额利润（除非靠运气）的市场。

（三）强式有效市场

在强式有效市场，不仅公开信息对分析师和投资者没有用，而且所有信息对分析师和投资者都没有用。无论是公开信息还是"内幕信息"，都不能持续地获取超额收益。图9-1表明，随着投资者获得的信息不断增加，市场有效的程度也不断提高。

强式有效市场假说指出两个条件需满足：首先，连续的价格变化或收益变化是独立的；其次，这些连续的价格变化或收益变化服从相同的分布，即这些分布在各个时期重复出现。从实际角度来看，这似乎意味着，在随机游走的世界里，在任何时候，股票价格都充分反映了所有的公开信息，而且，当可以获得新的信息时，股票价格将立即调整，以反映新的信息。

当放松条件时，更一般的有效市场模型认为，市场也许存在某些缺陷，如交易成本、信息成本以及信息传递的滞后等。但是，更一般的有效市场假说指出，这些潜在的无效市场原本并不存在，以至

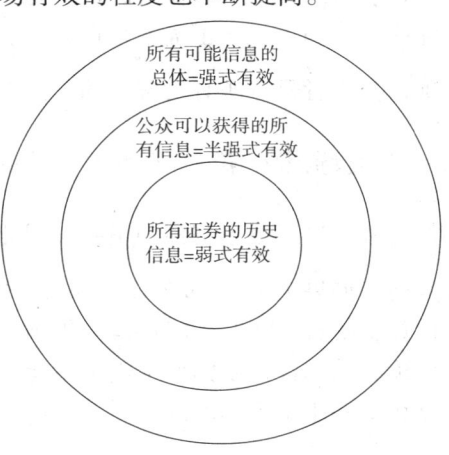

图9-1 市场有效的子集

于可能开发一种交易系统，它的预期收益或利润将超过证券均衡的预期收益或利润。一般地，我们把均衡利润定义为：通过采取简单的买入并持有策略而不是更加复杂的技术获得的利润。因此，我们发现随机游走模型代表了一个特殊的受限制的有效市场模型。

四、有效市场假说对投资者的意义

证券市场至少是半强式有效的，这强有力地表明，投资管理具有以下含义。

1. 股票价格不可能被预测，股票价格将受到当前未知的未来事件的影响。

2. 分析个股，企图找到价值被低估的股票，这不会提高投资组合的收益。获得信息的成本将可能抵消任何增加的收益。运用标准方法分析公开信息，确认业绩表现胜过市场的股票是极不可能的。

3. 交易成本应该最小化。投资者应当采取买入并持有策略，并尽可能地减少交易。

4. 在投资组合管理中应当采用规模经济原则。无论资金大小，寻找合适的证券需要付出相同的努力。因此，管理大额资金比管理小额资金更有效。

5. 最好的投资管理是被动式的。投资者宁可投资于长期持有的分散化的投资组合，

而不是企图挑选赢家和输家以及频繁地交易股票。这个投资组合的风险水平应当适合于特定投资者，而且，应当根据他们的风险偏好选择股票。还应当考虑投资者对税收和现金流的要求。

6. 在市场上，总是存在赢家和输家。投资者或基金经理在一定时期内的业绩表现战胜过市场，并不意味着市场是无效的。他们要么具有别人不具备的特殊能力，要么比别人更幸运。问题是确认谁在未来会战胜市场。

的确，关于一些投资者的成功，有许多令人误解的逸事、证据。可能有人认为他们的业绩纯属幸运。思考一个简单的模型，其中，有一半时间股票市场的年收益超过国库券（上涨市场），而另一半时间股票市场的年收益低于国库券（下跌市场）。许多投资者都试图预测股票市场上涨或下跌，并相应地采取行动。即使在有效市场中，在任何一年里，也大约有一半投资者的预测是正确的，而另一半投资者的预测是错误的。第二年，那些在第一年预测正确的投资者中有一半投资者在第二年也正确。因此，两年都预测正确的投资者只占所有投资者的 $\frac{1}{4}$（即 $\frac{1}{2} \times \frac{1}{2}$）。在这些"存活"下来的投资者中，大约有一半的投资者在第三年仍然是正确的，这样，所有投资者中总共有 $\frac{1}{8}$（即 $\frac{1}{2} \times \frac{1}{2} \times \frac{1}{2}$）的投资者在这三年里都预测正确。因此，可以发现，$\left(\frac{1}{2}\right)^T$ 的投资者在 T 年中都预测正确。因而，如果 $T=6$，那么有 1/64 的投资者在六年中都预测正确。按中国有 6 400 万投资者计算，就有 100 万人能连续六年预测准确。这是一个相当大的比例！但是有人认为，他们预测正确仅仅是因为他们很幸运，而不是他们技巧娴熟。因为，没有人知道，谁的预测在下一年是正确的。

第二节　市场有效性与理性预期均衡

一、有效市场假说的假定

有效市场假说是建立在三个强度渐次减弱的假定之上的。

（1）投资者是理性的，因而可以理性地评估证券的价值。

这个假定是最强的假定。如果投资者是理性的，则他们认为每种证券的价值等于其未来的现金流按能反映其风险特征的贴现率贴现后的净现值，即内在价值。当投资者获得有关证券的内在价值的信息时，他们就会立即作出反应，买进价格低于内在价值的证券，卖出价格高于内在价值的证券，从而使证券价格迅速调整到与新的净现值相等的新水平。

投资者的理性意味着不可能赚取经过风险调整的超额收益率。因此，完全理性的投资者构成的竞争性市场必然是有效市场。

（2）虽然部分投资者是非理性的，但他们的交易是随机的，这些交易会相互抵消，因此，不会影响价格。

这是较弱的假定。有效市场假说的支持者认为，投资者非理性并不能作为否定有效市场的证据。他们认为，即使投资者是非理性的，在很多情况下，市场仍可能是理性的。例如，如果非理性的投资者是随机交易的，这些投资者的数量很多，他们的交易策略是不相关的，那么他们的交易就可能互相抵消，从而不会影响市场效率。

（3）虽然非理性投资者的交易行为具有相关性，但是理性套利者的套利行为可以消除这些非理性投资者对价格的影响。

这是最弱的假定。Sharpe 和 Alexander 把套利定义为："在不同市场，按不同的价格同时买卖相同或本质上相似的证券。"例如，由于非理性的投资者连续买进某种证券，该证券的价格高于其内在价值。这时，套利者就可以卖出甚至卖空该证券，同时买进其他本质上相似的证券以对冲风险。如果可以找到这种替代证券，套利者就能对这两种证券进行买卖，就可以赚取无风险利润。由于套利活动无须资本，也没有风险，套利活动将使各种证券价格迅速回到其内在价值的水平。

从上述假定可以看出，有效市场需要如下必要条件：

（1）存在大量的证券，以便每种证券都有本质上相似的替代证券，这些替代证券不但在价格上不能与被替代品一样同时被高估或低估，而且在数量上要足以被替代品的价格拉回到其内在价值的水平；

（2）允许卖空；

（3）存在以利润最大化为目标的理性套利者，他们可以根据现有信息对证券价值形成合理判断；

（4）不存在交易成本和税收。

当投资者是理性的时候，他们能确定出每种证券的基本价值（fundamental value），即证券未来的现金收入流量（cash flow）经风险折合调整后的净现值。当投资者知道各种证券的基本价值后，他们会对影响证券的各种信息快速作出反应，当有利好消息时，他们会抬高价格，而当有利空消息时，又会压低价格。这样，信息变化会在证券价格上及时得到反映，证券价格会随着新的现金收入流量净现值的变动调整到相应水平。萨缪尔森（Samuelson，1965）和曼德尔布朗特（Mandelbrot，1966）证明了上述第一条假定中的部分内容。他们指出在一个由理性的风险中性投资者组成的竞争市场中，因为证券的基本价值和价格是遵循随机游走（random walk）规律的，所以收益是不可预知的。此后，经济学家们对风险回避型投资者在如下两种情况下对证券有效价格的影响作出了具体分析：（1）风险水平随时间的变化而变化；（2）风险水平随投资者承受风险能力的变化而变化。在那些更为复杂的模型中，证券价格也不再被认为是遵循随机游走规律的。但是，投资者的理性仍然意味着要获得经过风险调整后的超额收益是不可能的，就像法玛在1970年指出的那样。所以，在由完全理性投资者组成的市场中，有效市场假说是第一个也是最重要的一个竞争性市场出现均衡时所得到的结果。

很明显，有效市场假说成立与否并不依赖于投资者的理性。在许多情况下，尽管投资者并非完全理性，市场仍然被认定是有效的。一种被经常讨论的情形是，非理性投资者在市场中的交易是随机进行的。当许多这种类型的投资者存在且他们的交易策略相互独立时,他们之间的交易很可能会抵消掉他们的错误。在这种市场中,尽管非理性投资者相互之间的交易量非常大,但证券价格却一直保持在基本价值附近。因为要依赖于非理性投资者的交易策略没有相关性这一关键假设,所以这一论点有很大的局限性。但是,即使投资者的交易策略是相关的,有效市场假说的结论仍然能成立。

米尔顿·弗里德曼(Milton Friedman,1953)和法玛(1965)对套利行为的分析就证明了这种情形。在所有的经济学论点中,这是一个在直觉上引人注目且似乎正确的观点。教科书(Sharpe and Alexander,1990)中对套利的定义是:"在两个不同的市场中,以有利的价格同时买进和卖出同种或本质相同的证券的行为。"假定有一种证券(比如某只股票),由于被入市不深或非理性的投资者相互关联的抢购"哄抬",其价格已经超过基本价值。购买这种证券显然是一种错误投资(a bad investment),因为其价格已经超过了经过风险调整后的未来现金收入流量或红利收入的净现值。察觉到这种价格高估,聪明的投资者或套利者将卖出甚至卖空这种高价证券,同时买进本质相似的其他证券进行风险对冲。如果能找到这种可替代的证券,套利者又能对之进行买卖,则他们一定有利可图,因为他们在卖出高价证券后,同时又买进了同样或相似的价格偏低的证券。这样买卖的结果是使得被高估的证券价格回到其基本价值上。事实上,如果可替代证券存在,套利者之间的逐利竞争又使得他们的行动非常迅速高效的话,证券价格是不可能较大地偏离其基本价值的,套利者也无法获得多少超额收益。这同样适用于价值被低估的证券。为了获取利润,套利者在买进价格低估证券的同时,会卖出本质相同的其他证券来对冲风险,这样就阻止了证券价格大幅度或长期的低估。尽管有非理性的投资者存在,并且他们的需求是相互关联的,只要有近似的可替代证券,通过套利就能使证券的价格与其基本价值保持一致。

套利行为还包含更多的含义。从某种意义上说,由于非理性投资者买进价格高估的证券而放弃价格低估的证券,因此,他们所获得的收益要低于其他采用被动策略的投资者(passive investor)或套利者。相对于他们的同类来说,缺乏理性的投资者总在赔钱。像弗里德曼(1953)指出的那样,他们不可能永远在亏损,这些人的财产会一天天减少,最终他们会从市场中消失。即使套利者不能及时消除这些人对证券价格的影响,市场力量也会减少他们的财富拥有量。从长期来看,因为竞争的选择和套利的存在,市场的有效性会一直持续下去。

如此周密而强有力的理论论证使人对有效市场假说的印象很深。当人们都是理性的时候,市场当然是有效的。当一些人是非理性的时候,交易的大部分或全部发生在他们自己之间,所以,即使没有理性投资者的抵消力量存在,非理性行为对价格的影响也是非常有限的。但实际上这种抵消力量确实存在并发挥作用,所以价格也就更贴近基本价值。套利者之间为获取超额利润的竞争会使价格非常迅速地回归到与基本价值相一致的水平上。尽管在某种程度上,非理性投资者"勉强"在与基本价值不同的价格水平上进行交易,他们伤害的也仅仅是自己,最后倒霉也是咎由自取。不仅理性的投资者,而且市场力量自身也会使金融市场具有有效性。

二、市场有效性的理论基础

对市场有效性的研究,无论是理论研究还是实证研究,首先必须对有关市场运行的模型作出假设。现代经济学一般都是在市场均衡的前提下对问题进行研究的,对市场有效性的研究也不例外。市场有效性研究的是由具有不同信念和信息的投资者组成的经济的均衡价格和配置。从对市场有效的各个层次的定义我们知道,市场有效意味着市场价格对一定信息集的有效反映。这表明,在研究市场有效性时所假设的市场均衡中,价格具有揭示信息的功能,这种市场均衡正是理性预期均衡。

理性预期理论是约翰·缪斯(John Muth)在20世纪60年代初提出的。理性预期理论认为人们对未来的预期不仅依赖于过去的经验,而且与所有可以收集到的信息有关,即人们对未来的预期和人们依据一切可以收集到的信息所作出的最优预测相同。

理性预期均衡模型是我们研究市场有效的微观理论基础。下面我们就来讨论在理性预期均衡的框架下是怎样对市场有效进行描述的。

以一个两时期的经济为例,我们可以将这个两时期经济看做是从一个多期经济中抽取出来的。在时期0,市场中各个体的私人信息集为 Y_i($i=1,2,\cdots,I$)。那么,在时期0,市场中客观存在的可以利用的信息集为 $\cup_i Y_i$。这个信息集包括了市场中所有的信息,既包括了证券的历史价格和历史收益信息,也包括了各种公开披露的信息以及内部人信息。在这个信息集下,在时期1,风险证券的价格 $\tilde{p}_1$ 的分布密度函数为 $f(p_1|\cup_i Y_i)$。

在市场中,每个个体根据自己的信息集以及均衡价格所传递的信息形成自己的决策。因此,个体的信息通过均衡价格产生了相互的作用,由此形成了市场的信息集 Φ_m,这个信息集也决定了时期1风险证券的价格 $\tilde{p}_1$ 的分布密度函数为 $f_m(p_1|\Phi_m)$。这个密度函数是对经济中个体信念及其相互作用的结果,体现了市场作为一个整体对证券价格走势的看法,我们称之为市场信念。基于这个市场信念,通过一定的市场均衡模型,我们就可以确定证券在时期0的价格 p_0。

一个强式有效的市场意味着市场均衡价格完全揭示了市场中的所有私人信息,这表明市场信念是对所有个体信念的有效加总,即

$$\Phi_m = \cup_i Y_i$$

从而有

$$f_m(p_1|\Phi_m) = f(p_1|\cup_i Y_i)$$

我们想知道的是在什么条件下,市场是强式有效的?在讨论这个问题之前,我们首先在理性与理性预期均衡的框架下,重新给出一个市场对于一个信息集有效的规范表述。

定义:市场被称为是相对于信息集 Ψ 有效的当且仅当在给定的理性预期均衡价格函数 $p(\cdot,\omega)$ 时,信息集 Ψ 满足如下条件:

对所有的 i,$\Psi \subset \{Y_i \cup p(\cdot,\omega)\}$

其中,$\{Y_i \cup p(\cdot,\omega)\}$ 代表包含个体 i 的私有信息 F_i 和价格函数反映的信息组成的信

息集。

信息集 $\Psi \subset \cap_i Y_i$ 代表所有投资者的共同信息,因为它包括了所有投资者在时期0一致同意的事件集,因而是一个交集的符号。依定义,证券市场的理性预期均衡价格是相对于此信息集有效的,因而对所有的 i, $\cap_i Y_i \subset \{Y_i \cup p(\cdot, \omega)\}$。

市场能够相对有效的最大的信息集为 $\{(\cap_i Y_i) \cup p(\cdot, \omega)\}$。这个集合包含了共同信息和价格揭示的信息。由于价格数据和共同信息是每个投资者都可得到的信息,因此这个信息集又被称为公共信息。对于一些特殊的经济,公共信息 $\{(\cap_i Y_i) \cup p(\cdot, \omega)\} = \cup_i Y_i$,也就是说,价格反映了所有投资者可以得到的信息。由于价格反映每个投资者的私人信息,这样的均衡被称为完全揭示的资本市场的理性预期均衡。$\{(\cap_i Y_i) \cup p(\cdot, \omega)\} = \cup_i Y_i$ 正是市场强式有效的必要条件。

因此,我们知道,如果 $\{(\cap_i Y_i) \cup p(\cdot, \omega)\} = \cup_i Y_i$,即市场价格完全揭示所有投资者的信息,那么市场是强式有效的。同样,如果信息集 $\{(\cap_i Y_i) \cup p(\cdot, \omega)\}$ 中包括了历史价格变动所反映的信息,那么市场是弱式有效的。如果信息集 $\{(\cap_i Y_i) \cup p(\cdot, \omega)\}$ 不仅包括历史价格变动所反映的信息,而且还包括了与证券相关的所有公开信息,那么市场是半强式有效的。

从上述可以看出,理性预期均衡是研究市场有效的微观理论基础。市场有效说明市场均衡价格反映了相应的信息,如果没有新信息的到来,证券价格应该保持不变。这正是理性预期均衡所描述的状态。可以说,有效市场假说是理性预期理论在金融学中的平行发展,即有效市场假说是金融市场中的理性预期。

三、影响市场有效性的因素

(一)证券价格与资产价值

证券市场不仅为相关证券资产确立了投资价值,更重要的是反映了它所代表的实物资产的价值。如果市场是无效的,资产价格就可能偏离资产的真实价值。因此,有效市场理论本质上就是资产价格或价值理论,旨在说明在什么条件下,市场价格反映资产的内在价值(或什么是资产的内在价值)。

(二)信息与套利行为

资本市场的效率源于对信息的开发和利用。搜集和处理信息所花费的时间、精力或其他资源,构成交易者的信息成本。一般来说,信息成本与信息的充分性和准确性成正相关关系。大规模交易者或机构交易者愿意支付更高的信息成本,提高正确预期概率,获取信息方面的规模经济。而中小投资者无力也不愿投入过高的信息成本。

市场参与者获取信息,是为了运用信息在套利中获取投资收益。正是通过他们的套利活动,信息被反映到相关的资产价格中。因此,套利活动是市场有效的必要条件。

(三)资本市场结构与竞争效率

对资本市场结构的分析,一般是从产品特点、市场集中度、市场流动性、信息条件和市场主体行为五个方面进行的。在不同的市场条件或市场环境下,会有不同的信息获取方式和套利行为,从而会获得相应的效率。现就市场主体的理性行为对资本市场效率做简要分析。

有效市场理论认为，套利活动是形成有效市场的重要前提，而成功的套利是以套利者的理性行为为前提的。这意味着：（1）套利者是相关资产的排他性产权主体，能自主决定交易行为，承担风险。为了谋求利益最大化，套利者会努力挖掘和获取尽可能多的相关信息，积极从事套利活动，力求规避和分散风险。（2）套利者能够获得尽可能多的、正确的相关信息，通过分析形成理性的预期，并基于这种预期从事套利行为。推动价格趋向真实价值，否则市场将充满"噪音"，使价格远离真实价值。有效市场理论承认，交易者能否形成理性预期，取决于交易者能否通过公开信息及交易过程获得足够的正确信息，也取决于交易者对信息的分析和处理能力或研究水平。

有效市场理论认为，一个有效的资本市场应该是一个低度集中和高度流动性的市场（大量的参与者、可供交易者连续选择的替代性资产、无技术性和制度性壁垒、无退出市场的限制、无市场垄断者等）。更进一步地说，流动性的证券市场，意味着一种资产能够低成本地转换成另一种资产。那么，对任何相关信息的出现，投资者都会及时作出反应，通过改变自己的投资组合以及影响特定证券资产工具的供给和需求，在价格的微调中反映这些信息。反之，若市场缺乏流动性，意味着要付出一定的成本，才能将一种资产转化为另一种资产，调整资产组合。当调整的成本大于收益时，投资者就不会根据信息作出及时的调整，将这些信息反映到市场价格中。

第三节 有效市场假说的检验

一、有效市场假说面临的测试问题

有效市场假说并未被投资者广泛接受，其中争论较多的问题之一就是证券分析究竟可以在多大程度上改善投资成果。而当进行这一争论时，人们面临着以下几个难以解决的问题。

1. 数量问题。假定某基金管理公司管理着价值为 20 亿元人民币的资金，该公司通过努力仅能使基金收益率水平高于市场收益水平（设为 1%），即多带来 0.01×20 亿 = 2 000 万元的收益。但是，从统计学的角度看，市场本身就存在着涨落，尽管 2 000 万元从绝对数上看是一个不小的数字，但从 20 亿元资金和市场涨落的幅度来看，人们很难将基金管理者的真实贡献从偶然的市场涨落中分离出来。

2. 选择偏差。如果某个投资者确实掌握了某种投资分析方法可以帮助他在证券市场上日进斗金，那么这个投资者不大可能把这一方法公之于众。相反，他会对这一方法严加保密，以使自己能够在证券市场上获得更多的收益。而那些经过研究发现各种投资分析方法均不能从证券市场上获取超额收益的人，才愿意公布其研究成果并说明市场是有效率的。因此，在证券市场效率的研究中，人们得到了更多的关于支持这一假说的证据，获得的反对这一假说的证据较少。特别是在对证券组合管理人员挑战市场，选择证券的能力的评判方面，这一问题表现得更加明显。

3. 小概率事件问题。在证券市场上，人们时时可以听到某些投资者因证券选择准确而获得厚利的消息，甚至还涌现了一些常胜将军。但是，这些投资者的成功是否能从反面验证有效市场假说的错误呢？结论并不那么简单，这种投资者的成功可能是小概率事件发生导致的。一些投资者纯粹因为幸运较多地猜中了价格的变化，从而成为赢家，而另一些投资者因为不幸而较多地猜错了价格的变化，从而成为输家。如何将真正的赢家从小概率事件中区分出来，是讨论市场效率时遇到的一个难题。

二、市场有效性检验存在的几个问题

理性预期均衡为市场有效的研究提供了一个很好的理论基础，有了这个基础，我们就可以对市场有效性进行实证检验。市场有效性检验存在以下几个问题。

首先，任何对市场有效性的检验必须假设一个证券收益为正态分布的均衡模型。市场有效性被拒绝，可能是因为市场非有效性或者所假设的均衡模型不正确。这个关联假设问题意味着在这种情况下的市场有效性可能永远也不能拒绝。

其次，完美有效是一个不现实的分析基准，在实践中不可能成立。即使在理论上，格罗斯曼和斯蒂格利茨（S. Grossman and J. Stiglitz, 1980）也证明了如果搜集和处理信息要耗费成本，异常收益就存在。搜集和处理信息的费用需要由这些收益加以补偿，如果考虑到这些费用，这些收益就不再是异常收益。在一个大的、流动性高的市场中，信息成本只可能解释很小一部分异常收益，但是即使这些成本能被准确地衡量，我们也很难分辨这部分异常收益究竟是多少。

相对有效——一个市场以另一个市场来衡量的有效性，例如，纽约证券交易所相对于巴黎证券交易所、期货市场相对于现货市场、拍卖市场相对于交易商市场等，或者一个现实的市场相对于一个理想的市场——可能是比传统市场有效文献中"一刀切"的市场有效概念更为有用的概念。

通过类比，我们很容易看出相对有效比完美有效更为实用。在物理中经常会给出以燃料转化为有用功的相对比例来衡量的效率。一个活塞发动机的效率为60%，意味着平均而言，发动机中燃料的60%的能量被用来转动机轴，40%的能量耗散在其他形式的功上，比如热、光、噪声等。很少有工程师会试图通过统计方法检验发动机是否完美有效，这样的发动机只存在于理想中的、无摩擦的世界里。但衡量相对效率——相对于无摩擦的理想世界的效率，是他们常见的做法。我们的确可以衡量许多像空调、热水器、冰箱等家用电器做功的相对效率。同样市场有效性是一个在经济学上不现实的理想状态，但它是衡量相对有效的一个有用的基准。

鉴于以上原因，我们不能纯粹从市场有效本身的含义出发去检验市场有效，必须使用对市场有效和市场均衡的联合假设进行检验的统计方法。对于市场有效，我们更好的选择是测算相对有效程度而不是检验市场是否有效。

1979年，Westand Tinic将证券市场效率划分为两类：一类是"内在效率"，另一类是"外在效率"。所谓内在效率，也就是证券市场的运行效率，即证券市场能否在最短的时间内以最低的交易成本为交易者完成一笔交易，它反映了证券市场的组织功能和服务功能。所谓外在效率,是指证券市场的资金分配效率,即市场上证券价格能否根据有关信息作出及时、快速的反应,因而又可称为信息效率。可见,外在效率与前面定义的市场有效性是一致的。由于在有效市场上只有新的信息才能影响证券价值,而信息又是随时、随机地进入市场,买卖双方都会对这些信息迅速地作出反应,而且有效市场具有充分的广度、深度和弹性,没有人能操纵市场,左右证券价格。因此,证券价格具有以下特点:(1)价格围绕价值随机波动,表现为价格与价值偏差的随机性。(2)证券价格能及时迅速地反映新信息。新的信息一旦公布,投资者会立即对新的信息进行分析,并与自己的预期进行比较,重新估计证券的价值,并由此作出投资决策,从而使新的信息迅速反映在证券价格中,价格又将围绕这一新的价值随机波动,直到新的信息进入市场。(3)价格变量的概率分布是对其均衡价格的无偏估计。这是因为,在有效市场上没有人能操纵市场,当一些投资者错误估计了信息对价值的影响时,其他的投资者则会立即意识到这点,并进行证券的买卖使价格向均衡价格回归,并围绕价值随机波动。测试证券价格的随机游走特性也就成为检验市场有效性尤其是弱式有效性的常用方法。

三、弱式有效市场的检验

市场的弱式有效是较容易检验的,弱式有效市场也是人们最早进行实证检验的效率市场形式。我们前面提及的 Kendall 的研究和 Roberts 的研究,是这方面所进行的较早期的工作。

弱式有效市场强调的是证券价格的随机游走,不存在任何可以识别和利用的规律。因此,对弱式有效市场的检验主要侧重于对证券价格时间序列的相关性研究,具体来讲,这种研究又分别从自相关检验、游程检验、滤子检验和相对强度检验等不同方面进行。

(一)自相关检验

时间序列的自相关是指时间序列的数据前后之间存在着相互影响(相关),如果股票价格的升降对后来的价格变化存在着某种影响,那么在时间序列上应表现出某种自相关关系。但对股票价格的时间序列自相关性的研究表明,价格变化并不存在这种自相关关系,即使少数交易量和交易次数较少的股票价格的自相关系数稍大,仍无法用于价格预测。关于股票价格变化的自相关研究肯定了随机游走理论的正确性。

法玛在 1965 年检验了股票价格是否存在"趋势",即是否存在连续上升或连续下降的自相关现象(比如,如果过去三天股票价格连续上涨,是否我们有较大的把握判定股票价格在第四天会继续上升?)。法玛将道琼斯 30 种工业指数股票分为正向变化、负向变化和零变化三组,以检验是否存在可利用的趋势。他的研究表明,并不存在与弱式有效市场相矛盾的现象。尽管股票价格变化存在着轻度的自相关,但这种趋势很弱,考虑到证券交易成本,这种趋势不能够被用来谋取超额利润。

Conrad 和 Kaul(1988),以及 Lo 和 Mackinlay(1988)利用更先进的统计分析方法进一步证实了法玛的结论。他们对纽约股票交易所股票的周收益率进行了研究,发现在短期内股票价格变化存在着正的自相关。但正如法玛所指出的,这种自相关很微弱,并不足以用于交易谋利。

(二) 游程检验

序列相关检验一个很明显的缺点在于相关系数受到极值的影响。也就是说，在序列中，极大值或极小值或极大极小值可能过度地影响相关系数的计算结果。为了克服这个可能的缺陷，可以用非参数的游程检验，它仅考虑相邻两期的股票收益的符号，而不考虑其绝对值的大小。

游程检验是一种非参数统计检验方法，这一方法将股票价格的变化方向用正负号来表示，价格上升为正，价格下降为负。例如，观测到连续交易的股票价格为

| 价格 | 100 | 104 | 97 | 94 | 93 | 109 |
| 价格变化 | | 4 | −7 | −3 | −1 | 16 |

这样，就有下面的股价变化符号序列：

$$+ \quad - \quad - \quad - \quad +$$

相同符号连续出现称为一个趋势。在上面的例子中，有三个趋势：第一个趋势包含一个元素；第二个趋势包含三个元素；第三个趋势包含一个元素。如果股价正相关，那么可以期望有较长期的趋势存在。于是，在这种情况下，任何观测到的股票价格序列可以被分成很少的几个趋势。如果股票价格变化是负相关的，那么应该是一个典型的股价行为方式"$+-+-+-+-+-\cdots$"，即价格上扬连接着价格下跌，反之相反。如果股票价格变化是相互独立的，则观测不到前面极端的情形。

如果股票价格变化的自相关性较强，应能看到一个较长的同号序列，表示价格的连续下降或连续上升。但研究者们并未发现这种序列，因此，这一检验也肯定了随机游走模型。

(三) 滤子检验

迄今为止，检验随机游走的实证检验都企图直接检验连续价格或收益变化实际是否独立，或者从统计术语看，这些序列的相关系数在统计上是否显著异于0。如果这些序列不相关，那么可以推断：股票价格变化似乎是随机的。然而，有必要简单地讨论检验随机游走假说的另一种不同但更直接的方法。这种检验被归纳为滤子检验，它曾被用来直接检验特定的机械般的交易策略。换句话说，这类交易策略不必进行推断，因为这种方法的目的是直接检验特定交易系统的有效性。

其中，有一种检验是基于一个前提进行的，即一旦证券价格波动幅度超过了给定的百分比，它将沿着相同的方向继续变动。下面给出了这个规则：

如果证券的价格上涨超过了$X\%$，那么买入证券；而当证券价格从上涨后的高价位下跌了$X\%$时，卖出或卖空证券。空头则应该维持到价格从底部上涨$X\%$时再回补空头或买入该证券。其中X可以取不同的值，利用历史价格数据进行检验，观察这种交易策略的平均收益是否能有效地高于买入并持有策略的收益。

在X值比较大时，交易次数较少导致的错误信号较少，但是也会降低潜在利润，因为投资者错过了价格变化的初始部分。相反地，当X值较小时（低滤子）将会有较多的

交易机会，但也会面临更多的不利因素，如进行大量交易、交易成本较高，另外还要经常处理虚假信号等。

（四）相对强度检验

相对强度检验也是模拟证券投资过程对随机游走理论进行检验的。检验者首先选择一个与股票价格变化有关的指标，然后按照这一指标数值决定买入和卖出某种股票的数额。比如，Levy 选用 $PR_{jt} = P_{jt}/\bar{P}_{jt}$ 作为指标，其中 P_{jt} 是 j 股票在 t 时刻的价格，$\bar{P}_{jt}$ 是 j 股票在 t 时刻之前 27 周的价格平均值。他同时决定将 PR_{jt} 达到极大值作为买入股票的信号，并设计了多种比例，以决定在 200 种样本股中各股票的买入比例。Levy 发现，如果将 200 种股票中 PR_{jt} 最大的 5% ~ 10% 的股票买入，收益率可高达 20% ~ 26.1%，比一般投资者获得的 13.4% 的收益率要高。但后来 Jensen 等人发现 Levy 的研究有某些错误，利用与 Levy 所使用的完全相同的样本和交易方法，Jensen 等人发现加上风险调整因素，以及交易成本的影响，上述方法的投资收益率要比一般投资者获得的投资收益率低 2.6% ~ 3.1%。

四、半强式有效市场的检验

弱式有效检验仅注重股票过去价格的信息。半强式有效检验涉及所有公开可获得的信息，当然，包括股票价格。如果市场是半强式有效的，那么所有公布的信息，如年收入、现金股息、公司管理层的变化，都全部反映在股价上。公开可得的信息很庞杂，所以不可能使用所有的信息源来检验市场效率。在对市场半强式有效的实际检验中，通常是选择对股票有主要影响的信息，比如配股、股票分割、红利发放、财务报告等。

事件研究（event study）是研究证券价格的一种经常使用的实证方法。事件研究的目的是判断证券持有人在对特定事件出现的信息作出反应时是否获得了超额收益。一个事件可能与公司发布的特定信息（例如盈利公告）、政府行动（例如税法修改）或其他可能导致证券重新估价的定义良好的信息相关。事件分析将注意力集中在事件期（event period），即与事件相关的信息到达市场参与者的时期。超额收益是事件期内观察到的收益与预期收益之差。

超额收益分析实质上是预测误差分析。预期收益是事件期的预测收益，其中，经常使用基期的数据进行预测。选择基期是为了代表事件没有发生时证券的特定收益。基期可能是事件发生之前或事件发生之后或事件发生之前和之后的时期。最基本的是保证基期不受特定事件的信息的干扰。

事件研究的实际操作要比想象的困难得多。因为在任何一天，股票价格往往同时受到多种事件的影响，如通货膨胀率的变化、利率的变化、公司盈利状况的变化等。要想从这诸多事件中寻找出某一事件，分析其对股票价格的单独影响，是相当困难的。因此，在进行事件研究时，必须对样本的选取、数据的处理和模型设计等作出精巧合理的安排，才有可能得出有意义的结论。

事件研究是以资本资产定价模型作为出发点，其具体步骤有以下几个。

第一，将资本资产定价模型写成单指数模型形式：

$$r_{jt} = \hat{\alpha}_j + \hat{\beta}_j r_{m,t} + e_{jt} \tag{9.1}$$

式中：r_{jt} 为 j 股票在 t 时刻的收益率；$\hat{\alpha}_j$ 为常数；$\hat{\beta}_j$ 为 β 的估计值；$r_{m,t}$ 为 t 时刻的市场报酬率；e_{jt} 为公司因素对收益率的影响。

第二，在有关事件发生前选取一定时间间隔（如事件发生前180天至事件发生前30天）的数据，利用式（9.1）回归计算出 $\hat{\alpha}_j$ 和 $\hat{\beta}_j$ 的估计值。

第三，利用事件发生前一段时间（如 $t=-30$ 至 $t=0$）和事件发生后一段时间（如 $t=1$ 至 $t=9$）的数据，用已估算出的 $\hat{\alpha}_j$、$\hat{\beta}_j$ 的值和公式：

$$\hat{r}_{jt} = \hat{\alpha}_j + \hat{\beta}_j r_{m,t} \tag{9.2}$$

计算出 j 股票收益的期望值 $\hat{r}_{jt}$。

第四，用这期间内每天股票收益的实际值 r_{jt} 减去期望值 $\hat{r}_{jt}$，算出残差项：

$$e_{jt} = r_{jt} - \hat{r}_{jt} \tag{9.3}$$

如果 $e_{jt} > 0$，表明实际收益大于预期收益，即事件发生后股票价格的增加大于预期的增加值。

第五，对所有的样本股票计算每日收益残差项的平均值：

$$\bar{e}_t = \frac{1}{n} \sum_{j=1}^{9} e_{jt} \tag{9.4}$$

第六，将 $t=-30$ 到 $t=9$ 这40天内的平均残差相加，得到累积平均残差：

$$CAR = \sum_{t=-30}^{9} \bar{e}_t \tag{9.5}$$

如果事件发生后股票价格没有发生意外变化，累积残差项应围绕零值波动，且平均值为零。如果事件发生前后股票价格确有意外变化，则累积残差项将有所反映。累积残差项通常被称为累积额外收益。

五、强式有效市场的检验

强式有效市场是指假定所有的信息，无论是公开还是私有的信息都反映在现行股票价格上。因为弱式、半强式有效检验涉及的是公开可得的信息，检验强式有效性自然要利用非公开信息。不过，很难完全界定这种信息或者辨别哪些投资者有获取这种信息的渠道。一般认为，公司的知情者是非公开信息的拥有者，包括持有相关公司大量可交易股票的投资者和公司本身的管理层成员。证券法规比较完善的国家，一般要求知情者必须公开自己的交易量。如果知情者确实有渠道获取非公开信息，那么我们就期望能观察到知情者在股票价格上升前买入股票并在价格下跌前卖出股票。这种交易策略能给知情者带来超额报酬，而这种超额报酬的取得是这些知情者利用非公开信息的结果。早期的对知情者的超额收益的检验表明，知情者确实能够利用其私有信息赚取超额收益，这一结果表明市场是强式低效率的。

值得说明的是，市场的强式有效一般通过考察共同基金的业绩予以检验，共同基金的经理们有渠道获取一些非公开的信息以及所有公开的信息。如果共同基金显示出超额的收益，那么我们就断定它们具有运用公开信息的卓越才能，或者拥有非公开的信息。

如果共同基金的业绩不超过市场，我们就不能断定市场是否是强式有效，因为共同基金可能没有获取非公开信息的渠道。大量的经验研究表明，共同基金不能赚到超额收益，所以结论是市场强式有效或者共同基金不拥有任何特权信息。因为有研究证实知情者确实能获得超额收益，所以，利用共同基金的收益进行的检验其实就成为对共同基金是否拥有特权信息的检验。对共同基金的检验之所以非常普遍，是因为数据资料很容易得到。但是由于其结论的模糊性，这种检验并不是最适用于检验强式市场有效性的方法。

另外，投资者通常认为市盈率（每股价格/每股收益）低的股票比市盈率高的股票所得的收益高。这样，市盈率一直被认为是一种企图利用可能的市场低效率的投资策略，在很长的一段时期内，市盈率被认为是一种公开信息，所以，市盈率曾经被用来检验市场的半强式有效。

但是，市盈率中的分母——每股收益并不是一种公开的信息，一般来讲，某一年度的公司年报要在下一个年度的几个月之后才能公布，所以采用市盈率滤子的投资者一般不能在此之前作出基于市盈率的投资决策。经验丰富的投资者和公司的知情者有渠道在公开宣布公司收入之前获得这一信息，他们可能在公报公布前一两个月就作出了基于市盈率的投资决策。

我们按照年报中的公司收益来计算市盈率并据此对股票进行分类，如果市场是半强式有效的，我们就期望年报公布日之后低市盈率的股票不能获得超额收益；如果市场是强式有效的，我们就期望在年报公布日之前低市盈率的股票也不能获得较高的超额收益。大量的实证研究表明，在公司收益公布之前，即使考虑一定比例的交易费用，低市盈率的股票也确实能够获得较高的超额收益。而在公司收益公布之后，采用市盈率滤子投资策略就不能获得超额收益。也就是说，股票市场是半强式有效的而非强式有效的。

如前所述，强式有效市场是一个极端的假设，对这一假设的检验主要是对内部人员和专业投资机构的股票交易的盈利状况进行检验。

总的来看，早期的各项实证研究对弱式有效市场和半强式有效市场的假设给予了较充分的肯定，但对强式有效市场假说的支持明显不足。

第四节 关于有效市场理论的争论

简洁明快的有效市场假说反映了经济学家们一直梦寐以求的东西，那就是竞争均衡。有效市场假说实际上是亚当·斯密"看不见的手"在金融市场上的延伸。有效市场假说的成立保证了金融理论的适用性。自从有效市场假说被正式提出后，30年来围绕有效市场假说的争论从来就没有停止过，这不仅使得有效市场假说理论和实证研究不断完善，而且促进了许多其他学科的蓬勃发展。

一、对市场特性的争论

传统经济学家的基本信条是长期的变化趋势有其深刻的经济原因，而短期的不规则涨落是外在的随机因素导致的，从而与之相对应的经济数学模型通常是线性（或对数线性）方程加上随机项。关于有效市场假说的大多数实证研究都建立在线性模型的基础上，探测金融数据的"线性"结构——线性可预测性成为焦点。

自 20 世纪 90 年代以来，一些令人瞩目的发展使人们对有序和随机的认识发生了革命性的变化，长期以来，关于自然界中确定性的作用和随机性起源的观念从根基上发生了动摇。有些系统，特别是非线性系统会表现出一种非常复杂、类似随机的行为，无法根据给定的初始条件确定系统将来的状态，于是就把这种行为称为"混沌"。

如果经济现象的不规则波动被证明是属于混沌现象，即是由经济系统内部因素之间或内部因素与外部因素之间内在的非线性作用所决定的貌似随机行为，那么，传统的经济理论关于随机性来源的假定对于该类经济现象可能就不适用。

非线性混沌理论的应用十分迅速。其中一个原因是这样的过程产生的结果与随机系统的结果非常相似，这样，就为资产价格行为提供了另一种解释。实际上，混沌的存在是非常有价值的。比如，如果资产价格出现混沌行为，则表现为基于非线性交易规则在短期是有利可图的，但是长期预测是不可能的，这是由对混沌初始条件的敏感性所决定的。

值得注意的是，在检验非线性或混沌时，如果不对系统的边界加以限定，可能会导致非线性或混沌的出现。此外，动态噪声的出现使得区分高维混沌和纯随机变得非常困难甚至是不可能的。由于已有的检验不是结构性的，因此，不可能识别和探测出混沌是源于经济结构内部还是源于外部的混沌性冲击（如天气）。因此，我们并不知道资产价格呈现的混沌非线性动力是否源于经济的非线性结构（当然，也无法排除这一可能性）。现在还不能检测经济系统结构中的混沌，并且在相当长的一段时间内，这类检验出现的可能性也很小。

二、有效市场的另一些实证结果

尽管许多实证研究对有效市场假说作出了肯定，但同时也确实存在着相当一部分实证研究结果对有效市场假说提出了质疑，下面介绍几种典型的研究。

（一）日历效应

关于证券市场的一个值得注意的问题是"日历效应"。当股票的超额收益是由于发生了与一天中的某时、一周中的某天、一年中的某月相关的事件取得时，日历效应就出现了。其中，五种最持久的日历效应是一月效应、月度反转效应、周一（周末）效应、日末效应和节日效应。

罗泽夫·金尼（1976）通过观察纽约证券交易所的上市股票数据发现，在1904—1974 年期间，1 月份股票的平均收益率比其余 11 个月高 3.06%。阿利尔（1987）发现，在任意月份，前半个月（根据定义，包括上个月的最后一个交易日）的收益大大高于后半个月。拉科尼少克、施密特（1988）发现，月度反转效应的出现实际上集中在每个月的前三个交易日。

French 对在纽约证券交易所上市的标准普尔 500 种股票 1953—1977 年的收益状况的研究发现，这些股票在星期一的收益率明显为负值，其研究结果如下所示：

周一	-0.17%
周二	0.02%
周三	0.10%
周四	0.04%
周五	0.09%

哈里斯（1986，1989）发现，周一的负收益实际上集中出现在早上第一个小时的交易，第一个小时过后，股票价格的波动方式就与一周中其他日期相同。特别地，哈里斯发现，一周中每天（包括周一）最后一个小时的交易有一个明显的上涨趋势。阿里尔（1990）发现，在美国的全国性节日（尤其是劳动节、感恩节和耶稣受难日）前的两个交易日里，日平均收益是一年中其余交易日的9~14倍。日历效应似乎表明利用简单的交易规则就可以产生一定的超额收益，这显然与有效市场假说相违背。

对这一现象的一种解释是那些要公布坏消息的企业总是在星期五市场关闭之后才公布其坏消息，这样就导致周一股票价格下跌。而企业之所以要在周五公布坏消息，是希望人们利用周六和周日两天更好地考虑一下这些消息，避免过于冲动，突然给股价带来较大的影响。但问题是，人们应该能够很快发现这一现象，利用它谋利而使这一现象消失，而这一现象却长期存在。对这一现象的第二种解释是市场关闭带来的"闭市效应"。但French对所有因假日闭市后又开市的现象进行了研究，发现除节假日后的第一个营业日是星期二之外，其他各天作为假日后的第一个营业日，股票收益均为正值，因而排除了闭市效应的解释。

到目前为止，对这一现象也没有令人满意的解释。第三种解释是由于收益差额不足以抵销交易成本，因此，没有人利用这一机会谋利。但即使如此，这种现象也可以被看做是某种程度的市场无效率，因为人们可以将购买股票的日期定在星期一，将出售股票的日期定在星期五之前，而不是星期一，这样将能获得一定的好处。另一类与此相似的现象是"年末现象"，即在每年12月，公司股票，特别是小企业的股票的收益呈下降趋势，而在次年1月价格又重新回升。一般来讲，1月是全年股票价格最高的月份，而12月是全年股票价格最低的月份。对这一现象的一种解释是税收因素，即某些企业为了少缴税而在12月有意识地出售股票，造成股价下跌。同时，投资者可利用这一效应调整自己买卖股票的时机以获得一定的好处。

对于上述有悖于有效市场假说的实证研究结果，人们给予了不同的解释。法玛和French认为有关的异常收益是对额外风险的补偿，他们运用套利定价理论对公司规模或市场价值与账面价值之比等因素进行了分析，发现收益率较高的股票对应于较高的β值（因素系数）。他们认为，尽管公司规模或市场价值与账面价值之比并不是市场风险因素，但它们可能反映了某些更基本的风险因素。因此，风险与收益是对称的，有效市场假说是成立的。但是，De Bondt 和 Thaler 以及 Lakonishok、Shleifer 和 Vishney 以及其他一些人认为，上述情况的出现是因为市场对最近发生的事情总是容易作出过度反应，说明有效市场假说是失败的，市场在一定程度上是无效率或低效率的。

(二) 小公司效应

自20世纪80年代以来，一些研究结果显示，在剔除风险因素之后，小公司股票的收益率要明显高于大公司股票的收益率。比如，最早进行这一研究的 Banz 发现，不论是总收益率还是经过风险调整后的收益率，都存在着随着公司规模（根据企业普通股票的市值衡量）的扩大而减小的趋势。Banz 将纽约股票交易所的全部股票根据公司规模的大小分为 5 组，发现规模最小的一组普通股股票的平均收益率比规模最大的一组普通股股票的平均收益率高 19.8%。与此同时，Reinganum 也发现公司规模最小的普通股股票的平均收益率要比根据资本资产定价模型预测的理论收益率高 18%。

随后，Keim、Reinganum 和 Blume 以及 Stambaugh 等人也进行了类似的研究。他们发现，小公司现象主要发生在每年 1 月，特别是 1 月的头两个星期。因此，这一现象又被称为"小公司 1 月现象"。

法玛和 French 将 1963 年 7 月到 1990 年 12 月的各种普通股股票根据市场价值与账面价值之比（MV/BV）由大到小分成 10 组，考察其月平均收益率，结果发现 MV/BV 最小的一组股票的平均月收益率为 1.65%，而 MV/BV 最大的一组股票的平均月收益率仅为 0.72%，两者存在着显著的差异。显然根据公司就容易观察和采用的特征不可能获得超额收益，因此，这些结论与半强式有效市场相悖。

（三）股权溢价之谜

股权溢价之谜（the equity premium puzzle）最早由梅赫拉（Rajnish Mehra）与普雷斯科特（Prescott）于 1985 年提出，他们通过对美国过去一个多世纪的相关历史数据分析发现，股票的收益率为 7.9%，而相对应的无风险证券的收益率仅为 1%，其中溢价为 6.9%，股票收益率远远超过了国库券的收益率。进一步地，他们又对其他发达国家 1947—1998 年的数据进行分析发现同样存在不同程度的溢价。

金融理论将风险资产超过无风险利率的超额期望收益率解释为风险的数量乘以风险价格。在 Rubinstein（1976）、Lucas（1978）等人所研究的标准消费资产定价模型中，当风险的价格是一个代表性代理人的相对风险厌恶系数时，股市风险数量根据股票超额收益率与消费增长的协方差来测量。股票收益率高，而无风险利率低，意味着股票的期望超额收益率高，即股票溢价高。但是消费的平滑性使得股票收益率与消费的协方差较低。所以股票溢价只能由非常高的风险厌恶系数来解释。Mehra 和 Prescott（1985）将此问题称为"股票溢价之谜"。

Kandel 和 Stambaugh（1991）等对股票溢价之谜提出了另外的看法——他们认为风险厌恶实际比传统认为的高。但是这会导致 Well（1989）提出的"无风险利率之谜"。为了与我们观察到的低实际利率相适应，我们必须假定投资者是非常具有忍耐力的，他们的偏好给予未来消费几乎跟当前消费一样的权重，或者甚至更大的权重。换言之，他们有着低的或者甚至负的时间偏好率。但负的时间偏好率是不可能的，因为人们偏好于更早的效用。

三、对异常现象的解释——行为金融理论

有效市场假说指出，如果证券市场上的证券价格能够充分反映所有有关证券价格的信息，投资者就不可能利用某些分析模式和相关信息始终如一地在证券市场上获取超额

利润。如前所述，经济学家们在不断发现支持有效市场假说的证据时，也碰到了一些与之相悖的现象。

各种异象的存在使有效市场假说受到了严峻的挑战。在有效市场假说之下是不会出现这些股票收益的规律的，原因是投资者可以利用这些投机规律，赢得超额回报。如果所有的投资者都这样做，则会使收益率间的不平衡仅供补偿其风险，由此消除各种异象。然而，实证研究表明，这些异象在世界许多国家的股票市场上普遍存在。经济学家们为此进行了许多解释，如"被遗忘效应""纳税效应"等，但理性的解释都不能令人满意。因此，经济学家开始对金融经济学的理论基石——"理性经济人"假设提出了质疑。大量的事实已经证明，当事人的行为方式及其深层次的相关心理特质对金融活动的结果具有直接的、重要的影响。我们在研究复杂的金融市场行为时，必须考虑到人类行为本身所具有的复杂多变特性。于是一个极富挑战性的研究新领域——行为金融学应运而生了。

行为金融理论是从人们决策时的实际心理活动入手讨论投资者的投资决策行为的。投资者在进行投资决策时常表现出过分自信、损失回避、避免后悔等心理。投资者往往过分相信自己对股票价值判断的准确性，过分偏爱自己掌握的信息；对于收益和损失，投资者更注重损失带来的不利影响；委托他人投资以减少因自身决策失误而后悔，以及仿效多数投资者的投资行为进行投资等。因此，他们的实际决策过程并非如现代金融理论所描述的最优决策过程，从而导致证券市场上证券价格的变化偏离建立在最优决策模型等现代金融理论假设基础上的有效市场假说。

四、有效市场假说对行为金融理论的反驳

尽管行为金融理论较好地解释了许多市场异象，但有效市场假说的支持者仍然对行为金融理论是否真正解释了市场异象、是否比有效市场假说更接近证券市场运行的实际提出了疑问，主要观点如下。

1. 在有效市场中将会有各种各样的情形存在，既会有价格对信息的反应过度，也会有价格对信息的反应不足的情况。如果过度反应出现的频率与反应不足出现的频率大致接近，则该市场仍为有效。而实证研究证实了这两种情形出现的概率非常相近。

2. 行为金融理论认为当长期收益的异象非常多，而不可归为偶然事件时，即使过度反应与反应不足出现的概率相近，也不可视为市场有效。但有效市场假说的支持者认为，这种长期收益异象的存在与度量方法密切相关，当模型改变或运用不同的统计方法时，长期收益的异象甚至会消失，因此，这些异象仍可归为偶然事件。

3. 推翻有效市场假说，必须具体规定一个与有效市场假说对立的假设作为检验的基础。一个具体的备择假设必须指明价格形成过程的偏差，即同样的投资者对一些事件会过度反应而对另一些事件会反应不足，这个备择假设还必须比有效市场假说更能解释这样的事实，即异常收益的期望值为0，但偶然事件使得异常现象会朝正负两个方向发展。显然，行为金融理论很难做到这一点，因此，不能推翻有效市场假说。

4. 坏模型问题在长期收益检验中更为突出，因为在检验期望收益时，模型误差随着收益区间的增大而增加的幅度超过了收益波动的幅度。所以，拒绝模型的设定并不能否

定有效市场假说。

所有这些论断都奠定了有效市场假说在现代金融理论中的地位。

【小结】

1965年，美国芝加哥大学尤金·法玛（Eugene Fama）在商业学刊上发表了《股票市场价格行为》一文，提出了著名的有效市场假说。法玛基于价格与信息的关系，对资本市场有效性给出了一个颇有影响的描述性定义：如果证券价格充分反映了可得信息，每种证券的价格都永远等于其投资价值，则该证券市场是有效的。

有效市场分为弱式有效市场、半强式有效市场和强式有效市场。根据法玛的定义，有效市场中证券的价格充分反映了全部可以提供的信息，他把可提供的信息分为三类：一是历史信息，通常指股票过去的价格、成交量、公司特性等；二是公开信息，如红利公告等；三是内部信息，指的是非公开的信息。

弱式有效市场上，股票价格已经反映了所有的历史信息，如市场价格的历史变化状况、交易量的变化状况、短期利率的变化状况等。半强式有效市场中，股票的当期价格不仅反映了历史价格中的所有信息，而且反映了被研究公司的所有可以公开获得的信息。强式有效市场中，投资者不仅获得了股票价格所有的历史信息和公开信息，还包括公司内幕信息。

有效市场假说是理性预期理论在金融学中的平行发展，即有效市场假说是金融市场中的理性预期。

对弱式有效市场的检验主要侧重于对证券价格时间序列的相关性研究，具体来讲，这种研究又分别从自相关检验、游程检验、滤子检验和相对强度检验等不同方面进行。

对市场半强式有效的实际检验中，通常是选择对股票有主要影响的信息，比如配股、股票分割、红利发放、财务报告等。检验经常使用事件研究法，事件研究的目的是判断证券持有人在对特定事件出现的信息作出反应时是否获得了超额收益。一个事件可能与公司发布的特定信息（例如盈利公告）、政府行动（例如税法修改）或其他可能导致证券重新估价的定义良好的信息相关。

市场的强式有效一般通过考察共同基金的业绩予以检验，共同基金的经理们有渠道获取一些非公开的信息以及所有公开的信息。如果共同基金显示出超额的收益，那么我们就断定他们具有运用公开信息的卓越才能，或者拥有非公开的信息。如果共同基金的业绩不超过市场，我们就不能断定市场是否是强式有效，因为共同基金可能没有获取非公开信息的渠道。

尽管许多实证研究对有效市场假说作出了肯定，但同时也确实存在着相当一部分实证研究结果对有效市场假说提出了质疑，实证也发现了很多金融市场异常现象，如日历效应、小公司效应、股权溢价之谜等。

【思考与练习题】

1. 世界各国的证券市场都流行基本面分析、技术分析方法，你认为这类方法是否有其存在的价值？有人认为，这类方法适合短线操作，而有效市场假说适合长线运作，对此你有何看法？

2. "如果所有的证券都被公平定价，那么所有的股票将提供相等的期望收益率"，试评论这一说法。

3. 国库券的月收益率为1%，这个月市场价格上涨了1.5%。另外，AC公司股票的贝塔值为2，它意外地赢得了一场官司，获得了100万元。

（1）如果该公司股票的初始价值为1亿元，投资者估计这个月这一股票的收益率是多少？

（2）如果市场本来预测该官司会为公司赢得200万元，投资者对（1）的答案又如何？

4. 资本资产定价模型和套利定价理论与有效市场假说有何关系？

5. 根据你能够掌握的资料，按照本章所介绍的事件研究方法做一个简单的实证研究。

【主要参考文献】

［1］［美］弗兰克·J. 法博齐，埃德温·H. 尼夫，周国富. 金融经济学［M］. 中文版. 北京：机械工业出版社，2015.

［2］陆家骝. 现代金融经济学［M］. 大连：东北财经大学出版社，2007.

［3］［美］Brian Kettell. 金融经济学［M］. 中文版. 北京：中国金融出版社，2005.

［4］张亦春，郑振龙. 金融市场学［M］. 北京：高等教育出版社，2020.

［5］史树中. 金融经济学十讲（纪念版）［M］. 上海：格致出版社，2020.

［6］Grossman S. J., Stiglitz, J. E. On the Impossibility of Informationally Efficient Markets［J］. *American Economic Review*, 1980, 70 (3): 393–408.

［7］Fama, E. F., Fisher, L., Jensen, M. C., &Roll, R.. The Adjustment of Stock Prices to New Information［J］. *International Economic Review*, 1969, 10 (1): 1–21.

［8］LeRoy, S. F. Efficient Capital Markets and Martingales［J］. *Journal of Economic Literature*, 1989, 27 (4): 1583–1621.

［9］DeLong, J. B., Shleifer, A., Summers, L. H., & Waldmann, R. J. Noise Trader Risk in Financial Markets［J］. *Journal of Political Economy*, 1990, 98 (4): 703–738.

［10］Conrad, J., & Kaul, G.. Time–Variation in Expected Returns［J］. *Journal of Business*, 1988, 61 (4), 409–425.

［11］Lo A W, Mackinlay A C. Stock Market Prices Do Not Follow Random Walks: Evidence from a Simple Specification Test［J］. *Review of Financial Studies*, 1988.

第十章

衍生证券的定价理论

【学习目的与要求】

了解现代衍生证券交易的内涵及其特点，初步认识衍生证券价格的内在均衡机制，掌握对不同衍生证券头寸损益的基本分析方法。

【学习要点】

远期、期货、期权以及权证等衍生证券的合约特征；不同头寸的损益分析；各类衍生证券的均衡定价；衍生证券在风险管理中的应用。

第一节 衍生证券概述

自 20 世纪 70 年代以来，世界正悄然发生着两大革命。一是以电脑和通信技术为核心的信息革命；二是以金融创新（financial innovation）为核心的金融革命。而以期货、期权等衍生证券（derivative securities）为核心的金融工具的创新更是这场金融革命的核心。可以说，衍生证券是当今世界上历史最短却发展最快、交易量最大的金融工具。

衍生证券广泛地被称为金融衍生产品或金融衍生工具。在美国财务会计准则委员会（FASB）颁布的一系列公告中，将其定义为价值由名义规定衍生于所依据的资产的业务或合约。根据巴塞尔银行监管委员会的定义，它是"一种合约，该合约的价值取决于一项或多项背景资产或指数的价值"。简单地说，金融衍生证券是一种建立在基础金融变量之上，其价格变动取决于后者价格变动的合约。这些基础金融变量一般指股票、债券、货币以及商品等。

衍生证券通常具有如下几个重要特征。(1) 未来性。衍生证券是在现时对基础金融工具未来可能产生的结果进行交易，其交易在现时发生，而结果要到未来某一约定的时刻才能产生。(2) 契约性。衍生证券的交易对象并不是债券、股票、利率等原生工具，而是对这些原生工具在未来某种条件下进行处置的权利和义务，这些权利和义务一般都事先规定标准的合约。(3) 杠杆性。衍生证券的共同特征是保证金交易，即只要支付一定比例的保证金，就可进行全额交易，因此，其交易具有杠杆效应，保证金越低，杠杆效应越大。(4) 不确定性和高风险性。衍生证券所依赖的金融工具具有不确定性，同时还需要面对因交易双方违约而产生的信用风险和法律风险、因价格变动而产生的市场风险、因缺乏对手而不能平仓或变现的流动性风险，以及因人为错误、系统故障或控制失灵而产生的操作风险等一系列风险。

衍生证券主要包括以下几种分类方法。(1) 根据交易对象（或称为原生资产），大致可以分为四类，即股票、利率、汇率和商品。如果再加以细分，股票类中又包括具体的股票和由股票组合形成的股票指数，利率类中又可分为以短期存款利率为代表的短期利率和以长期债券利率为代表的长期利率，货币类中包括各种不同币种之间的比值，商品类中包括各类大宗实物商品。(2) 根据交易合约形态，可以分为远期、期货、期权和互换四大类。表 10-1 列出了这四类主要衍生产品交易合约的规范定义。(3) 根据交易方法，可分为场内交易和场外交易。场内交易是指在交易所内进行集中竞价交易，场外交易是指在交易所以外的市场（柜台市场）上分散地进行交易。远期合约和互换合约属于场外交易的衍生证券，而期货合约和期权合约是场内交易的衍生证券。(4) 按交易双方的风险收益的不同，可分为两类：一类是交易双方的风险收益对称，即交易双方都有在将来的某一日期按照一定的条件进行交易的义务，如远期合约、期货、互换等；另一类是交易双方的风险收益不对称，合约的购买方有权选择是否履行合同，包括期权及期权的变形，如认股权证、可转换债券等。(5) 按金融衍生工具形式的不同，也可分为两类：一类是普通型衍生工具，也称为第一代衍生工具，即指远期合约、期货、期权、互换，这些衍生工具的结构与定价方式已基本标准化和市场化；另一类是复合型衍生工具，它是将各种普通型衍生工具组合在一起，形成一种特制的产品。复合型衍生工具大多是银行专门为满足客户的特殊需要或出于自身造势获利及推销包装的目的，根据银行对金融市场走势的判断，运用数学模型进行推算而制作的。

表 10-1　　　　　　　　　　　主要衍生证券的定义

交易合约	定　义
远期 (forwards)	在未来的某一确定日期，按照合约签订日规定的价格，购买或出售一定数量的特定商品、货币、证券或金融工具的合约。远期合约由合约签订双方协商，而不是在有组织的交易所内交易
期货 (futures)	在未来的某一确定日期，按照合约签订日规定的价格，购买或出售一定数量的特定商品、货币、证券或金融工具的合约。与远期合约不同的是，期货合约在有组织的交易所内交易，并且是标准化的，每天对合约进行市值重估，在交易日结束时要对损失或收益进行清算
期权 (options)	持有人有权利，但没有义务，按照规定的价格购买或出售特定资产的合约。这种规定价格被称为执行价格。持有人有买入权利的称为买入期权或看涨期权，有卖出权利的称为卖出期权或看跌期权，期权合约包括在有组织的交易所交易的标准合约和针对特定客户私下协商确定的合约
互换 (swaps)	根据事先确定的方式，双方私下协商在未来交换现金流量的合约。最常见的是利率互换和货币互换。在利率互换合约中，双方同意互相支付现金流，一方支付的数额按照一定的名义本金和确定的固定利率计算，另一方支付的数额按照浮动利率和相同的名义本金计算，两种现金流都以同一种货币计价；在货币互换合约中，合约双方在开始时交换一定数量的两种不同货币，然后按照一种事先确定的方式在未来偿还这两种货币，这种方式要规定分期归还本金和利息的数额

迄今为止，金融衍生工具已达近 2 700 种，经组合、衍生，新的品种不断被开发、设计、创造出来。目前，全世界共有 80 多个交易所可进行衍生产品交易，以期货与期权为主的金融衍生证券已发展到超过 400 亿手的交易规模。

发达国家衍生品市场的发展以农产品为开端，其后沿着金融期货自然演进，新兴市场国家和发展中国家则以股指期货作为金融衍生交易的首选品种，接着发展利率、外汇等衍生产品。表 10-2 显示了美国主要的金融衍生证券及其产生的年份，表 10-3 显示了中国香港地区推出金融衍生品的顺序。美国是交易所衍生品的发源地，拥有当今世界上交易规模最大、创新活动最为活跃的衍生证券市场，事实上引领了世界衍生证券的发展潮流，经历了外汇期货、利率期货和股指期货的发展过程。

表 10-2　　　　　　美国主要的金融衍生证券及其产生的年份

年份	衍生证券
1972	外汇期货
1973	股票期权
1973	股票期货
1975	抵押债券期货
1976	国库券期货
1977	长期政府债券期货
1979	场外货币期权
1980	货币互换
1981	欧洲美元期货
1982	股票指数期货、长期国债期货期权
1983	外汇期货期权、股票指数期货期权
1985	欧洲美元期权、互换期权
1987	平均期权、复合期权、担保债务凭证（CDO）
1989	利率互换期货
1990	股票指数互换
1991	证券组合互换
1992	特种互换
1993	变通（FLEX）期权
1994	信用违约互换（CDS）
1998	ETF 期权
2001	利率互换期货
2004	VIX 指数期货
2005	周期权
2006	人民币期货、VIX 指数期权
2010	超长期国债期货
2012	可交割利率掉期期货
2017	比特币期货
2020	比特币期权

注：摩根大通银行 1994 年想出的一个交易安排，当时这样的安排并没有一个金融名称，直到后来才被称为信用违约互换（CDS）。

表 10-3　　　　　　　　中国香港主要金融衍生证券的发展顺序

时间	衍生证券
1986 年 5 月	恒生指数期货
1990 年 2 月	港元利率期货
1993 年 3 月	恒生指数期权
1995 年 3 月	汇丰、香港电讯股票期权
1995 年 9 月	股票期权
1995 年 11 月	日转期汇
1996 年	不交收远期外汇合约（NDF）
1996 年 6 月	恒生指数期权
1996 年 9 月	英镑滚动外汇期货
1997 年 9 月	恒生红筹股股指期货
1997 年 9 月	三个月港元利率期货
1998 年 10 月	一个月港元利率期货
2000 年 10 月	小型恒生股指期货
2001 年 5 月	MSCI 中国外资自由投资股指期货
2001 年 10 月	国际股票期货及国际股票期权
2001 年 11 月	三年期外汇基金债券期货
2002 年 5 月	道琼斯工业平均股指期货
2003 年 12 月	恒生中国企业指数期货
2004 年 6 月	恒生中国企业指数期权
2006 年 8 月	不交收人民币利率掉期合约交易（NDIRS）
2012 年 3 月	金砖市场期货
2012 年 9 月	美元兑人民币（香港）期货
2017 年 3 月	美元兑人民币（香港）期权
2020 年 11 月	恒生科技指数期货
2021 年 1 月	恒生科技指数期权

金融衍生证券除具有金融证券的一般功能外，还具有不同于以往金融证券的一些特殊功能，主要包括价格发现、套期保值以及资源配置等。

（1）价格发现。价格发现是指大量的购买者和出售者通过公开竞价后形成了市场均衡价格。金融衍生证券交易的双方是在对供需情况、通货膨胀情况以及利率、汇率和股价的未来走势进行充分分析和预期的基础上竞价成交的，因而其价格反映了市场供求关系的变化，是现货价格未来走势的重要信息来源，为现货市场成交价格提供了重要参考。

（2）套期保值。金融衍生证券不仅能够进行市场预期并发现价格，而且能够通过套期保值降低价格风险。套期保值是指风险资产持有者为了消除风险而利用一种或多种金融工具进行反向对冲交易，即在金融衍生市场上买进或卖出与现货市场数量相当，但交易方向相反的合约，以期在未来的某一时间通过卖出或买进合约，弥补因现货价格变动而给包括商品生产、储存或加工以及供应、销售在内的其他风险性活动带来的损失。

（3）资源配置。金融衍生证券的交易市场吸引了大量的市场参与者，他们根据原生工具市场的供求情况，对金融衍生证券的未来价格趋势作出判断和预期，从而提出自己的交易报价。由于市场参与者尽可能地收集来自各方面的信息，使这些信息迅速地体现在金融衍生证券的价格波动上，从而提高了市场的有效性，有利于促进资源的合理配置。

总之，金融衍生证券是以风险的存在为前提并为了适应风险管理的需要而产生的。它可以将社会经济中的市场风险、信用风险等集中在期货、期权市场或互换、远期等场外交易市场上，将风险先集中，再进行分割、包装，然后重新分配转移。但需要指出的是，衍生证券交易是一种"零和博弈"，它只是在微观上降低了风险，在宏观上却是将风险从风险厌恶者转移到风险中立者或风险偏好者，以新的方式重新组合，金融体系的总体风险并没有因此而减少。同时，金融衍生证券最大的特点是以小博大，即具有高杠杆效应，投资者只需要缴纳占标的金额很小比例的保证金，即可买卖数倍甚至数十倍于保证金金额的合约。但杠杆效应使金融风险放大了，投资误导、投机过度、投资组合设计不当、监督不力与管理不严等，均有可能导致衍生证券交易成为最具风险性的交易。同时，衍生证券的放大效应还使大量的纯粹的"虚拟"金融资产无限制地增长，金融泡沫加剧。事实上，金融体系的可靠性和稳定性归根到底取决于金融资产能否最终转化为真实的社会财富，一旦金融资产不能转化为真实的社会财富，整个金融体系将会崩溃。由此可见，金融衍生证券的功能已由"单尖枪"转变为"双刃剑"，如果使用得当，可有效地避免风险，增加投资收益；如果使用不当，则可能带来更大的风险，当今世界上一连串的经济金融危机案例验证了这一点。

第二节 远期合约定价

一、远期合约概述

远期合约（forward contracts）是指双方约定在未来的某一确定时间，按确定的价格买卖一定数量的某种金融资产的合约。该合约事先规定了合约双方交易的资产、交换日期、交换价格等主要内容，具体条款可由交易双方协商确定。远期合约是20世纪80年代初兴起的一种保值工具，它不在规范的交易所内进行交易，从技术上说，它是其他各种金融衍生工具的基础。

灵活性较大是远期合约的主要优点。在签署远期合约之前，双方可以就交割地点、交割时间、交割价格、合约规模、标的物的品质等细节进行谈判，以便尽量满足双方的需要。但远期合约也有明显的缺点：首先，远期合约没有固定的、集中的交易场所，不利于信息交流和传递，不利于形成统一的市场价格，市场效率较低；其次，远期合约千差万别,给远期合约的流通造成了较大的不便,因此,远期合约的流动性较差;最后,远期合约的履约没有保证(虽然部分远期合约要求保证金,但在合约到期前不发生现金流动),当价格变动对一方有利时,对方有可能无力或无诚意履行合约,因此,远期合约的违约风险较高。

金融远期合约主要包括远期利率合约、远期外汇合约与远期股票合约。远期利率合约也称为远期利率协议(forward rate agreements),是买卖双方同意从未来某一商定的日期开始在某一特定时期内按协议利率借贷一笔数额确定、以具体货币表示的名义本金的协议;远期外汇合约(forward exchange contracts)是指双方约定在将来的某一时间按约定的远期汇率买卖一定金额的某种外汇的合约;远期股票合约(equity forwards)是指在将来的某一特定日期按特定的价格交付一定数量的单一股票或一篮子股票的协议。

二、远期合约价格的确定

要理解远期合约的定价原理,首先要区分基础资产的远期价格、远期合约的价格以及远期合约的价值这几个概念。

作为金融合约基础资产的金融工具的远期价格(F_0)是客观存在的,最普通的远期价格是远期利率和远期汇率,是根据无套利均衡的原则来确定的。我们将远期合约的价格(K_0)定义为使该合约价值(V_0)为零的交割价格,即远期合约的价格是市场为今天交易的远期合约制定的价格,是使这份远期合约价值为零的交割价格。实际上,远期合约价格只是一个参考价格,在未来的某个确定日期(远期合约到期日)将按照这个价格实现合约基础资产的买卖或交割。但这个价格不是随便确定的,只有将远期合约的价格确定在基础资产的远期价格水平上,即 $K_0 = F_0$ 时,此时远期合约的价值才为零。

虽然远期合约在最初达成交易时是没有价值的,但随着时间的推移,远期合约逐渐形成或正或负的价值。这是因为,合约的远期价格一旦确定下来是固定不变的,但合约项下基础资产的远期价格因实际影响因素的变化而变化。具体而言,在签署远期合约时,基础资产的远期价格和远期合约价格是相同的,随着时间的推移,远期价格可能有变化,但远期合约价格即交割价格是不变的。事实上,在合约开始执行后的任何时刻,除偶然之外,远期价格和交割价格并不相等。

远期价值是指远期合约本身的价值,是由资产远期价格与远期合约价格的差距决定的。假定 K_0 是远期合约的价格或交割价格,而 S_t 是 t 时点资产的即期价格,即远期实际价格,此时一单位资产远期合约多头的损益是:$V_t = S_t - K_0$,而一单位资产远期合约空头的损益是:$V_t = K_0 - S_t$。可见,当 $S_t > K_0$ 时,合约价值为正;当 $S_t < K_0$ 时,合约价值为负。

投资类资产的远期定价必须确保不存在无风险套利的机会。所谓无风险套利(no-risk arbitrage),是指通过在不同时点上或在不同市场上进行的一系列不发生现金流出的交易,可确保最终赚取无风险利润。换句话说,是在不增加投资额、不增加风险的情况下,获得更高的收益。如果市场运行非常有效,或者各金融市场之间保持着均衡关系,那么各种不用本金、不增加风险的交易就不可能获得利润;反之,当市场价格处于失衡状态时，任何有理性的参与者都会利用这种机会从事大规模的套利活动，直至市场重新恢复均衡，无风险套利的机会完全消失为止。

根据金融资产定价的无套利均衡原则，可以从理论上确定投资类资产的远期价格。当签订远期合约时，$K_0 = F_0$，因为只有将远期合约价格确定在基础资产的远期价格水平上，合约价值才为零，此时，基础资产的远期理论价格就是远期合约的价格。

作为远期交易标的物的投资类资产，其本身可依据是否产生收益以及采用何种方式支付收益而划分成不同的种类。以下分别对无收益资产、支付已知现金收益资产、支付已知收益率资产推导其远期定价公式。为了便于远期价格的推导，对符号进行了统一的定义：

t，当前时间（以年计算）；

T，远期合约的到期时间（以年计算）；

S_t，在 t 时点的合约基础资产的价格；

S_T，在 T 时点的合约基础资产的价格；

K，远期合约的交割价格；

f，在 t 时点多头远期合约的价值；

F，t 时点的远期价格；

r，t 时点的无风险年利率，以连续复利计算，此投资的到期日为 T 时点；

$T-t$，合约的期限。

（一）无收益资产的远期定价

无收益资产是指在到期日之前不产生现金流的资产，如不支付股利的股票和零息债券等。

根据套利定价法的基本思想，构建两种投资组合，令二者的终值相等，那么其现值一定相等。

假设投资者选择持有如下两种组合：

组合 A，一份多头远期合约（价值为 f）加一笔现金 $Ke^{-r(T-t)}$；

组合 B，一单位标的证券资产（资产价格为 S_t）。

到 T 时点，组合 A 中的现金 $Ke^{-r(T-t)}$ 变成了 K，正好用来购买远期合约的基础资产，即一单位的证券，而组合 B 仍为一单位的证券，则这两个组合在 T 时点的终值是相等的，因此，在 t 时点两者的现值也是相等的。若 A、B 两个组合的终值（无风险利率连续复利）相等：

$$fe^{r(T-t)} + K = S_t e^{r(T-t)}$$

则现值必有

$$f + Ke^{-r(T-t)} = S_t$$

得到远期合约的价值为

$$f = S_t - Ke^{-r(T-t)}$$

在均衡的时候（此时不存在套利机会，或者所有套利机会均已用尽），远期合约的价值应为零，而资产的远期价格 F 就是 $f=0$ 时的 K 值：

$$F = K = S_t e^{r(T-t)} \tag{10.1}$$

结论：对于无收益资产而言，远期合约价格等于现货价格的无风险利率的复利终值。这就是无收益资产的现货—远期平价定理（spot-forward parity theorem）。

为了证明公式（10.1），可采用反证法证明等式不成立时的情形是不均衡的。若 $F > S_t e^{r(T-t)}$，即交割价格大于现货价格的终值：在这种情况下，套利者可以按无风险利率 r 借入 S_t 现金，期限为 $T-t$，然后用 S_t 购买一单位标的资产，同时卖出一份该资产的远期合约，交割价格为 F；在 T 时刻，该套利者就可将一单位标的资产用于交割换来 F 现金，并归还借款本息 $S_t e^{r(T-t)}$，这就实现了 $F - S_t e^{r(T-t)}$ 的无风险利润。相反，若 $F < S_t e^{r(T-t)}$，即交割价格小于现货价格的终值：套利者就可进行反向操作，即卖空标的资产，将所得收入以无风险利率 r 进行投资，期限为 $T-t$，同时买进一份该标的资产的远期合约，交割价格为 F；在 T 时刻，套利者收到投资本息 $S_t e^{r(T-t)}$，并以 F 现金购买一单位标的资产，用于归还卖空时借入的标的资产，从而实现 $S_t e^{r(T-t)} - F$ 的利润。从以上分析可以看出，当公式（10.1）不成立时，市场就会出现套利机会，套利者的套利行为最终将使得公式成立。

（二）支付已知现金收益资产的远期定价

支付已知现金收益的资产是指在到期前会产生完全可预测的现金流的资产，如附息债券和支付已知现金红利的股票等。

同样，运用套利定价法构造两个投资组合：

组合 A，一份远期合约多头 f 加上现金 $Ke^{-r(T-t)}$；

组合 B，一单位标的证券 S_t 加上一笔以无风险利率借入的金额为 I 的借款（期限为 $T-t$）。

在时间 T，组合 B 中从一单位证券所得到的现金收入可用来归还在 t 时点借入的数量为 I 的现金，因而此时组合 B 的价格仍为一单位的证券。同前面一样，对 A 和 B 两个组合，使其终值相等：

$$f e^{r(T-t)} + K = S_t e^{r(T-t)} - I e^{r(T-t)}$$

则现值必相等：

$$f + Ke^{-r(T-t)} = S_t - I$$

从而远期合约的价值为

$$f = S_t - I - Ke^{-r(T-t)}$$

式中：I 表示资产现金收益的现值。

在均衡状态中，$f=0$，交割价格 $K=F$，得到资产的远期价格：

$$F = (S_t - I)e^{r(T-t)} \tag{10.2}$$

结论：现金收益已知的资产的远期价格等于标的资产的现货价格与现金收益现值之差的复利终值。这就是支付已知现金收益资产的现货—远期平价公式。

同样，可以用反证法来证明公式（10.2）。如果 $F < (S_t - I)e^{r(T-t)}$，就会存在套利机会，投机者通过买入远期合约、在现货市场上融券的方式来获取投机利润。如果所有投机者有相同的预期，那么就会采取一致的行动，最终套利机会将消失，

$F=(S_t-I)\,e^{r(T-t)}$。同样,$F>(S_t-I)\,e^{r(T-t)}$ 的情况在均衡状态下也不会出现。投机者的套利行为会促使 $F=(S_t-I)\,e^{r(T-t)}$。

(三) 支付已知收益率资产的远期定价

支付已知收益率的资产是指在到期前将产生与该资产的现货价格成一定比率的收益的资产。外汇是这类资产的典型代表,其收益率就是该外汇发行国的无风险利率。股价指数也可被近似地看作是支付已知收益率的资产,因为虽然各种股票的红利率是可变的,但作为反映市场整体水平的股指,其红利率是较易预测的。

为了给出支付已知收益率资产的远期定价,我们可以构建如下两个组合:

组合 A,一份远期合约多头 f 加上一笔数额为 $Ke^{-r(T-t)}$ 的现金;

组合 B,$e^{-q(T-t)}$ 单位的证券资产,且所有的收入都再投资于该资产,其中 q 为该资产按连续复利计算的已知收益率。

显然,组合 A 在 T 时刻的价值等于一单位标的资产,组合 B 拥有的资产数量则随着获得红利的增加而增加,在时刻 T 正好拥有一单位标的资产。因此,在 T 时刻,两者的价值也应相等:

$$f + Ke^{-r(T-t)} = S_t e^{-q(T-t)}$$

即

$$f = S_t e^{-q(T-t)} - Ke^{-r(T-t)}$$

由此可知,支付已知红利率资产的远期合约的多头价值等于 $e^{-q(T-t)}$ 单位资产的现值与交割价格的现值之差。或者说,一单位支付已知红利率资产的远期合约的多头可由 $e^{-q(T-t)}$ 单位标的资产和 $Ke^{-r(T-t)}$ 单位无风险负债构成。在均衡时,$f=0$,交割价格 $K=F$,得到支付已知收益率资产的远期价格。

$$F = S_t e^{(r-q)(T-t)} \tag{10.3}$$

结论:支付已知收益率资产的期货价格等于按无风险利率与已知收益率之差计算的现货价格在 T 时刻的终值。这就是支付已知收益率资产的现货—远期平价公式。

三、远期汇率的决定——利率平价理论

对于银行的交易员来说,对未来的外汇交易提出报价是一件风险很大的事情,因为对未来的外汇汇率变化作出预测是一件很困难的事情。实际上,交易员可以利用本金的"无风险套利"来为远期外汇交易定价。

令 S 为以本币表示的一单位外汇的即期价格,K 为远期合约中约定的以本币表示的一单位外汇的交割价格,r_f 为外币的无风险利率(连续复利),现构造如下两个投资组合:

A,一份多头远期合约(价值为 f)加上金额为 $Ke^{-r(T-t)}$ 的现金(本币);

B,数量为 $e^{-r_f(T-t)}$ 的外国货币。

由于上述两个投资组合在 T 时点都变成了价格相等的一单位外国货币,因此,它们在 t 时点的价值也相等,即 $f + Ke^{-r(T-t)} = Se^{-r_f(T-t)}$,$S$ 是以直接标价法表示的即期汇率。

远期价格 F 就是使 $f=0$ 的 K 值,由此得到外汇远期价格的确定公式:

$$F = Se^{(r-r_f)(T-t)} \tag{10.4}$$

这就是国际金融领域中著名的利率平价关系。它表明：若外国的利率大于本国的利率，则该外汇的远期汇率应小于即期汇率；若外国的利率小于本国的利率，则该外汇的远期汇率应大于即期汇率。

实际上，外汇类资产类似于提供已知收益率的证券，这里的连续红利率是外国的无风险利率，即用 r_f 表示外国的无风险利率，代入远期合约定价公式（10.3），得到 $F = Se^{(r-r_f)(T-t)}$，与式（10.4）是相同的。

虽然理论中我们常采用连续复利推导定价公式，但在现实中利息的计算方式并非连续复利，而是以单利计算。此时，利率平价公式的表达形式为

$$\frac{F}{S} = \frac{1+r}{1+r_f} \tag{10.5}$$

为了计算方便起见，也近似表示为

$$D = \frac{F-S}{S} \approx r - r_f \tag{10.6}$$

式中：F 是远期汇率；S 是即期汇率；D 为掉期率；r 和 r_f 分别为本国的利率和外国的利率。

同样，当外国的利率小于本国的利率时，该外汇的即期汇率下降，远期汇率上升，远期汇率应大于即期汇率；当外国的利率大于本国的利率时，外汇的即期汇率上升，远期汇率下跌，远期汇率应小于即期汇率。

四、货币（外汇）远期合约的定价实例

以欧元兑美元的远期汇率为例，运用远期合约定价公式对外汇远期合约定价。表 10-4 是某金融机构 2021 年 4 月 21 日欧元兑美元的远期汇率报价，该时点上欧元兑美元的即期汇率（Spot Rate）是 1.2002。表头中的 Expiration 表示远期汇率的期限，Bid、Ask 和 Mid 表示该时点上相应期限的欧元兑美元远期汇率的买入价、卖出价和中间价。Points 表示该时点上相应期限欧元兑美元远期汇率中间价的升贴水。

表 10-4　　　　　　　　　欧元兑美元的远期汇率报价

Spot Rate　　EUR/USD1.2002				
Expiration	Bid	Ask	Mid	Points
1 个月	1.2007	1.2011	1.2009	7.5300
2 个月	1.2015	1.2018	1.2017	15.0000
3 个月	1.2023	1.2026	1.2025	23.070
6 个月	1.2047	1.2051	1.2049	47.400
1 年	1.2100	1.2104	1.2102	100.80

资料来源：https://www.fxempire.com。

以伦敦银行同业拆借利率（Libor）作为利率标准。表 10-5 显示了美元和欧元不同期限的 Libor 利率。

表 10-5　　　　　　　　　　美元和欧元不同期限的 Libor

Libor	EUR	USD
1 个月	-0.57586	0.10750
3 个月	-0.54500	0.18375
6 个月	-0.52186	0.22263
1 年	-0.49414	0.28700

资料来源：global-rates.com。

我们采用单利计算公式（10.5），先以 1 个月的远期汇率计算为例。欧元兑美元的即期汇率为 1.2002，即公式中的 S；r 和 r_f，分别为美元和欧元的 Libor，即 0.10750%、-0.57586%。根据以上方法和数据，计算 1 个月的远期汇率：

$$F = \frac{S(1+r)}{1+r_f} = \frac{1.2002(1+0.0010750/12)}{1-0.0057586/12} = 1.2009$$

现实中，银行报价的 1 个月期的远期欧元兑美元汇率的买入价为 1.2007。

同理，我们可以分别计算得到 3 个月、6 个月和 1 年的远期汇率，结果分别为 1.2024、1.2047 和 1.2096。对比以上计算所得的数据与现实中的远期汇率报价表，我们发现计算结果与表中的远期汇率基本一致，其中微小的差别可能是由于银行采用的利率标准与 Libor 略有不同所致。因此，远期汇率的平价关系在现实中可以得到证实。

第三节　期货合约定价

一、期货概述

期货合约（futures contract）是指协议双方同意在约定的将来某个日期按约定的条件（包括价格、交割地点、交割方式）买入或卖出一定标准数量的某种实物商品或金融工具的标准化协议。按交易标的物的不同，期货可分为商品期货和金融期货。商品期货历史悠久，种类繁多，如金属、粮食、石油、建材、化工等不下几十个大类，每个大类还分成不同的品种、产地若干个小类。金融期货是以金融工具为标的物的期货合约买卖。金融期货的发展历史较短，但世界各国纷纷引进建立，包括股指期货、货币期货和利率期货三大类。其中，股指期货是一种以股票价格指数作为标的物的金融期货合约，由于股票指数基本上能代表整个市场上股票价格变动的趋势和幅度，因此，股指期货合约被用来规避股市的系统性风险；货币期货又称为外汇期货，是一种以汇率为标的物的期货合约，可用来规避汇率风险，其标的物是外汇，如美元、英镑、日元、澳元、加元等；利率期货是以债券类证券为标的物的期货合约，可以规避银行利率波动所引起的证券价格变动风险，利率期货一般可分为短期利率期货和长期利率期货，前者大多以银行同业拆借中 3 个月期的利率为标的物，后者大多以 5 年以上的长期债券为标的物。

期货交易是在交易所内通过经纪人进行的，其主要运行机制有：（1）竞价制，即按照"价格优先、时间优先、数量优先"的原则公开竞价成交；（2）保证金制，是期货交易所结算部门的一种财力保证,保证金分为初始保证金和追加保证金,初始保证金一般仅占成交额的 5%~10%,如客户出现虚亏,需追加保证金;(3) 每日结算制,即根据每日的成交、平仓、持仓及盈亏情况,按照规定要求追加保证金,从而保证百分之百的合同履约率;(4) 对冲制,即做与原来的成交品种、数量相同而方向相反的买卖,从而履行原来合约的履约义务;(5) 交割制,其实质就是把期货市场和现货市场结合起来,在最后交易日之前如不将原合约对冲,即应交收实物;(6) 头寸限制,即指买卖期货合约数量的限制,规定"有多少钱就最多能做多少钱的买卖";(7) 价幅限制,即在前一个交易日结算价的基础上上下浮动一定的范围,交易者当天只能在这个价格范围内交易。

期货合约与远期合约颇有相似之处,均为交易双方约定在未来的某一日期以约定的价格买卖一定数量商品和金融工具的合约。两者的区别在于:(1) 交易场所不同。期货合约在交易所内交易,具有公开性,而远期合约在场外(OTC)进行交易。(2) 合约的规范性不同。期货合约是标准化合约,除了价格,合约的品种、规格、质量、交货地点、结算方式等内容均有统一的规定。远期合约的所有事项都由交易双方协商确定,谈判过程复杂,但适应性强。(3) 交易风险不同。期货合约通过专门的结算公司进行结算,结算公司是独立于买卖双方的第三方,投资者无须对对方负责,不存在信用风险,而只有价格变动的风险。远期合约须到期才能交割实物,价格早就谈妥了,不再变动,故无价格风险,它的风险来自届时对方是否真的履约,实物交割后是否有能力付款等,即存在信用风险。(4) 保证金制度不同。期货合约交易的双方按规定比例缴纳保证金,而由于远期合约不是标准化的,因此,存在信用风险,保证金或定金是否要付、付多少,也都由交易双方确定,无统一性。(5) 履约责任不同。期货合约具备对冲机制,履约的回旋余地较大,实物交割比例极低,交易价格受最小价格变动单位和日交易波幅的限制。远期合约如要中途取消,必须经双方同意,任何单方面意愿是无法取消合约的,其实物交割比例极高。表 10-6 是对上述区别的简单总结。

表 10-6　　　　　　　　金融远期合约与期货合约的比较

项目	远期合约	期货合约	经济意义
交易场所	分散(OTC)	集中(交易所)	期货交易价格的透明度高
合约内容	双方协商决定	交易所指定	期货的伸缩性小
清算	几乎所有的合约(违约例外)	不到 5%(绝大多数提前对冲平仓)	期货市场有助于增加市场的交易量和流动性
交易对象	对方银行	清算所	远期违约风险大
保证金	不需要(但合约价值存在)	需要(盯市操作消除合约价值)	期货合约控制违约风险
交易成本	买卖差价	按合约数交费	远期合约成本高
时间/品种	24 小时交易,品种较多	指定时间,品种有限	远期合约的可选择性强

金融期货交易一般具有套期保值、投机和价格发现三大功能。其中,套期保值是指人们为了规避现货价格风险,而在期货市场上操作与现货商品的数量、品种相同而方向

相反的合约，以期在未来的某一时间通过期货合约的对冲来弥补现货价格上遭受的亏损，或者通过现货交易的盈利来冲抵期货合约对冲时的亏损，达到总投资基本不盈不亏的目的。与套期保值不同，期货投机是以获取价差收益为目的的合约买卖。投机者依据对市场行情的判断，作出买入或卖出若干期货合约的决定，手中不必真有现货，如行情预测正确，通过合约对冲获利，反之，将遭受亏损。投机具有三方面的基本作用：一是投机具有价格平衡的作用。投机者力图通过对未来价格的正确判断和预测在期货市场上低吸高抛、贱买贵卖，这种操作手法恰好具有削峰填谷的平衡效应，使市场供求趋于大致相当，这完全是一种市场行为，对缓和市场波动具有一定的作用，尽管其平衡价格的结果是投机者所始料不及的。二是投机增强了市场的流动性。期货市场的活力在于流动性，其强弱取决于投机活动的程度。投机为套期保值提供了机会，活跃了市场。适度的投机使期货价格的连续性得到了保证，能较准确地反映合约的远期价格。三是投机者是证券市场的风险承担者。证券买卖的目的主要是保值增值和投机。套期保值者为了规避风险进行合约买卖，如果无人承担风险，套期保值就会成为一句空话。投机者之所以愿意承担价格变动风险，是因为高风险带来高收益，他们为了获取高收益而甘愿承担高风险。于是，保值者与投机者各取所需，市场稳健有序地运转。价格发现是指在一个公开、公平、公正的竞争市场中，通过无数交易者激烈的竞争形成了某一成交价格，它具有真实性、连续性和权威性，基本上真实反映了当时的市场供求状况，达到了某种暂时的平衡。由于期货市场较准确地揭示了某种商品未来价格的趋势，因此，可以对生产经营该种商品的人们提供价格指导，对未来的现货价格作出预期。

二、期货价格与现货价格的关系

虽然期货市场与现货市场是两个各自分开的不同市场，但就特定的商品或资产而言，其期货价格与现货价格的主要影响因素是相同的，那些引起现货市场价格涨跌的因素同样会影响到期货市场价格的同向涨跌。不仅现货价格与期货价格的变动趋势相同，而且到合约期满时，两者将大致相等。

期货价格和现货价格的上述关系可以用基差来描述。基差是指现货价格与期货价格之差，即基差＝现货价格－期货价格。基差可能为正值，也可能为负值，但在期货合约到期日，基差应为零。这种现象被称为期货价格收敛于标的资产的现货价格，或者称为基差趋同性原理。图 10-1 揭示了基差趋同的四种情况，S 代表现货（即期）价格，F 代表期货价格。从图中可以看出，首先，在合约到期日，基差为零。期货价格收敛于标的资产的现货价格是由套利行为决定的。例如，在合约的交割时期，期货价格高于现货价格，套购者就会卖空期货、买进现货，并进行实物或金融资产的交割；反之，现货价格高于期货价格，套购者将卖出现货、买进期货，并等待实际交割，大规模的套购活动使得期货价格和现货价格出现升降调节，直至两者价格相同，市场重新趋于均衡。其次，在合约期限内，基差会发生变化。基差随着期货价格和现货价格变动幅度的差距而变化，当现货价格的增长大于期货价格的增长时，基差也随之扩大，称为基差趋强；当期货价格的增长大于现货价格的增长时，基差随之缩小，称为基差趋弱。

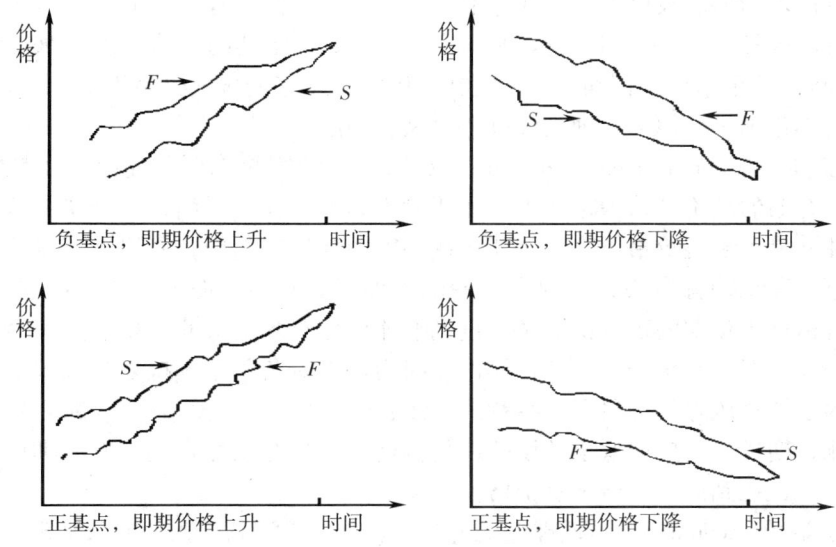

图 10-1 "基差"趋同的四种情况

虽然存在着基差趋同趋势，但期货市场毕竟是不同于现货市场的独立市场，期货价格除了受到影响现货价格的因素的影响外，还会受到一些其他因素的影响，如持有现货的成本与收益、对未来供求的预期心理、季节性因素等，加上期货市场上有规定的交易单位，两个市场操作的数量往往不尽相等，因而，期货价格的波动时间与波动幅度不一定与现货价格完全一致，这被称为基差风险。基差风险的存在意味着，套期保值者在某一时间冲销盈亏时，有可能获得额外的利润或发生亏损，即套期保值者的交易行为仍然具有一定的风险，认识到这一风险，对制定严密的套期保值策略是非常关键的。

三、期货价格与预期现货价格的关系

由于期货价格在很大程度上是由现货价格决定的，而某种商品或资产的现货价格又在某种程度上体现了预期心理，因此，对现货价格的预期间接地作用于市场上的期货价格。这里有一个经常提到的问题：某资产的期货价格是否等于其预期的将来的即期价格，即现货价格。若你打算预测3个月后某项资产的实际价格，其期货价格是否是其无偏估计呢？

目前，有若干种理论解释了期货价格与预期的现货价格的关系。

1. 预期假设（expectation hypothesis）。该理论认为，期货价格等于未来的现货价格的期望值。或者说，任何时点上的期货价格（F_t）都是市场在当时作出的对未来现货价格（S_T）的无偏预测，即 $F_t = E(S_T)$。在市场有效率的情况下，目前有关商品的供求信息及其未来的供求预期都被反映到即期价格或现货价格之中，从而间接地影响期货价格。所以，任何时点上的期货价格都是市场在当时作出的对未来现货价格的无偏预期。由于预期中的未来现货价格现在就可确定，因此，期货价格从不发生变化，在期货合约到期前的任何一个交易日内也不会发生现金流动，意味着不论投资者处于多头还是空

头,期货价值均为零。投机者、套期保值者和套利者都没有存在的必要,因为每个人都知道交割日的现货价格,而期货价格则固定不变。在确定性的环境中(未来时点上的现货价格已知),这个结论是正确的;但是在不确定(未来的现货价格不知道)的条件下,这个结论就不正确了,因为该理论没有考虑风险补偿。

2. 期货倒价(normal backwardation)。英国经济学家凯恩斯首先提出了期货价格通常包含风险补贴的理论。该理论认为,在期货市场上存在着天然的对冲交易者,他们希望通过对冲交易来规避价格风险。例如,在小麦的期货交易中,农民处于空头地位,为了吸引足够多愿意持有多头头寸的投机者,空头需要向多头提供一个预期利润。因此,只有期货价格低于预期的现货价格时,投机者才会持有多头头寸。虽然这样会使空头遭受一定的损失,但是空头仍然愿意这样做,因为可以避免价格不确定的风险。因此,套期保值者为了转移风险而支付了一些费用,或者说承担了一定的成本,称之为"倒价"。该理论预测,期货价格应该低于预期的现货价格,并且在期货合约的有效期内,期货价格会逐渐上升,在到期日等于现货价格。

3. 期货溢价(contango)。该理论认为,期货价格必须高于预期的未来现货价格,才能使投资获得风险补偿。溢价的产生是从多头的角度出发考虑风险补偿。例如,小麦加工厂买期货合约来规避价格风险,为了吸引足够多的投机者做空头,期货价格的报价要高于预期的现货价格,作为空头承担风险的补偿。John Maynard Heynes 和 John Hicks 于20 世纪 30 年代对此进行了讨论,认为如果对冲者倾向于做空头而投机者倾向于做多头,则期货价格将低于预期的现货价格,因为投机者承担的风险需要补偿。

期货溢价和倒价的折中观点是净对冲假设(net hedging hypothesis),也就是说,当空头投机者的数量超过多头投机者的数量时,期货价格低于预期的现货价格;反之,期货价格高于预期的现货价格。图 10-2 显示了以上三种理论的基本观点。

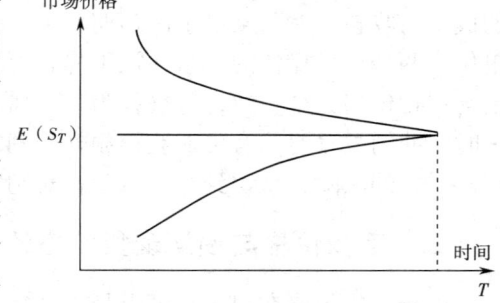

图 10-2 期货价格与现货价格的关系

四、期货价格与远期价格的关系

如前文所述,期货实际上是一种规范化的远期合约,期货与远期合约除在交易制度上有所区别外,并无本质上的区别。从理论上讲,假如市场是完善的,而且无风险利率是确定的,那么期货价格与远期价格应该是相等的(本章附录一提供了一个具体的证明过程)。当无风险利率恒定且对所有到期日都不变时,交割日相同的远期合约和期货合约具有相同的价格。如果放宽条件,设利率是时间的已知函数,则上述结论同样成立。

若利率是不可预期的(与现实生活一样),则在理论上期货价格与远期价格是不相等的。但仍然可以通过考察基础资产价格 S_T 与利率 r 之间的相关关系,得出两者之间的关系。(1) S_T 与 r 高度正相关，当 S_T 上升时，由于有每日结算程序，持有期货多头的投资者能够马上获利，在 S_T 上升的同时，利率 r 也上升，S_T 上升所得的收益将会以高于平均利率的利率进行投资。同样，当 S_T 下降时，多头投资者将马上受损，损失部分将会以低于市场利率的价格融资。而持有远期合约的投资因为没有每日结算程序，所以不随利率的波动而发生上述变化，这意味着，即使其他情况相同，一份多头期货合约将比一份多头远期合约更具有价值。由此可知，S_T 与 r 高度正相关，期货价格要高于远期价格。(2) S_T 与 r 高度负相关，同样的分析可得出远期价格高于期货价格的结论。

对远期价格和期货价格的关系总结如下：(1) 若无风险利率确定或者可预期并且交割日相同，那么资产的远期价格和期货价格应该相等。利率确定意味着已知资产的收益，因此，在现货价格和利率均确定的条件下，远期价格和期货价格必然相等。(2) 当利率不确定时，远期价格和期货价格不相等，二者的高低取决于资产（现货）价格与利率的相关性。若资产价格与利率正相关，那么期货价格高于远期价格。若资产价格与利率负相关，那么远期价格就高于期货价格。这里关键的原因在于期货合约的每日结算制度，期货价格能够及时反映利率的变化。(3) 如果合约期限很短，则远期价格和期货价格之间的理论差异可以小到忽略不计，随着合约期限的增加，价格差异也在扩大。在实际操作中，除上述因素外，还有税收、交易成本、保证金处理等，也会引起远期价格与期货价格之间出现差异。总之，在特定的条件下，假定远期价格和期货价格相等在理论上是合理的，但在实际操作中需要慎重对待。

在现实世界中，影响期货价格的因素众多：一是现货市场的供应和需求，包括生产、进口、库存、消费和进出口情况等；二是宏观经济和微观经济因素，包括经济增长率、利率、汇率、消费者信心等；三是政治因素，包括国家政策、国际关系、战争等。其中，每个因素的细微变化都会引起市场价格的波动。如果要将期货价格表示为若干个自变量的函数，那么自变量就太多了，多到无法处理。这从本质上决定了期货价格变动具有复杂性。同时，由于众多的投资者存在信息不对称、能力不对称和资金不对称，因此，投资群体是非常不同质的，这决定了他们的交易策略大相径庭。这些交易策略构成了一个错综复杂的博弈局面，投资者之间的博弈，比较典型的有大户和大户之间的博弈、大户和散户之间的博弈、长线投资者和短线投资者之间的博弈、套期保值者和投机者之间的博弈等，这些博弈行为使期货价格变动具有复杂性。自期货市场产生以来，有无数的理论家和投资者试图找到预测期货行情的工具，但至今仍然没有公认有效的方法。

在期货定价的过程中，为了提供一个参考价格，通常以远期价格作为期货价格的"替代"。如前文所述，这在理论假设上是合理的。因此，期货合约的定价原理也可以被认为是远期合约的定价原理，两者的价格均为 F，只是把组合中的远期合约用期货合约来替代。关于远期合约的定价公式，我们在前文已经详细介绍。表10-7总结了三类投资型资产的远期价格和期货价格。其中，标的资产的现价为 S，合约交割价格为 K，T 年期间的无风险利率为 r，合约期限为 $T-t$。

表 10-7　　　　　　　　投资型资产的远期价格和期货价格

资　产	合约多头的价值	远期/期货价格
无收益	$S - Ke^{-r(T-t)}$	$Se^{r(T-t)}$
有已知收益，现值为 I	$S - I - Ke^{-r(T-t)}$	$(S - I)e^{r(T-t)}$
有已知收益率 q	$Se^{-q(T-t)} - Ke^{-r(T-t)}$	$Se^{(r-q)(T-t)}$

五、期货定价的持有成本模型

以下我们将介绍期货定价的持有成本模型。该模型适用于对以投资类资产为基础资产的期货进行定价，也可用来对一些实物商品的期货合约，如黄金、白银等贵金属以及一些能源产品的期货进行定价。农产品、畜产品和一般的金属产品不同，持有这类商品的目的是生产和消费，而不是投资，这类商品的储藏能为人们提供方便，所以，农产品等商品期货合约的定价必须考虑到这种便利，不能简单地套用持有成本模型。

持有成本模型需要满足一些前提假设条件：

（1）市场是完全竞争的，所有的交易者都是价格的接受者；

（2）市场是完善的，即没有交易成本，也不涉及买卖价差；

（3）交易所产生的各种收益免税；

（4）所有的基础资产无限可分；

（5）基础资产或现货可以卖空且不受限制；

（6）期货合约项下的基础资产只有一个，交割日期也为一天；

（7）交易不涉及违约风险，所有借贷都按无风险利率进行且不受限制，无风险利率在合约的有效期内不变；

（8）远期价格与期货价格是相等的，即不考虑逐日盯市对期货价格的影响，同时，在期货合约的到期日，期货价格与现货价格相同，即存在现货市场的价格与期货市场的价格趋同现象。

在上述假设下，期货的持有成本定价模型可用以下公式来表示：

$$F = Se^{c(T-t)} \qquad (10.7)$$

式中：c 表示持有成本，等于存储成本加上利息成本再减去资产收益。

由于金融期货的存储成本可以忽略不计，因此，其持有成本主要包括融资成本和相关资产的收益，用公式表示为：持有成本 = 融资成本 − 资产收益。融资成本可以理解为为了购买基础资产所占用的资金的利息成本或机会成本，资产收益指的是基础资产提供给其持有者的现金流入的终值。比如：股票的红利支付及收到的红利在期货合约到期以前所赚得的复利，就代表股指期货的持有收益；而实际的和应计的利息收入及收到的息票在期货合约到期以前所赚得的复利，就是利率期货的持有收益。对于不支付红利的股票，没有存储成本和收益，所以其持有成本就是利息成本 r，而股票指数的持有成本是 $r - q$，货币的持有成本是 $r - r_f$。将上述不同的持有成本代入模型，所得到的形式与前文推导的定价公式是一致的。

总之，就投资类资产而言，$F = Se^{c(T-t)}$；就消费类资产而言，$F \leqslant Se^{c(T-t)}$，如果加上消费类资产的便利收益 y，则 $F = Se^{(c-y)(T-t)}$。上述结论说明，就投资类资产而言，期货价格高于现货价格，其差额反映了持有成本；而就消费类资产而言，期货价格高于现货价格，其差额等于持有成本减去便利收益。

六、股票指数期货的定价实例

股票指数期货是指证券市场中以股票价格综合指数为标的物的金融期货合约。交易双方买卖的既不是股票，也不是抽象的指数，而是代表一定价值的股指期货合约。投资者利用股价和股指变动的趋同性，在现货和期货两大市场中采取方向相反的操作以减少、抵消价格变动的不利因素，进行套期保值或投机获取风险利润。

股指期货以股指的变动来代表股指期货合约价格的涨跌，在股指期货交易中，没有股票的交割，只有合约的买卖，采用支付保证金的方式操作，具有明显的杠杆作用。同普通的商品期货相比，它也具有预防未来不可知风险的保值功能，但最大的区别是：商品期货合约到期必须交割规定的有形实物商品，而股指期货是非实物性的无形商品，交易双方只能依据到期日或对冲时的股指与合约成交时的股指之差额折算成现金金额以了结各自的权利和义务。

1. 股指期货合约的定价。大部分股票指数可被视为提供已知红利收益率的证券，该证券是指数基础资产的投资组合，其所支付的股利是该投资组合持有者收到的股息。根据支付已知收益率资产期货（远期）合约的一般定价公式（10.3），如果假设 q 是股指代表的股票组合的红利，那么股指期货价格和即期价格之间的关系是 $F = Se^{(r-q)(T-t)}$。

以芝加哥商品交易所（CME）交易的 E－迷你标准普尔 500 指数（E－MINI S&P 500）的期货合约为例。表 10－8 是 2021 年 4 月 26 日 E－迷你标准普尔 500 股指期货的收盘价格表。表中左侧的 MTH/ STRIKE 表示 E－迷你标准普尔 500 股指期货合约的到期时间，中间的 SESSION 即为我们计算所需要的当天期货市场的开盘价、最高价、最低价、收盘价等。

表 10－8　　　　　E－迷你标准普尔 500 股指期货的收盘价格表

CMEE－MINI S&P 500 Futures							
Pit－Traded prices as of 21/04/26 06：00 pm（cst）							
MTH/ STRIKE	··· SESSION ···				PT	EST		··· PRIOR DAY ···
	OPEN	HIGH	LOW	LAST	SETT	CHGE	VOL	OPEN INTEREST
JUN 21	4 170.75	4 186.00	4 163.75	4 181.25	4 179.50	+8.00	989 218	2 630 804
SEP 21	4 161.00	4 175.75B	4 154.50A	4 171.00B	4 169.50	+8.00	726	8 641
DEC 21	4 152.00	4 166.50B	4 145.75A	4 154.75A	4 160.50	+7.50	16	44 678
MAR 22					4 150.25	+7.00	0	1 020
JUN 22	—	—	—	—	4 140.00	+7.00	0	10
TOTAL							989 960	2 685 153

资料来源：www.cmegroup.com。

以 6 月（JUN 21）的合约为例。由于芝加哥商品交易所的交割是以到期月份的第三个星期五的股指开盘价为现金交割的标准，以 2021 年 6 月为例，即以 2021 年 6 月 18 日（该月的第三个星期五）的标准普尔 500 股指开盘价为最后的交割结算标准。所以，应该选用期货合约的开盘价作为计算的标准，以期和交割日一致。因此，期货合约的交割价格为 4 170.75。标准普尔 500 指数当天的报价如表 10-9 所示。

表 10-9　　　　　　　　　标准普尔 500 指数的报价表

S&P 500 INDEX, RTH (SNP: ^GSPC) Delayed quote data	
Trade Time:	Apr 26
Prev Close:	4 180.17
Open:	4 185.03
Day's Range:	4 182.36 – 4 194.19
52 Week Range:	2 766.64 – 4 194.19

资料来源：finance.yahoo.com。

标准普尔 500 指数当天的开盘价为 4 185.03。同时根据美元 3 个月的 Libor 换算得到连续复利利率为 0.184%。

综合以上数据，$S = 4\ 185.03$，$r = 0.184\%$，$T - t =$（2021 年 4 月 26 日至 2021 年 6 月 18 日的实际天数）$/356 = 53/365 = 0.145$。

因此，该期货的理论价格应为

$$K = Se^{r(T-t)} = 4\ 185.03 \times e^{0.00184 \times 0.145} = 4\ 186.15$$

计算得到的 E - 迷你标准普尔 500 指数期货的理论交割价格为 4 186.15，实际的期货交割价格为 4 170.75。由于现实中期货价格包含了市场的预期，因此，两者产生了差距。

如果市场出现不均衡，则存在股票指数套利的机会：当 $F > Se^{(r-q)(T-t)}$ 时，套利者可以购买股票指数中的成分股票，同时卖出股票指数期货合约而获利；当 $F < Se^{(r-q)(T-t)}$ 时，套利者可以通过卖出股票指数中的成分股票，买进股票指数期货合约而获利。上述两种做法均为股票指数套利行为，频繁的股票指数套利使得市场上的股指期货价格不断逼近其理论价格。

2. 利用股票指数期货进行套期保值。股票指数期货除了可以用来套利和投机外，还被广泛地用来对一个高度分散化的股票组合的风险进行套期保值，包括空头套期保值和多头套期保值。

为了方便描述，定义如下符号：S 为证券组合的当前价值，F 为一份期货合约标的资产的价格（即期货价格×合约规模），β 是该资产组合的贝塔系数。资本资产定价模型告诉我们，股票组合的收益与市场（即整个股票市场）收益之间的关系由参数 β 来描述：当 $\beta = 1$ 时，该股票组合的收益就反映了市场的收益；当 $\beta = 2$ 时，该股票组合的超额收益为市场超额收益的两倍；当 $\beta = 0.5$ 时，该股票组合的收益为市场收益的一半。β 的含义是股票组合超出无风险利率的超额收益对市场超出无风险利率的超额收益进行回归得到的最优拟合直线的斜率。这里,为了达到套期保值的目的,最佳合约数目的近似值应为 $N^* = \beta \dfrac{S}{F}$(推导证明见本章的附录二)。

假设某投资组合只包含 1 000 000 股 IBM 公司的股票这一种资产,则该投资组合的最佳套期保值利率计算如下。

可知,该公司股票 4 月 19 日的收盘价为 133.12 美元,IBM 公司股票的 β 值为 1.23。选用标准普尔 500 股指期货(其报价见上例)进行套期保值。了解到每份标准普尔 500 股指期货的交易价格为标准普尔 500 点数×500 美元。

表 10 – 10　　　　　　IBM 公司的股票在 2021 年 4 月 19 日的价格

INTL BUSINESS MACH(NYSE:IBM)Delayed quote data	
Last Trade:	133.12
Trade Time:	April 19
Change:	↓0.47(0.35%)
Prev Close:	133.59
Open:	133.60

资料来源:finance.yahoo.com。

表 10 – 11　　　　　　IBM 公司股票价格的历史信息

Beta:	1.23
52 – Week Change:	14.41%
S&P500 52 – Week Change:	52.95%
52 – Week High	137.07
52 – Week Low	105.92
50 – Day Moving Average	130.04
200 – Day Moving Average	123.90

资料来源:finance.yahoo.com。

计算得到该投资组合(只包含 1 000 000 股 IBM 股票)的最佳套期保值比率:

$$N^* = \beta \dfrac{S}{F} = 1.23 \times \dfrac{1\,000\,000 \times 133.12}{4\,163.26 \times 500} = 63.95$$

这意味着要对这一投资组合进行套期保值需要卖空 64 份标准普尔 500 股指期货。

第四节　期权及其定价

一、期权概述

期权(option)是指赋予其购买者在规定的期限内按双方约定的价格购买或出售一定数量的某种金融资产的权利的合约。期权合约是一种赋予权利而不是义务的标准化契约，期权的买入者要支付一定的期权费并获得期权合约所赋予的权利，期权的卖出者收取期权费并在期权的买入者选择执行其期权时承担相应的义务。

按期权买入者的权利划分，期权可分为看涨期权（call option）和看跌期权（put option）。看涨期权给予期权的买入者买进相关产品的权利，看跌期权给予期权的买入者卖出相关产品的权利。按期权的买入者执行期权的时限划分，期权可分为欧式期权和美式期权。在有效期内的任何时间都可以执行的期权叫作美式期权，而只在期满时才可执行的期权叫作欧式期权。金融期权合约可分为利率期权、货币期权（或称为外汇期权）、股价指数期权、股票期权以及期货期权。当执行基于期货合约的期权时，期权的卖出者有义务以履约价格建立与期权的买入者所得头寸相对的期货头寸；当执行基于股票的期权时，看涨期权的卖出者将有义务以履约价卖出股票，看跌期权的卖出者将有义务以履约价买进股票；当执行基于股票指数合约的期权时，无论是看涨期权还是看跌期权，都最终以履约价格与执行时的股票指数之间的差额为基础，用现金结算。

期权交易不仅有正规的交易所，还有一个规模庞大的场外交易市场。交易所交易的是标准化的期权合约，而场外交易的是非标准化的期权合约。为了保证期权交易高效、有序，交易所对期权合约的规模、期权价格的最小变动单位、期权价格的每日最高波动幅度、最后交易日、交割方式、标的资产的品质等作出了明确规定。

与其他金融衍生工具相同，期权也具有价格发现、风险管理和转移等功能，后者的交易目的主要包括保值和投机。保值者买入看涨期权，意味着他预测该项金融资产的价格将上涨，但如果他买入了该项资产，则又要承受预测失败、金融资产价格下跌的风险。在支付期权费、获得看涨期权后，如果价格走势确如所料，他就执行期权，以事先确定的较低的价格买入该项金融资产获取收益；如果价格下跌，他就放弃执行期权，损失了权利金，但规避了更大的金融资产价格下跌的风险。投机者预测某项金融资产的价格在近期将下跌，他就可以出售看涨期权，赚取权利金。如果价格走势确如所料，在期权到期日，该期权的买方将不得不放弃执行该期权，从而最终赚取权利金。如果价格上扬，期权的买方就会执行期权，该期权的卖方就必须承担预测失败带来的损失。

期权交易与期货交易之间既有区别，又有联系。其联系表现在：第一，两者均是以买卖远期标准化合约为特征的交易。第二，在价格关系上，期货市场价格对期权交易合约的敲定价格及权利金的确定均有影响。一般来说，期权交易的敲定价格是以期货合约所确定的远期买卖同类商品的交割价为基础，而两者价格的差额又是权利金确定的重要依据。第三，期货交易是期权交易的基础。期货交易越发达，期权交易的开展就越具有基础，因此，期货市场发育成熟和规则完备为期权交易的产生和发展创造了条件。期权交易的产生和发展又为套期保值者和投机者进行期货交易提供了更多可选择的工具，从而扩大和丰富了期货市场的交易内容。第四，期货交易可以做多也可以做空，交易者不一定进行实物交收。期权交易同样可以做多也可以做空，买方不一定要实际行使这个权利，只要有利，也可以把这个权利转让出去。卖方也不一定非履行不可，可在期权买入者尚未行使权利前通过买入相同期权的方法以解除他所承担的责任。第五，由于期权的标的物为期货合约，因此，期权履约时买卖双方会得到相应的期货部位。

期权与期货的区别体现在以下几个方面：（1）买卖双方的权利义务不同。在期货交易中，买卖双方具有合约规定的对等的权利和义务。在期权交易中，买方有以合约规定的价格是否买入或卖出资产的权利，而卖方则有被动履约的义务。一旦买方提出执行期权，则卖方必须以履约的方式了结其期权部位。（2）买卖双方的盈亏结构。在期货交易中，随着期货价格的变化，买卖双方都面临着无限的盈亏。在期权交易中，买方潜在的盈利是不确定的，但亏损是有限的，最大的风险是确定的；相反，卖方的收益是有限的，潜在的亏损却是不确定的。（3）保证金与权利金。在期货交易中，买卖双方均要交纳交易保证金，但买卖双方都不必向对方支付费用。在期权交易中，买方支付权利金，但不交纳保证金。卖方收到权利金，但要交纳保证金。（4）头寸了结的方式。在期货交易中，投资者可以平仓或进行实物交割的方式了结期货交易。在期权交易中，投资者了结其头寸的方式包括三种：平仓、履约或到期。（5）合约数量。在期货交易中，期货合约只有交割月份的差异，数量固定而有限。在期权交易中，期权合约不但有月份的差异，还有执行价格、买权与卖权的差异。不但如此，随着期货价格的波动，还要推出新的执行价格的期权合约，因此，期权合约的数量较多。期权与期货各具优点与缺点。期权的好处在于风险限制特性，但需要投资者付出权利金成本，只有在标的物价格的变动能弥补权利金后才能获利。但是，期权的出现，无论是在投资机会还是在风险管理方面，都为具有不同需求的投资者提供了更加灵活的选择。表10-12是对上述区别的简单总结。

表 10 – 12　　　　　　　　金融期权合约与期货合约的比较

项目	期权合约	期货合约	经济意义
交易性质	买方权利	双方义务	权利和义务
价格风险	一方承担的风险无限	盈亏风险无限	盈亏结构
标准化	场外交易部分有伸缩性	绝大部分进行场内交易，规范程度高	交易形式
保证金	一方交纳权利金，一方交纳保证金	双方交纳保证金	交易成本
套期保值	不利头寸去除	头寸对冲	期货合约的代价大
交易品种	很多	有限	期权合约的可选择性强

二、期权的价值

期权通常具有内在价值和时间价值。期权的内在价值是指期权价格中反映期权的履约价格与现行期货价格之间的关系的那部分价值。根据期权履约价格与基础资产市场价格之间的关系，期权可分为价内（in the money）、平价（at the money）和价外（out of the money）三种。

如表10-13所示，设 S 为基础资产的市场价格，X 为期权的履行价格。就多头期权而言，其内在价值是该现行期货价格高出期权的敲定价格的那部分价值，如果期货价格低于或等于敲定价格,这时期权的内在价值就为零,但不可能为负值;就空头期权而言,其内在价值是该现行期货价格低于期权的敲定价格的那部分价值,如果期货价格高于或等于敲定价格,期权的内在价值为零。空头期权的内在价值同样不能为负值。

表 10-13　　　　　　　　期权的价内、价外与平价的关系

关系	看涨期权	看跌期权
$S < X$	价内	价外
$S = X$	平价	平价
$S > X$	价外	价内

期权的时间价值指的是在期权的有效期内时间的价值。例如,一笔多头期权的价格为 9,敲定价格为 78,当时的期货价格为 75,那么,该笔期权的内在价值为零(即 75-78<0),而时间价值为 9。期权的时间价值既反映了期权交易期内的时间风险,也反映了市场价格变动的风险。在期权的有效期内,期权的时间价值的变化是一个从大到小、从有到无的过程。一般而言,期权的时间价值与期权有效期的长短成正比。

三、期权交易的损益

根据上面的分析,可用图来表示期权买卖双方的损益。为了便于理解,下面仅讨论标的资产在期权的有效期内不产生现金收益(包括现金红利、利息等)的欧式期权的损益情况。

(一)看涨期权买方和卖方的损益

对于看涨期权的买方来说,只有到期日的现货价格(S_T)高于执行价格(X)时,买方才会履行合约。由此可知,看涨期权的买方的损益的一般形式为

$$\text{看涨期权买方的损益} = \begin{cases} S_T - X, \text{如果 } S_T > X \\ 0, \text{如果 } S_T \leq X \end{cases}$$

期权交易可被看作是一种"零和博弈",买方和卖方的损益情况正好相反:

$$\text{看涨期权卖方的损益} = \begin{cases} -(S_T - X), \text{如果 } S_T > X \\ 0, \text{如果 } S_T \leq X \end{cases}$$

如果考虑期权费,则得到看涨期权损益图(实线为买方盈亏,虚线为卖方盈亏),如图 10-3 所示。

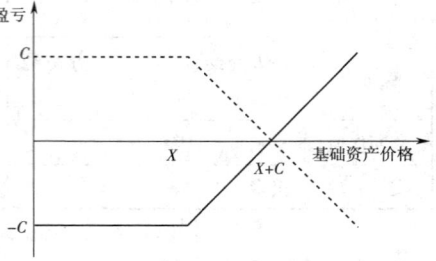

图 10-3　看涨期权买方和卖方的损益曲线图

从图 10-3 中可以看到,看涨期权买方的盈利是无限的,但亏损是有限的,最大亏损额为期初支付的期权费;相反,看跌期权卖方的亏损可能是无限的,而盈利是有限的,最大的盈利额是收到的期权费。

(二)看跌期权买方和卖方的损益

对于看跌期权的买方而言,只有到期日的现货价格低于执行价格时,买方才会履行

合约，因此，损益一般表达为

$$看跌期权卖方的损益 = \begin{cases} 0, 如果 S_T \geq X \\ -(X - S_T), 如果 S_T < X \end{cases}$$

同理，看跌期权买方的损益一般表达为

$$看跌期权买方的损益 = \begin{cases} 0, 如果 S_T \geq X \\ X - S_T, 如果 S_T < X \end{cases}$$

考虑期权费后，看跌期权买方和卖方的损益如图 10-4 所示。

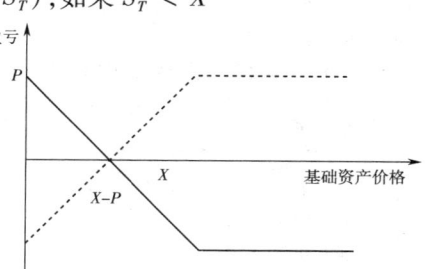

图 10-4 看跌期权买方和卖方的损益曲线图

四、影响期权价格的因素

期权价格，即权利金，指的是期权买卖双方在达成期权交易时，买方向卖方支付的购买该项期权的金额。期权价格通常是期权交易双方在交易所内通过竞价方式达成的。在同一品种的期权交易行市表中表现为不同的履约价格对应不同的期权价格。一般而言，影响期权价格的因素主要有基础资产的价格、履约价格（敲定价格）、距期权到期的时间、基础资产价格的波动性、市场无风险利率、基础资产的股利或利率。以股票期权为例（以下讨论都是在假定其他因素不变的前提下进行的）。

（1）股票价格和履约价格。由前文对期权内在价值的描述可知，股票期权的内在价值由股票价格和履约价格决定。就看涨期权而言，股票价格越高，则期权价值越高，而履约价格越高，则期权价值越低。因此，看涨期权的价值随股票价格的上升而上升，随履约价格的上升而下降；相反，看跌期权的价值则随股票价格的上升而下降，随履约价格的上升而上升。

（2）距期权到期时间。对于美式看涨期权和看跌期权而言，距期权到期时间越长，股票价格在这段时间内变化的可能性就越大，对于期权的持有者而言，获利的机会也越多，期权的时间价值就越大；反之，期权执行的可能性就越小，期权的时间价值就越小。

（3）股价的波动性（易变性）。股价的波动性反映了未来股价运动的不确定程度。无论是买入期权还是卖出期权，股票价格上下波动的范围越大，反映期权的或有收益越大。以买入期权为例，波动性越大，未来可能的股票市场价格就可能越高，这样期权的内在价值也就可能越高；相反，如果股票价格的变化很稳定，则期权将来的内在价值就不太可能很高。另外，还可以从风险的角度来理解，波动性越大，反映持有股票的风险就越高，而通过购买买入期权，持有者把风险转移出去了。所以，持有买入期权所转移出去的风险也越大，自然其价值也越大。类似地，卖出期权的价值也与标的资产的波动性正相关。简单而言，无论买入期权还是卖出期权，其价值随股价波动性增大而上升，随波动性降低而减少。

（4）无风险利率。利率对期权价值的作用表现为某种间接的特点，当市场上的无风险利率上升时，股价的预期增长率趋于上升，且利率上升使看跌期权持有者的未来现金流量现值降低，两者均使看跌期权价值降低；同样的道理，利率上升将使得看涨期权的价值上升。

（5）现金股利。现金股利的发放在除息日将降低股票价格，因此，看涨期权的价值下降，而看跌期权的价值上升。

表 10 – 14 对上述影响股票期权价格的因素及其影响结果进行了总结。

表 10 – 14　　　　　　　　　　影响期权价格的因素

因　素	欧式看涨期权	欧式看跌期权	美式看涨期权	美式看跌期权
股票价格	+	–	+	–
履约价格	–	+	–	+
距期权到期时间	+	+/–	+	+
股价波动性	+	+	+	+
无风险利率	+	–	+	–
现金股利	–	+	–	+

五、期权定价模型

萨缪尔森是期权定价理论的开山鼻祖，于 1965 年发表了《认股证的理性定价理论》，开始了对认股证定价的研究。把认股证定价理论发展为期权定价理论的主要有布莱克、默顿、斯科尔斯。1973 年，布莱克与斯科尔斯合作发表了《期权和公司债务定价》(The Pricing of Options and Corporate Liabilities) 一文，同年默顿独立发表了《理性期权定价理论》(Theory of Rational Option Pricing) 一文，这两篇论文成为默顿与斯科尔斯获得 1997 年诺贝尔经济学奖的关键成果。

现有的两个经典的期权定价模型分别是布莱克—斯科尔斯的期权定价模型和二项式或称为二叉树模型（由考克斯、罗斯和鲁宾斯坦设计），布莱克—斯科尔斯模型适用于欧式期权，二项式模型主要适用于美式期权定价，但也可以对欧式期权定价。尽管这两个模型是针对不同状态而言的，但它们在本质上是完全一致的，都体现了无套利定价的思想。具体而言，投资者可建立期权与其标的股票的组合来保证确定报酬，在均衡时，此确定报酬必须等于无风险利率。由于推导过程较为复杂，这里仅给出两种模型的表达形式及简单运用。

（一）布莱克—斯科尔斯模型

1. 布莱克—斯科尔斯（Black – Scholes，B – S）模型的基本假设。布莱克—斯科尔斯模型是用来评估无现金股利股票欧式看涨期权的价值的。其基本假设如下：市场不存在交易成本和税收，所有的证券均无限可分；期权为欧式期权，在期权的有效期内不派发现金股利；股票可以卖空，且卖空者得到了交易中的全部利益；市场不存在无风险套利机会；无风险利率是常数；市场连续运作；股价运动符合几何布朗运动。

2. 布莱克—斯科尔斯定价模型的形式。在上述假设条件下，布莱克和斯科尔斯推导出了无红利支付股票的衍生工具价格必须满足的微分方程，并应用到无现金股利股票欧式看涨期权的定价上（B – S 期权定价公式的推导可参见本章的附录三）。

布莱克—斯科尔斯定价模型的形式为
$$c = SN(d_1) - Xe^{-r(T-t)}N(d_2)$$
其中，
$$d_1 = \frac{\ln(S/X) + (r + \sigma^2/2)(T-t)}{\sigma\sqrt{T-t}}$$
$$d_2 = \frac{\ln(S/X) + (r - \sigma^2/2)(T-t)}{\sigma\sqrt{T-t}} = d_1 - \sigma\sqrt{T-t}$$

式中：S 为股票的当前价格；X 为履约价格；$T-t$ 为期权的期限（以年计算）；r 是连续复利；$N(d_1)$ 和 $N(d_2)$ 分别是在正态分布情况下得到的 d_1 和 d_2 的累积概率；σ 为股票收益的标准差。

由上式可知：当前股价越高，看涨期权的价值越高；履约价格越高，看涨期权的价值越低；距到期时间越长，期权价格越高；无风险利率越高，期权价格越高；股票收益的方差越大，即股票价格波动的范围越大，期权价值越高。这与前文中影响期权价格因素的分析结果一致。

3. 看涨期权与看跌期权的平价关系。无红利支付的欧式看跌期权的定价可以从以下看跌期权与看涨期权的平价关系推导出来。在到期日前标的资产没有现金支付的条件下，c 和 p 之间的关系可以通过如下资产组合策略得到。假设有两个资产组合：

组合 A，一份欧式看涨期权加上金额为 Xe^{-rt} 的现金；

组合 B，一份欧式看跌期权加上一单位标的资产。

在期权到期时，两个组合的价值均为 $\max(S_T, X)$。由于欧式期权不能提前执行，因此，这两个组合的现值必然相等，即
$$c + Xe^{-r(T-t)} = p + S_0$$

如果上式不成立，就会存在无风险套利机会，投资者进行无风险套利活动，最终使看涨期权和看跌期权的价格满足以上平价（parity）公式。通过这种平价关系，可以方便地得到布莱克—斯科尔斯模型中，无现金支付条件下的欧式看跌期权的价格为
$$p = Xe^{-rt}N(-d_2) - SN(-d_1)$$

4. 对 σ 的估计。布莱克—斯科尔斯模型最吸引人的地方是模型中的许多变量都是可以直接观察到的，只有基础资产回报的标准差无法直接观察到，但如果长期内标准差相对稳定，则可以通过历史数据进行估计。

具体方法为：设 $n+1$ 为历史价格观测次数，S_i 为每一段时间间隔末的股价（$i = 0$，1，2，3，$\cdots$，n），T 为每一段时间长度（以年计，如 1 个月为 1/12 年）；布莱克—斯科尔斯模型假定价格呈对数正态分布，u_i 为第 i 时段的连续收益率，$u_i = \ln \frac{S_i}{S_{i-1}}$，则 u_i 的标准差估计为 $S = \sqrt{\frac{1}{n-1}\sum_{i=1}^{n}(u_i - \bar{u})^2}$，所以 σ 的年波动率估计值为 $S^* = \frac{S}{\sqrt{T}}$。

一般选用的历史数据为最近 90～180 天的日收盘价。一年时间以交易日 250 天计，而不是按日历的 365 天，这样计算出的标准差从经验上看会更准确。

在实证研究中，一般有以下经验公式：

$$年波动率 = 日波动率 \times \sqrt{250}$$

$$年波动率 = 周波动率 \times \sqrt{52}$$

5. 期权定价——应用 B-S 模型的算例。我们以一个期限较长的、苹果公司的股票看涨期权的定价为例。表 10-15 显示了一份苹果公司（AAPL）的股票看涨期权交易的相关信息。该时点在闭市时间段，所以买入和卖出的报价 Bid、Ask 为 0。

表 10-15   苹果公司的一份股票看涨期权报价表

AAPL May 2021 125.000 call OPR-OPR Delayed Price. Currency in USD			
Last Trade:	10.15	Day's Range:	8.60-10.25
Trade Time:	2021-04-21	Contract Range:	N/A
Change:	0.00 (0.00%)	Volume:	695
Previous Close:	10.15	Open Interest:	49.97k
Open:	9.41	Strike:	125.00
Bid:	0	Expire Date:	2021-05-21
Ask:	0		

资料来源：finance.yahoo.com。

当前时间为 2021 年 4 月 21 日，该期权的执行价格为 125.00 美元，当前的收盘价为 133.50 美元。该期权的到期日为 2021 年 5 月 21 日，当天苹果公司股票的收盘价格为 258.26 美元。以一年期美元 Libor 利率作为无风险利率，换算成连续复利利率为 0.2866%。所以，$S = 133.50$，$X = 125.00$，$r = 0.2866\%$，$T-t = $（4 月 21 日至 5 月 21 日的实际天数）$/365 = 0.083$。同时，根据苹果公司股票 2021 年 4 月 21 日前 180 个交易日的调整后收盘价，计算的年收益波动率 $\sigma = 0.360$。

将以上变量代入 B-S 公式中，计算得到

$$d_1 = \frac{\ln(S/X) + (r + \sigma^2/2)(T-t)}{\sigma\sqrt{T-t}} = 2.380$$

$$d_2 = \frac{\ln(S/X) + (r - \sigma^2/2)(T-t)}{\sigma\sqrt{T-t}} = 2.020$$

该股票期权的价格 $c = SN(d_1) - Xe^{-r(T-t)}N(d_2) = 10.086$。

计算结果 10.086 与该看涨期权的实际价格 10.15 相差 0.064。该差异非常微小，造成这一差异的原因包括两方面：(1) 市场对历史波动率 σ 作出修正；(2) 无风险利率的选取略有不同。

（二）二项式定价模型

B-S 模型虽然有种种好处，但其推导过程较为复杂，而二项式模型以一种非常容易理解的方式推导出了期权的定价公式。

二项式模型的假设前提有：最基本的模型为不支付股利的欧式股票看涨期权；股票市场和期权市场是完全竞争的，市场运行是非常有效率的，卖空不受限制，不存在套利

机会;股票现货与期货合约的买卖不涉及交易成本,也不存在税收问题;市场参与者可按已知的无风险利率无限制地借入资金或贷出资金,利率在期权有效期内保持不变,而且不存在信用风险或违约风险。该模型还假定:在期权到期日,标的资产的价格只有两种可能,即上涨到一定的水平或下降到一定的水平。上述假设可用符号分别表示为:在每一个时间间隔内证券价格会从原始的 S 变化到 S_u(价格上升)或 S_d(价格下降);同时,假设价格上升的概率为 p,价格下降的概率为 $1-p$。

以下分别就单期、两期和多期的价格变化给出二项式期权定价模型的表达形式。

1. 单期二项式期权定价模型。图 10-5 显示了单期证券价格(S)和期权价格(权利金 C)的变化。

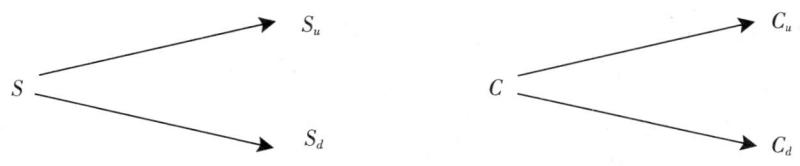

图 10-5 价格变化的两种可能性

设股票的现价(S)为 100 美元,3 个月期股票看涨期权的执行价格(K)为 110 美元,在 $u=1.3$、$d=0.9$ 的情况下,下一期(3 个月后)股票的价格要么上升至 130 美元,此时该期权的价值为 20 美元,即 $C_u = \max(S_u - K, 0) = \max(130 - 110, 0) = 20$,要么下降至 90 美元,此时期权的价值为零,即 $C_d = \max(S_d - K, 0) = \max(90 - 110, 0) = 0$,如图 10-6 所示。

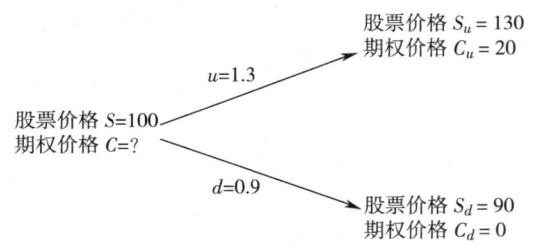

图 10-6 价格变化图

设某项资产组合由买进 X 股每股 100 美元的股票与卖出一份看涨期权合约的头寸构成。到了下一期(即期权合约的到期日),在两种可能的股价变动的情况下,该项资产组合的价值(V_T)如表 10-16 所示。

表 10-16　　　　　　　　资产组合的目前成本与未来价值

资产组合	目前的成本(C_0)	到期日的价值(V_T),执行价格 110	
		$S_T = 130$	$S_T = 90$
买进 X 股股票 卖出一份看涨期权合约	$-100 \times X$ C	$130 \times X$ -20	$90 \times X$ 0
合计	$C - 100 \times X$	$130 \times X - 20$	$90 \times X$

根据无风险套利原则,在期权到期日,不存在无风险套利机会,即不管股票价格涨至 130 美元还是跌至 90 美元,两种情况下资产组合的价值都应该是一样的:$V_T = 130 \times X - 20 = 90 \times X$,整理后得到 $X = 0.5$。这表明,无风险资产组合应按 0.5:1 的比例构成,即在买进 1 股股票的同时,卖出 2 股看涨期权合约。在期权到期日,该项资产组合的价值为 $V_T = 130 \times 0.5 - 20 = 90 \times 0.5 = 45$ 美元。而在有效的市场上,在不冒风险的情况下,人们在金融市场上只能赚取无风险收益。换句话说,资产组合的当前价值是其在到期日的价值按无风险利率进行贴现后的现值,若无风险利率为 10%(年率),则 $V_0 = 45 \times e^{-10\% \times 0.25} = 43.89$ 美元,这是按事后的收益向前推算得到的。而事前负的成本就是事前的价值,两者相等,$43.89 = 100 \times 0.5 - C$,由此得到 $C = 6.11$ 美元。

由上述思路可以推导出单期二项式期权定价模型的通用公式,即

$$C = e^{-r \times T}[q \times C_u + (1 - q) \times C_d]$$

其中,$q = \dfrac{e^{r \times T} - d}{u - d}, 1 - q = \dfrac{u - e^{r \times T}}{u - d}$。

2. 多期二项式期权定价模型。将期权的有效期扩展到若干个时间间隔 Δt,可以得到扩展的价格变化和期权价格变化,如图 10-7 所示。

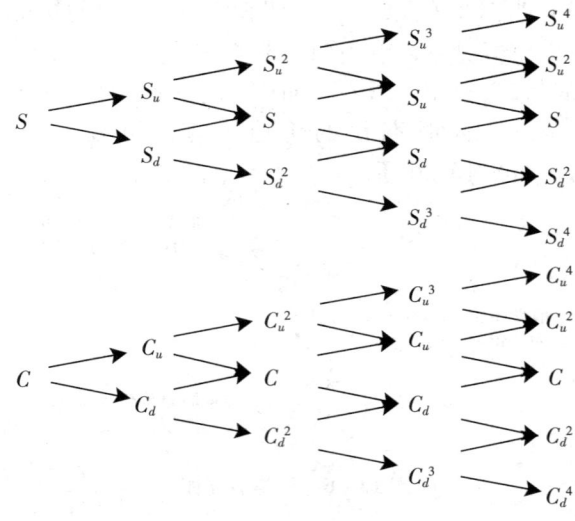

图 10-7 扩展的价格变化图

然后,从树形结构图的末端开始,采用倒推法对期权进行定价。即:在 T 时刻,期权价值是已知的,对于看涨期权来说,其价值为 $\max(S_T - K, 0)$;对于看跌期权来说,其价值为 $\max(K - S_T, 0)$。因此,通过将 T 时刻的期权价值的预期值在 Δt 时间间隔内以无风险利率 r 贴现,可得出 $T - \Delta t$ 时刻的期权价值。同理,$T - 2\Delta t$ 时刻的期权价值是 $T - \Delta t$ 时刻的期权价值在 Δt 时间间隔内以无风险利率 r 贴现的值。依此类推,最终可求出 0 时刻的期权价值,即多期二项式期权定价模型的通用公式为[1]

---

[1] 宋逢明. 金融工程原理 [M]. 北京:清华大学出版社,1999:81.

$$C = e^{r \times \Delta t} \sum_{j=0}^{n} \left[\frac{n!}{j!(n-j)!} q^j (1-q)^{n-j} \max(S_0 u^j d^{n-j} - K, 0) \right]$$

$$P = e^{r \times \Delta t} \sum_{j=0}^{n} \left[\frac{n!}{j!(n-j)!} q^j (1-q)^{n-j} \max(K - S_0 u^j d^{n-j}, 0) \right]$$

3. 期权定价——应用二项式模型的算例。以苹果公司的一只股票看涨期权（call）的定价为例。表10-17显示了2021年4月21日苹果公司（AAPL）的这只股票看涨期权的报价表。该期权的执行价格为125.00美元，当前的收盘价为10.15美元，期权到期日为2021年5月21日。

表10-17　　　　　　　　　苹果公司的一份股票看涨期权报价表

AAPL May 2021 125.000 call OPR - OPR Delayed Price. Currency in USD			
Last Trade：	10.15	Day's Range：	8.60-10.25
Trade Time：	2021-04-21	Contract Range：	N/A
Change：	0.00 (0.00%)	Volume：	695
Previous Close：	10.15	Open Interest：	49.97k
Open：	9.41	Strike：	125.00
Bid：	0	Expire Date：	2021-05-21
Ask：	0		

资料来源：finance.yahoo.com。

当天苹果公司的股票收盘价格为133.50美元。以一年期美元Libor利率作为无风险利率，一年期存款利率换算成连续复利利率为0.2866%。$S = 133.50$，$X = 125.00$，$r = 0.2866\%$。

运用二项式模型计算该看涨期权的价值，将10天作为一个步长（$\Delta t = 10/365$），该期权还有30天到期，则可以被看做是一个三步二叉树模型。

根据苹果公司股票2021年4月21日前180个交易日的调整后收盘价，计算的年收益波动率为$\sigma = 0.360$。

$u = e^{\sigma\sqrt{\Delta t}} = 1.061$，$d = \frac{1}{u} = 0.942$，股票价格上升的概率$p = \frac{e^{r\Delta t} - d}{u - d} = 0.486$。

从而得到股票价格的变化二叉树：

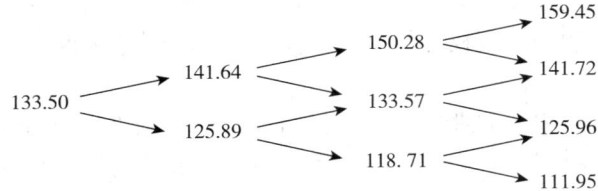

倒推期权价格：

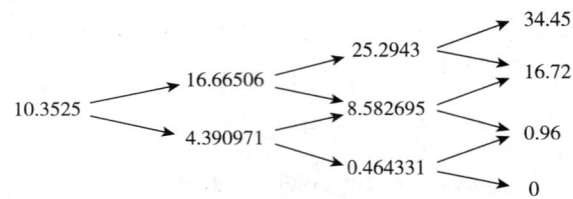

最终，根据三步二项式模型得到的期权价格为 10.3525 美元，这与 10.15 的实际价格十分接近。造成两者微小差异的原因是：（1）选取的波动率和无风险利率与市场水平可能略有差异；（2）二项式定价模型本身是一种模拟运算的过程，其结果可能存在一定的偏差。

第五节　认股权证和可转换债券的定价

为了促进期权定价理论的推广应用，本节将要介绍两种常见的融资工具——认股权证和可转换债券。

一、认股权证

（一）认股权证概述

认股权证赋予其持有人以一定量的现金购买普通股的权利。从这个意义上看，认股权证非常类似于看涨期权。具体而言，认股权证是一种允许其持有人有权利但无义务地在规定的时期内以确定的价格直接向发行公司购买普通股的证券。每份认股权证将会详细说明权证持有人可以购买的股票份数、协议价格及其到期日。通常把权证划分为两大类型：股本权证（equity warrant）和衍生权证（derivative warrant）。股本权证由上市公司或其任何附属公司发行，必须以股票进行实物交割，也即权证持有人全数缴付行权价后，权证发行人必须交付有关股票，从而会改变上市公司在外流通的股份数量。衍生权证的发行机构是与权证本身所涉及证券的发行人或其附属公司并无关系的独立第三者，一般都是投资银行，其标的资产既可以是股票，也可以是债券、股价指数、基金、货币、商品或一篮子证券等。衍生权证既有用实物交割的，也有用现金交割的。由于衍生权证的标的是已发行在外的证券，因此，衍生权证的到期执行没有增加股份数量。另外，根据买入的权利还是卖出的权利划分，合约中规定是买入权利的认股权证就是认购权证，规定是卖出权利的认股权证就是认沽权证，或者叫作认售权证。

（二）认股权证的价值分析

为了说明一份认股权证的理论价值，我们举一个实例来进行分析：1986 年 11 月 24 日，私人投资公司 KKR 收购了 Safeway 集团，原普通股的每股股份转化为一只次级附属债券和一份认股权证，每份认股权证的持有人将有权利购买 0.279 股新普通股，同时支付 1.052 美元。可见，若要持有一只新普通股，认股权证的持有人需要用 3.584 份认股权证，还要支付 3.770 美元（1.052×3.584），这就使得 Safeway 集团认股权证的协议价格等于 13.6049 美元（3.584×3.796）。该认股权证的到期日是 1996 年 11 月 24 日。

Safeway 集团被 KKR 公司收购后，就成为一家私募公司（其普通股和认股权证均不公开上市），但在 1996 年 4 月 26 日，KKR 公司通过公开发行 4 万股新增股票的方式，让 Safeway 集团的股票在纽约证券交易所挂牌上市。在上市的当日，数千份认股权证以 3.125 美元的价格成交，其普通股股价则为每股 12.125 美元。

Safeway 集团的认股权证的价值与其股票价格的关系，非常类似于一份看涨期权与其股票价格的关系。如图 10-8 所示，当 Safeway 集团的股票价格低于 13.5085 美元时，该认股权证的价值下限为 0（其持有人不会行使该权证的认股权利），当 Safeway 集团的股票价格上升到 13.5085 美元以上时，其认股权证的价值下限是（股票价格 - 13.5085）/3.584，认股权证的价值上限则为股票价格/3.584，其实际价格处于价值上限和价值下限之间。对于一份认股权证只可以认购一只普通股来说，该认股权证的价格不能超过其标的物——普通股的价格。

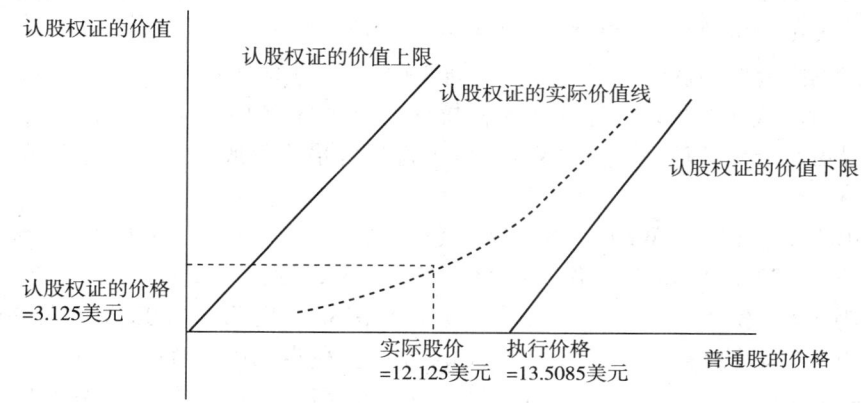

图 10-8 Safeway 集团认股权证的价值

一般来说，认股权证的价格超过其价值下限的程度主要取决于以下几个因素：(1) 普通股收益的波动率；(2) 认股权证的到期期限；(3) 无风险利率；(4) 股票价格；(5) 协议（执行）价格。在前文阐述的看涨期权的价值决定中，也具有相同的影响因素。

（三）认股权证与看涨期权的差异

从认股权证的持有者角度而言，认股权证与以普通股为标的物的看涨期权非常相似。但从公司的角度来看，两者有着很大的不同。

最重要的区别在于发行者不同，认股权证是由公司发行的，看涨期权是由个人发行的。当认购权证被执行时，初始发行公司必须按照认股权证所规定的股份增发新股票，随着认股权证被执行，其补发的股份数目也随之增加。与之相反，当一份看涨期权被执行时，对于公司发行在外的股份来说，其股份数无任何变化。因此，认股权证的执行对公司价值具有"稀释效应"（dilution effect），即公司的净利润将平摊到更多的股份总数上，从而降低了每股的收益水平，而以普通股为标的物的看涨期权则没有这种效应。

实际上，认股权证和可转换债券都会引起公司股份数目的增加，从而产生"稀释效应"。那些发行了较多数量的认股权证和可转换债券的公司，必须报告基本的每股收益和稀释的每股收益。

（四）认股权证的定价——B-S模型的应用

我们希望能用对期权定价的 B-S 模型来对认股权证定价。但由于存在稀释作用，因此，执行认股权证获取的收益只占执行公司股票的看涨期权所获得收益的一个特定比例，即认股权证执行前的公司股份数除以认股权证执行后的公司股份数的比例。该比例必定小于1。

B-S模型经过调整后就可以用于对认股权证进行定价。其过程如下：

（1）利用 B-S 模型计算与该认股权证条件相同（包括到期日、执行价格等）的看涨期权的价值；

（2）将该看涨期权的价值乘以特定的比率（认股权证执行前的公司股份数/认股权证执行后的公司股份数），就得到了认股权证的价值。

以长江电力公司的认股权证为例。根据 2005 年 8 月 5 日公司的股东大会决议，"G长电"将发行欧式认股权证，存续期为自权证上市之日起 18 个月，行权日为认股权证存续期的最后 5 个交易日，行权比例为 1:1，行权价格为每股 5.5 元。计算该认股权证的理论价值。

长江电力认股权证 CWB1（580007）是以股票"G长电"（600900）作为标的。其总共发行了 122 801.0640 万份，2006 年 5 月 25 日发行至 2007 年 5 月 24 日到期，行权价格为 5.5 元。"G长电"现有总股本 818 673.76 万股。2006 年 5 月 26 日，股票"G长电"的收盘价为 7.08 元，长江电力认股权证 CWB1 的收盘价为 4.109 元。以银行的一年期定期存款利率 2.25% 作为无风险利率，折算为连续复利贴现利率，即 2.22%。

首先，将认股权证看作是一个普通的欧式看涨期权，则：$S = 7.08$，$X = 5.5$，$r = 2.22\%$，$T - t = 363/365 = 0.995$。根据"G长电"股票 2006 年 5 月 26 日前 200 个交易日的调整后收盘价，计算得到年收益波动率 $\sigma = 0.330$。

将以上变量代入 B-S 公式中计算，得

$$d_1 = \frac{\ln(S/X) + (r + \sigma^2/2)(T-t)}{\sigma\sqrt{T-t}} = 0.999$$

$$d_2 = \frac{\ln(S/X) + (r - \sigma^2/2)(T-t)}{\sigma\sqrt{T-t}} = 0.670$$

期权价格 $c = SN(d_1) - Xe^{-r(T-t)}N(d_2) = 1.928$

认股权证由于具有稀释总股本的作用而需要作出以下调整：

$$c' = c \times \frac{818\ 673.76}{818\ 673.76 + 122\ 801.064} = 1.676$$

最终，我们得到长江电力认股权证 CWB1 的价值为 1.676 元，这与该认股权证的实际价格 4.109 相去甚远。该算例从一个侧面说明中国资本市场的投机性比较强，价值和价格的背离较大。

二、可转换债券

(一) 可转换债券概述

可转换债券是一种可以在特定的时间按特定的条件转换成普通股股票的特殊公司债券。可转换债券具有债券和股票的特性，具有以下三个特点：(1) 债权性。与其他债券一样，可转换债券也有规定的利率和期限，投资者可以选择持有债券到期，收取本金和利息。(2) 股权性。可转换债券在转换成股票之前是纯粹的债券，但在转换成股票之后，原债券持有人就由债权人变成了公司的股东，可参与公司的经营决策和红利分配。(3) 可转换性。可转换性是可转换债券的重要标志，债券持有者可以按约定的条件将债券转换成股票。公司在发行可转换债券时就明确约定债券持有者可按照发行时约定的价格将债券转换成公司的普通股股票，如果债券持有者不想转换，则可继续持有债券，直到偿还期满时收取本金和利息，或者在流通市场上出售变现。一些可转换债券附有回售条款，规定当公司股票的市场价格持续低于转股价（即按约定可转换债券转换成股票的价格）达到一定幅度时，债券持有人可以把债券按约定条件出售给债券发行人。另外，一些可转换债券在发行时附有强制赎回条款，规定在一定时期内，若公司股票的市场价格高于转股价达到一定幅度并持续一段时间时，发行人可按约定条件强制赎回债券。由于可转换债券附有一般债券所没有的选择权，因此，可转换债券的利率一般低于普通公司债券的利率，公司发行可转换债券有助于降低其筹资成本。由于可转换债券在一定的条件下可转换成公司股票，因而会影响到公司的所有权。

(二) 可转换债券的价值分析

要对可转换债券进行价值分析，首先需明确以下几个基本的概念：转化率和转换价格、转换价值、纯粹价值、底价、溢价以及可回购性。

(1) 转换率和转换价格 (conversion ratio & conversion price)。转换率表示一只可转换债券能够换到的普通股数量，如转换率为 25:1，即说明每只可转换债券可转换成 25 股股票。有些公司的可转换债券并不标明转换率，只标明转换价格，即给出事先确定好的普通股股价，在转换时，根据可转换债券的面值，得出转换成的股份数。比如，某只可转换债券的面值为 1 000 元，转换价格为 40 元，那么投资者在转换时将能转换成 25 股普通股，因此，转换价格 40 元与转化率 25:1 是一致的。

(2) 转换价值 (conversion value)。转换价值是指转换时得到的普通股的市场价值，即

$$CV = P_S \times CR$$

式中：CV 代表转换价值；P_S 代表普通股市价；CR 代表转换率。

如前例，转换价格为 40 元，若该股票当时的市场价格为 50 元，则其转换价值为 $50 \times 25 = 1\ 250$ 元。

(3) 纯粹价值。纯粹价值是指可转换债券失去转换性能后的价值，即指可转换债券中纯债券性质的那部分价值。如某可转换债券的利率为 8%，期限为 20 年，市价为 1 200 元，而与之相同的非转换债券的市价仅为 900 元，因此，该可转换债券的价值 1 200 元可

分为两部分：一部分是作为债券特征的价值，即纯粹价值 900 元；另一部分是作为购买普通股选择权的价值，为 300 元。

（4）底价（Minimum Value）。可转换债券的转换价值与纯粹价值相比，两者中的较高者为可转换债券的底价，即

$$MV = \max(CV, P_b)$$

式中：MV 代表底价；CV 代表转换价值；P_b 代表纯粹债券价格。

（5）溢价（Premium）。可转换债券的升水是指可转换债券的市场价值和转换价值之差，升水常用百分比表示，即

$$P = \frac{P_0 - CV}{CV}$$

式中：P 是溢价；P_0 是可转换债券的市价；CV 是可转换债券的转换价值。

（6）可回购性。若可转换债券发行时说明可由发行人回购，则存在回购风险。一般来讲，可转换债券在特定的条件下才可以回购，如规定债券发行若干年后或者股票价格出现持续上升时公司将以回购价回购，投资者可以选择接受回购价格让公司回购或者选择债券转换，发行者可以利用回购条款迫使投资者进行转换，从而获得资金。

以下分析给定利率下可转换债券价值与股票价值的关系，这里不考虑溢价和回购条款的影响。如图 10-9 所示，假设可转换债券无违约风险，则债券的可转换价值不依赖于股价，可用一条直线表示，可转换债券的价格不能低于其纯粹债券价值。同时，可转换债券的价格也不能低于转换价值，因为，如果可转换债券以低于转换价值的价格卖出，就

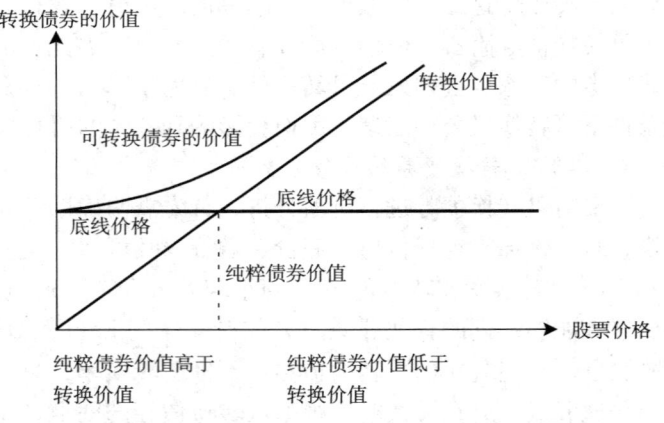

图 10-9 给定利率下可转换债券的价值

会出现无风险套利，使得价格恢复到转换价值之上，而转换价值随着股价的上升而上升，是一条向上倾斜的直线。因此，可转换债券的价值底线，即底价，可以由转换价值和纯粹债券价值中较高的部分确定。另外，可转换债券存在选择权（即转换为普通股还是作为债券持有），持有者可以等待并在将来利用纯粹债券价值与转换价值中较高的那个价值来选择有利的策略，因此，具有期权的价值。图中的可转换债券的价值曲线说明，可转换债券的价值等于其纯粹债券价值和转换价值两者中的最大值与其期权价值之和。

（三）影响可转换债券价值的因素

由前文描述可知，可转换债券实际上是一种混合型的债券，是在公司债券的基础上附带了一个股票的买入期权，即给予投资者一种转换或者放弃转换股票的选择权。这种选择权本质上是一个美式看涨期权，因此，可转换债券的价值可以被看作是由债券部分

的价值与美式看涨期权的价值之和决定的。那么，凡是对上述两方面价值有影响的因素均可能影响可转换债券的价值，主要涉及公司的自身状况、市场状况和发行条款等方面的因素。

（1）公司信用与业绩。公司信用表现在两个方面：首先，可转换债券发行时评估的信用等级上升，可转换债券的纯粹价值上升，反之，则下降；其次，公司的诚信度（包括募集资金用途的可行性和公司对债权人和股东报酬率的态度）越高，则可转换债券的价值越高。

公司的经营业绩反映了公司经营的基本情况，以及公司的盈利能力和成长能力，而可转换债券是公司的融资凭证，因此，公司业绩也是影响可转换债券价值的基本因素。

（2）股票价格的走势及波动性。当公司股票价格上升时，人们对可转换债券的需求上升，因为持有它可以用较低的价格转换成股票从中获利，因此，可转换债券的价值随着股票价值的上升而上升。

同时，当股票价格波动越大时，期权的价值也就越大，因为股价暴涨可以带来较高的转换溢价，而股价暴跌不会有什么大的损失，期权持有人盈利的可能性越大，可转换债券的价值也随之增大。

（3）市场利率水平。市场利率水平与可转换债券的价值呈反向相关关系。市场利率越高，投资可转换债券的收益就相对越低，可转换债券的价值也随之降低。同时，可转换债券对市场利率的敏感程度还与股价水平有关。当股价高于转换价格时，可转换债券表现为股票性质，其价值受市场利率的影响较小；当股价低于转换价格时，可转换债券表现为债券性质，其价值对市场利率的变化较为敏感。

（4）发行条款。发行条款除规定面值、基准股票外，还包括票面利率、期限、赎回条款和回售条款，以及强制性转股条款和转换价格的调整条款等内容。

一般而言，在其他条件相同时，可转换债券的票面利率越高，可转换债券的价值越高。较高的票面利率虽然有利于发行，但对转换成股票不利。

期限对可转换债券价值的影响是其对债券部分和期权部分共同作用的结果：就纯债券而言，期限不仅影响贴现的时间，而且一般来说，债券的期限越长，其面临的风险就越大；就期权而言，期限越长，期权升值的空间越大，其时间价值越大。

赎回条款在设计时已基本限制了可转换债券中的期权价值，其中，赎回保证期越长，赎回价格越高，触发价格越高，则可转换债券的价值就越大。而回售条款则相反，它的设计保证了投资者的最低收益，更为有利的回售条款显然提高了可转换债券的投资价值。强制性转换股票条款意味着限制了可转换债券的期权特性，因而会降低可转换债券的价值，而转换价格的调整条款在一定程度上保证了投资者的利益，故有利于提高可转换债券的价值。

（四）可转换债券的定价——B-S模型的应用

理论上也可以采用B-S模型对可转换债券进行定价，即将其视为普通公司债券（或一笔现金）与股票期权（或认股权证）的组合体，后者可直接用B-S期权定价公式对其进行定价。

设普通公司债券为 B，股票期权为 OP，现金流量为 CF，无风险利率为 $r(t)$，转换价格为 k，可转换债券的面值为 X，股票价格为 $s(t)$，股票波动率为 σ，可转换债券的存续时间为 T。运用 B–S 方程，则可转换债券的价格为

$$CB = B + OP$$
$$= \sum_{t=1}^{T} \frac{CF_t}{[1 + r(t) + s(t)]^t} + X \times N(d) - ke^{-r(t)T} \times N(d - \sigma\sqrt{T})$$

$$d = \left\{ \ln\frac{X}{k} + \left[r(T) + \frac{1}{2}\sigma^2 \right] T \right\} / (\sigma\sqrt{T})$$

将各变量输入，则可得到此种思路的可转换债券价格。但实际条款，诸如何时开始允许转换、公司可否赎回可转换债券、可转换债券的持有人是否可将所持的债券回售给公司以及对利息的特殊规定，使得我们几乎不可能将两个组成部分分解。

当前，全球金融衍生品市场的交易规模保持着强劲增长势头。据美国期货业协会统计，2020 年全球期货、期权的成交量为 467.67 亿张合约，其中金融期货、期权成交量所占的比例近八成。

附录一：利率为常数时，远期价格与期货价格相等的证明

首先假定无风险利率在合约期内保持不变，通过采取以下滚动投资策略进行分析，可得到远期价格与具有相同交割日的期货价格相等的结论。

设一份期货合约的期限为 n 天，F_i 为第 i 日末的期货价格（$0 < i < n$），r 为每日无风险利率（假定在合约的有效期内不变），考虑下面的投资：

（1）在第 0 日末（合约之初）做一多头期货，投资者持仓量为 e^r；
（2）在第 1 日末将持仓量增至 e^{2r}；
（3）在第 2 日末将持仓量增至 e^{3r}；
（4）依次类推，直至 $n-1$ 日为止。

在第 i 日之初，投资者拥有多头投资持仓量 e^{ir}，第 i 日持仓量的利润为 $(F_i - F_{i-1})e^{ir}$；以无风险利率 r 计算复利，在 n 日末的值为 $(F_i - F_{i-1})e^{ir}e^{(n-i)r} = (F_i - F_{i-1})e^{nr}$；在 n 日末，$0\sim n$ 日末的所有投资的期末价值为 $\sum_{i=1}^{n}(F_i - F_{i-1})e^{nr} = (F_n - F_0)e^{nr}$。

而 F_n 为基础资产的期末价格 S_T，因此，该期末价值可表示为 $(S_T - F_0)e^{nr}$。以金额 F_0 投入无风险资产，与上述投资结合在一起，在 T 时点的收益为 $F_0 e^{nr} + (S_T - F_0)e^{nr} = S_T e^{nr}$。

如果上述所有多头期货的持仓均不需投入现金，则上述投资组合（F_0 的现金加上 e^{nr} 份多头期货合约，投入无风险资产的金额为 F_0）的初始投入为 F_0，初始投入 F_0 在

T 时点可获得的收益为 $S_T e^{nr}$。

设在 0 日末,该基础资产的远期价格为 G_0,构造另一个投资组合:G_0 的现金和 e^{nr} 份多头远期合约,投入无风险资产的金额为 G_0。同理可以证明,在 T 时点该投资组合的收益同样为 $S_T e^{nr}$。

因此,这两个投资组合策略有 $F_0 = G_0$。

附录二:期货合约最佳套期保值比率的推导

套期保值比率(hedge ratio)是期货合约持仓量与需要保值的资产规模之比。若想最大限度地降低风险,则最佳比率并不等于1。

设 ΔS 为在套期保值期间现货价格 S 的变化,ΔF 为在套期保值期间期货价格 F 的变化;σ_S 为 ΔS 的标准差,σ_F 为 ΔF 的标准差,ρ 为 ΔS 和 ΔF 之间的相关系数,h 为套期保值率。

若为空头保值,则套期保值者持仓量的价值变化为 $\Delta S - h\Delta F$;若为多头保值,则套期保值者持仓量的价值变化为 $h\Delta F - \Delta S$。无论是哪种情况,套期保值者持仓量的价值变化的方差 v 均为

$$v = \sigma_S^2 + h^2 \sigma_F^2 - 2h\rho\sigma_S\sigma_F$$

求 v 的最小值:$\frac{\partial v}{\partial h} = 2h\sigma_F^2 - 2\rho\sigma_S\sigma_F = 0$,且 $\frac{\partial^2 v}{\partial h^2} > 0$

得到

$$h^* = \rho \frac{\sigma_S}{\sigma_F}$$

由此可知,最佳的套期保值率等于 ΔS 和 ΔF 之间的相关系数乘以 ΔS 的标准差与 ΔF 的标准差之间的比率。当 $\rho = 1$、$\sigma_S = \sigma_F$ 时,期货价格的变化完全反映了现货价格的变化,最佳套期保值比率 $h^* = \rho \times \frac{\sigma_S}{\sigma_F} = 1 \times \frac{\sigma_S}{\sigma_F} = 1$;当 $\rho = 1$、$\sigma_F = 2\sigma_S$ 时,最佳套期保值比率 $h^* = \rho \times \frac{\sigma_S}{\sigma_F} = 1 \times \frac{\sigma_S}{2\sigma_S} = 0.5$。

在此基础上可求得合约的最佳数量,采用如下符号:N_A 为套期保值头寸的规模(单位),Q_F 为期货合约的规模(单位),N^* 为用于套期保值的期货合约的最佳数量。则所使用的期货合约的面值为 $h^* \times N_A$,因此,需要的期货合约的数量为 $N^* = \frac{h^* \times N_A}{Q_F}$。

为了方便起见,对 S、F、σ_S、σ_F 重新定义:

S,套期保值头寸的价值(即 $N_A \times S$);

F，期货合约的价值（即 $Q_F \times F$）；

σ_S，新定义的 S 的标准差（即 $\sigma_S \times N_A$）；

σ_F，新定义的 F 的标准差（即 $\sigma_S \times Q_F$）。

由公式 $h^* = \rho \times \dfrac{\sigma_S}{\sigma_F}$ 和 $N^* = \dfrac{h^* \times N_A}{Q_F}$ 可知，

$$N^* = \frac{h^* \times N_A}{Q_F} = \rho \times \frac{\sigma_S}{\sigma_F} \times \frac{N_F}{Q_F}$$

即 N^* 与前面的 h^* 的方程式相同。

附录三：B–S 期权定价公式的推导

股票价格行为模型：股票价格的瞬时变化率或者投资者的瞬时收益率，遵循几何布朗运动（广义维纳过程），股票的对数收益率服从正态分布，$\ln \dfrac{S_T}{S_0} \sim N(\mu T, \sigma \sqrt{T})$，则 t 时刻股票价格 $S(t)$ 满足随机微分方程：

$$dS = S(\mu dt + \sigma dz) \tag{1}$$

式中：μ 为股票瞬时收益率；σ 为瞬时标准差；dt 是时间的变动；dz 为标准维纳过程，符合正态分布。

其实，任何衍生工具的价格都可以被看作是基础资产价格和时间的函数。假定有一份期权，其价值记为 $f(S,t)$，它仅依赖于 S 和 t，且假设 $f(S,t)$ 关于 t 一阶可导，关于 S 二阶可导并且连续。由 Itô 公式：

$$df = \left(\frac{\partial f}{\partial S} \mu S + \frac{\partial f}{\partial t} + \frac{1}{2} \frac{\partial^2 f}{\partial S^2} \sigma^2 S^2 \right) dt + \frac{\partial f}{\partial S} \sigma S dz \tag{2}$$

式（1）和式（2）中的 dz 是一样的，可以通过选择一个股票和期权的组合将维纳过程消掉。现在构造一个投资组合 A，由卖出一单位的期权和买进数量为 $\dfrac{\partial f}{\partial S}$ 的基础股票构成。

组合 A 的价值是

$$A = -f + \frac{\partial f}{\partial S} S \tag{3}$$

微分得

$$dA = -df + \frac{\partial f}{\partial S} dS \tag{4}$$

若该组合在 dt 时间内为无风险组合，即它的收益率与无风险利率一样，否则必有无风险套利机会，因此，$dA = rAdt$。

结合方程（1）—（4），得到期权定价所满足的偏微分方程：

$$\left(\frac{\partial f}{\partial t} + \frac{1}{2}\frac{\partial^2 f}{\partial S^2}\sigma^2 S^2\right)\mathrm{d}t = r\left(f - \frac{\partial V}{\partial S}S\right)\mathrm{d}t \tag{5}$$

由方程（5），欧式看涨期权的价值 $C(S,t)$ 满足方程：

$$\frac{\partial C(S,t)}{\partial t} + rS\frac{\partial f}{\partial S} + \frac{1}{2}\frac{\partial^2 f}{\partial S^2}\sigma^2 S^2 = rf \tag{6}$$

上述 B-S 微分方程，根据限制条件的不同，投资组合 A 并非永久无风险，只是在极端的瞬时无风险。随着 f 和 S 的变化，$\frac{\partial f}{\partial S}$ 也在变化，为了保证 A 为无风险组合，应改变组合中股票和期权的比重。根据欧式看涨期权的主要限制条件，在 $t=T$ 时，$C(S,T) = \max(S-K,0)$。

由上述方程解得欧式看涨期权的 B-S 定价公式：

$$C(S,t) = SN(d_1) - Xe^{-r(T-t)}N(d_2)$$

其中：$N(d_1) = \frac{1}{\sqrt{2\pi}}\int_{-\infty}^{d_1} e^{-\frac{1}{2}S^2}\mathrm{d}s$

$$d_1 = \frac{\ln(S/X) + (r + \frac{1}{2}\sigma^2)(T-t)}{\sigma\sqrt{T-t}}$$

$$d_2 = \frac{\ln(S/X) + (r - \frac{1}{2}\sigma^2)(T-t)}{\sigma\sqrt{T-t}} = d_1 - \sigma\sqrt{T-t}$$

推导过程结束。

【小结】

金融衍生证券是一种建立在基础金融变量之上，其价格变动取决于后者价格变动的合约。这些基础金融变量一般指股票、债券、货币以及商品等。

衍生证券通常具有如下几个重要特征：（1）未来性；（2）契约性；（3）杠杆性；（4）不确定性和高风险性。

衍生证券主要包括以下几种分类方法。（1）根据交易对象（或称为原生资产），大致可以分为四类，即股票、利率、汇率和商品。（2）根据交易合约形态，可以分为远期、期货、期权和互换四大类。（3）根据交易方法，可分为场内交易和场外交易。（4）按交易双方的风险收益的不同，可分为两类：一类是交易双方的风险收益对称，即交易双方都有在将来的某一日期按照一定的条件进行交易的义务，如远期合约、期货、互换等；另一类是交易双方的风险收益不对称，合约的购买方有权选择是否履行合同，包括期权及期权的变形，如认股权证、可转换债券等。（5）按金融衍生工具形式的不同，也可分为两类：一类是普通型衍生工具，也称为第一代衍生工具，即指远期合约、期货、期权、互换；另一类是复合型衍生工具，它是将各种普通型衍生工具组合在一起，形成一种特制的产品。

金融衍生证券除具有金融证券的一般功能外，还具有不同于以往金融证券的一些特殊功能，主要包括价格发现、套期保值以及资源配置等。

远期价值是指远期合约本身的价值，是由资产远期价格与远期合约价格的差距决定的。期货实际上是一种规范化的远期合约，期货与远期合约除在交易制度上有所区别外，并无本质上的区别。

期权是指赋予其购买者在规定的期限内按双方约定的价格购买或出售一定数量的某种金融资产的权利的合约。

期权通常具有内在价值和时间价值。期权的内在价值是指期权价格中反映期权的敲定价格与现行期货价格之间的关系的那部分价值。期权的时间价值指的是在期权的有效期内时间的价值。

影响期权价格的因素主要有股票价格、履约价格、距期权到期时间、股价的波动性（易变性）、无风险利率、现金股利。

期权定价的方法主要分为解析解法和数值解法。解析解法主要是 B-S 期权定价模型，数值解法包括二叉树法、有限差分法、蒙特卡洛模拟法等。

【思考与练习题】

1. 远期合约、期货合约和期权合约的区别在哪里？
2. 请说出无收益资产、已知收益资产和已知收益率资产的远期和期货定价公式。
3. 影响一份看涨期权合约价值的主要因素有哪些，影响方向如何？
4. 以下是 2021 年 4 月 23 日某时点英镑（GBP）兑瑞士法郎（CHF）的远期汇率报价表，以及两国的 Libor 表。请通过计算验证：两种货币之间各个期限的远期汇率平价关系是否成立？若不成立，则误差为多少？

Spot RateGBP/CHF 1.2680				
期限	Ask	Bid	Mid	Points
1 个月	1.2673	1.2671	1.2672	-9.0125
2 个月	1.2663	1.2661	1.2662	-18.710
3 个月	1.2655	1.2652	1.2653	-27.502
6 个月	1.2626	1.2623	1.2624	-56.485
1 年	1.2567	1.2564	1.2565	-115.69

资料来源：fxempire.com。

英国

GBP Libor	Libor FIX
1 个月	0.04563
2 个月	0.06975
3 个月	0.08775
6 个月	0.11375
1 年	0.15875

资料来源：global-rates.com。

瑞士

CHF Libor	Libor FIX
1个月	-0.79760
2个月	-0.77940
3个月	-0.74580
6个月	-0.70580
1年	-0.59160

资料来源：global-rates.com。

5. 以下分别为2021年4月22日，芝加哥期货交易所（CBOT）交易的迷你道琼斯工业指数期货的报价，当天的道琼斯工业指数行情，以及Coca Cola公司股票的报价。已知该股指期货的交割日为到期月的第三个星期五，以交割日的股指开盘点数作为交割标准，且连续复利利率为0.2866%。

（1）试计算验证该期货的平价关系是否成立？误差为多少？

（2）假设持有100万股Coca Cola公司的股票，若认为道琼斯工业指数代表了市场表现，则按其收盘价应该如何进行套期保值？已知该公司的 $\beta = 0.62$。

MONTH	Last	Chg	Open	High	Low	Close	Settle	Prev Settle	Hi/Lo Limit	ETS Vol
21 Jun	33709.00	-307	33986.0	34039.0	33606.0	N/A	33709.0	N/A	N/A	N/A

资料来源：www.cbot.com。

DOW JONES INDUSTRIAL AVERAGE IN (^DJI) Delayed quote data	
Index Value：	33815.90
Trade Time：	2021.4.22
Change：	↓321.41 (0.94%)
Prev Close：	34137.31
Open：	34109.88
Day's Range：	33717.19 - 34126.57
52wk Range：	22789.62 - 34256.75

资料来源：finance.yahoo.com。

The Coca-Cola Company (KO) Delayed quote data	
Last Trade	54.44
Trade Time：	2021.4.22
Change：	↓0.17 (0.31%)
Prev Close：	54.61
Open：	54.47
Bid：	54.66 * 1300
Ask：	54.76 * 1000
1y Target Est：	59.36

资料来源：finance.yahoo.com。

6. 以下为 Coca-Cola 公司的股票看涨期权（call）的报价表，请根据第 5 题中该公司的股票价格表，分别运用 B-S 模型和二项式模型计算这些看涨期权的理论价值，再将其与现实的价格进行比较。已知 Coca-Cola 公司的股票波动率 $\sigma = 0.202$，连续复利利率为 0.2866%。

Call Options		Expire at close Fri, May 21, 2021					
Strike	Symbol	Last	Chg	Bid	Ask	Vol	Open Int
57.50	KO May 2021 57.500 call	0.12	0	0	0	71	8.46K
60.00	KO May 2021 42.500 call	0.02	0	0	0	1044	8.27K
65.00	KO May 2021 65.000 call	0.01	0	0	0	11	1.66K

资料来源：finance.yahoo.com。

【主要参考文献】

[1] 约翰·赫尔. 期权、期货及其他衍生产品（原书第 10 版）[M]. 中文版. 北京：机械工业出版社，2016.

[2] 布赖恩·克特尔. 金融经济学 [M]. 中文版. 北京：中国金融出版社，2005.

[3] 约翰·J. 斯蒂芬斯. 用金融衍生工具管理货币风险 [M]. 中文版. 北京：中国人民大学出版社，2004.

[4] 陈信华. 金融衍生工具（第二版）[M]. 上海：上海财经大学出版社，2010.

[5] 胡继之. 金融衍生产品及其风险管理 [M]. 北京：中国金融出版社，1997.

[6] 曹凤岐. 证券投资学（第三版）[M]. 北京：北京大学出版社，2013.

[7] 斯蒂芬·A. 罗斯等. 公司理财（原书第 11 版）[M]. 中文版. 北京：机械工业出版社，2018.

[8] 滋维·博迪，亚历克斯·凯恩，艾伦·J. 马库斯. 投资学（原书第 10 版）[M]. 中文版. 北京：机械工业出版社，2017.

第十一章

行为金融理论

【学习目的与要求】

通过学习本章的基础理论,了解有限理性和有限套利,掌握前景理论的主要内容,理解投资过程中的认知偏差,掌握行为金融投资策略。

【学习要点】

有限理性和有限套利的概念;前景理论的主要思想和结论;认知偏差的概念及其产生的原因;行为金融投资理论。

行为金融学是金融经济学的一个分支,它采用心理学的观点,研究投资者进行金融决策的方式,主要研究金融市场在一些经济主体表现出人性弱点和人性复杂面时发生的情况。它把注意力集中于投资者进行"奖赏"股票挑选时的心理,这些股票挑选方法会引起市场对影响股价的新信息过度反应或反应不足。行为金融学的许多方面是源于对1987年股市崩溃的持续性学术研究。在1987年10月股市崩溃之前,正如前面所述,金融市场理论一直以有效市场假说为中心。有效市场假说坚信股票市场的理性和稳定性,否认市场上存在狂热的投机较量,并认为,根据所有的公开信息,股票价格代表了公司未来盈利的最优估计值。因此,信息灵通的市场参与者之间的竞争推动了金融资产价格达到这一反映未来支付流的最优预测值。根据这一理论,市场中实际被高估或低估的股票价格却总被认为是已经有效反映了所有信息的合理价格。

1965—1987年,特别是1987年股市崩溃的前十年,支持有效市场理论的证据给人以深刻的印象。罗切斯特大学、哈佛商学院的詹森教授(1978)声称,在社会科学中,有效市场理论是检验最彻底的理论,检验所用的文献多达几百篇。

有效市场假说理论家是如何为股市崩溃解释的呢?许多有效市场假说的批评家声称,有效市场假说的支持者正在抓救命稻草。令人产生疑问的是,在1987年10月股市崩溃的那一天,美国公司的未来所有股利的最优估计值是否下跌了23%。由于强调基本面信息,有效市场假说曾遭到了源于1987年股市崩溃的强烈质疑。金融经济学家被分为两派：一派认为市场是有效的；另一派认为，金融市场行为最好由心理因素而不是由有效市场追随者所支持的理性行为原则来解释。

行为金融学作为行为经济学的一个分支，它研究人们在投资决策过程中的认知、感情、态度等心理特征，以及由此而引起的市场非有效性。行为金融学对有效市场的批驳首先就是针对理性人假设和无套利假设这两个主流金融经济学的基本观点。

第一节 有限理性

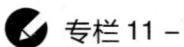
专栏 11-1
2017 年经济学诺贝尔奖花落行为经济学，授予美国经济学家塞勒   ∷∷∷∷∷∷∷∷∷

北京时间 10 月 9 日 17 时 45 分，2017 年诺贝尔经济学奖揭晓。瑞典皇家科学院诺贝尔奖评审委员会宣布，将 2017 年诺贝尔经济学奖授予 72 岁的美国经济学家、芝加哥大学教授理查德·塞勒（Richard Thaler），以表彰他在行为经济学上的贡献。2017 年的诺贝尔经济学奖奖金为 900 万瑞典克朗（约折合 735 万元人民币）。评审委员会表示，塞勒将心理学的现实假设与经济的决策制定结合起来，通过探索有限的理性、社会偏好和缺乏自我控制的结果，展现出这些人性特点对于个人决策以及市场结果的系统影响。

对于个人决策存在着经济学和心理学的分析，塞勒的贡献在于，他在二者之间架起了桥梁。他的实证研究发现和理论洞见，对于行为经济学新领域的创建和迅速扩张起到重要作用，也对许多经济研究和政策具有深远影响。

塞勒 1945 年出生于美国新泽西州，1974 年在美国罗切斯特大学（University of Rochester）获得博士学位，现任芝加哥大学布斯商学院行为科学和经济学教授。

塞勒的经济学贡献可以用三个关键词来概括。

（1）有限理性。塞勒发展出了心理账户（mental accounting）的理论，解释人们如何简化金融决策的制定，通过在脑海中建立不同的账户，关注每一个人的决策影响，更胜于作为整体的作用。他同时展现了对于损失的厌恶，能够解释为什么人们对于已有的东西更为珍惜，但如果不属于自己，则并不如此在意。这种现象被称为禀赋效应（endowment effect）。塞勒是行为金融学的创始人之一，研究认知局限对于金融市场的影响。

（2）社会偏好。塞勒对于公平的理论和实验研究深具影响。他展现出消费者对于公平的考虑，或许能够让公司在需求高涨的时候，放弃提高价格，不过在成本高企的时候，却不必放弃提价。塞勒和他的同事们设计出了独裁者游戏（dictator game），这是一种试验工具，在测试全球不同人群对于公平的态度的研究中，被大量应用。

（3）缺乏自我控制。对于为什么难以坚持在新年定下的计划这个"老问题"，塞勒也有新的发现。他用一个计划者—践行者的模型，展现如何分析自我控制问题，这与心理学家和神经科学家如今用来描述长期计划和短期行动之间内部框架相似。向短期诱惑屈服，这是为什么我们的计划——为老年生活存款，选择更为健康的生活方式总是失败的原因。他定义出"助推"（nudging）这个术语，或许可以帮助人们实现更好的自我控制，比如在为养老金储蓄的时候。

⬆ 资料来源：澎湃新闻，2017-10-09。

一、经济人假设

早在 200 多年前，亚当·斯密（Adam Smith）就提出了"经济人"的原始含义，他写了一段被广为引用的著名的话："每个人都在力图运用他的资本来使其生产的产品得到最大的价值。一般地说，他并不企图增进公共福利，也不知道他所增进的公共福利是多少。他所追求的仅仅是他个人的安乐，仅仅是他个人的利益。"显然，古典经济学家认为个人利益是唯一不变的、普遍的人类动机。所以，经济人的理性体现在是否出于利己的动机，力图以最小的经济代价去获取最大的经济利益。

"经济人"假设是整个经济学思想体系中的前提性假设和基础性假设，并被作为全部理论的逻辑支撑点和方法论原则。内容包括以下几个方面。

（1）人是有理性的。每个人都是自己利益的最好判断者，在各项利益的比较中选择自我的最大利益。

（2）利己是人的本性。人们在从事经济活动的过程中，追求的是个人利益，通常没有促进社会利益的动机。

（3）个人利益的最大化，只有在与他人利益的协调中才能实现。交换是在"经济人"的本性驱使下自然而然发生的。人类的交换倾向是利己本性的外在形式和作用方式，"理性言语是诸种能力的必然结果"。

这种意义上的"经济人"假设受到了不少人的指责，"经济人"假设逐渐演化为"理性人"假设，强调经济主体总是追求其目标值或效用函数的最大化，至于这种目标是利己还是利他，则不作具体的界定。将追求自身欲望的满足或追求快乐作为人们从事各种活动的根本动机，并不意味着人必定是损人利己的。这种根本动机既可能具体表现为利己动机，通过利己但不损人的方式或者损人利己的方式来实现，也可能具体表现为利他动机，通过利他不损己的方式或舍己为人的方式来实现。人们在某些特定场合中舍己为人的行为同样源于行为者追求欲望的满足。从根本动机来看，可以把经济人分为两种类型：利他主导型和利己主导型。但在分析具体经济问题时，则往往假设经济主体的目标或效用函数的主要内容是自私自利。所以，经济学的经济人假设实际上有两层含义，更基本的含义是理性人，更常用的含义是自利人。

二、理性人假设

"理性人"的定义包括两层含义：一是投资者在决策时都以效用最大化为目标；二是投资者能够对已知信息作出正确的加工处理，从而对最终市场作出无偏估计。最大化行为是从经济学的角度，对人类天性的抽象和概括，天性就是公理，公理就无须证明。数理经济学的发展使古典经济学中的理性人假设具体化为一套以最大化为原则的经济理论体系，完全理性的经济人几乎成为标准的经济分析基础。最大化原则构成了西方经济学中最基础、最重要的前提假设，是微观经济学中各种经济主体的目标函数，其数学表达为无条件极值或条件极值的一阶偏导等于零。从经济学中的理性人定义到标准金融学的各种理论，"理性"一词又有了其特定的内涵。

套利理论中的套利者根据资产的期望收益来估价每种资产,而期望收益率是未来可能收益的加权平均,在套利的过程中,套利者是以客观和无偏的方式设定其主观概率的,即按"贝叶斯定理"(Bayesian theorem)不断修正自己的预测概率以使之接近实际。除此之外,套利者还是最大效用的追逐者,他们会充分利用每一个套利机会以获取收益。

现代投资组合理论中的投资者是回避风险的理性人,他们在理性预期的基础上,以期望收益率和方差度量资产未来的收益与风险,并根据收益一定、风险最小或风险一定、收益最大的原则寻求均值方差的有效性。

资本资产定价模型中的投资者除了具有现代投资组合理论中理性人的所有特点外,还强调了投资者具有同质期望性(homogeneous expectation),即所有的投资者对资产和未来的经济趋势具有相同的客观评价。

有效市场假说则假定投资者除了能对各种可获取的信息作出无偏估计外,还能迅速地作出反应。

综合来看,标准金融学中投资者的心理具有理性预期、风险回避和效用最大化这样三个特点,即投资者是理性人。

三、有限理性人假设

"经济人"或"理性人"假设作为一种高度抽象的理性模型,使经济学理论研究的公理化、体系化、逻辑化成为可能,然而,结合心理学的经济学研究结论不接受这种理性经济人假设。

首先,它不承认"经济人"这个前提。传统的主流经济理论把自利置于理论考察的中心,但实践表明,利他主义、社会公正等也是广泛存在的,否则,无法解释人类生活中大量的非物质动机或非经济动机。行为经济学认为,人类行为不只是自私的,还会受到价值观的制约,从而作出不产生利益最大化的行为。

其次,传统主流经济理论认为人们会理性地自利,因而经济运行也具有自身的理性。而行为经济学理论者则认为,人本身就不是那么理性的,因此,经济活动也不是那么理性的。例如,股票市场的价格常常并不是对公司的现实状况作出反应,而是对投资者的情绪作出反应,人的表象思维、心理定势,以及环境影响往往导致并不理性的错误。然而,所谓的非理性是指非经济人理性,而不是否定理性。经济人理性与非经济人理性还是互相调和的。

英国经济学家霍奇逊(Hodgson)从哲学、心理学的角度论证了人的行为决策不可能达到全智的理性程度。他认为,经济学家对理性和非理性理解的偏见,源于其对人脑处理、加工信息原理的认识,不像哲学家、心理学家和社会学家那样熟悉。"经济学家们常常口头上对'信息问题'给予关注……但是,它是对信息本身的容易引起误解的、错误的处理,因而最终导致了错误和混乱。"实际上,市场信息的获取和加工,一要有感性材料,由大量杂乱的听觉、视觉材料所组成;二要有理性分析的框架,对信息进行有价值的筛选和提炼;三要有"约定俗成的知识加以补充和整合"。在市场行为者的决策机制中，由于认识和思维过程是一种复杂的多层系统，而行为本身又是根据不同的思维层次发生的，有时是经过深思熟虑后的行为，有时则是无意识、潜意识状态所激发的非理性行为，因此，经济行为人的决策并非像古典经济学家所主张的那样是完全理性的。

出于对经济人所作的严格限定的质疑，西蒙（Simon，1989）提出决策研究应该以现实生活中的人为研究对象，以心理学中的"适应性行为模型"取代经济学中的"理性行为模型"，由于决策的环境具有绝对的复杂性与不确定性，人的决策与完全理性意义上的决策相差甚远。西蒙（Simon，1991）认为人的理性属于"有限理性"（bounded rationality）。人类的行为是由决策的环境和主体本身的认知能力决定的，即一方面，人类行为是主体的计算、认知能力；另一方面，人类行为是决策环境的结构。所以，由于存在信息成本和信息不对称现象，人们往往追求的是满意解，而满意解往往不是最优的。从这个意义上讲，西蒙的有限理性其实还是理性的，因为他是在信息成本和信息不对称条件下考虑人的行为，也就是说，此时的人还是理性的，因为满意解对他来说便是最优解了。西蒙还主张，理性经济人应改称有限理性人或管理人，管理人关心的只是在他看来最要紧、最关键的因素，因此，它比经济人更贴近社会，更贴近行为人的内在本质。

除此之外，希勒（Shiller，1999）从心理学、社会学、人类学的角度对行为金融学引用的"行为准则"（behavioral principles）做了相当广泛的回顾。马勒莱森和塞勒（Mullainathan and Thaler，2000）则从人的"有限理性"（bounded rationality）、"有限意志力"（bounded willpower）和"有限自利"（bounded self-interest）三个角度探讨行为经济学与行为金融学。舍夫林（Shefrin，2000）对几个选择性的问题，包括传统理论与行为金融的差异、未来的发展趋势等做了深入而细致的探讨。

许多学者通过做大量的实验和调查来研究影响投资者行为的认知、情感和人格特征等因素。唐纳德（Donald G. MacGregor et al.，2000）通过研究发现，想象和情感是评估证券等级的心理框架之一。布鲁诺（Bruno Biais et al.，2000）通过做实验分析了心理特性和认知偏差对人们交易行为的影响。勒纳和凯特勒（Lerner J S and Keltner D，2001）预测并发现恐惧和愤怒对风险认知的影响截然相反。迪克曼（Dickman，1985，1990）设计了冲动性的测量方式，并研究了冲动与认知中的个人差异。卢叟和希麦克（Russo and Schoemaker，1989）提出了过度自信的测量等方法。这些心理测量方面的研究成果为研究人们在经济活动中的决策行为提供了方法和工具。

综合上述观点，行为金融学家最终认为：（1）投资者是有限理性的，投资者会犯错误；（2）在绝大多数时候，市场中理性和有限理性的投资者都是起作用的，而非传统金融理论中的非理性投资者最终将被赶出市场，理性投资者最终决定价格。行为金融学修正了理性人假说的论点，指出由于认知过程的偏差和情绪、情感、偏好等心理方面的原因，投资者无法以理性人方式对市场作出无偏估计。

第二节 有限套利

专栏 11-2
从游戏驿站股价逼空事件看美国金融的新"四化"

仿佛在一夜之间，华尔街从神坛上轰然跌落。在高人气网络社群"下注华尔街"(WBS)数百万散户的合力做多下，美国上市公司"游戏驿站"(GameStop)的股价一飞冲天，从年初的不到 20 美元最高涨至 1 月 28 日盘中最高价 483 美元。股价暴涨令做空的对冲基金损失惨重，据外媒报道，做空 GME 的对冲基金迄今账面损失高达天文数字的 197.5 亿美元，其中主力空头 Melvin Capital 在 1 月份巨亏 53%，而不得不寻求外部紧急融资。

这出"小虾米对抗大鲸鱼"的开年大戏，并不只是一次投机泡沫或无厘头的恶作剧，而是一场美国"愤怒政治"在金融世界的延续，也是疫情之下互联网经济兴起，网络力量对传统金融发起的新挑战。

一、资管行业平权化

资产管理行业一直被视为精英阶层的"游戏"。巨额的资金、复杂的策略、高深的模型，这一切构筑起了一道无形的高墙，将普罗大众挡在门外。特别是过去十余年来量化及高频交易的飞速发展，将投资畸变为比拼交易速度、比拼算力投资的"军备竞赛"，个人投资者越发在市场中处于势单力薄的境地。

然而，互联网的日益普及改变了这一切。随着计算机、智能手机的功能日益强大以及互联网渗透率的大幅上升，个人投资者可方便、快捷和低成本地获取各种投资信息和多元化的投资服务。持续逾年的疫情，使传统经济活动备受封锁等措施限制，同时推动了居家工作、网络投资等行为。为迎合这一趋势，Robinhood 等证券经纪商以零中介费和革命性的易用界面起家，喊出口号——"让人民自由地交易"，成为新一代个人投资者的首选。彭博数据显示，2020 年美股市场有 25% 的交易量来自散户，2021 年 1 月初，Robinhood 等券商 APP 上的散户交易量，自 2008 年以来首次超过了纽交所和纳斯达克等地的机构交易量，这意味着散户力量在某些时候已经几乎能与机构并驾齐驱。

低成本交易正在使过去封闭且高度集中的资产管理行业"平权化"。突然之间，成千上万的业余爱好者可以组织起来，做出自己的市场研究和投资报告，个人投资者也开始使用更多原来只有对冲基金才能使用的策略。此次游戏驿站股票逼空事件中，个人投资者除了买入大量股票推高股价，还买入大量的看涨期权，随着股价不断推高，卖出期权的做市商此时需要买入更多的股票来对冲期权产生的做空敞口，在这些对冲单的量足够大的时候，大量买单进入市场后又将股价推升，形成一个正反馈，最终产生了所谓的"伽马逼空"(Gamma squeeze) 现象。

二、金融投资社群化

信息和通信技术在过去的 20 年中发生了巨大的变化，其中一项重要的发展就是社交网络的出现。由于社交网络以人与人之间的互动为生，人们可以更自由地相互交流，因此社交网络正在全球范围内从根本上重新塑造人类社会，特别是帮助曾经被边缘化的群体创建有影响力的社群组织。

现在，社交网络的影响力开始蔓延至金融投资领域，催生了金融投资的社群化。从此次游戏驿站的逼空事件可以看到，金融投资的社群化具有三个鲜明的特点。

一是社群参与者具有高度同质性，并进行高频交流。参与逼空事件的个人投资者大都来自Reddit网站上的高人气板块——下注华尔街。二是群体性、一致性的集体行动特征强烈。WSB上的个人投资者已发展成散户大军，专门针对美股价格低于5美元，同时做空机构点名做空的中小型股票，让这些平时籍籍无名的股票突然间交易量大增，在短时间内垄断了股票流动性，形成逼空效应。三是社群规模具有指数化的扩张效应。WSB群组的成员总数在1月23日还只有约260万，到1月26日时已超过600万，吸引了源源不绝的个人投资者。

投资社群化和游戏驿站股价暴涨现象，引发了人们对市场操纵的担忧。电影《大空头》的原型人物布里（Michael Burry），近日猛烈抨击了社交论坛哄抬股价的交易行为，他在推特上发帖称，现在发生的事情是疯狂的、危险的，应该会引发法律和监管方面的重视。

然而，在社交媒体中讨论股票并鼓励他人参与炒作，是否涉及企图操纵市场，这是灰色的且非常模糊的领域。除非能够证明，那些煽动散户情绪，鼓励大家买入的"带头大哥"当时就知道这些陈述是不真实的，从而误导了"理性的"投资者，这显然对现有的证券监管提出了严峻挑战。正如纽交所明星交易员彼得·塔奇曼表示："在这场完美风暴中，一些富人和穷人赚得盆满钵满，另一些富人和穷人可能亏得倾家荡产。但是，谁是坏人呢？"

三、市场定价噪声化

在传统金融学理论中，个人投资者更多地被视为噪声交易者（noise trader）。经济学家弗里德曼和法玛曾认为，噪声交易者所获投资收益水平比与之进行交易的套利者要低，所以经济利益的选择机制会把他们逐渐淘汰。但在行为金融理论中，如果噪声交易者过于自信或过于乐观，他们会大量购买风险资产，而由于无法预料投资者心态变化所带来的风险和代理关系下的有限套利等因素影响，卖空操作等套利的吸引力会大大降低，噪声交易者的买卖会导致市场价格与基本价值的更大偏差。

游戏驿站是一家濒临亏损的游戏商店公司，在2020年还只有4美元的垃圾价，不得不关闭了全美近200家线下商店，同时背负有50亿美元的债务。在短短一个月内，这样一家公司从小型垃圾股一跃成为市值两三百亿美元的中大型股，不得不说具有相当大的股价泡沫。然而这不是疯狂的结束，只是疯狂的开始。初尝胜果的散户大军越战越勇，不但使AMC、黑莓等被严重卖空的小型股大幅攀升，更将目标转移至白银等其他市场，导致白银价格飙升至8年来的最高位。

这种情形就好似电影《虫虫特工队》里的蚂蚁和蚂蚱的对抗：蚂蚁要时刻记得为蚂蚱收集食物。每年，蚂蚱飞到储藏地吃掉食物，然后离开。如果蚂蚁不这样做，蚂蚱就告诉他们将会受到惩罚。直到有一天，蚂蚁忽然意识到它们的数量大大超过了蚂蚱，只要团结在一起，它们就可以把蚂蚱打倒。如今在金融市场中，机构也越发感受到散户抱团的力量。经过对Reddit股吧和Robinhood数据的分析，华尔街研究机构Wolfe的量化团队告诉机构客户，散户大军正在以一种破坏性的力量出现，使得做多做空他们钟爱的股票对于华尔街机构都是危险的游戏。著名的空头机构香橼也发表声明，将不再发布做空报告，而专注于研究个人投资者的做多机会。

显然，在面对散户大军的汹涌洪流时，任何做空者或套利者都必须限制自己的投资欲望，以避免不必要的噪声交易者风险。在更多的中小型股票上，市场也许不再关注估值，而是更多地关注从WSB、YouTube用户、TikTok或Robinhood等网络上看到的动量交易机会，市场定价也将充斥更多的噪声，美股正在朝"人傻钱多"的淘金模式进军，或许这正是流动性泛滥化和泡沫极端化下的盛世末像。

四、逼空行为民粹化

2008年国际金融危机和新冠肺炎疫情暴发后,美联储均开启了史无前例的量化宽松货币政策,向金融体系注入了天量流动性。在硅谷和华尔街如鱼得水的同时,五大湖区的产业工人、小石城的零售业者、中西部地区的石油工人却未能分享金融财富膨胀的盛宴,总的财富不平等程度被再次拉大创出历史高位。当不平等加剧和贫富差距扩大至极化状态时,就会成为各种经济社会矛盾滋生的温床。

10年前,愤怒的人们发起了"占领华尔街运动",以抗议华尔街的权钱交易以及社会不公正。10年后的疫情期间,美国政府向居民派发现金缓解经济衰退的困境,却为一众散户提供了射向华尔街的"子弹",发泄对华尔街贪婪本性的怒火。

市场流传一封散户致沽空机构的公开信,尽显金融海啸后央行大肆印钞救市,加剧贫富悬殊所引起的民怨。在很大程度上,散户反抗华尔街与川粉占领国会山一样,都是当下美国民粹高涨,反建制社会情绪的一种体现,是美国"愤怒政治"的一种蔓延。以至于对冲基金大佬达里奥将这场逼空大战比作一场"民粹主义政治起义",他指出:"民众的普遍愤怒——甚至可以说是仇恨,以及想要把人拉下马的这些想法,在如今的美国几乎遍布角角落落。"

此次网络散户的揭竿而起,也使得代际矛盾在经济层面显露无遗。WSB上的主力群体是所谓"千禧一代"(泛指1982年至2000年出生),其中许多人经历了两次危机:他们刚刚工作时,就遇上2008年至2009年的国际金融危机,现在又遇到了这场大规模经济衰退,这使得他们在社会财富分配中日益处于边缘地位。从历史来看,40岁以下人群拥有家庭财富的比重显著降低。1990年,他们拥有13%的股票和14%的家庭财富,如今则只拥有4%的股票和4.5%的家庭财富。面对工作职位流失、数字鸿沟扩大、阶层流动中断,深深的焦虑和幻灭感也成为了此次逼空行为的导火索。

在很大程度上,这种民粹主义的反抗是一种报复性的虚无主义。随着游戏驿站股价的大幅波动,原来抱团的散户投资者不可避免地会出现分化和再整合,游戏驿站股价迟早也会回归其应有水平。但这波网络投资者冲撞华尔街旧体制的热潮退却后,必定会掀起大范围的检讨声浪。美国国会众议院金融服务委员会在官网上发布声明称,将于2月18日针对近期市场波动举行听证会,主题为"游戏停止了?当卖空者、社交媒体、散户相互碰撞时,谁赢谁输"。

↑ 资料来源:澎湃新闻,2021-02-05。

套利原理是贯穿于标准金融理论体系中的一根主线。无论是资产定价中均衡价格的形成、资本市场对信息的充分反映,还是资本结构与股利政策对公司价值的无关性结论,都蕴含着理性人的无成本套利行为和套利行为推动下无套利均衡的形成。套利是以理性人为前提条件的,是实现市场有效的内在力量,也是前面所描述的整个标准金融理论的核心。如果套利无法实现,或者套利存在局限性,那么以此为基础所构建的金融理论对金融现实的解释力将受到限制。

一、套利的有限性

一些经验证据表明,在现实的金融市场中,套利交易会由于存在制度约束、信息约束和交易成本等而受到极大的限制。现实中的套利交易不仅是有风险和有成本的,而且在一定的情况下套利交易会由于受到市场交易规则的约束而根本无法进行。因此,在现实中尽管存在证券的价格与内在价值之间的偏离，即理论上存在套利的可能性，但事实上并不能无成本、无风险地获得套利收益，从而造成证券价格在较长时间内处于与内在价值偏离的状态。

关于有限套利的研究已经形成了初步的分析框架并积累了一定的经验证据。其中对有限套利的理论分析主要是围绕与套利相关的风险和成本进行的，主要有以下五种。

1. 基础风险（fundamental risk），即不能找到完美对冲证券所带来的风险。斯科尔斯（Scholes，1972）认为，能否为某种既定的证券找到完全相同或近似的替代品，是套利行为能否发挥作用的关键。如果有这样的替代品，就能通过多种方法得到不同情况下既定的现金流。只有在能找到近似的替代品的情况下，套利者才能高抛低吸，纠正价格偏差，使市场拉回有效状态。事实上，大量的证券没有替代组合，所以一旦由于某种原因出现错误定价（misprice），套利者将无法进行无风险的对冲交易。即使某个套利者发现总体股价已经高估，他也无法卖空并买进替代的证券组合，而只能简单地卖出或减持风险已经很高的股票，以期获得较高的收益，但是此时已不是无风险套利了。

由于不可能找到完全相同的替代组合，与股票的基本价值相关的风险将会对套利产生很大的障碍。一个套利者依照相对价格的变化买进或卖出股票后，还要承担与该股票相关的风险，即当他卖出股票后，出现特大的利好消息，或买进股票后，出现特大的利空消息。由此可见，由于找不到完全替代的证券组合，套利活动事实上面临很大的风险。

2. 噪声交易者风险（noise trade risk），即噪声交易者使得价格在短时间内进一步偏离内在价值的风险。市场有效性理论认为，噪声交易者在资产价格形成过程中的作用是无足轻重的，尽管市场中有众多的噪声交易者，但仍可以将其忽略不计。法玛给出了一个理性套利模型来说明有效价格的实现机制。他认为在证券市场上，技术熟练的理性套利者会对抗非理性投机者。他们利用非理性投机者的错误认识，通过低买高卖使证券的价格与基础价值保持一致。该模型有一个很重要的假设，即理性套利者在市场上一定占上风，一定能使价格很快地回落到基础价值上。但是，在众多的投资者处于信息、知识不完全和有限理性的情况下，该假设显然就无法成立。

在噪声交易模型中，投资者被划分为理性套利者和噪声交易者（非理性投机者）两类。前者掌握了较完全的基础信息；后者则根据与基础价值无关的噪声信息进行交易，此类交易者的行为特征可概括为误以为自己掌握了有关风险资产未来价值的信息，并对此有过分主观的看法。噪声交易者缺少一种正确的资产组合理论，尽管在信息不完全的情况下对未来价格的判断是错误的，但他们从自身创造的风险中获利，从而"创造了自己的生存空间"（舍夫林，2000）。其积极影响在于，由于他们掌握的是噪声信息，其他交易者可以实现交易，从而增加了市场的流动性。

噪声交易者的存在，使得理性套利者面临的不仅是基础性风险，而且还有噪声交易者创造的风险，从而使得理性套利者的行为发生变异。比如，当某证券价格下跌时，理性套利者认为这只是暂时现象，不久将会出现反弹，因而大量买进该证券，但当噪声交易者持非常悲观态度时，就可能使理性套利者蒙受损失。因此，理性套利者可能会"理性地"忽视对基础信息的分析,而转向预测噪声交易者的行为,从而利用噪声交易者的反应来赚取所谓的"机智钱"(smart money),从而使价格的偏离进一步加大。索罗斯在1987年曾对自己的投资策略进行描述,在他过去的20年中,他并不是根据基础面分析而是基于对未来大众行为的成功预期进行交易。20世纪60年代,当投资者们为基金的年收益增加而惊喜时,索罗斯预期到他们会进一步购买而预先买入,从而进一步推动了价格上涨。从这个意义上讲,理性套利者在一定程度上会转化为噪声交易者,从而加大风险资产的价格波动和价格偏离并降低市场效率。

3. 履约成本。与套利相关的履约成本包括佣金、买卖价差以及卖空证券所需支付的费用。阿弗里奥(D'Avolio,2000)发现,尽管卖空证券的借入费用通常在10~15个基点,但也可能要比这高得多,在极端的情况下,套利者可能会发现即使愿意付出高昂的代价,也无法借到所需的证券。此外,发现证券价格偏差的成本也可以归入这一类。市场有效性理论认为,一旦噪声交易者对证券价格的影响达到某一程度,就能带来显而易见的获利机会。但希勒(Shiller,1984)和萨默尔(Summers,1986)证明了这一观点是完全错误的,希勒甚至称之为经济思想史上最引人注目的错误之一。他们的研究表明,即使噪声交易者造成了证券价格与其内在价值严重、持续的偏离,所产生的获利机会通常也很难通过已有的信息来预测。

4. 模型风险。即使价格偏差已经出现了,套利者也未必能确定其是否真正存在。假设套利者在寻找具有吸引力的投资机会时,要依靠一个计算模型来确定基本价值。例如,某公司股票的基本价值接近20美元/股。如果噪声投资者将其拉低至15美元/股,模型将会显示可能出现了价格偏差。然而,套利者不能确保该公司的股票一定存在价格偏差:有可能用于确定基本价值的模型是错误的,而事实上该股票的合理价格就是15美元/股。这种模型风险也将会限制套利者的行为。

5. 套利的时间跨度。套利的时间跨度是套利者需要考虑的重要因素。短期内,价格偏差有进一步扭曲的风险。对于进行短期套利的套利者来说,当他们面对的交易对手是噪声交易者时,这种风险是最主要的,因为在噪声交易者的心态恢复到正常水平前,他们还可能进一步走向极端。大多数套利者管理的并非是自有资金,他们只是投资者的代理人。通常情况下,投资者对套利者的评价主要看他们在一个相当短的时期内的表现,然后根据他们的工作业绩支付报酬。如果价格偏差持续的时间超过对套利者进行评价的时间,套利者的收入并不会增加。如果价格偏差进一步扭曲,他们的收入反而会减少。而且大多数套利者在进行套利时都会向金融机构或者个人投资者融资,他们必须支付利息,如果价格的变化进一步不利于套利者,随着他们抵押物价值的减少,清算风险也将接踵而至。这种风险会降低套利者对噪声交易者风险的承受能力。

二、套利有限性的实例

(一)皇家荷兰公司和壳牌公司股票价格的长期偏离

经济学家认为,由于套利的存在,基本相同的资产一定会以基本相同的价格卖出。但实际上并不总是这样,噪声交易风险的存在使得这种基本相同的证券的价格与其内在价值存在背离。有名的例子就是所谓的"孪生证券"（twin-securities）现象，如皇家荷兰公司和壳牌公司的普通股的价格差异。

皇家荷兰公司和壳牌公司分别位于荷兰和英格兰，1907年，两家公司组成战略联盟，同意在保留各自独立的有区别的实体的基础上按60：40的股权比例进行合并。所有的现金收入流量分成、税收调整以及对公司的控制权也按这个比例执行。两个公司之间的关系是众所周知的信息。皇家荷兰公司和壳牌公司的股票分别在欧洲和美国的9个交易所交易。皇家荷兰公司的股票主要是在美国和荷兰交易（它是标准普尔500指数和荷兰股指数的指标股），而壳牌公司的股票主要在英国交易（它是金融时报指数的指标股）。总而言之，如果证券的市场价值与未来现金流的净现值相等的话，那么按照60：40的比例，皇家荷兰公司股票的价格应是壳牌公司股票价格的1.5倍。然而，事实远非如此，如图11－1所示。

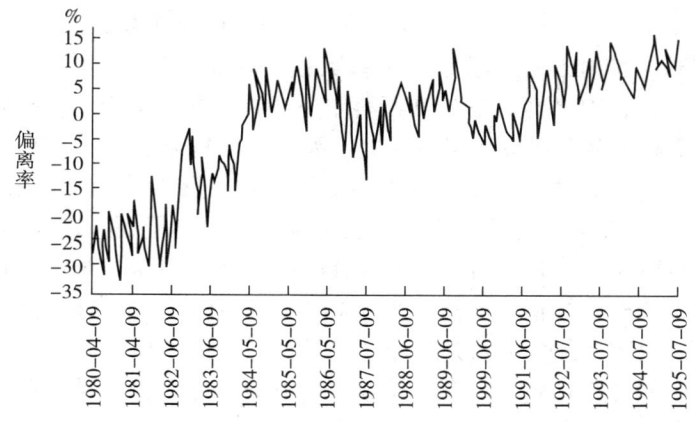

图11－1　皇家荷兰公司与壳牌公司的股票价格比

［资料来源：Froot 和 Daboad（1998），转引自 Shleifer（2000）］

图11－1所显示的是1980年4月到1995年7月，皇家荷兰公司与壳牌公司股票的市场价格之比与60：40价值比的偏离率。这种偏离具有明显的不确定性，从相对低估皇家荷兰公司的股票价值35%到相对高估其价值10%。在一个套利者有无数次平仓机会并且没有交易费用的市场中，这样的情况是不会出现的，因为套利者只要简单地买进较便宜的股票，卖出相同数量较贵的股票，就可以得到净收益，而且这种对冲操作可一直进行下去。

但是从图11－1中可以发现，如果在皇家荷兰公司与壳牌公司之间进行套利的话，那么将付出十分惨重的代价：错估价格的风险将变得十分巨大。如果一个套利者在1983年中期，当时的折价是10%，买进相对便宜的皇家荷兰公司的股票，并卖出相应数量的较贵的壳牌公司股票，那么6个月后，他将遭受严重的损失，因为折价扩大到将近25%。如果该套利者是利用债务杠杆来投资，或者必须面对投资者的到期赎回，那么他可能被迫在这个位置平仓。对他来说，噪声交易风险是十分巨大的。

从1980年9月开始，皇家荷兰公司与壳牌公司股票价格的背离曾达到了30%，并且持续了4年的时间。如果套利者能承受这种噪声交易风险的话，他的年收益率为7%，而这7%的收益是事后知道这种价格背离已经被修正后得到的，当然，这一背离也可能会进一步扩大并导致损失。原则上，套利者可以利用杠杆操作来获取更高的平均收益，但同时也要考虑到使用杠杆操作的代价以及由于价格背离扩大被迫平仓带来的风险。也就是说，在价格背离需要一段时间来修正的情况下，如果没有激进的套利者来修正这种错误，明显的非有效性将会持续下去。这一现象对有效市场假说提出的难题是：对于存在完美替代品的证券的价格与基本价值发生巨大背离的现象，即使可以用风险套利来解释，也要花一定的时间去修正。

像皇家荷兰公司与壳牌公司的股票这样的例子并不是唯一的，其他公司的股票也出现过类似的偏离，并且这种价格的偏离现象在债券市场中也很常见。

（二）长期资本管理基金的套利失败

长期资本管理基金（Long-Term Capital Management，LTCM）是成立于1993年的对冲基金，该基金不仅雇用天才交易家，还将默顿（Robert Merton）和斯科尔斯（Myron Scholes）纳入合伙人。1997年，默顿和斯科尔斯还在长期资本管理基金任职时，就因对期权定价理论的贡献而荣获诺贝尔经济学奖。因此，该基金吸引了众多的投资者。

然而，1998年夏，俄罗斯卢布的套利失败却使长期资本管理基金陷入了危机之中。1998年8月16日，俄罗斯宣布以卢布计价的到期债券无力偿还，卢布随之大幅度贬值。另外，俄罗斯宣布暂缓偿债并冻结西方投资者以卢布计价的债券账户，并使得俄罗斯银行不能够还清西方债权人的私人债务（俄罗斯并没有对其国外债券违约）。俄罗斯以卢布计价的债券中有很大一部分被西方对冲基金所持有。许多对冲基金预料到俄罗斯会违约，并采取了相应的措施对冲其风险，即做空俄罗斯国外债券（基于假设：如果卢布贬值，对冲基金至少可以从卢布的空头头寸中获利）。然而，俄罗斯并没有对其国外债券违约，而是实施了延期付款政策，使得对冲基金所做的套利失效。结果，大多数投资于俄罗斯的对冲基金蒙受了巨额损失。长期资本管理基金就是其中之一，基金价值在1998年8月出现了大幅下挫。

俄罗斯的违约使得世界金融系统几乎崩溃。在债券违约后，这些对冲基金必须拿出现金来清偿和兑现保证金贷款中的条款，要不然就会面临着被没收保证金或者对保证金进行清算的局面。保证金成了毫不夸张的大贱卖，对冲基金只能对头寸以任何价格进行清算。

这次套利操作的失败给长期资本管理基金带来了巨大的灾难。1998年8月，长期资本管理基金几乎损失了15亿~20亿美元的资本。基金的现金也所剩无几，只有巨额的损失和债权人的还债呼声。1998年9月23日，基金已经几次从新老投资者那里融资失败。最后，长期资本管理基金被它的一组债权人营救了。该营救计划是由纽约联邦储蓄银行安排的：债权人注入36亿美元的资金，占基金净资产的90%，进而控制了基金并换掉了现有的股东。这次拯救行动的目的是以平稳的方式处理基金的持仓。

大量的事实表明，套利是有限的，市场价格会由于套利的有限性而表现出与相对基础价值的长期偏离，一旦套利机制不能有效发挥，包括资本资产定价模型（CAPM）、套利定价理论（APT）、期权定价理论（OPT）以及MM定理在内的标准金融理论将失去其应有的解释能力和指导意义,其无套利均衡分析方法也将受到挑战。

第三节 前景理论

前景理论(prospect theory)是行为金融学的重要内容,主要是研究人们在不确定的条件下如何作出决策的理论。2002年,瑞典皇家科学院就是由于卡尼曼"将心理学分析融入经济学研究中,尤其是致力于不确定性条件下人类判断与决策的研究",而将诺贝尔经济学奖授予他。

一、期望与预期概念的发展

在经济学文献中,作为人们判断和选择行为的心理基础——预期、期望、偏好等概念是一个重要的话题,可以说,行为金融学的前景理论正是在此基础上发展起来的。

(一)公平赌博的概念与数学期望值

最早的"期望值理论"(expected value theory),是17世纪中叶提出的,它是关于风险条件下人们的决策行为理论,认为人们是根据风险决策的期望值大小来进行选择的。例如,有两个选择:A.30%的可能性赢2 000元;B.70%的可能性赢1 000元,那么人们会选择B(期望值是700)而不是A(期望值是600)。

18世纪初,一些著名的数学家,如帕斯卡(Blaise Pascao)和费尔玛(Piere de Fermat)就探讨过不确定性条件下的决策问题。帕斯卡和费尔玛假设,一场以P_1的概率提供报酬x_1,以P_2的概率提供报酬x_2,…,以P_n的概率提供报酬x_n的公平赌博,其吸引力是由这场赌博的期望值$X = \sum_{i=1}^{n} x_i P_i$所决定的。

针对帕斯卡和费尔玛的假设,1782年,著名的数学家尼古拉·伯努利(Nicholaus Bernoulli)提出了著名的"圣·彼得堡悖论"(St. Petersburg paradox)。"圣·彼得堡悖论"涉及的也是一场猜硬币直到出现正面的赌博。设将一枚均匀硬币抛起,若某人第一次猜对出现正面,可得2元;第一次没猜对,第二次猜对,可得4元;前两次没猜对,第三次猜对,可得8元……在一般情形下,若前$n-1$次没猜对,第n次猜对,可得2^n元。现在的问题是,为了使一个赌徒有权参加这样的赌博,他应先出多少钱才能使这场赌博变得公平?

显然,按照帕斯卡和费尔玛的假设,赌徒应先交出等同于这场赌博数学期望值的钱来。对于"圣·彼得堡悖论"来说,问题的关键是这硬币抛起后出现正面的概率。我们知道,若硬币是均匀的,参赌者第一次猜中的概率是1/2,第1次没猜中第二次猜中的概率是1/4……一般前$n-1$次没猜中的概率为$1/2^n$。这样,参赌者可能赢的钱的数学期望为

$$2 \times \frac{1}{2} + 4 \times \frac{1}{4} + \cdots + 2^n \times (1/2^n) + \cdots = \infty$$

也即参赌者不论交多少钱,这场赌博对他都是有利的。然而,没有几个人愿意出很高的价钱来参加这场赌博。于是就产生了一个"悖论",为什么一场理论上是"公平"

的赌博，实际上只有傻瓜才会愿意出任意高价而参加？

1773 年，加布利尔·克拉姆（Gabriel Cramer）和尼古拉·伯努利的堂弟丹尼尔·伯努利（Daniel Bernoulli）对"圣·彼得堡悖论"进行了解释。丹尼尔·伯努利认为，人们不是根据其可获得的钱的数学期望来行动的，而是根据其"道德期望"（moral expectation）来行动的。换言之，人们并不认为 10 000 元的收益在价值上必然是 1 000 元收益的 10 倍，"道德期望"并不与得利多少成正比，而与原来有多少钱有关。在此基础上，丹尼尔·伯努利假设，人们拥有一个财富的效用函数 $u(x)$，当衡量参与一场赌博或博彩的价值时，他们是以期望效用函数 $U = \sum u(x_i) P_i$，而不是以期望值 $\bar{x} = \sum x_i P_i$ 为基础的（这里 P_i 是第 i 个事件出现的概率）。如果效用函数以财富的对数形式即 $u(x) = a\ln(x)$ 出现，则原先变为无穷大的数学期望将被替代为一个有限值，丹尼尔·伯努利认为，它是人们对这场赌博愿意支付的值（$1.39a$），其中 a 可通过实验方法来确定。在投资者为风险厌恶型的假设条件下，期望效用函数可以由下凹的曲线来表示。

"圣·彼得堡悖论"的一个重要的含义是，理性决策者是按照自己的期望收益最大化的方式进行决策的，1944 年，冯·诺伊曼和摩根斯坦（Neumann and Moregenstern）证明，任何一个理性决策者一定拥有某种方式对他所关心的各种可能结果赋予一定的期望，使其总能选择最大化的期望效用。1953 年，萨维奇（Savage）对冯·诺伊曼和摩根斯坦的期望效用最大化模型进行了扩展。假定每个决策者都有一个定义在相应收入集合 $x = (x_1, x_2, \cdots, x_i)$ 上的真实估价函数 u，如果在任意以概率 P_i 得到 x_i（其中 $i = 1, \cdots, I$）的行动 a 和另一种以概率 q_i 得到相同结果的行动 b 之间选择，则决策者（严格）偏好 $a > b$，条件是当且仅当这一效用函数 u 在 a 行动下比在 b 行动下的统计期望值大。选 a 的标准为 $\sum_i p_i u(x_i) > \sum_i q_i u(x_i)$。因此，在给定的市场条件下，定义好决策者面对的可行选择集，认知过程就简化为期望的形成和最大化问题，决策者的行为就是在正确赋予相关随机事件的概率后，选择最大化期望价值或最终效用的行动。

（二）阿莱悖论

法国著名经济学家、1988 年诺贝尔经济学奖获得者莫里斯·阿莱（Maurice Allais），曾于 1952 年提出了"阿莱悖论"（Allais paradox），对"冯·诺伊曼—摩根斯坦—萨维奇"期望效用最大化模型提出质疑。他构造出一个例子，并用该例子对独立性假设进行验证。该例子是：假设有两组可供决策者选择的结果，第一组记为 L1，第二组记为 L2，它们分别为

$$L1 \begin{cases} A1 = \text{肯定得到 100 万法郎} \\ A2 = \begin{cases} \text{以 10\% 的概率得到 500 万法郎} \\ \text{以 89\% 的概率得到 100 万法郎} \\ \text{以 1\% 的概率不得利} \end{cases} \end{cases}$$

$$L2 \begin{cases} A3 = \begin{cases} \text{以 10\% 的概率得到 500 万法郎} \\ \text{以 90\% 的概率不得利} \end{cases} \\ A4 = \begin{cases} \text{以 11\% 的概率得到 100 万法郎} \\ \text{以 89\% 的概率不得利} \end{cases} \end{cases}$$

对一般人来说，在 A1 和 A2 之间总会选择 A1，而在 A3 和 A4 之间总会选择 A3（这是阿莱在对上百个了解概率的人进行调查的结果，绝大多数人都作出了这样的选择）。然而，这样的选择恰恰是与期望效用独立性假设和期望效用最大化假设相违背的。因为在第一组中，若决策者认为 A1 的期望效用比 A2 的期望效用大，即

$$U(100) > 0.1U(500) + 0.89U(100) + 0.01U(0)$$

该不等式经过变换成为

$$0.11U(100) + 0.89U(0) > 0.1U(500) + 0.9U(0)$$

从中我们立即可以发现，不等式的左边正是 A4 的期望效用，而不等式的右边则是 A3 的期望效用。按照独立性假设，A1 > A2，意味着 A4 > A3，决策者在第二种情况下，应选择 A4 而不是 A3。但实际情形恰好相反，即人们选择了 A3，而未选择 A4，这就是著名的"阿莱悖论"。"阿莱悖论"实质上是要揭示，许多建立在独立性假设上的期望效用，尤其是建立在追求期望效用最大化基础上的模型，都忽略了人的心理因素对概率分布的影响，因而不切合实际。因此，在"阿莱悖论"提出后，许多学者，包括经济学家和心理学家，均尝试着对不确定性条件下的选择行为进行进一步探索，力图揭示其中的心理因素与心理机制。

（三）理性预期理论

1961 年，美国经济学家约翰·缪斯（John Muth）在美国《经济计量学》杂志上发表《理性预期和价格变动理论》一文，文中提出了"理论预期"这一概念，构造了一个假定经济主体在形成他们的预期时以最优化为目标并有效使用信息的经济模型。但是，这一理论当时并未引起大多数经济学家的注意。到了 20 世纪 70 年代初，芝加哥大学教授罗伯特·E. 卢卡斯连续发表论文，将理性预期概念应用于稳定性经济政策的争论中，从而在美国逐步形成了理性预期学派。其代表人物还有托马斯·萨金特、尼卡·华莱士、约翰、爱德华·普雷斯特和罗伯特·巴罗等人。

所谓理性预期，"它假定单个经济单位在形成预期时使用了一切有关的、可以获得的信息，并且对这些信息进行理智的整理"。因此，理性预期是有充分依据的，是明智的，它在很大程度上可以实现，并且不会轻易被经济主体改变。正如约翰·缪斯所指出的："由于预期是对未来事件有根据的预测，所以它们与有关的经济理论的预测在本质上是一样的。我们把这种预期叫作'理性的'预期。"

理性预期有两个显著的特点。

（1）人们在对未来经济进行理性预期时，总是尽可能最有效地利用当前所有的、可被利用的信息，而不是仅仅依靠过去的经验和经济的变化。而且，"在用理性预期来代替适应性预期的结构里，模型中的经济主体会注意到政策的变化……经济主体将改变他们的决策，以便充分利用一项新的政策产生出来的任何有利机会"。

（2）理性预期理论并不排除现实经济生活中的不确定因素，也不排除不确定因素的随机变化会干扰人们预期的形成，使人们的预期值偏离其预测变量的实际值。但是，它强调一旦人们发现错误，就会立即作出正确反应，纠正预期中的失误。因此，人们在预测未来时绝不会犯系统性错误。

理性预期理论的出现在西方经济学界引起了很大的反响，以致一些经济学家将理性预期理论的出现称为"理性预期革命"。英国经济学家约翰·斯特拉瑟说，在理论和实证宏观经济学中，新近发展的最具挑战性的概念之一，是理性预期。马克·威尔斯在《理性预期：反凯恩斯革命的革命》一文中指出，虽然理性预期理论仍然处于幼年时期，但它已经摧毁了流行的理论，并且看来提供了一个有希望可供选择的理论。布赖恩·坎特断言，理性预期理论可以被认为不仅仅是针对凯恩斯主义经济学的批评，而且特别代表了在不确定的前提下重建均衡经济学的尝试；没有对预期的解释，经济理论就不能对一个包括未来估计的宏观经济现象的理解作出贡献。

当然，许多经济学家认为理性预期排斥了经济中的不确定性，导致了对预期的不现实的看法和对积极的稳定性经济政策的放弃，其缺陷是明显的。

（1）理性预期理论的分析是建立在市场"出清"的条件下，它无法解释货币工资的刚性这一在现实经济生活中常见的现象。

（2）理性预期学派认为人们可以得到充分的信息并精心地加工这些信息，然而这是不现实的。首先，难以保证社会大众有能力及时掌握足够有用的信息；其次，任何信息的取得都是要付出代价的，人们在收集信息以形成预期时，会斟酌取得信息的成本与运用信息的收益，以决定其购买信息的最适度数量。

（3）理性预期学派的分析基于货币学派的"自然率"，如"自然失业率"的假定，然而，无论是货币学派还是理性预期学派，对于"自然率"究竟如何确定的问题，都没有给出明确的解释。

（4）理性预期学派假设政府当局掌握了主动权，个人和企业部门处于被动地位，个人和企业部门可以收集充分的信息来预测政府的政策及其产生的后果。但是，就实际情况而言，政府收集和处理信息的能力至少是弱于民间的。因此，政府积极的宏观经济政策是能够影响经济的实际变量的，而不管是否存在理性预期。

二、前景理论的内容

在期望和预期概念发展的基础上，卡尼曼等人提出了前景理论。在实际生活中，人们的判断行为不完全像预期效用理论所假设的那样，在每一种情境下都清楚地计算得失和风险概率。人们的选择行为往往受到个人偏好、社会规范、观念习惯的影响，因而决策不一定能够实现期望收益最大化。因此，前景理论实质上是关于不确定条件下人们的决策行为的理论。前景理论可以解释许多金融市场中的异常现象，如阿莱悖论、股权溢价之谜（equity premium puzzle）以及期权微笑（option smile）等。

（一）确定性效应及其镜像

1. 确定性效应。确定性效应（certainty effect）是前景理论的重要内容之一，是指人们在决策的过程中，往往对于被认为是确定性的结果给予较大权重的倾向或趋势，其中，确定性结果仅仅是相对于不确定性或可能性结果而言的。用数学形式表示为：设 (x, p) 表示结果 x 以概率 p 发生的预期。

向许多被测试者提出以下问题，要求他们描述对预期 A 和 B 的偏好情况。首先考察问题1。

问题1：

    x p

A（4 000，0.80）（即80%的可能获得4 000元）

B（3 000，1.0）（即100%的可能获得3 000元）

测试的结果发现，20%的被测试者选择了A，80%的被测试者选择了B。

虽然A的期望值超过了B，即U（3 000）×1.0 < U（4 000）×0.80，但大部分被测试者还是偏好B（确定期望），这可能是因为受到"风险厌恶"的影响。改变一个期望发生的概率，再考察问题2。

问题2：

    x p

C（4 000，0.20）（即20%的可能获得4 000元）

D（3 000，0.25）（即25%的可能获得3 000元）

测试的结果发现，65%的被测试者选择了C，35%的被测试者选择了D。

C与D皆为不确定性期望，都隐含一定的风险，对问题2的回答与对问题1的回答相反，大部分被测试者选择了C，即U（3 000）×0.25 < U（4 000）×0.20。

问题1和问题2的区别仅在于概率发生了变化，而结果并未发生变化。B和D的概率变化是由1.0降到0.25，A和C的概率变化是由0.80降到0.20。但人们的决策结果不同了，人们并不完全遵循期望效用的最大化假定，卡尼曼和特韦斯基认为，这是由确定性效应导致的。

再来考察问题3与问题4。

问题3：

    x p

A（6 000，0.45）（即45%的可能获得6 000元）

B（3 000，0.90）（即90%的可能获得3 000元）

测试的结果发现，14%的被测试者选择了A，86%的被测试者选择了B。

问题4：

    x p

C（6 000，0.001）（即0.1%的可能获得6 000元）

D（3 000，0.002）（即0.2%的可能获得3 000元）

测试的结果发现，73%的被测试者选择了C，27%的被测试者选择了D。

问题3表明，B不是一个确定性结果，但与A相比是较为可能的，所以仍为大多数人所偏好。从问题3到问题4，虽然两个期望的概率比不变，但偏好发生了变化。在问题4中，在被测试者看来，两者发生的概率都很小，D获胜的可能性并不显著地超出C，大多数人必定要选择收益更大的C。由此可见，即使在没有确定性结果时，确定性效应的作用仍然是明显的。

2. 反射效应。所谓反射效应（reflection effect），是确定性效应的镜像，指人们在决策的过程中，当面临损失时，所表现出的对不确定性损失的偏好，即对风险性结果的偏好。在存在确定性效应的情况下，期望都是没有损失的正期望。如在问题1、2、3、4中，结果都是收益。若改变结果形式，如期望变为$(-x, p)$，即以损失作为结果，那么偏好情况如何呢？对于每一个问题来说，负期望的偏好顺序恰好同正期望相反，就如同正期望偏好情况的镜面图像。卡尼曼和特维斯基将这种现象称为"反射效应"。

反射效应将原来正期望中的"风险厌恶"改变为负期望中的"风险探求"（risk seeking）。在类似赌博的活动中，相对于确定的损失而言，人们一般偏好不确定的损失，即便其期望值超过前者。就问题1及镜像来说，正期望的确定效应是明显的，负期望的确定效应（反射效应）也是明显的。在负期望中，反射效应导致了人们对损失的"风险探求"偏好，该偏好表明了人们力图争取某种机会使得损失小于确定的损失。因此，收益情况中的"风险厌恶"和损失情况中的"风险探求"，实际上是遵循了同一心理规律。

（二）孤立效应

孤立效应（isolation effect）是指投资者想等到信息发布后再进行决策的倾向，即使这些信息对决策并不是真的重要。虽然在没有信息时也会作出相同的决策，但也要等到信息发布时才进行最终决策。一般地，对于两步赌博来说，如果在第一步结果出来以后再做选择的话，大部分人对是否进行第二步赌博取决于他们是否赢得了第一步。然而，如果在第一步结果出现之前就决定是否进行第二步赌博，大部分人不愿赌博。如果要求被测试者必须进行选择的话，则孤立效应仍是存在的，但人们的偏好会有所改变。1979年，卡尼曼和特维斯基在研究中发现，虽然参照点等心理因素对偏好具有强有力的影响，但这种影响并不总是成立的。人们在某些时候，可能会对较为复杂的不确定性问题的选择进行简化，从而将改变对结果的偏好和选择。对于参加两步赌博的人来说，第一步是风险投资，如果冒险失败，那么投资资金也将损失；如果冒险成功，一个人就能在确定收益和不确定收益之间进行选择（第二步赌博）。孤立效应预示着选择确定收益的概率较高。因此可以认为，人们在真实的选择过程中，是把第一步从第二步中孤立出来，即所谓的"孤立效应"。

问题5：

第一步，有75%的可能在赌博结束时没有任何收益，有25%的可能开始第二步。

第二步，

　　　　　x　　　p

A (4 000, 0.80) （即80%的可能获得4 000元）

B (3 000, 1.0) （即100%的可能获得3 000元）

测试的结果发现，22%的被测试者选择了A，78%的被测试者选择了B。

从对问题5的回答中可以看出，对最终结果的选择相当类似于仅有第二步赌博的问题1。从表面上看，似乎人们忽略了问题中的第一步。而事实上，正是赌博的第一步将第二步的期望结果降到了25%，故最终结果为 (3 000, 0.25) 和 (4 000, 0.20)。这恰好等同于问题2，但答案是相反的。

说明孤立效应的另一个例子由问题6与问题7构成。

问题 6：除了你已拥有的财富外，再给你 1 000 元津贴，你现在要在 A 和 B 之间进行选择：

$\quad\quad\quad\quad x \quad\quad p$
A（1 000，0.5）（即 50% 的可能获得 1 000 元）
B（500，1.0）（即 100% 的可能获得 500 元）

测试的结果发现，16% 的被测试者选择了 A，84% 的被测试者选择了 B。

问题 7：除了你已拥有的财富外，再给你 2 000 元津贴，你现在要在 C 和 D 之间进行选择：

$\quad\quad\quad\quad x \quad\quad p$
C（-1 000，0.5）（即 50% 的可能损失 1 000 元）
D（-500，1.0）（即 100% 的可能损失 500 元）

测试的结果发现，69% 的被测试者选择了 C，31% 的被测试者选择了 D。

问题 6 和问题 7 实质上是相同的，分别为

A = C =（2 000，0.5；1 000，0.5）
B = D =（1 500）

显然，被测试者并未将津贴考虑到预期中，因为在每个问题中，津贴是两项选择共有的因素，所以在预期的比较中并未被考虑进去。问题 6 和问题 7 的结果显然和预期效用理论不一致。人们对津贴的明显忽略意味着价值或效用的载体是财富的改变而不是财富总值。孤立效应否定了预期效用理论中的效用仅仅与事件的最后状态（概率分布和事件结果）有关的结论。孤立效应有助于解释信息发布时，投资资产价格的易变性或者投机资产交易量的变化，即为什么有时出现重大消息前的低易变性和高交易量。1992 年，特维斯基和塞弗（Shafir）研究总统选举的例子，选举结果的揭晓有时会引起股票市场易变性的变化。

（三）框定效应

传统的金融理论认为投资者通过风险收益透明的、客观的镜头来观察决策问题。行为金融理论认为，在不确定条件下，人们的决策行为与环境之间具有很大的关系，也就是说，人们的决策会受到问题框定（用来描述决策问题的事物的形式被称为框定）的影响。

所谓框定效应（framing effect），是指在决策的过程中，如果通过改变对结果的描述来改变参照点，会影响人们的偏好选择。现实中，许多框架不是透明的而是晦涩难懂的，当通过一个不透明的框架来看问题时，其决策将在很大程度上取决于他所用的特殊框架，这就是"框定依赖"，即尽管问题的本质相同，但形式的不同也会导致人们作出不同的决策。比如，公司财务分析是依赖公司财务报表进行的，在合法的前提下，同样的财务状况可编制出不同的财务报表，投资者依据不同的财务报表会作出不同的判断。美国的安然公司就是典型的例子，通过会计处理，将关联交易中的债务掩盖，突出利润，导致投资者高估其股票价格。那些有着复杂的内容结构的公司往往也伴随着一系列的资本运作和关联交易（美国的安然公司同样属于此例），其框定相对于那些结构和业

务简单的公司而言更加不透明，投资者也更加容易作出错误的判断。

在现实生活中，人们对于当前的财富状况是处于收益状态还是处于损失状态的评判，在很大程度上依赖于参照点（reference point）的选择。卡尼曼和特维斯基认为，当同样的选择在不同的参照点上评价时，会产生"框定效应"。所谓参照点，实质上是评价期望的一种主观标准。一般地，人们对偏离参照点的变化很敏感，例如，人们对光亮、声音或温度作出反应时，过去所经历的程度就成为人们心中的参照点。当人们触摸某物体时，会感觉到它的冷或热，这取决于触摸者已经适应的温度。又如，在日常家庭开支时，一些意想不到的收费（如意外的税款）是被当做损失来考虑，还是被当做减少的收益来对待，就取决于参照点的选择。再如，100美元对于富人来说不足挂齿，对赤贫者来说确是一笔不小的数目，这取决于他的现有财产。还如，大部分人买进一种股票后（比如每股10元），购买价格就成了参照点。当股价上升到每股15元时，人们会因获得5元而高兴，一旦股价下跌到5元，损失就是5元。

在框定效应中，渴望水平（aspiration level）与问题的重要性对参照点的选择具有重大影响。在投资行为的风险决策中，渴望水平可能是期望目标利润水平。在这种情形下，利润的实现与一定的概率和可能的结果有关，没有达到这一目标利润水平就是损失；如果目标概率结果发生，则利润就是收益。

在选取牧场牧民作为两组样本的一项调查中，一组是奶牛死后，牧民可获得保险公司的赔偿金，而另一组没有保险金。结果发现，在有保险金的情况下，牧民们对确定损失的选择占53%，而没有保险金的一组对确定损失的选择仅为38%。可见，是否有保险金影响了问题的重要性，进而影响了选择过程中牧民对风险的态度。

又如，在以大学生作为两组样本的一项调查中，要求一组回答核反应事故中的死亡人数问题，另一组回答传染病蔓延时海豹的损失问题，结果是分别有22%和47%的选择偏好于确定损失（51%和7%的选择偏好于确定收益）。很显然，对人的生命的重要性的感觉要超过对海豹生命的重要性的感觉。

1984年，卡尼曼和特维斯基提出了关于框定效应的著名例子，即所谓的"亚洲病"问题。他们分别向两组被测试者提出了下述问题。

问题8：想象美国正在发生一场罕见的"亚洲病"，将有600人死去。对付这种疾病有两种方案可供选择，假设对每种方案的实施结果我们都能作出准确的和科学的估计，则有：如果采取方案A，将救活200人；如果采取方案B，1/3的概率是600人都得救，2/3的概率是600人都不能得救。那么，你选择哪一种方案呢？

有72%的被测试者选择方案A。这种结果可由"风险厌恶"得到说明。接着卡尼曼和特维斯基又就同一问题向第二组进行提问，但改变了问题的表述形式。

问题9：如果选择方案C，400人死亡；如果选择方案D，1/3的概率是没有人死亡，2/3的概率是600人全部死亡，那么，你选择哪一种方案呢？

第二组中72%的被测试者选择方案D。这种结果可由"风险探求"得到说明。比较一下问题8和问题9，虽然表达方式不同，但是描述的是同一个结果。在问题8中，600人的死亡是正常参照点，因而以收益（救活，活一个是一个）来评价，而在问题9中，没有人死亡是正常参照点，因而以损失（死去，即冒险一下，可以争取一个不死）来评价。因此，两种不同的框架形式导致了两种不同的决策偏好。

第四节　价值函数和权重函数

卡尼曼和特维斯基在论述上述前景理论的核心内容的同时，还提出了价值函数（value function）和权重函数（weighting function），进一步说明人们决策过程中的行为规律。遗憾的是，前景理论未能给出价值函数与权重函数的具体形式以及决定参照点的因素，但这并不影响其理论的解释力。

一、价值函数

与传统的效用理论不同的是，价值函数是前景理论用来表示效用的概念。价值函数的数学形式可以表达为

$$V = \sum_{i=1}^{n} \pi(p_i) v(x_i) \tag{11.1}$$

式中：$v(x)$ 是决策者主观感受所形成的价值，即偏好情况体现为围绕参照点的价值变化而不是价值的绝对值；$\pi(p)$ 是决策权重，它是一种概率评价性的单调增加函数。

在理性预期效用理论模型中，假定对财富 w 存在一个实际效用函数 u，如果行动 a 使出现不同 w_i 的概率为 p_i，行动 b 使出现不同 w_i 的概率为 q_i，那么当满足下列条件时，决策者选择 a 行动而不选择 b 行动：

$$\sum_i p_i u(w_i) > \sum_i q_i u(w_i)$$

相比之下，前景理论规定存在两个函数，即当 v 和 π 满足下列条件时，决策者选择 a 行动，不选择 b 行动：

$$\sum_i \pi(p_i) v(\Delta w_i) > \sum_i \pi(q_i) v(\Delta w_i)$$

因此，在前景理论中，决策者感兴趣的不是财富的最终价值，而是财富相对于某一参照点的变化 Δw。因此，价值函数呈 S 形，如图 11-2 所示。

图 11-2 中的价值函数表明，人们通常是以获利与损失来感受结果，而不是财富的最终状态。获利与损失总是与一定的参照点相比较。在参照点以上部分（获利区间），价值函数下凹（concave，$v''(x) < 0$，$x' > 0$），表明此时决策者属于风险厌恶型；在参照点以下部分（损失区间），价值函数上凸（convex，$v''(x) > 0$，$x' < 0$），表明决策者属于风险偏好型；在参照点的附近，价值函数的斜率有明显的变动，表明人们面对风险的态度的逆转，即风险厌恶与风险偏好的转变。

前景理论的价值函数是传统经济学的效用函数

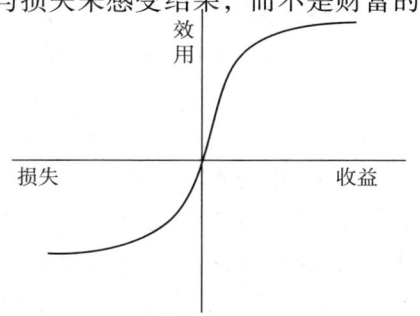

图 11-2　前景理论的价值函数

[资料来源：卡尼曼和特维斯基（1979）]

的替代物。因此，与效用函数相比，价值函数具有以下特征。

（1）价值的载体是财富或福利的改变而不是它们的最终状态，并以对参照点的偏离程度为标准，朝两个方向（分别是收益和损失）偏离呈反射形状，即所谓的"反射效应"。

这个特点与判断感知的基本原理相适应，人类器官的感觉强度主要与被感觉对象的变化值有关。以人对光的感知为例，当人们从一个黑暗的房间来到阳光明媚的室外时会产生非常强烈的光感觉；而当人们从光线明亮的客厅走到同样的室外时所感受的光要弱许多。这是因为当我们对光、声音或温度这些属性作出反应时，过去的或现在的经验背景确定了一个适应水平或参照点，刺激则通过与这个参照点的对比而被感知。因此，一个给定一定温度的物体对一个已适应某个温度的人来说，摸起来可能是热的，也可能是冷的。同一原理也适用于非感觉属性，如健康、声望和财富。例如，同一笔财富对一个富有的人来说可能算不了什么，而对一个贫困的人来说则可能是一笔巨大的财富。

（2）价值函数在参照点之上（收益区域）是凹的，表现为风险规避，即在确定性收益与非确定性收益中偏好前者；在参照点下（损失区域）是凸的，表现为风险喜好，即在确定性损失与非确定性损失中偏好后者，且对收益和损失的敏感性都是递减的。

例如，100元的收入（或损失）与200元的收入（或损失）之间的差别，看起来比1 100元的收入（或损失）与1 200元的收入（损失）之间的差别更大。在菜市场上，人们时常因为几角钱争得面红耳赤。至于两台电视机之间3 000元与3 500元的差价，人们的感觉就迟钝多了，只要售货员多劝一句，人们就会欣然地多掏500元。如果购买一套公寓，人们不再重视55万元与60万元的差别，而可能因为物业费是1元/平方米还是2元/平方米而斟酌再三。人们似乎在心理上负担不了大的数字。

（3）价值函数对财富变化的态度是损失的影响要大于收益，损失一笔钱所引起的烦恼要大于获得同样数目的一笔收入所带来的快乐，即收益变化的斜率小于损失变化的斜率，个体对同等收益与损失的风险偏好程度是前者小于后者。在图形上体现为在损失处的曲线陡于在收益处的曲线，满足这些情况的价值函数呈S形并在参照点处最为陡峭，参照点之上为凹，参照点之下为凸。

以期望效用模型中的掷币游戏为例说明价值函数。在掷币游戏中，随着赌资的增加，人们对这种游戏的厌恶程度也在增加。若 $X > Y > 0$，则 $(Y, 0.50; -Y, 0.50)$ 好于 $(X, 0.50; -X, 0.50)$。设 $V(\cdot)$ 表示一个特殊结果的函数值，它满足：

$$V(Y) + V(-Y) > V(X) + V(-X)$$
$$V(-Y) - V(-X) > V(X) - V(Y)$$

令 $Y = 0$，则 $V(x) < -V(-x)$。假设 V 的导数 V' 存在，因此，收益值小于在同等条件下的损失值。让 $Y \to X$，则 $V'(x) < -V'(-x)$。这表明，损失的价值函数呈凸性，且其斜率比收益价值函数的斜率更大。

因此，在前景理论中，"风险厌恶"适用于收益范围，收益价值函数具有凹性；而"风险探求"适用于损失范围，损失价值函数具有凸性。就确定期望而言，损失价值函数的斜率大于收益价值函数的斜率，损失的痛苦大于收益的快乐。大多数投资者并非是标准金融学中的理性投资者而是行为投资者，他们的行为并不总是理性的，也并不总是风险回避的。

二、权重函数

人们在进行不确定性决策时，要通过概率推理得出适当的结论。概率论和统计学为处理概率信息提供了形式化的模型。概率可以分为主观概率和客观概率两类。客观概率基于对事件的物理特性的分析，如一个硬币有两面，向上抛掷后，任何一面朝上的概率为 0.5。主观概率存在于人的头脑中，它是人对事件的客观概率的判断。主观概率为 1，意味着人相信某个事件会出现；主观概率为 0，意味着人相信某个事件不会出现，而各个中间值则反映了不同的信心水平。但是，这种计算不是基于对客观情景的分析，而是常常基于人自己的经验和希望。因此，主观概率和客观概率经常不相符合。

预期效用理论认为，一个不确定性期望的价值可以通过将各个水平的可能结果按照它们出现的概率加权求和得到。

假设你有一张彩票，该彩票只有一个 300 元的奖，当赢得该奖的概率函数变化时，你的彩票的价值将如何变化？根据预期效用理论，彩票的价值是关于中奖概率 p 的线性函数：

$$U(E) = p \times U(300) + (1-p) \times U(0)$$

然而，心理学证据表明，彩票的价值并不是关于中奖概率 p 的线性函数，例如，从 0 到 5% 或者从 95% 到 100% 的增值作用似乎大于从 30% 到 35% 的增值作用。

也就是说，从不可能性事件到可能性事件，或者从可能性事件到确定性事件的变化所产生的作用大于从一个可能性事件到另一个可能性事件的同等变化所产生的作用，即决策权重存在"类别边际效应"（category boundary effect）。

在前景理论中，每个结果的价值都被乘以一个决策权重，决策权重由预期的选择中推断出来。决策权重并不是客观概率，但与客观概率 p 相联系，决策权重 $\pi(p)$ 是客观概率 p 的一个非线性函数，$\pi(0)=0$，$\pi(1)=1$，即忽略了不可能事件的偶发性结果并且度量是标准化的，$\pi(p)$ 是概率 p 的权重与确定性事件的权重的比率。图 11-3 表示相对于概率 p 的决策权重函数 $\pi(p)$，图中的虚线表示从 0 到 1 的客观概率 p，曲线 ABC 表示决策权重函数 $\pi(p)$。

决策权重函数具有以下特点。

（1）权重函数 $\pi(p)$ 是概率 p 的单调递增函数，$\pi(0)=0$，$\pi(1)=1$。

（2）小概率事件的高估及其次可加性（subadditive）。权重函数低估一般概率事件，而相对高估低概率事件，即赋予一般概率事件相

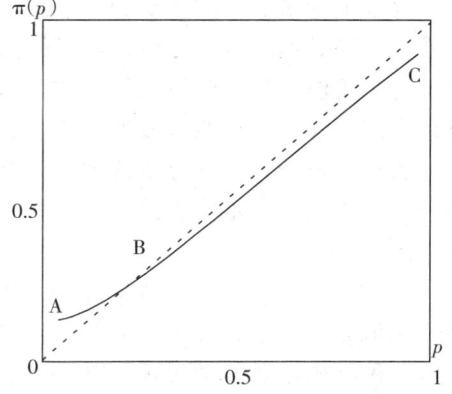

图 11-3 前景理论中假定的决策权重函数

[资料来源：卡尼曼和特维斯基（1979）]

对低的权数 π(p) < p，而赋予极低概率事件高权数 π(p) > p。在低概率区域，权重函数是次加性函数，即对任意的 0 < r < 1，有 π(rp) > rπ(p)。

(3) 次确定性 (subcertainty)，即各互补概率事件的决策权重之和小于确定性事件的决策权重，即 π(p) + π(1-p) < 1。次确定性表明 π(p) 是对 p 的回归，即偏好对概率变化的敏感性通常比预期效用理论要求的低，因此，次确定性捕捉到了人们对不确定性事件的态度的一种重要组成因素，即与互补性事件相关联的权数之和一般小于与确定性事件相关的权数之和。

(4) 次比例性 (subproportionality)。当概率比一定时，大概率对应的决策权数比率小于小概率对应的决策权数比率，即对于任意的 0 < p, q, r ≤ 1，存在 π(pq)/π(p) < π(pqr)/π(pr)。

(5) 极低和极高概率事件的权重主要取决于投资者的主观感觉。人有对极低概率事件的高估倾向，这是保险和赌博的原因及其吸引力所在。因为它们都是以较小的相对固定成本换取可能性非常小却十分巨大的潜在收益。

第五节 投资过程中的认知偏差

一、技术分析中可能存在的认知偏差

利用市场的非有效性进行投资获利是毋庸置疑的，技术分析方法就是其中的一种策略。如果资本市场达到弱式有效，历史信息已经在股票价格上得到了反映，那么分析历史信息无法推断未来，投资者也不能通过分析历史信息而获利。然而，大量的投资者运用技术分析方法来推断股票未来的价格走势，不仅获利者大有人在，而且总结出了一系列的经验和方法。既然分析历史信息能够推断股票价格的走势，说明市场普遍没有达到弱式有效，市场的非有效性是普遍存在的。

技术分析是以统计学为技术基础，通过图表或技术指标研究市场过去和现在的反应，以推测未来价格的变动趋势。它包括指标技术分析和形态技术分析，但无论是指标技术分析还是形态技术分析，其目的都是预测市场的未来发展趋势，同时表明这种趋势处于哪个阶段。技术分析的具体方法包括 K 线图表、道氏理论、趋势理论、反转形态、持续形态、移动平均线、波浪理论、成交量理论等。技术分析假定价格以一定的趋势演变，历史会重演。技术分析的基本观点是：影响股票价格和交易量的种种因素中，除了决定公司价值的基本因素外，还包括股票市场上的投资者对未来的希望、担心、恐惧等心理因素。

事实上，人们在进行技术分析时典型地运用了启发法，于是不可避免地可能犯启发式认知偏差，特别是代表性偏差。由于市场的复杂性，股票价格的变动受到许多因素的影响，价格预测是一项很艰巨的任务，于是人们找到了一种将复杂问题简单化的方法。技术分析实质上是一种代表性启发法，即人们试图用过去熟悉的模式来对不确定的未来作出判断，不考虑这种模式产生的客观信息基础，或这种模式重复的可能性。这种代表

性启发策略的运用可以使价格预测这个复杂的问题变得比较简单，但其预测结果可能是正确的，也可能是错误的。

例如，K线图是人们进行市场分析和预测并赖以进行投资决策的最重要的根据之一，也是其他技术分析工具如形态理论、趋势理论等的分析基础。K线图的运用十分普遍，投资者把它看作某个股票在某一段时间内交易的体现以及对信息的最终总结，并用它来描述市场和研究市场，用来作为赖以决策的原始数据。然而，K线图仅仅概括了一段时间内的几个价格数据，如开盘价、最高价、最低价、收市价，并把这几个数字用图形表现出来，它只说明了一段时间内股票价格变化的范围和方向，事实上它对市场作了极大的简化。K线图不仅不能反映一只股票的基本信息，甚至极大地省略了市场信息，如K线图没有描述每个价位上发生的交易量、不同时间的价格表现，还有交易的细节、市场参与者的信息和情绪等。这类信息包含了持有多头头寸和空头头寸的信念强度，各类交易者可能会在什么价格什么时候平仓？他们对各种信息或者价格运动会作出什么样的反应？有多少人是置身于市场之外观望并持有市场会上涨或下跌的信念？他们是不是有可能转变信念或者在什么情况下会转变这些信念？

K线图本身是以简化或歪曲的、不切实际的假定为基础的，那么以K线图为基础进行预测和分析的技术指标的分析结果自然会产生认知偏差。例如，技术分析中"支撑位"的概念就可能存在很大的认知偏差。最初，人们发现一旦价格跌到某一位置时就会反弹，很多投资者似乎都愿意在这个位置上买进股票，因而"支撑"住了股票的价格水平，并且都把"支撑位""阻力位"这样的概念当作真实存在的。事实上它只是表明人们认为过去观察到的现象与现在具有某种相似性而已。又如，当人们发现一个具有较为典型特征的形态时，就会与历史图表上的类似形态进行比较，如果出现"头肩顶"的形态，人们会认为市场趋势将会发生反转。一些技术分析的书籍和报告常常这样来描述对市场的判断与预测，他们会寻找那些印证其观点的案例来进行佐证，但忽略了那些可能存在的反向案例。事实上，运用统计工具后很容易发现，那些支持技术分析结果的案例与相反的案例几乎一样多。换句话说，运用技术分析方法来预测价格趋势的正确率与错误率基本上是相等的，即存在一个各占50%的基准率。几乎所有使用技术分析方法的人都忽略了这个基准率，人们对它正确的一面情有独钟，而对它错误的一面则视而不见，这就是具有认知偏差的推断。

在一个有效性程度较低的市场上，由于股票价格甚至不能有效地反映历史信息，因此，采取技术分析方法可判断市场走势，从而获得超额利润。然而，在使用这些方法时，很容易产生启发式认知偏差，特别是当投资者缺乏足够的经验，并缺乏对股票及市场内在因素的基本判断时，简单地运用技术分析方法往往容易得出错误的判断，从而作出错误的决策。

二、基本分析中可能存在的认知偏差

随着市场有效性程度的提高，若市场达到了弱式有效，所有的历史信息与公开信息都已经在股票价格上得到了反映，则通过技术分析来推断未来并获得超额利润就不再可能，这时基本分析就有了用武之地。正如美国股票市场在 20 世纪 30 年代之前技术分析十分盛行，而 30 年代以后技术分析不再盛行，取而代之的是基本分析方法。如果市场达到半强式有效，表明股票价格已经反映了公司所有的公开信息，那么通过基本分析是无法获得超额收益的。然而，大量的投资者运用基本分析方法，透过股票市场价格的表象来判断公司的内在价值，从而获得了超额利润，说明市场并没有达到半强式有效，市场仍然存在非有效性。

基本分析法是指将股票的分析研究重点放在其内在价值上。影响股票价值的因素主要有经济环境、各经济部门及各行业的状况、企业的经营状况等。基本分析法就是利用丰富的统计资料，运用多种多样的经济指标，采用各种分析工具与方法，从研究宏观经济环境到中观的行业兴衰分析，进而根据微观的企业经营、盈利的现状和前景，对企业价值作出客观的评价，并预测其未来的变化，作为投资者投资决策的依据。由于它具有比较系统的理论，因此，既受到学者们的赞赏，又受到投资者的欢迎，基本分析法成为股票价格分析方法的主流。基本分析法是以长期投资为目标的投资分析方法，从内在价值入手，注重公司的内在潜力与长期发展前景。

然而，基本分析中人们最容易犯的认知错误是框定依赖偏差。上市公司的内在价值只有一个，但不同的表现形式会让投资者得出不同的结论，不同的人对同样信息的理解也不相同，因而不可避免地出现了不同程度的框定依赖偏差。人们在试图发掘复杂表面现象掩盖下的上市公司的本质时，会不由自主地受到表面现象的干扰，特别是当上市公司本身为了掩盖自身经营中存在的问题时，往往会进行一些诱导活动，即运用错综复杂的业务结构、频繁的购并活动和令人眼花缭乱的财务表现，来误导投资者对公司的判断，在这种情况下，投资者要对公司的真实基本面作出正确的判断是非常困难的。

典型的案例是安然公司扑朔迷离的框定诱导，其错综复杂的财务表现形式使投资者对其认知的过程产生了严重的偏差。20 世纪 90 年代的十年间，安然公司从一家天然气、石油传输公司变成了一个类似美林、高盛的华尔街公司。20 世纪 90 年代中期以后，安然公司不断地运用金融重组技巧，建立复杂的公司体系。其常用的做法是利用"金字塔"式多层控股链，来实现以最少的资金控制最多公司的目标，形成包含 3 000 多家关联企业的"金字塔"式企业集团。安然公司利用与关联企业的关联交易进行复杂的业务操作和财务操纵，制造利润吸引投资者，通过关联企业之间的"对倒"交易不断创造出超常的利润，并掩盖巨额债务，隐藏风险。

作为华尔街多年的宠儿，安然公司通过以上种种复杂的金融工具将公司收入和业务的稳定性与其股价表现紧紧联系在一起。股价的表现取决于公司每个季度的盈利水平能否达到华尔街的盈利预测水平。由于太多地使用自己的股票作担保，因此，安然公司有着强烈的动机铤而走险，想方设法制造利润，以推动股价。

事实上，没有人能搞清楚安然公司是怎样实现盈利的。原因是安然公司历来以防范竞争对手为由拒绝提供任何收入或利润细节资料，把这些细节资料以商业秘密的名义保护起来。而其提供的财务数据又通常过于烦琐和混乱不清，连标准普尔公司负责财务分析的专业人员都无法弄清数据的由来。无论是极力推荐安然公司的卖方分析师，还是想证明安然公司不值得投资的买方分析师,都无法打开安然公司这只黑箱。

相对而言,买方分析师因其最终收入取决于其分析报告的准确程度,而更有激励和动机对上市公司作客观的分析。而财经媒体有着与买方分析师相近的激励结构,即新闻报道的可信度与准确性。安然公司内幕的揭示过程,正是在买方、财经媒体与公司错综复杂的操作、会计师事务所对会计账目真实性的掩盖、卖方分析师的错误推断等各种力量的博弈下,最终还原公司本来面目的过程。

在一个并非有效的市场中,采用基本分析方法通常能够获得超常的收益,然而,基本分析中往往容易出现判断的框定依赖偏差。克服框定依赖偏差的办法有:第一,深入调查和分析,透过现象,特别是错综复杂的表象去认清公司价值的本质,这需要投资者有足够的知识、智慧和时间以及精力的投入;第二,避免投资那些过于复杂和新颖的公司,那些公司即使没有在形式上框定诱导,也会因为经营活动过程过于复杂、业务过于超前、收购兼并活动过于频繁、扩张和业务发展过于快速等,令企业经理人自身也难以驾驭和把握,其自身的认知不足也足以出现财务决策失误而导致公司价值减少。为了避免因此而带来的投资损失,最好的办法就是不去投资它,但要做到这一点,需要投资者有足够的判断力和控制力,因为这样的公司往往会以一种光辉灿烂的前景诱惑投资者参与,而且代理问题(agency problem)的存在,也会促使机构投资者倾向于用魅力股的故事去打动他们的客户。

巴菲特"简单易懂"的投资理念实质上就是避开基本分析中的框定依赖偏差。沃伦·巴菲特(Warren Buffett)是当今世界上最成功的投资大师,其骄人的投资业绩令无数人为之倾倒,他的长期投资理念的核心是"投资于易了解的企业",这一投资理念反映了这位战略投资家具有的判断力和控制力。巴菲特的这种理念来源于基本学派大师本·格雷厄姆(Ben Graham)与菲利普·费希尔(Philip Fisher)。前者以定量分析为主,后者以定性分析为主,巴菲特则是集二者之大成。

格雷厄姆首创"安全边际"(margin of safety)的稳健投资观念,他认为如果股票价格低于实质价值(intrinsic value),这种股票就存在"安全边际",因此,他建议投资人将精力用于辨认价格被低估的股票,而不管大盘的表现。费希尔则主张投资成长率高于平均水准、利润相对增长以及拥有卓越管理层的企业。费希尔认为仅仅阅读公司财务报告并不足以判断是否应该投资,而应尽可能了解公司的经营状况和未来的发展前景。

巴菲特在他2002年的投资报告中有这样的告诫:你之所以无法看懂年报中的信息,是因为这家公司的CEO本来就不想让你知道这些内容。为此,他提出了三个建议:首先,要小心警惕财务方面已经出现过问题的公司。如果这个公司已经有高管走上了歪路,那么在他后面还会有后继者。其次,如果公司信息公布中有很多让人难以理解的注脚和解释,通常就暗示着公司管理者也是让人难以信任的。你之所以无法看懂年报中的信息,是因为这家公司的CEO本来就不想让你知道这些内容。最后,对那些预测自己的利润和收入将飞快增长的公司要怀有戒心和疑问。公司的运转和发展很少是完全以人们的意志为转移的,而当它们的数据准确地变成现实后,这种疑虑就更加深重。因为那些经常承诺会达到某个数据的经理人,可能也会在最后时刻捏造数据。

第六节 行为投资策略

金融投资的一个基本哲学问题是：投资者能否长期战胜市场？对这个问题有两种不同的回答，代表了两种不同的投资哲学。(1) 投资者不能长期战胜市场。这表明投资者认为市场是有效的，即假设证券价格已充分地反映了市场上所有可获得的信息，任何人试图取得超过市场表现的超额收益，除了幸运之外，都是徒劳的。它对应的是消极的投资策略，如组合投资策略。(2) 投资者能长期战胜市场。这表明市场存在无效的地方，投资者可以通过对影响某种资产表现的因素进行预期，从而长期获得超额的投资利润。与它相对应的是积极的投资策略，如基本分析策略。

行为金融学不仅是对传统金融学的革命，而且是对传统投资决策方式的挑战，它不完全肯定人类理性特别是完美理性的普遍性，而认为人类行为有理性的一面，同时也存在着许多非理性的因素。行为金融理论基于人们的实际决策并不能遵从最优决策模型，将心理学融入金融学之中，从微观个体的行为、心理和社会动因来了解和研究证券市场中的问题，在此基础上，提出一套更加符合金融市场实际的投资行为模型和投资策略。行为投资策略就是利用投资者所犯的系统认知偏差所造成的市场非有效性来指导投资策略。也就是利用股票的错误定价，在大多数投资者意识到自己的错误之前，投资那些价格有偏差的品种，并在价格定位合理后，平仓获利。

心理学的研究已经证实，人类的心理决策特征是在长期演化的过程中逐渐形成的，具有相当的稳定性，在较长的时间内都不会有明显的变异，因此，投资管理者可以充分利用人们的行为偏差而长期获利。例如，行为金融大师塞勒（Richard Thaler），其管理基金的投资策略的理论基础是：投资者的行为偏差会引起系统性的心理错误，这些心理错误将导致市场对公司未来收益预期的改变，从而引起这些公司股票的错误定价。因为人类行为模式改变得很慢，因而基于行为偏差的市场无效性将很可能持续下去。

证券市场上的各种异象以及非理性繁荣或恐慌，既反映了市场的非有效性，也为投资者提供了战胜市场的投资策略。金融实践家巴菲特、索罗斯、塞勒等利用市场运行的特点和投资者普遍存在的心理特征，各自有着独特的投资理念和投资策略，因此，拥有了战胜市场的秘密武器。

随着行为金融理论的发展，行为投资策略越来越为一些职业投资管理人所运用。具体而言，目前的行为投资策略主要有逆向投资策略与惯性投资策略、小盘股投资策略、集中投资策略、成本平均策略和时间分散化策略等类型。

一、逆向投资策略与惯性投资策略

逆向投资策略（contrarian investment strategy）是行为金融最为成熟，也最受关注的投资策略之一。简单地说，逆向投资策略就是利用市场上存在的"反转效应"和"赢者输者效应"，买进过去表现差的股票，而卖出过去表现好的股票来进行套利。很多投资者在投资策略中，往往过分注重上市公司的近期表现，并根据公司的近期表现对其未来进行预测，导致对公司的近期业绩作出持续过度反应，形成对业绩较差公司股价的过分低估和对业绩较好公司股价的过分高估现象，这就为投资者利用逆向投资策略提供了套利机会。德邦和塞勒（De Bondt and Thaler，1985）的研究表明这种投资策略每年可获得大约8%的超常收益。尽管这个发现已经有十几年的历史，但这种超常收益在许多市场上仍然存在。当然，这种超常收益的源泉也存在着争论：默顿（Merton，1987）认为，这种超常收益是幻觉，是方法和度量误差的产物；而法玛（Fama，1991）则认为，这种超常收益可能是真实的，但它是对随时间变化的风险的理性补偿。

这一策略最初是由美国的投资管理人戴维·德瑞曼（David Dreman）提出并进行实际运用的，因此，他被华尔街和新闻媒体称为"逆向投资之父"。德瑞曼研究了投资者在股市中的过度反应，根据市场反转效应实施逆向投资策略，主要是购买过去25年中表现糟糕的股票，并卖出同期表现出色的股票。他对逆向投资理论进行了深入研究，在他的专著《理想投资策略》一书中，根据逆向投资原理重点介绍了四种选择股票的方法，主要包括低 P/E 策略、低 P/CF 策略、低 P/B 策略和低 P/D 策略。由于投资者大多具有明显的从众行为，市场存在系统性定价错误，在特定阶段，不被市场看好的某一类股票的价值往往会被过于低估，当市场对该类股票的价值进行重新定位时，其表现会相对比较优异。由德瑞曼经营的投资公司自1998年成立以来，因为采用逆向投资策略而获得了很好的经营业绩，一直位居利普分析中心208个同类基金的榜首。

与逆向投资策略相反的是惯性投资策略（momentum investment strategy），也称为动量交易策略或相对强度交易策略（relative strength trading strategy），是利用动量效应所表现的股票在一定时期内的价格黏性，预测价格的持续走势，从而进行投资操作的策略。也就是买进开始上涨，并且由于价格黏性和人们对信息的反应速度比较慢，而预期将会在一定时期内持续上涨的股票，卖出已经开始下跌，并且由于同样的原因预期将会下跌的股票。

在实践中，惯性投资策略已经有所应用，如利用美国的价值线排名（value line rankings）系统实施惯性投资策略，主要是捕捉利润和股价快速增长的公司。那些排名最好的公司是那些盈利超过分析师预期的公司，而且分析师通常会忙着增加对这些公司的盈利估计，当公司的价值得到提升时，由于市场反应不足或反应缓慢，投资者可以及时买入，利用股价的持续上涨而获利。

二、小盘股投资策略

20世纪80年代，芝加哥大学的班茨（Banz）通过实证研究发现小公司的股票回报率高于大公司，小公司的股票收益率在长期内优于市场平均水平，这就是所谓的"规模效应"。小盘股投资策略（small company investment strategy）就是利用这种规模效应，对小盘股进行投资的策略。在运用该策略时，投资者找到具有投资价值的小盘股，当预期小盘股的实际价值与将来的股票价格有较大的差距时，可以考虑选择该种股票；一旦有利好消息传出时，投资者对新信息反应过度，从而使先前被低估的小盘价值股股票的价格大幅度上涨。另外，由于小盘股的流通盘较小，市场上投资者所犯的系统性错误对其股价波动的影响更大，从而为掌握该种投资策略的投资者带来了超额投资收益。由于规模效应与一月效应存在着紧密的联系（Keim，1983），因此，其投资策略可以进一步发展为在一月初买进小公司股票，而在一月底卖出小公司股票。

小盘股可分为小盘价值股和小盘成长股。法玛和弗兰奇（1993）的研究表明，小盘股效应很可能是由小盘价值股引起的。国外研究了在纽约证券交易所（NYSE）交易的小盘股（主要是小盘价值股）和在美国全国证券交易商协会自动报价系统（NASDAQ）交易的小盘股（主要是小盘成长股）的业绩，结果发现在纽约证券交易所交易的小盘股收益远远超过在纳斯达克交易的小盘股收益。当名义收益增长时，小盘股投资收益率的增长超过了大盘股投资收益率的增长。

三、集中投资策略

集中投资策略（centralization investment strategy）的思想最初来源于英国经济学家凯恩斯（John Maynard Keynes）。1934年，凯恩斯在写给商业同行的一封信中谈到，一个人的知识和经验无疑是有限的，在任何时候，他个人充分信任的公司从来没有超过两三家……过度分散投资于那些知之甚少和没有特殊理由就给予信任的公司的股票，以为那样就可以控制投资风险的观点是错误的，集中投资策略有可能产生超过平均水平的长期收益。

集中投资策略可以简要地概括为：选择少数几种可以在长期投资过程中产生高于平均收益的股票，或者说选择那些目前价值被低估，但具有长远发展前景、具有投资价值的股票，然后将大部分资本集中在这些股票上，不管股市的短期涨跌，坚持持股，直到这些股票价值得到市场的发现，导致股价回升，为投资者带来巨大的获利空间。

集中投资策略往往与价值投资策略（value strategies）相对应，很多实证研究发现价值股能获得超额收益率（Fama and French，1997）；拉克尼肖克、舍夫林和维希尼（Lakonishok Shefrin and Vishny，1994）在新兴市场上同样也观察到了价值投资策略的可行性。将投资集中于价值被低估的股票的投资策略之所以能够获得稳定的回报，主要有两个方面的原因。

一是集中投资策略有助于减少投资者的认知偏差。通过分析企业的内在价值，将注意力集中在少数几家有选择性的公司上，投资者可以对它们进行深入的研究。选择的股票越少，犯认知错误的可能性就越低，可能遭遇的风险就越小。同时，长期持有股票，投资者可以保持稳定的心态，可以避免受价格波动和市场情绪波动的影响而出现非理性行为。

二是该策略能够运用价值投资理念而获利。集中投资策略往往在分析公司的内在价值，评估公司价值与当前价格的差异后，在股票被低估时买进，而不理会大盘的低迷，当股价上涨时，卖出获利。这实际上也是利用他人的认知偏差和市场的定价错误而获得超额收益。拉克尼肖克、舍夫林和维希尼（Lakonishok Shefrin and Vishny，1994）从投资者的非理性行为对价值股超额收益的来源进行了解释，并提出了著名的反向操作模型（contrarian model）：行为和制度上的原因会使股票产生相应的风险和收益特征，而因价值股被低估所获得的超额收益是由于投资者预期错误而产生的。

集中投资策略早已为投资者所运用，投资大师巴菲特是这一策略成功的实践者。他运用这一策略的原则包括：第一，选择少数几家公司（如10~15家）。对公司的选择准则是经营业务简单、业务有良好的发展前途、有一个良好的管理层和价值被市场低估，他相信这些公司有很高的成功率，而且能够继续将过去的优秀业绩保持到未来；第二，将投资基金按比例分配，资金重点投资在这些股票上；第三，只要事情没有变坏，保持股票原封不动至少5年，面对股价波动时要保持冷静。事实上，实证研究表明频繁的交易会降低投资回报率。奥登（Odean，1998）验证了过度自信、处置效应等心理特征对投资行为及其结果的影响。研究结果表明，应该尽量减少交易频率。奥登考察了互联网在线交易对投资者业绩的影响，发现随着投资者的买卖活动更趋活跃，他们的平均回报却大大降低了，进一步验证了他的"减少交易频率"这一建议的有效性。

四、成本平均策略和时间分散化策略

成本平均策略（dollar cost averaging strategy）是针对投资者的损失厌恶心理，建议投资者在将现金投资于股票时，按照预定的计划以不同的价格分批买进，以备不测时摊低成本，从而规避一次性投入可能造成较大风险的策略，分批投资可以使投资者的投资成本平均化，而避免可能带来的较高损失。时间分散化策略（time diversification strategy）是针对投资者的后悔厌恶心理，以及人们对股票投资的风险承受能力可能会随着年龄的增长而降低的特点，建议投资者在年轻时让股票在其资产组合中占较大的比例，而随着年龄的增长，应增加债券投资比例，同时逐步减少股票投资比例的投资策略。

两种策略体现了投资者的感受和偏好对投资决策的影响，属于行为控制策略。由于投资者并不总是风险规避的，投资者在遭受损失时所感受到的痛苦通常远大于盈利时所获得的愉悦，因此，投资者在进行股票投资时，应该事先制订一个计划，在不同的时间根据不同的价格分批投资，以减少风险和降低成本。

斯德特曼（Statman，1995）、菲舍尔和斯德特曼（Fisher and Statman，1999）运用前景理论、损失厌恶、后悔厌恶和不完善的自我控制等概念，分别对成本平均策略和时间分散化策略进行了系统的解释，并提出了实施中加强自我控制的改进建议。

【小结】

行为金融学是金融经济学的一个分支，它采用心理学的观点，研究投资者进行金融决策的方式，主要研究金融市场在一些经济主体表现出人性弱点和人性复杂面时发生的情况。

"经济人"或"理性人"假设作为一种高度抽象的理性模型，使经济学理论研究的公理化、体系化、逻辑化成为可能，然而，结合心理学的经济学研究结论不接受这种理性经济人假设。

行为金融学家认为：（1）投资者是有限理性的，投资者会犯错误；（2）在绝大多数时候，市场中理性和有限理性的投资者都是起作用的，而非传统金融理论中的非理性投

资者最终将被赶出市场,理性投资者最终决定价格。行为金融学修正了理性人假说的论点,指出由于认知过程的偏差和情绪、情感、偏好等心理方面的原因,投资者无法以理性人方式对市场作出无偏估计。

现实的金融市场中,套利交易会由于存在制度约束、信息约束和交易成本等而受到极大的限制。与套利相关的风险和成本包括基础风险、噪声交易者风险、履约成本、模型风险、套利的时间跨度。

大量的事实表明,套利是有限的,市场价格会由于套利的有限性而表现出与相对基础价值的长期偏离。

确定性效应是指人们在决策的过程中,往往对于被认为是确定性的结果给予较大权重的倾向或趋势。反射效应是确定性效应的镜像,指人们在决策的过程中,当面临损失时,所表现出的对不确定性损失的偏好,即对风险性结果的偏好。孤立效应是指投资者想等到信息发布后再进行决策的倾向,即使这些信息对决策并不是真的重要。框定效应是指在决策的过程中,如果通过改变对结果的描述来改变参照点,会影响人们的偏好选择。

卡尼曼和特维斯基在论述上述前景理论的核心内容的同时,还提出了价值函数和权重函数,进一步说明人们决策过程中的行为规律。

对于基本分析和技术分析中存在的认知偏差,投资者可以充分利用到实际投资中。随着行为金融理论的发展,行为投资策略越来越为一些职业投资管理人所运用。具体而言,目前的行为投资策略主要有逆向投资策略与惯性投资策略、小盘股投资策略、集中投资策略、成本平均策略和时间分散化策略等类型。

【思考与练习题】

1. 列举出有限理性和有限套利的几个实例。
2. 列举出几个标准金融理论下不能解释的异象、悖论,并尝试运用相关的行为金融理论去解释。
3. 比较标准金融理论中的期望效用理论和行为金融理论中的前景理论的异同。
4. 从中外资本市场中寻找采取行为投资策略的投资基金,并对这些基金的表现进行分析,评价行为投资策略的投资业绩。

【主要参考文献】

[1] [美] 安德瑞·史莱佛. 并非有效的市场:行为金融学导论 [M]. 北京:中国人民大学出版社,2015.

[2] 饶育蕾,彭叠峰,盛虎. 行为金融学(第二版)[M]. 北京:机械工业出版社,2018.

[3] 陆家骝. 现代金融经济学 [M]. 大连:东北财经大学出版社,2007.

[4] [美] Brian Kettell. 金融经济学 [M]. 北京:中国金融出版社,2005.

[5] [美] 约翰 R. 诺夫辛格. 行为金融与投资心理学 [M]. 北京:机械工业出版

社，2019.

[6]［英］詹姆斯·蒙蒂尔．行为金融学：洞察非理性投资心理和市场［M］．北京：中国青年出版社，2020.

[7] 陆蓉．行为金融学讲义［M］．北京：中信出版社，2019.

[8]［美］迈尔·斯塔特曼．行为金融学通识［M］．北京：北京大学出版社，2020.

[9]［美］理查德·塞勒．"错误"的行为［M］．北京：中信出版社，2018.

[10]［美］理查德·塞勒．赢家的诅咒［M］．北京：中信出版社，2018.

[11]［美］罗伯特·希勒．非理性繁荣（第三版）［M］．北京：中国人民大学出版社，2016.

[12]［美］罗伯特·希勒．叙事经济学［M］．北京：中信出版社，2020.

[13]［美］赫什·舍夫林．超越恐惧和贪婪［M］．上海：上海财经大学出版社，2017.

[14] Banz, Rolf. The Relation between Return and Market Value of Common Stocks [J]. *Journal of Financial Economics*, 1981, 9: 3–18.

[15] De Bondt, Werner, Richard Thaler. Does the Stock Market Overreact? [J]. *Journal of Finance*, 1985, 40: 793–808.

[16] Kahneman, Daniel, Mark Riepe. Aspects of Investor Psychology [J]. *Journal of Portfolio Management*, 1998, 24: 52–65.

[17] Kahneman, Daniel, Amos Tversky. Judgment Under Uncertainty: Heuristics and Biases [J]. *Science*, 1974, 185: 1124–1131.

[18] Kahneman, Daniel, Amos Tversky. Prospect Theory: An Analysis of Decision Under Risk [J]. *Econometrica*, 1979, 47: 263–291.

[19] Lakonishok, Josef, Andrei Shleifer, Robert W. Vishny. Contrarian Investment, Extrapolation, and Risk [J]. *Journal of Finance*, 1994, 49: 1541–1578.

[20] Odean, Terrance. Are Investors Reluctant to Realize their Losses [J]. *Journal of Finance*, 1998, 53: 1775–1798.

[21] Lerner J S, Keltner D. Fear, anger, and risk. [J]. *Journal of Personality & Social Psychology*, 2001, 81 (1): 146.

第十二章

金融市场微观结构

【学习目的与要求】

通过本章的学习，掌握金融市场微观结构的基本概念，理解价格发现模型基本发展脉络，了解价格发现模型的基本内涵，掌握金融市场微观结构设计的基本目标，理解流动性的基本内涵和性质，掌握主要的流动性度量方法，了解不同流动性度量方法的异同及适用性。

【学习要点】

金融市场微观结构的含义及其关注焦点；金融市场微观结构的基本框架；买卖价差的基本内涵；基于信息的价格发现模型；市场运行绩效的基本指标；市场微观结构设计的目标与影响因素，流动性的度量方法。

在传统的资产定价研究中，对于价格的调整过程并没有进行详尽的说明，而是把市场看作一个"黑箱"，在输入一些参数后，价格就会自然地浮现出来。然而，对于投资者潜在的投资需求如何转化为真实的价格和成交量，信息是如何通过交易反映到价格中，市场结构对市场的流动性和波动性是否有影响这些问题，传统的资产定价理论没有给出解释。从 20 世纪 80 年代开始，金融学一个新的分支——市场微观结构理论得到长足发展，为解决上述问题提供了一个很好的视角。

市场微观结构研究的目的在于解释市场如何把投资者的潜在需求转化为实际交易，揭示这个"黑箱"的运作过程，以及了解各种不同的交易机制对定价过程的影响。

第一节 金融市场微观结构理论概述

一、金融市场微观结构的含义

"传统经济理论的主要缺陷是没有对市场组织和交易形式进行分析"，科斯（Coase，

1991）在《企业的性质：释义》中这样写道。的确，新古典经济学没有回答市场是怎样获得均衡价格的，在瓦尔拉斯、阿罗、德布鲁的世界里，或者在萨缪尔森的教科书中，交易过程被视为一个"黑箱"，供求曲线的交点自动决定了市场出清价格（market - clearing price），至于供给和需求通过何种市场组织真正达成交易并形成价格，新古典经济学却几乎没提供答案。而在交易成本理论者看来，市场组织和交易形式并不是他们关注的主要问题，因此在他们眼里市场与新古典的市场在本质上是一致的，在这个市场上，价格是外生的。

可见，对均衡价格的全面反思，要求对市场组织和交易形式进行具体的深入分析，而不是一般意义上的均衡分析。从 1968 年德姆塞茨（Demsetz）发表《交易成本》（*Transaction Cost*）一文之后，金融资产价格的研究视角发生了重大变化——从研究宏观经济现象转而关注金融市场内在的微观基础，金融资产价格形成被描述为经济主体最优化规划的结果。这种转变包含两方面的含义：一是由于资产价格是由特定经济主体和交易机制决定，因而通过对经济主体行为或交易机制进行分析可以考察价格形成；二是这一分析可以将市场行为看作是个体交易行为的加总，这样从单个交易者的决策行为，可以预测金融资产价格的变化情况。

1976 年，加曼（Garman）正式以《市场微观结构》（*Market Microstructure*）为名，探讨了做市商（market maker）制度对价格行为的影响，从而拉开了微观结构理论发展的序幕。

按照奥·哈拉（O'Hara，1995）的观点，市场微观结构理论主要研究"特定规则下交易资产的过程和结果"。曼德哈文（Madhavan，2000）则将市场微观结构理论界定为"研究投资者的潜在需求最终转化为价格和数量的过程"。Biais、Glosten 和 Spatt（2002）给出的定义是：市场微观结构理论分析交易过程和价格形成以及市场组织对价格形成的影响。

综上可以看出，虽然定义各有不同，但核心思想是一致的，市场微观结构主要是分析特定的市场组织如何影响价格的形成过程。

一般认为，金融市场微观结构理论的核心是要说明在既定的市场微观结构下，金融资产的定价过程及其结果，从而揭示市场微观结构在金融资产价格形成过程中的作用。

二、金融市场微观结构研究的焦点

根据曼德哈文（Madhavan，2000）的总结，金融市场微观结构的研究焦点概括为四个方面。

1. 价格的形成和发现。其中既包括静态问题，比如交易成本的决定，也包括动态问题，比如价格随信息进行调整的过程等。也就是说，对价格形成和发现的研究就是深入交易过程这一"黑箱"内部，考察投资者潜在的需求如何最终转化成为成交价格和交易量。

2. 市场结构和设计。主要包括价格形成和交易规则的关系，其核心是考察不同的交易规则如何影响"黑箱"，并进而影响市场流动性和市场质量。

3. 信息及其披露。其中最重要的是市场透明度问题，也就是市场参与者观察到有关交易过程信息的能力。这方面的研究主要是考察"黑箱"内部泄露出来的信息如何影响交易者的行为及策略。

4. 市场微观结构同金融学其他领域的关系。有关"黑箱"的研究将会使人们对公司财务、资产定价、国际金融等领域的许多传统问题产生新的认识。

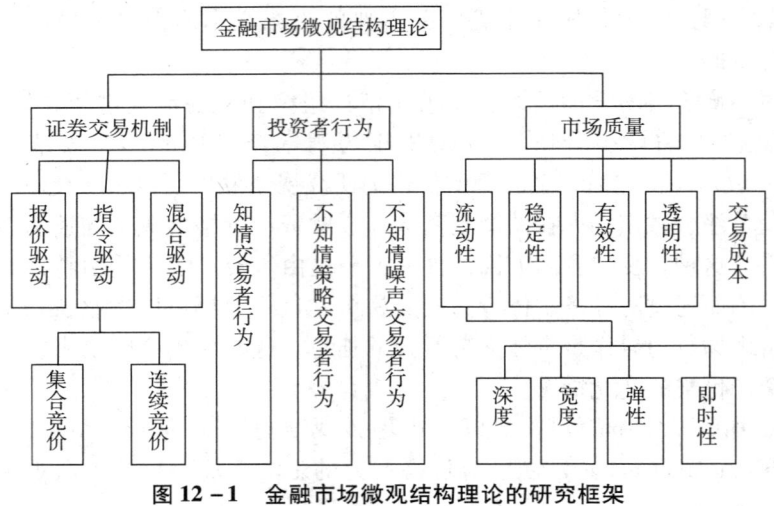

图 12-1　金融市场微观结构理论的研究框架

第二节　金融市场微观结构与资产定价

金融市场微观结构的最主要功能是价格发现（price discovery），即如何利用公共信息和私有信息决定一种证券的价格。在金融市场微观结构理论中，市场交易机制发挥着基础性作用，当前世界各交易所采用的交易方式大致可分为报价驱动（quote-driven）和指令驱动（order-driven）两大类。美国的纳斯达克（NASDAQ）证券交易所以及伦敦的国际证券交易所等都属于报价驱动交易机制。在这种市场上，投资者在递交指令之前就能够从做市商那里得到证券的报价。这种交易方式主要由做市商充当交易者的交易对手，主要适合于流动性较差的市场。与此相反，在指令驱动制度下，投资者递交指令要通过一个竞价过程来执行。我国沪深证券交易所以及日本的东京证券交易所等都采用这种交易方式。在指令驱动机制下，交易既可以连续地进行，又可以定期地进行。前者主要指连续竞价（continuous auction），投资者递交指令可以通过早已由公众投资者或做市商递交的限价指令立即执行。只要指令到达就能够成交，因而这个机制是连续性的。定期交易主要指集合竞价（call auction）。在这种方式下，投资者递交的委托指令并不立即成交，而是存贮起来累积到一定的时间，最后以一个统一的市场清算价格执行。

交易机制虽发挥着一种基础性作用，但证券交易机制本身是提供证券价格发现功能的平台，并为实现价格发现功能提供波动性、流动性、透明性。因为交易机制的本质在于把投资者的潜在（意愿）交易需求转化为真实的交易，这种转化的关键之处在于其价格发现功能,整个转化过程实质就是搜寻市场出清价格(market clearing price)。

一、价格发现模型的发展

有效市场理论认为,股价反映了所有的公共信息,因此,股票未来现金流的现值预期应等于交易价格。然而,市场有效性依赖于三个条件:一是投资者的交易活动不存在交易成本;二是投资者之间不存在信息不对称现象;三是股价不会受到非竞争性因素的影响。当这些条件无法满足时,现值预期与交易价格之间就会产生偏离。价格发现模型就是在放松有效性假设的限制条件的基础上,研究各种市场摩擦因素对交易过程和价格形成的影响。

价格发现模型常常被划分为存货模型和信息不对称模型两大类:前者认为,做市商作为交易即时性的提供者需要报出买价和卖价,而由于投资者的买卖委托之间存在不平衡性,因此,做市商必须持有一定的存货,为了补偿持有存货的风险,做市商报出的卖价一定要高于买价,从而产生买卖价差;后者则认为,投资者之间的信息是不对称的,因此,做市商将用与不知情交易者所获得的盈利来弥补与知情交易者交易所蒙受的损失,而盈利就来源于做市商设定的买卖价差。

Stoll(1995)认为:"存货模型是六七十年代资产组合理论和资本资产定价理论的扩展,其前提假设是交易者为风险厌恶的并且有相同预期。但是事实上,交易者在信息方面是不对称的。从八十年代开始,非对称信息模型和信号模型成为金融学的新范式,相似地,它们也为研究市场微观结构问题提供了新的工具。"

Biais、Glosten和Spatt(2002)根据流动性供应者的行为特点将价格发现模型划分为竞争性做市商报价模型和策略性流动性供应者模型,两者的差异之处在于:前者假设做市商在报价方面相互进行竞争,以提供流动性,而做市商的收入与价差相关,反映了他们的委托代理成本(Roll,1984)、存货成本(Stoll,1978)和逆向选择成本(Kyle,1985;Glosten & Milgrom,1985;Glosten,1994),其中委托代理成本和存货成本仅对股价产生暂时性影响,而逆向选择成本会对股价产生永久性影响;后者则放松了对竞争性的假设,将策略性流动性供应者作为研究重点,这些流动性供应者主动地进行报价,以探询市场状况和可能存在的私有信息,同时供应了市场的流动性。Biais、Glosten和Spatt提供了一个合理的分析架构。

二、第一代价格发现模型:竞争性做市商报价模型

德姆塞茨(Demsetz)在《交易成本》中指出"做市商为交易提供了可预见的即时性,买卖价差就是在市场竞争条件下的适当收益补偿,反映了做市商提供流动性服务的成本"。第一代价格发现模型主要从委托处理成本、存货成本以及逆向选择成本等角度出发,探讨这些成本如何影响做市商的报价行为以及如何导致交易价格与预期价值出现偏离。

在理论体系下,第一代价格发现模型迄今仍然是微观结构理论的核心内容。为简化并保持逻辑上的一致性,将在一个统一的框架下阐述第一代价格发现模型,这个框架的

基本假设前提是：股票期末现金流的现值预期（即基础价值）$E(v)$ 等于 π，市场上有 N 个做市商相互竞争。

（一）委托处理成本模型

假设市场上有 N 个风险中性的做市商，其交易成本函数为 $\dfrac{cq_i^2}{2}$，其中 q_i 为做市商 i（$i=1, 2, \cdots, N$）的交易量，交易成本包括执行交易时的管理、结算及后台支持等委托处理成本（order handling cost）。对于每个可能的价格 p，每一个做市商都通过供需函数以确定买卖数量。

假设 $q_i(p) > 0$ 表示买入委托，则 $q_i(p) < 0$ 表示卖出委托。作为一个"经济人"，做市商 i 的目标是针对每个价格 p 选择最优的交易数量，从而实现收益最大化，用数学公式可表示为

$$\max E\left[(v-p)q_i(p) - \frac{cq_i^2}{2}\right] \text{ 或者 } \max E\left[(\pi-p)q_i(p) - \frac{cq_i^2}{2}\right] \tag{12.1}$$

对式（12.1）求一阶导数，可以得到

$$q_i(p) = \frac{\pi - p}{c} \tag{12.2}$$

显然，式（12.2）的经济含义与直觉相一致，即当股票价格低于预期的基础价值时，做市商将买入股票；而当股票价格高于预期的基础价值时，做市商将卖出股票。

如果不知情的流动性交易者提交市价委托要求买入股票，那么，市场结清状况就为

$$N\frac{\pi - p}{c} + Q = 0 \tag{12.3}$$

此时，交易价格可表示为

$$p = \pi + \frac{c}{N}Q \tag{12.4}$$

当流动性交易者买入股票时，式（12.4）表示做市商的卖出报价；而当流动性交易者卖出股票时，式（12.4）表示做市商的买入报价。因此，市场结清时，做市商的买卖报价分别为

$$A = \pi + \frac{c}{N}Q \tag{12.5}$$

$$B = \pi - \frac{c}{N}Q \tag{12.6}$$

相应地，买卖价差就等于 $2\dfrac{c}{N}Q$。如果买卖价差仅来源于委托处理成本，那么交易价格会在买卖报价之间来回反弹，即当一笔交易以价格 B 成交后，下一笔交易的股价变化将为 0 或 $2\dfrac{c}{N}Q$；而一笔交易以价格 A 成交后，下一笔交易的股价变化将为 0 或 $-2\dfrac{c}{N}Q$。显然，这种买卖报价的反弹现象将使股价变化（或收益率）序列呈现负的自相关性。由此，我们可以发现，做市商的买卖报价最终影响了股价行为。

(二) 存货模型

与 Demsetz 的观点不同，Smidt（1971）认为，做市商并非仅仅消极地提供交易及时性，相反，他们会根据自身存货水平的变化而积极地调整报价。根据 Smidt 的观点，Garman（1976）首先建立了做市商报价与存货之间的关系模型，使人们认识到做市商的资本和存货水平对价格行为会产生重要影响。Stoll（1978）以及 Amihud 和 Mendelson（1980）继承了 Garman 模型的框架，他们的分析表明，做市商的实际存货水平和需要的存货水平之间存在偏差，这将带来预期损失，因此，做市商必然要通过设定买卖价差来控制存货。Zabel、O'Hara 和 Oldfield（1986）以及 Madhavan 和 Smidt（1993）则指出，在多时期内，做市商的目标是将交易利润减去存货成本的收入现值最大化，并据此设定买卖报价。

为了简化分析，假设存在 N 个风险回避的做市商，其效用函数为恒定绝对风险回避型，风险回避指数为 K；与此同时，假设与股票相关的变量服从联合正态分布，资产终值的方差 $Var(v)$ 等于 v，做市商的平均存货头寸为 I。

对做市商而言，其目标为实现效用最大化，即

$$\max U\left[(v-p)q_i(p) + I_i v - \frac{cq_i^2}{2}\right] \tag{12.7}$$

由于做市商具有指数效用函数，同时，相关变量服从正态分布，因此，上述目标函数可化简为

$$\max E\left[(v-p)q_i(p) + I_i v - \frac{cq_i^2}{2}\right] - \frac{K}{2}Var((v-p)q_i(p) + I_i v) \tag{12.8}$$

或者：

$$\max\left\{I\pi + (\pi - p)q_i(p) - \frac{cq_i^2}{2} - \frac{k}{2}\sigma^2(q_i(p)^2 + I_i^2 + 2I_i q_i(p))\right\} \tag{12.9}$$

对上式求一阶导数，可以得到

$$(\pi - k\sigma^2 I_i) - p - cq_i(p) - k\sigma^2 q_i(p) = 0 \tag{12.10}$$

令 $q_i(p)$ 代表做市商对股票的边际估值。显然，边际估值随着存货水平的增加而降低，可表示为

$$q_i(p) = \frac{\mu_i - p}{c + k\sigma^2} = \frac{\pi - p}{c + k\sigma^2} - \frac{k\sigma^2}{c + k\sigma^2}I_i \tag{12.11}$$

从式（12.11）可以看到，当股价低于边际估值时，做市商将买入股票；反之，则会卖出股票。此外，式（12.11）还告诉我们，做市商的交易成本和风险回避系数越大，其交易的意愿也越低。

当流动性交易者提交 Q 股的市价买入委托时，市场结清状况为

$$N\frac{\pi - p}{c + k\sigma^2} - \frac{k\sigma^2}{c + k\sigma^2}\left(\sum_{i=1}^{N}I_i\right) + Q = 0 \tag{12.12}$$

如果令 $I = \sum_{i=1}^{N} I_i / N$ 表示做市商的平均存货，那么，从式（12.12）可求出股价 p：

$$p = (\pi - k\sigma^2 I) + \left(\frac{c + k\sigma^2}{N}\right)Q \tag{12.13}$$

根据式（12.13），可以将股票的均衡价格分解为两个部分：一是做市商对股票的边际估值 $\mu = \pi - k\sigma^2 I$，等于股票的预期基础价值减去风险溢价；二是交易对价格造成的影响 $\left(\frac{c + k\sigma^2}{N}\right)Q$，当交易成本 c、风险回避系数 k 以及股价波动 σ^2 越大时，股票交易的价格影响就越大，而当做市商数量越多时，股票交易的价格影响就越小。显然，流动性交易者的买入行为会对股价产生影响，从而使股价 p 高于边际估值 μ，而流动性交易者的卖出行为则会使股价 p 低于边际估值 μ。

对于数量为 Q 股的市价买入委托，竞争性做市商将设定卖价为

$$A = (\pi - k\sigma^2 I) + \left(\frac{c + k\sigma^2}{N}\right)Q \tag{12.14}$$

另一方面，对于数量为 Q 股的市价卖出委托，竞争性做市商将设定买价为

$$B = (\pi - k\sigma^2 I) + \left(\frac{c + k\sigma^2}{N}\right)Q \tag{12.15}$$

从式（12.14）和式（12.15）可以较为明显地发现，持有多头（$I > 0$）的做市商倾向于卖出股票以减少头寸，所以，他们的买卖报价相对更低；与之相反，持有空头（$I < 0$）的做市商会报出相对较高的报价。可见，买卖价差事实上反映了做市商为提供交易及时性而建立头寸所承担的风险成本。如果说交易所的诞生使买卖委托在空间上实现了集中，那么，做市商的存货则使得买卖委托消除了时间上的分割，从而有利于股价因临时委托不平衡带来的波动。

在解决了买卖价差问题的同时，上述模型还蕴含着多个关于价格行为的推断。首先，在动态情形下，存货的增加导致价格下降，结果又会吸引更多买入委托而减少存货，这种存货的均值反转现象将最终反映在报价的中位值的均值反转上，使股价在大跌之后往往发生较大的价格反转。据此可推断，如果买卖价差主要来源于存货成本，那么，交易价格和报价将呈现负的序列相关性。其次，在隔夜非交易时段，新信息的产生可能会使做市商蒙受存货损失，为弥补隔夜风险，做市商在收益阶段往往会设定较大的买卖价差，从而加大了交易对价格的影响。此外，当市场出现"单边市"时，由于做市商的资本实力和存货水平存在局限，因此，交易对股价的影响将会显著增大。

（三）信息不对称模型

存货模型隐含着这一假设，即所有的交易者和做市商都是非知情交易者，他们拥有相同的信息。但随着信息经济学、理性预期假说以及不完全竞争理论的发展，学术界开始考虑信息不对称对交易价格的影响。

1971 年 Jack Treynor 以 Bagehot 的名发表《城市中的唯一游戏》一文，首次将交易者划分为知情交易者和非知情交易者，为了弥补因信息不对称带来的逆向选择成本，做市商需要设定买卖价差。Glosten 和 Milgrom（1985）以及 Easley 和 O'Hara（1987）的序贯交易模型（sequential trade model）则将研究重点转向做市商的学习过程，认为做市商

从委托流的变化和买卖方向中动态获得信息，进而调整报价。Kyle（1985）对垄断性知情交易者的交易策略进行了研究，指出私有信息将最终反映在做市商的报价中。Holden 和 Subrahmanyam（1992）将 Kyle 的模型予以一般化，根据他们的推导，当知情交易者越多时，价格的信息效率和交易量就越大，知情交易者的利润就越小。Admati Pfleiderer（1988）则考察了知情交易者和非知情交易者之间的策略博弈，认为非知情交易者将通过选择集中交易来降低损失。显然，上述模型都是建立在知情交易者和非知情交易者的假设基础之上，如果说知情交易者是交易进行的"发动机"，那么，非知情交易者则是交易进行的必要"润滑剂"。

1. 不对称信息下的竞争性知情交易者。假设市价委托由知情交易者提交，其观察到股票基础价值信号为 s，因此，可以将股票价值 v 表示为

$$v = \pi + s + \varepsilon \tag{12.16}$$

式中：π 为基础价值的预期值，是一个常数；$E(s) = 0$，$E(\varepsilon) = 0$，$Var(\varepsilon) = \sigma^2$。另外还假设知情交易者的初始股票持有量为 L，为了简化计算与推导，同样假设 s,ε 和 L 服从联合的正态独立分布。由于做市商并不确切了解知情交易者的股票持有量 L，因此，在他们眼中，L 是一个随机变量。与 Grossman 和 Stiglitz（1980）的分析相一致，这里假设知情交易者是竞争性的。

对知情交易者而言，其目标是实现效用最大化，即

$$\max U(v(L + Q) - pQ) \tag{12.17}$$

假设知情交易者具有指数效用函数，其风险回避系数为，那么，知情交易者的效用最大化问题可以简化为

$$\max(L + Q)(\pi + s)Qp - \frac{\gamma \sigma^2}{2}(L + Q)^2 \tag{12.18}$$

对式（12.18）求 Q 的一阶导数后，可以得到

$$Q = \frac{\pi + s - p}{\gamma \sigma^2} - L = \frac{(\pi + s - \gamma \sigma^2 L) - p}{\gamma \sigma^2} = \frac{\theta - p}{\gamma \sigma^2} \tag{12.19}$$

式（12.19）中，θ 反映了知情交易者对股票的估值，当掌握的私有信息增加时，知情交易者对该股票的估值也提高；而当初始股票持有量增加时，知情交易者对该股票的估值将降低，根据式（12.19），θ 可表示为

$$\theta = p + \gamma \sigma^2 Q \tag{12.20}$$

在解决了知情交易者的最优选择后，接下来考虑做市商的最优选择问题。在知情交易者提交市价委托的市场环境下，做市商将根据对 θ 的理性预期来决定交易量 $q_i(p)$，因此，其目标函数可表示为

$$\max(I_i + q_i)E(v \mid \theta) - q_i p - \frac{k}{2}(I_i + q_i)^2 Var(v \mid \theta) - \frac{c}{2}q_i^2 \tag{12.21}$$

对式（12.21）求 $q_i(p)$ 的一阶导数后，可以得到

$$q_i(p) = \frac{E(v \mid \theta) - p - kVar(v \mid \theta)I_i}{c + kVar(v \mid \theta)} = \frac{\mu_i - p}{c + kVar(v \mid \theta)} \tag{12.22}$$

式（12.22）中，$\mu_i = E(v \mid \theta) - p - kVar(v \mid \theta)I_i$ 表示做市商对股票的边际估值。

当市场结清时，可以得到

$$N\frac{E(v|\theta) - p - kVar(v|\theta)I_i}{c + kVar(v|\theta)} + \frac{\theta - p}{\gamma\sigma^2} = 0 \quad (12.23)$$

对式（12.23）进行变化后得到

$$p\left(I + \frac{c + kVar(v|\theta)}{N\gamma\sigma^2}\right) = \theta\frac{c + kVar(v|\theta)}{N\gamma\sigma^2} + E(v|\theta) - kVar(v|\theta)I \quad (12.24)$$

由于变量服从联合正态分布，因此，可运用投射定理，得到

$$E(v|\theta) = E(v) + \frac{COV(V,\theta)}{V(\theta)}(\theta - E(\theta)) = \pi + \frac{COV(\pi + S + \varepsilon, S - \gamma\sigma^2 L)}{V(s - \gamma\sigma^2 L)}(\theta - \pi)$$

$$= \pi + \frac{V(s)}{V(s) + (\gamma\sigma^2)^2 V(L)}(\theta - \pi) = \pi + \delta(\theta - \pi) = \delta\theta + (I - \delta)\pi$$

$$(12.25)$$

式（12.25）中，$\delta = \frac{V(s)}{V(s) + (\gamma\sigma^2)^2 V(L)}$，可用来衡量委托流中的信息成分，它随知情交易者掌握信息的增加而增加。因此，δ 作为信息不对称程度的衡量指标，例如，当 δ 为 0 时，表示交易者不拥有私有信息。

此外，条件 $Var(v|\theta)$ 方差也可表示为

$$Var(v|\theta) = V(v)(I - corr(v,\theta)) \quad (12.26)$$

根据式（12.25）和式（12.26），可以将价格方程重写成：

$$p\left(I + \frac{c + kVar(v|\theta)}{N\gamma\sigma^2}\right) = \theta\frac{c + kVar(v|\theta)}{N\gamma\sigma^2} + \delta\theta + (1 - \delta)\pi - kVar(v|\theta)I$$

$$(12.27)$$

因此，均衡价格 p 可表示为 θ 的线性形式：

$$p = \alpha + \beta\theta \quad (12.28)$$

其中，$\alpha = \dfrac{(1-\delta)\pi - kVar(v|\theta)I}{I + \dfrac{c + kVar(v|\theta)}{N\gamma\sigma^2}}$，$\beta = \dfrac{\delta + \dfrac{c + kVar(v|\theta)}{N\gamma\sigma^2}}{I + \dfrac{c + kVar(v|\theta)}{N\gamma\sigma^2}}$。

从做市商的角度来看，他们了解自己的存货数量，而和是两个常数，因此，做市商可以从股价中推断知情交易者掌握的私有信息，据此不断调整自己的买卖报价。从这一角度来看，信息效率成为了一个动态概念，并且可以用向趋近的速度来衡量。

由于，$\delta < 1$，$\beta < 1$，当信息不对称水平 δ 越高时，β 也越大，股价对私有信息的反应也越大。

另一方面，由于均衡价格 p 是 θ 的线性函数，θ 本身又是 Q 的线性函数，因此，均衡价格 p 可以表示为 Q 的线性形式：

$$p = \alpha + \beta\theta = \alpha + \beta(p + \gamma\sigma^2 Q) = \frac{\alpha}{1-\beta} + \frac{\beta}{1-\beta}\gamma\sigma^2 Q \quad (12.29)$$

2. 不对称信息下的策略性知情交易模型。 在上文分析中，竞争性的知情交易者并不会分析交易量与股价的关系，但在 Kyle（1985）的模型中知情交易者会考虑交易对股价

的影响，这种交易者被称为策略性知情交易者。沿袭前面的分析结果，我们假设存在线性的价格函数：

$$p = M + \lambda Q \tag{12.30}$$

知情交易者的目标函数可表示为

$$\max(L + Q)(\pi + s) - Q(M + \lambda Q) - \frac{\gamma \sigma^2}{2}(L + Q)^2 \tag{12.31}$$

对式（12.31）求 Q 的一阶导数，可得到

$$(\pi + s) - (M + 2\lambda Q) - \gamma \sigma^2 (L + Q) = 0 \tag{12.32}$$

从中可推导出：

$$Q = \frac{\theta - M}{\gamma \sigma^2 + 2\lambda}; \theta = M + (\gamma \sigma^2 + 2\lambda)Q \tag{12.33}$$

与上文分析相同，根据做市商的目标函数，可以推导出：

$$q_i(p) = \frac{E(v|\theta) - p - kVar(v|\theta)I_i}{c + kVar(v|\theta)} = \frac{\mu_i - p}{c + kVar(v|\theta)} \tag{12.34}$$

从式（12.33）和式（12.34）中可以得到市场结清状态为

$$N\frac{E(v|\theta) - p - kVar(v|\theta)I_i}{c + kVar(v|\theta)} + \frac{\theta - M}{\gamma \sigma^2 + 2\lambda} = 0 \tag{12.35}$$

进而可推导出均衡价格 p：

$$p = \left[(1-\delta)\pi - kVar(v|\theta)I_i - \frac{c + kVar(v|\theta)}{N(\gamma \sigma^2 + 2\lambda)}M\right] + \left[\delta + \frac{c + kVar(v|\theta)}{N(\gamma \sigma^2 + 2\lambda)}\right]\theta \tag{12.36}$$

将式（12.33）代入式（12.36），可得：

$$p = \left[(1-\delta)\pi + \delta M - kVar(v|\theta)I_i\right] + \left[\delta(\gamma \sigma^2 + 2\lambda) - \frac{c + kVar(v|\theta)}{N}\right]Q \tag{12.37}$$

将式（12.30）和式（12.37）进行对照可以发现如下关系：

$$M = \pi - \frac{kVar(v|\theta)I_i}{(1-\delta)} \tag{12.38}$$

$$\lambda = \frac{\delta y \sigma^2 + c + kVar(v|\theta)/N}{(1-2\delta)} \tag{12.39}$$

显然，为了使 $\lambda > 0$，必须有 $\delta < 0.5$，即信息不对称是有限的。

通过对式（12.37）中的一些参数作出假设，我们可以更深入地了解信息不对称模型的特点：当 $\delta = 0$，即没有私有信息时，信息不对称模型就简化为存货模型；而当做市商为风险中性（$k = 0$），并且无委托处理成本时（$c = 0$），上述模型就类似于 Kyle（1985）提出的知情交易者的交易策略模型，此时，股价为基于委托流的基础价值的条件期望值。由于私有信息和知情交易者的产生是随机的，因此，股价和报价的变化也是随机的。

在一般情况下，可以假设 $\delta > 0$，$y > 0$，$c > 0$，此时，买卖价差包含了委托处理成

本、存货成本和信息不对称导致的逆向选择成本。当信息不对称的水平较高、做市商的委托处理成本较大或风险承受能力较低时，股票交易将对股价产生较大影响，市场流动性降低。因此，式（12.39）为分析市场流动性的影响因素提供了理论基础。此外，从式（12.39）还可知，买卖委托越大，交易对价格的影响越大，因此，知情交易者一般会限制每笔交易的规模，以减小对股价的影响。

三、第二代价格发现模型：策略性流动性供应者模型

如果说第一代微观结构理论着重关注竞争性的做市商，那么，第二代微观结构模型则将策略性流动性供应者作为研究重点，这些策略性流动性供应者主动进行报价，以探询市场状况和可能存在的私有信息，同时供应了市场的流动性。

（一）无逆向选择时的策略性流动供应

由于风险回避、最大头寸限制和严格的进入壁垒等因素，做市商之间的竞争有时是不充分的，从而限制了整个市场的流动性供应。此时，做市商可能通过策略性报价而获得反映市场权利的租金。

这里沿用上一节的模型来分析做市商在不完全竞争下的策略行为。假设市场上不存在信息不对称现象（$\delta = 0$），也不存在委托处理成本（$c = 0$），做市商为风险回避（$k < 0$）且进行策略性报价。由于所有做市商的策略基于理性预期，因此关于股票买卖的报价是均衡的结果，反映了流动性供应者面临的做市成本，如式（12.14）所示，做市商第 Q 单位股票的边际成本为 $A = (\pi - k\sigma^2 I) + \dfrac{k\sigma^2}{N}Q$，$A$ 随着 Q 的增大而增大。与产业组织理论的结论相似，Biais 和 Foucault Salanie（1998）、Roell（1999）以及 Viswanathan Wang（1999）的分析表明，上述成本将导致实际价格对竞争性定价的偏离。Dutta 和 Madhavan（1997）则使用重复性的囚徒困境模型（prisoner's dilemma model）证明了做市商之间可能进行隐性合谋，以扩大买卖价差。

与理论分析相一致，大量实证研究表明，做市商确实通过策略性报价来获取市场权利租金。

Christie 和 Schultz（1994）最早发现，纳斯达克市场的买入报价、卖出报价和买卖价差一般都是报价单位（八分之一美元）的偶数倍，价差水平很大且报价更新频率低。他们认为这是做市商的合谋行为导致。随后 Christie、Harris 和 Schultz（1994）发现，在 Christie 和 Schultz 的论文公开发表后，做市商开始对纳斯达克市场价值最大的四只股票采取报价单位的奇数倍进行报价。Huang 和 Stoll（1996）认为由于 Christie 和 Schultz 没有直接比较纽交所和纳斯达克市场，因此，不能简单地认为纳斯达克市场的价差过高。基于此，他们比较了两个市场相似股票的交易成本，发现纳斯达克市场的交易成本的确高于纽交所，但这种差异并非源于信息不对称，因此，有理由认为可能是做市商的合谋行为导致。在这些实证结果公布后，美国证券交易委员会（SEC）在 1997 年促使纳斯达克市场实施新的委托处理规则，允许公共投资者通过提交限价委托来提供流动性，并与纳斯达克市场的做市商进行竞争。

Barclay、Christie、Harris、Kandel 和 Schultz（1999）对纳斯达克市场新报价规则实施前后的价差进行分析，发现报价价差和有效价差下降了近 30%；并且在改革前的 1994 年至 1996 年间，如果有调查和不利的公开事件，价差也会发生较大下降。与美国股市的证据相似，Naik 和 Yadav（1999）分析了 1997 年伦敦证券交易所委托处理规则改革后的影响，这项改革允许公众通过提交限价委托而与做市商进行竞争。他们研究发现，有效价差明显减小，缩小的幅度甚至比纳斯达克市场更大。可见，允许所有投资者都提交限价委托可以有效降低做市商的市场垄断权力。

以上的理论分析和实证研究均表明，当做市商数目有限时，流动性供应是不完全的，而做市商的进入有利于减少甚至消除这种不完全性。事实上，Wahal（1997）发现，纳斯达克市场上做市商的进入与退出是普遍现象，新进入者将导致价差减小。然而，Ellis、Michaely 和 O'Hara（2002）的研究结果认为，进入威胁导致的竞争压力是有限的，新进入的做市商并不能获得有效的市场份额，因此，单个做市商会主导某只股票的交易，进而导致价差增大。

可见，不管是理论分析还是实证研究都表明，当流动性供应缺乏竞争时，垄断租金将成为买卖价差的另一个重要来源。这意味着市场的监管者和组织者必须促进流动性供应的自由进入和竞争性，从而降低因垄断带来的市场权力租金和交易成本。近年来，越来越多的市场，如纽交所、纳斯达克市场、伦敦证券交易所、德国交易所等都开始允许所有投资者提交限价委托，以增强流动性供应的竞争性。

（二）有逆向选择的策略性流动性供应

Kyle（1984，1989）最早考虑了信息不对称环境下知情做市商的策略性流动供应行为，从而为研究做市商行为提供了另一种思路。他分析了一次性交易在集合竞价下，风险规避的知情垄断者之间的古诺竞争均衡。在该模型中，假设流动性需求是外生的噪声项，垄断者基于私有现象参与交易，他们通过限制交易规模减小交易对价格的影响，获得市场权力租金。

基于 Milgrom 和 Weber（1982）拍卖理论的思想，Caleagno 和 Lovo（1998）拓展了 Kyle（1985）的动态分析模型，他们假设知情者并非市场委托交易者，而是一个风险中性的做市商，该做市商根据对历史价格和交易的观察进行买卖报价，噪声交易者则提供市价委托与最优买卖价进行配对，不知情的做市商知道自己面临着逆向选择风险，因此，会在报价策略中考虑该因素，其在均衡情况下的期望利润为 0。知情做市商面临着两难选择：一方面，较大的交易规模会带来更多即时利润，但也会泄露更多信息；另一方面，较小的交易规模利于信息保密，但缩小了即时利润。因此，为了获得租金，知情做市商的报价只是部分揭示私有信息。

关于做市商还是投资者谁拥有私人信息的实证研究是很有意义的工作。纽交所和伦敦证券交易所的实际情况表明，做市商是不知情的，其对手方是知情交易者。然而，Manaster 和 Mann（1996）的实证结果发现，芝加哥商业交易所（CME）的做市商倾向于高卖低买，这表明做市商掌握了价格未来变化的信息，并据此调整头寸。Cao 和 Lyons（1999）的分析显示，做市商根据委托流量中提取的信息进行市场定价。Viswanathan 和

Wang（1999）则考虑到掌握私人信息的投资者将委托提交给做市商，后者从委托流中提取信息并加以利用。

（三）动态委托提交策略

多数微观结构理论文献的模型都以做市商为对象进行单期分析，而没考虑竞价市场中流动性供应的动态特点。在竞价市场中，竞争性的流动性供应者提交限价委托，形成了限价委托簿，而提交市价委托的交易者则成为流动性需求方。因此，冠以竞价市场的研究主要集中在投资者的动态委托提交策略。

大部分的相关理论文献中，并不允许投资者选择委托形式，这些文献的研究重点是考察限价委托交易者的最优报价策略以及和市价委托交易者之间的互动关系。Glosten（1994）建立了一个公开限价委托簿信息的模型，并把市场参与者分为两类：一类人只下限价委托，另一类人只下市价委托，限价委托交易者会提供流动性的同时较有耐心，而市价委托交易者希望迅速成交。根据他的推导，限价委托交易者由小型交易得到利润，但如果遇到具有私有信息的投资者，限价委托交易者会承受损失。

另一类理论文献则允许投资者选择下单形式，其研究重点是想了解投资者会以何种形式的委托进行交易。在这些文献中，又可按照是否拥有私有信息而再分为两类。

在投资者未拥有私有信息的条件下，Parlour（1998）建立了一个买卖价差动态模型，他指出，投资者选择市价委托还是限价委托取决于限价委托簿的状态，每一位投资者都明白自己的委托会影响跟随的下单策略，而跟随者的下单策略会再影响到原来这位投资者限价委托的成交概率。Parlour认为，限价委托簿中的买卖双方都会影响到投资者对于委托形式的选择，当限价委托簿中和本身交易方向相同（相反）一方的深度越大时，投资者会倾向于市价委托（限价委托）。此外，Parlour还认为，投资者限价委托的意愿要看其等候成本的高低，等候成本低的投资者比较愿意选择限价委托。

Foucault（1999）设计了一个动态博弈模型来探讨投资者对于委托形式的选择，他发现价格波动性的大小是决定下单形式的主要因素，当价格波动提升时，限价委托的交易者容易被具有私有信息的投资者从中获取利润而蒙受损失，因此，限价委托交易者倾向于提高买卖价差以弥补潜在损失。然而，买卖价差扩大时，市价委托的成本会提升，因而更多的投资者会选择限价委托。

在假设部分投资者拥有私有信息的条件下，Harris（1997）在只考虑小型委托，且这些委托不会对价格产生影响的条件下，得到以下结论：价格波动越大，私有信息价值越高，拥有私有信息的时间越短时，投资者倾向于市价委托；买卖价差越大时，投资者越倾向于限价委托。此外，Kaniel和Liu（2001）也研究了知情交易者的委托提交策略，他们认为，知情交易者的委托提交策略会受到两个因素的影响：一是独自拥有私人信息的时间长短；二是资产价格偏离的程度。当独自拥有私人信息的时间越长时，知情交易者会倾向于限价委托；当资产价格偏离越严重时，知情交易者倾向于市价委托。

与以上分析的结果相一致，Biais、Hillion和Spatt（1995）对巴黎证券交易所的限价委托簿进行实证研究得到，当买卖价差相对较大时，投资者会提交优于当期报价的限价委托，当买卖价差相对较小时，投资者更倾向于接受已有的流动性选择市价委托。此外，他们还发现，价差较大时的委托提交速度快于价差较小时的速度，这表明投资者抓住机会提供流动性的速度是很快的。

表 12-1　　　　　　　　　　　　　价格发现模型

模型	基本结论	做市商行为	交易者行为	代表文献
第一代价格发现模型：竞争性报价模型				
委托处理成本模型	委托处理成本是构成价差的主要因素，股价收益率呈负自相关性	根据股价与基础价值之间的偏离买入或卖出股票	随机交易	Roll（1984）
存货模型	存货控制成本是构成价差的主要因素，股价和报价呈负自相关性	通过调整价差保持最优存货水平	随机交易	Garman（1978）、Stoll（1978）、Amihud – Mendelson（1980）
信息不对称模型（1）：竞争性知情交易者模型	逆向选择成本是构成价差的主要因素，股价随机变化	从委托流中学习信息，据此调整报价	知情交易者根据私有信息进行交易，流动性交易者随机交易	Glosten – Milgrom（1985）、Easley – O'Hara（1987）
信息不对称模型（2）：策略性知情交易者模型	逆向选择成本是构成价差的主要因素，股价随机变化	从委托流中学习信息，据此调整报价	知情交易者根据私有信息进行交易，并考虑交易对股价的影响，流动性交易者随机交易	Kyle（1985）、Holden – Subrahmanyam（1992）
第二代价格发现模型：策略性流动性供应者模型				
无逆向选择时的策略性流动性供应者模型	垄断租金成为买卖价差的一个重要来源	做市商通过隐性合谋以扩大买卖价差	随机交易	Roell（1999）、Viswanathan – Wang（1999）
有逆向选择时的策略性流动性供应者模型	垄断租金成为买卖价差的一个重要来源	做市商的报价只是部分揭示私有信息	随机交易	Kyle（1984，1989）、Caleagno – Lovo（1998）
动态委托提交策略模型	投资者的委托策略决定了市场流动性	无做市商	投资者根据市场情况决定委托策略	Glosten（1994）、Parlour（1998）、Foucault（1999）

第三节 金融市场微观结构设计

专栏 12-1

熔断机制究竟熔断了什么:恐慌情绪还是流动性

新年伊始,A 股连遭熔断。仅仅推出数日的熔断机制成了众矢之的,遭到各方口诛笔伐。那么熔断机制真的罪大恶极吗?作为一项世界各国普遍施行又行之有效的制度,为何令 A 股有些消化不良?我们的熔断机制与世界各国有何不同?

熔断机制起源于美国,是美国证券交易委员会(SEC)设立的一种保护机制,即在交易过程中,当价格波动幅度达到某一限定目标时,交易将暂停一段时间。其原理类似于保险丝在过量电流通过时会熔断,以保护电器不受到损伤。

由于门槛设置得比较高,各国至今很少触及熔断点。那么,A 股在推出熔断机制后为何频频触发熔断呢?

回顾美股:熔断机制为改善流动性

美国现行熔断机制的诞生可追溯至 1987 年 10 月 19 日的全球股市暴跌事件,史称"黑色星期一"。1988 年,SEC 和美国商品期货交易委员会批准了熔断机制。这一机制最初挂钩道指,实行两级熔断门槛:当道指下跌 250 点时,暂停交易 1 小时;当道指下跌 400 点时,暂停交易 2 小时。指数的跌幅是影响暂停交易时间长短的主要因素,跌幅越大,暂停交易的时间越长。熔断制度推出的好处显而易见,在此后的 18 年中,美国再没出现过大规模股灾。

不过,2010 年 5 月 6 日,一场惊涛骇浪不期而至,道指盘中疯狂跳水近 1 000 点,幅度之大前所未有,市值更瞬间蒸发逾 8 600 亿美元,创美国股市有史以来最大单日盘中跌幅。随后道指开始反弹,收盘下跌 347.8 点,跌幅 3.2%,刷新一年多来最大跌幅。著名咨询公司埃森哲的股价在 5 分钟之内从 40 美元跌到 1 美分后又迅速回到 40 美元价位。而高盛集团、通用电气、花旗集团、摩根大通以及福特汽车等重量级上市公司股价也无一例外上演"过山车"行情。

在美股闪崩事件发生后,为了防止未来股市急跌可能耗尽市场流动性。2010 年 6 月,SEC 在 1988 年创立的大盘熔断机制基础上,推出了个股熔断机制。此外,受闪崩未触发熔断机制影响,SEC 将挂钩的基准指数由道指修改为标普 500 指数,同时将熔断机制修改为三级,熔断门槛分别为 7%、13% 和 20%,当触发 7% 和 13% 时,暂停交易 15 分钟;当触发 20% 时,直接休市。

除针对指数的熔断机制调整外,SEC 还以"限制价格波动上下限"替代之前实施的个股熔断机制,重点在阻止个股偏离一个特定的价格幅度区间,以降低暴涨暴跌所带来的市场波动以及波动所引起的后续影响。比如 15 秒内价格涨跌幅度超过 5%,将暂停这只股票交易 5 分钟,但开盘价与收盘价、价格不超过 3 美元的个股价格波动空间可放宽至 10%。

熔断机制作为非常规的制止股价异常波动的手段,使用的次数并不高。美国从 1988 年实行熔断机制至今,只有 1997 年 10 月 27 日触发过一次。

对比美股:A 股熔断存在四大差异

根据 A 股熔断机制特点,实施过程中又分为以下几种状况:当沪深 300 指数波动触发 5% 熔断阈值,两市暂停交易 15 分钟,熔断结束后开始集合竞价,随后继续当天交易;当沪深 300 指数

14时45分及之后触发5%阈值,当日将暂停交易至收盘;当沪深300指数全天任何一个交易时段触发7%阈值,将暂停交易至收市;如开盘沪深300指数触发7%阈值,市场于9时30分起暂停交易至收市。

记者梳理发现,相比美股,A股熔断机制主要存在以下四大差异。

第一,熔断机制分级。美股实行的是三级熔断,有三个档次,分别是7%、13%和20%。而A股市场当前实行的是两级熔断,5%和7%。

第二,交易制度。美股采用的是无涨跌幅限制的交易制度,A股则是有涨跌停板限制的交易制度。只要达到涨跌停限制,A股就会出现类似自动熔断情况。

第三,覆盖范围。美股市场上,除了股指和股指期货在达到一定幅度的涨跌时会触发熔断机制外,熔断机制也适用于个股。如某只个股的交易价格在5分钟内涨跌幅超过10%,则需暂停交易。而根据A股现行熔断制度,只要不达到涨跌停板的限制,个股日常交易就不会被熔断。

第四,投资者结构。截至2015年第三季度末,A股公募基金、保险、券商、社保基金、合格境外机构投资者(QFII)、私募等六大机构持股市值占同期流通市值比例为16.45%。美股市场上,投资基金、养老金和境外机构投资者发挥着举足轻重的作用。1945年以来,机构投资者持股市值的比重已经由不足10%逐步上升至2013年的63%。

↑ 资料来源:每日经济新闻 http://finance.sina.com.cn/roll/2016-01-08/doc-ifxnkeru4754092.shtml, 2016-01-08。

经典的金融理论假定证券市场是一个完善的和理想的市场。在这个理想市场中,外部信息和相关噪声决定了交易价格及其变化。交易机制仅仅只是忠实地反映这些外部信息,自身并不对价格行为产生影响。然而现实市场中存在着各种成本和摩擦因素,在不完全市场中,需要通过流动性、稳定性、有效性以及透明性来衡量市场的运行绩效。良好的市场运行绩效是证券市场有效发挥经济功能的基础。

微观结构是市场运行绩效和市场效率的重要决定因素。微观结构尽管在不同国家、不同发展阶段存在着诸多差异,但在投资全球化、信息技术进步和投资者结构变化的冲击下,不同市场微观结构日渐趋同,市场微观结构的设计围绕着市场运行绩效形成了不同政策目标。

一、运行绩效的衡量指标

(一)运行绩效与股票效率

运行绩效(operational performance)是指股票市场的交易执行效率,即股市能否在短时间内,以最低成本为投资者安全地完成交易,它反映了股票市场微观结构的设计、组织及运作的效率。

West(1975)曾将运行绩效称为股市的内在效率,而将信息效率、定价效率和功能效率称为股市的外在效率。从内部结构来看,股市的内在运行绩效是外在绩效发挥的有效基础,各种意义上的股市效率与运行绩效存在着功能上的有机联系。

首先,运行绩效为信息效率和定价效率提供了微观基础,信息效率又是市场达到定价效率的前提条件。从市场运作角度来看,交易时间和交易成本决定了股票市场的流动性，影响了投资者根据市场信息改变投资组合的速度和能力，从而影响到股票价格对信息流动的反应能力，即股市的信息效率和定价效率。

其次，从信息流动角度，只有股价能充分反映与定价有关的所有信息，并且投资者对相关信息进行合理预期后，股价才会动态地趋近内在价值，达到定价意义上的效率。

此外，定价效率是股票市场充分发挥经济功能的必要条件，只有在股价准确反映内在价值的条件下，股市的各项经济功能才能充分得到发挥。

因此，国际证券交易所联合会（WFE）在其1999年的报告中指出，证券交易过程中的运行绩效代表了市场质量的高低，其重要性在全球竞争环境中日益凸显。

(二) 运行绩效的衡量指标

从市场运作过程来看，投资者的交易行为只有在一定的交易运行效率下才能转化为有效的价格信号。Glen（1994）认为，交易运行效率的高低可通过流动性、稳定性、有效性和透明性四个方面予以衡量。

1. 流动性。证券市场的改变作用是对社会经济中已有的投资进行重新组合，因此，流动性是证券市场的生命力所在。如果市场因缺乏流动性导致交易难以完成，那么，市场就丧失了存在的基础。Amihud 和 Mendelson（1988）认为，流动性是市场的一切，而 Levine（1991）指出，市场流动性的增加不仅保证了金融市场的正常运转，也促进了资源的有效配置和经济增长。流动性是交易的基本需要。在一个流动性好的市场中，投资者能够根据市场的基本供给和需求情况以合理价格迅速交易。市场的流动性越高，进行即时交易的成本就越低。所以，流动性好的市场被认为是能够提供交易且对价格影响较小的市场。Handa 和 Schwartz（1996）认为，稳定市场的流动性能够增强参与者的信心，对维护整个金融市场的稳定都至关重要。

从更广泛角度，股票流动性对上市公司本身也十分重要。因为上市公司股票流动性的提升有利于降低资本成本，许多实证研究表明，投资者要求收益率与买卖价差、换手率及逆向选择成本等各种流动性指标高度相关（Chalmers & Kadlec，1998；Brennan & Subrahmangam，1996）。

2. 稳定性。稳定性是波动性的对立面。在交易机制设计时，尽可能低的波动性是证券市场的内在要求，有利于市场的健康运作，这是因为在风险和收益对称的世界里，效用最大化或损失最小化的实现取决于市场的有效性，投资者一旦承担由市场机制产生的过多风险，必然要求额外回报。

波动性的产生主要源于两个方面：一是推动价格变化的基本经济因素发生了变化；二是信息不对称或委托暂时不平衡引发噪声交易。因此，即使能够设计出较优的微观结构来加强流动性效率，波动性也不会消失。为了将基本的价格波动和由噪声交易引起的价格波动区分开来，许多交易市场采用了涨跌幅限制（price limit）、断路器（circuit breaker）等价格稳定措施，以便在价格剧烈波动时让市场得到冷却，使投资者可以传播和处理信息。但上述措施可能造成交易机会损失，损害了市场的流动性。

波动性是证券市场与生俱来的特性。从宏观层面来看，一个波动过大的市场将加大整个金融体系的系统性风险，并使作为资源配置指标的股价信号产生失真。从微观层面来看,如果股市的波动性过大,会使投资者面临较大的不确定性,长期而言会对市场失去信心。然而,市场的波动性也不能降低到零的水平,因为价格的波动是投资者获得收益的重要来源,稳定的价格将使投资者无利可图(不考虑红利收益),市场的发展受到限制,甚至是交易中断。对于特定的市场规模和结果而言,存在着一个最优稳定性的问题。

3. 有效性。有效性即市场的信息效率,在考虑风险因素和交易成本之后,如果不能根据公开信息获取超额利润,那么,股市就是一个信息有效市场(informational efficiency)。此时股价已充分吸收反映了所有相关的公开信息,因而战胜市场的唯一方法是承担更大的风险。Roberts(1967)从信息和价格反映的角度出发将股市效率划分为弱式有效(weak form efficiency)、半强式有效(semi-strong form efficiency)和强式有效(strong form efficiency)三种形式。

事实上,信息有效依赖于三个条件:一是相关信息在投资者之间获得充分披露和均匀的分布;二是投资者必须自觉根据理性原则制定投资决策,进行交易活动;三是股价能够自由地根据信息流动而改变,不会受到竞争性因素的影响。从这些条件来看,有效性是衡量股市信息分布和流速、交易透明度和规范程度的重要标志,也是证券市场成熟与否的标志。

4. 透明性。透明性是指有关股票交易的信息被公开披露的程度。透明性是维持证券市场公平公正公开的基本要求。完全公平市场的首要特征是市场的同质性。要实现健全而同质的市场,高透明度必不可少。高透明度的证券市场是一个信息尽可能完全的市场,要求信息的时空分布无偏性,即信息能够及时、全面、准确地同时传送到所有投资者。市场透明性主要包括三个层次:交易前信息透明、交易后信息透明和参与交易各方的身份确认。其中交易前信息透明,指交易执行前买卖委托的量价披露情况;交易后信息透明指交易匹配成功后,交易情况的公布;而参与交易各方的身份确认是指买卖各方是否公开其身份,从而让其他投资者确知谁在进行交易和与谁进行交易。

交易信息披露程度的高低会对市场产生什么影响?对这一问题,目前无论是学术还是实证方面都存在诸多争议,由于透明性是交易所在设计微观结构时可以直接控制的因素,因此,与其说它是市场运行绩效的衡量指标,还不如说它是微观结构设计的一个要素。

二、市场微观结构设计的目标与影响因素

(一)市场微观结构的构成要素

市场微观结构是指证券交易价格发现与形成的运作机制,主要由以下一些要素构成。

1. 交易机制。交易机制是市场微观结构的核心要素,投资者的交易需求和买卖委托通过交易机制转换为均衡价格。交易机制具体包括价格确定机制、交易连续性、交易技术以及开盘、收盘和大宗交易等特殊机制。

2. 交易规则。交易规则是指控制和管理交易过程的一系列规则,具体包括买卖委托

类型、报价单位和市场稳定制度等。

3. 信息披露规则。信息披露规则决定了交易过程中信息提供的数量、质量、范围和速度，决定了交易过程的透明性。

（二）市场微观结构设计的若干政策性目标

在本质上，我们可以将市场微观结构视为一种"游戏规则"，这种规则决定了价格发现的速度、质量以及交易的成本。Amihud（1990）认为，合理的市场微观结构应提供较高的流动性，并促进有效的价格发现。Bessembinder 和 Kaufman（1997）也指出，市场微观结构不应该导致股价过度波动，同时能以较低成本提供流动性。O'Hara（1995）则认为，只有满足下面三个条件的微观结构才能被认为符合公共利益目标，分别是可靠的价格发现、广泛的信息传播和有效规避价格风险。综上所述，可将市场微观结构设计的政策目标概括为流动性、稳定性、有效性和透明性。这些目标也正是市场运行绩效的衡量指标。

监管者对上述政策目标并无多少异议，然而，对微观结构的设计过程尚存争议。这首先是因为四大目标本身之间存在一定的矛盾，如透明性和流动性、稳定性和流动性之间的矛盾。更重要的是，不同的市场参与者对四大政策目标具有各自的偏好。如中小投资者希望市场尽量透明，同时降低交易成本；机构投资者愿意保持一定的交易信息隐秘性，监管者则希望维持股价的稳定性。

事实上，对上述四大目标的选择受到监管制度、竞争态势、市场结构及技术环境等因素的影响，这四大目标彼此密切相关，分别体现了市场运行效率的不同侧面，而其综合体现就是交易成本的高低。因此，可以将交易成本视为市场微观结构设计的核心目标。

从理论层面而言，交易成本的高低可从整体上体现流动性、稳定性、有效性和透明性等市场运行绩效，反映市场功能的发挥程度。首先，从流动性和交易成本的关系来看，高度流动性的市场具有良好的广度和深度，从而使买卖价差和市场影响成本处于较低水平，投资者支付的隐性成本也相对较低。其次，在一个波动性较高的市场中，价格变化常出现非连续性，此时，投资者面临较高程度的交易不确定性，由此带来较高的买卖价差和市场影响成本。再次，市场的有效性意味着价格迅速反映所有相关信息，股价不会因完全信息及供需变化突然大幅扭转，使市场具有较高的流动性和吸引力，交易成本也较低。此外，市场的透明性对交易成本也具有重要影响，例如对大额交易，交易前的高透明度对价格有不利影响，使投资者面临更高成本。Domowitz（2000）对全球42个主要证券市场的研究显示，流动性和波动性对交易成本具有重要影响，其中，流动性与交易成本负相关，相关系数为 -0.152；波动性与交易成本呈正相关，相关系数为 0.368。

从实践角度而言，交易成本的降低将吸引上市公司和投资者的参与，而公司和投资者的积极参与将提高交易量和流动性，并进一步降低交易成本。所以，可以认为交易成本的高低构成了证券交易市场的核心竞争力。

一方面，交易成本的高低既是机构投资者业绩的重要决定因素，也将显著地影响机构投资者对各国的投资比重。从投资组合的角度来看，交易成本的引入会降低各个市场的实际收益率，也会导致市场收益率间相关系数的变化，从而使全球投资的均值方差有效组合发生改变，对各国证券市场的投资权重也发生改变。Domowitz（2001）对全球42个主要证券市场1996年9月至1998年12月的交易成本进行研究，发现在换手率为100%的情况下，交易成本的引入将使全球投资组合的收益率降低76个基点。全球切点组合的收益率降低70个基点，对于换手率200%的情况，这种影响更为显著。Domowitz还分析了交易成本对全球资产配置的影响，发现欧洲市场的交易成本较低，其投资比例较高，而美国的交易成本较高，其投资比例较低。

另一方面，交易成本对上市公司也极具价值。根据标准的现金流折现模型，资本成本等于投资者的需求收益率，当交易成本下降时，投资者的需求收益率也会降低，资本成本随之降低。Domowitz（2001）研究表明，1996年至1998年，欧美证券市场中资本成本与交易成本的弹性系数为0.167，说明交易成本每提升10%将使资本成本提升1.67%。欧洲市场资本成本下降幅度中52%~55%可归因为交易成本下降，在美国市场中，这一比例高达79%~98%。

除了对投资者和上市公司具有重要意义之外，交易成本在公共政策层面也极具价值。例如，在交易成本过高时，大额买卖委托常导致价格发生大幅波动，使国际投资组合的交易行为对市场产生不稳定影响。

（三）市场微观结构的影响因素

从全球来看，不同证券市场的微观结构确实存在着差异，这种差异源于以下因素。

一是交易资产不同。交易资产的不同会导致市场微观结构的差异，这方面最显著的例子就是现货与期货、期权等衍生品市场的微观结构是不同的，衍生品市场的定价、交易和投资策略极为复杂，因此，需要做市商之间的互动，才能让各种交易策略顺利进行。

二是投资者结构的差异。不同的微观结构可能特别适合某一类的投资者使用，例如机构投资者的信息比较灵通，可能只需较低程度的信息及交易规则。

三是历史的因素。不同的历史演进路线对市场微观结构的发展具有深远影响，例如成熟市场大都脱胎于柜台市场，因此，做市商制度往往扮演着重要角色，而新兴市场在政府推动下迅速形成，从一开始就建立了集中的交易场所，没有市场传统文化和历史包袱的束缚，新兴市场几乎全部采用电子化的竞价交易机制。

四是监管因素。证券市场监管包括自律和公共监管，来自这两方面的监管举措都会给市场微观结构带来变化。例如，多伦多和斯德哥尔摩等一些交易所在公司化后改变了自律监管形态，使得交易所有动力将新技术应用于微观结构的改进；又如美国证券交易委员会（SEC）于1997年颁布的委托处理新规，更是影响了整个纳斯达克市场的运行架构。

五是技术因素。技术的发展始终在微观结构的演进过程中扮演着重要角色；例如，借助计算机的自动化交易，远程交易成为现实，因而降低了交易大厅存在的必要性，又如，利用超级计算机的运算能力，可以在传统的"价格"和"数量"二维模式外引入

"投资者意愿"这一新的变量,从而可以度量投资者在某一价格和规模进行交易的意愿程度,美国 OptiMark 技术公司设计的"最优市场"就是一个典型的例子。

然而,近年来随着证券市场外部环境和内在结构的急剧变化,全球证券交易所在微观结构方面的同质性已越来越高。如果要探究这一现象背后的原因,所得到的答案可能是投资者结构的变化、投资全球化和信息技术的进步。

证券市场总是发生着日新月异的变化,一个市场的投资者结构也并非永恒不变,在成熟市场,个人投资者投资股市的风气越来越浓,而在新兴市场,机构投资者的参与程度也日益增加。因此,投资者结构的趋同化对市场微观结构的趋同提出了现实要求。

与此同时,投资的全球化趋势日益高涨,这些国际性的投资者偏好能够提供更加安全、透明和低成本的市场,从而带动了市场微观结构的改进和趋同。

此外,信息技术的进步使投资者进入其他市场变得容易,市场间的竞争也更为激烈,这使得交易所纷纷投入巨资以完善交易系统,希望能以最低的成本提供最大的流动性。

第四节 市场流动性及其计量

专栏 12-2
流动性延续紧平衡 估值分化继续收敛

1. 全球宏观流动性

美、欧、日央行延续缓慢扩表的趋势,在欧洲央行作出加速购债的决定后,后续需关注欧洲央行扩表速度的边际变化;在美联储噤声期前,多位官员强调将继续维持宽松的货币政策,并淡化美债收益率快速上升的影响,预计 3 月 17 日美联储议息会议不会改变现有政策基调;银行间流动性保持宽松,TED 利差和各期限 Libor 保持低位;美债收益率延续上行态势,而欧元区、日本国债利率的快速上行暂时告一段落;美元指数企稳回升迹象明显。

2. 国内宏观流动性

从量上来看,2 月社会融资增量超预期,主要原因是中长期贷款需求旺盛,使得新增人民币贷款保持高位,为社会融资增速回升提供了强劲支撑。而在春节影响消除的背景下,2 月 M_1、M_2 增速重回正常区间。短期央行公开市场操作维持紧平衡态势,小额高频特点凸显。

从价上来看,短端利率回归政策利率附近震荡,3 月中上旬 DR007 在 7 天逆回购利率附近上下波动,1 年期同业存单收益率仍略高于中期借贷便利(MLF)利率。长端各项利率受资金面紧张影响较小,基本保持稳定。信用利差近期收窄态势明显,特别是 AA 级产业债信用利差收窄幅度更大。汇率方面人民币小幅贬值,当前汇率来到 6.5 左右。

从杠杆水平来看,2020 年第四季度我国杠杆率小幅下行,主要由非金融企业贡献,2 月以来银行间质押式回购规模出现明显下降,金融系统加杠杆明显缓解。

3. 股票市场流动性

从资金需求角度来看,近两周 IPO 规模基本保持稳定,定增规模出现明显回落,产业资本净减持规模环比出现小幅上行。3月解禁压力相对较小,解禁规模明显小于2月。

从资金供给角度来看,新发基金方面,3月前两周权益型基金发行合计约1050亿元,基金发行降温态势明显,后两周仍有接近60只基金等待发行,若全部募集成功有望为市场带来2850亿元左右的增量资金。融资余额回落态势确定,ETF延续净申购状态,但与2月下旬相比规模出现小幅回落。外资3月以来保持净流入,最近几个交易日加快净流入节奏。3月至今回购规模达到191亿元,创下历史新高。

4. 风险偏好与估值

风险偏好方面,3月以来万得全A股权风险溢价延续上行态势,但仍位于近15年均值下方,各重要指数换手率出现分化,其中上证综指、沪深300换手率窄幅波动,创业板指换手率出现明显下行。年初至今基金收益中位数由正转负,特别是春节后权益基金回撤明显,权益型基金收益中位数均为-10%以上。涨跌家数比维持低位,大部分股票表现依然不佳。从全球角度来看,美股波动率出现小幅上行,避险资产价格存在下行压力,风险资产价格重回上行态势。

估值方面,全球重要指数近10年估值分位依然维持在90%以上,恒生指数估值分位相对较低,Wind全A、沪深300、上证50均处于近10年80%估值分位之上。从风格看,消费、成长风格行业估值较高,金融、周期估值分位低。从行业看,3月以来估值分化继续收敛,受益于"碳中和"主题的公用事业、钢铁等低估值板块估值实现快速修复,而军工、电气设备、医药生物等高估值板块估值下行明显。

⬆ 资料来源:方正证券,https://mp.ofweek.com/digitaleconomy/a056714562137,2021-03-17.

一、流动性的含义

市场流动性是微观结构研究的核心问题。学者们对流动性给出了多种定义。O'Hara(1995)认为,流动性就是立即完成交易的价格(price of immediacy)。Amihud和Mendelson(1989)认为,流动性即指在一定时间内完成交易所需的成本,或寻找一个理想的价格所需用的时间。Massimb和Phelps(1994)把流动性概括为:为进入市场的订单提供立即执行交易的一种市场能力(通常称为"即时性")和执行小额市价订单时不会导致市场价格较大幅度变化的能力(通常称为"市场深度"或"弹性")。Schwartz(1988)认为流动性是以合理价格迅速成交的能力。Lippman和McCall(1986)则指出,若某资产能以可预期的价格迅速出售,则该资产具有流动性。Black(1971)指出,市场流动性是指任何数量的证券均可立即买进或卖出,或者说小额买卖可按接近目前市场价格成交,大额买卖在一定时间内可按平均接近目前市场价格成交。

综合以上定义,当一种资产和现金能够以较小的交易成本迅速相互转换时,我们说该资产具有流动性。因此可以认为,流动性实际上就是投资者根据市场的基本供给和需求状况,以合理的价格迅速交易一定数量资产的能力。或者更简单地说,流动性就是快速低成本地成交一定金额的能力。市场的流动性越高,则进行即时交易的成本就越低。一般而言,较低的交易成本就意味着较高的流动性,或相应的较好的价格。

表 12-2　　　　　　　　　　有关证券市场流动性含义的归纳

作者	证券市场流动性的含义
Keynes（1930）	市场价格将来的波动性
Hicks（1962）	立即执行一笔交易的可能性
Black（1971）	价差相当小，小额交易可被立即执行而对价格产生较小影响，大额交易买卖可在一定时间内按平均接近目前市场价格成交
Kyle（1985）	买卖价差越小，则表示立即执行的成本越小，市场流动性也越好
Lippman 和 McCall（1986）	能以可预期价格迅速出售
Grossman 和 Miller（1988）	可通过当前报价和时间下执行交易的能力评价一个市场的流动性
Schwartz（1988）	以合理价格迅速成交的能力
Amihud & Mendelson（1989）	在一定时间内完成交易的成本，或寻找一个理想的价格所需的时间
Harris（1990）	流动性好的市场可提供交易的即时性，有可忽略的宽度、很大深度和高度的弹性
Massimb 和 Phelps（1994）	为进入市场的委托提供立即执行交易的一种市场能力和执行小额市价委托时，不导致市场价格有大幅度变化的能力
Glen（1994）	迅速交易且不造成大幅价格变化的能力
O'Hara（1995）	立即完成交易所需的成本

二、流动性的三个维度

尽管众多学者难以给流动性一个明确的定义，但是对流动性的内涵认识却是高度一致的。也就是说，流动性概念中实际包含了三个方面：速度（交易时间）、价格（交易成本）和交易数量。

速度主要指证券交易的即时性。从这一层面衡量，流动性意味着一旦投资者有买卖证券的愿望，通常总可以立即得到满足。但是，在任何一个市场，如果投资者愿意接受极为不利的条件，交易一般均能够得到迅速执行。

因此，流动性还必须具有第二个条件，即交易即时性必须在成本尽可能小的情况下获得，或者说，在特定的时间内，如果某资产交易的买方的溢价很小或卖方的折价很少，则该资产具有流动性。流动性的价格层面意味着，买卖某一证券的价格必须等于或接近占主导地位的市场价格。流动性的价格因素通常以市场宽度来衡量，最常见的指标是买卖价差，即当买卖价差足够小时，市场具有宽度，当大额订单的买卖价差很大时，市场缺乏宽度。以宽度衡量的流动性在价差为零时达到无限大，此时交易者可按照同一价格实现买和卖。宽度指标主要用来衡量流动性中的交易成本因素。

但是，只有速度和低成本还不够，流动性还必须有第三个条件——数量上的限制，即较大量的交易可以按照合理的价格较快执行。流动性的数量因素通常以市场深度来衡量，即在特定价格上存在的订单总数量（通常指等于最佳买卖报价的订单数量）。订单数量越多，则市场越有深度；反之，如果订单数量很少，则市场缺乏深度。深度反映了在某一个特定价格水平（如最佳卖价或买价）上的可交易的数量。深度指标可用来衡量市场的价格稳定程度,即在深度较大的市场,一定数量的交易对价格的冲击相对较小,而在浅度市场,同等数量的交易对价格的冲击相对较大。

综合流动性概念中的三个内涵,Harris(1990)给出了流动性的思维指标,即流动性包括宽度、深度、即时性和弹性四个维度。Garbade(1985)采取宽度、深度和弹性三个指标衡量流动性。Kyle(1985)把流动性看成是一个含糊的、难以捉摸的概念,因为它包含了许多市场交易特征,如密度、深度、即时性、弹性等,其中密度指交易价格偏离有效价格的程度,即宽度。Schwartz(1988)指出,一个流动性的市场应具有三个重要的特性。(1)深度,指市场上同时存在高于目前证券成交价格的订单和低于目前证券成交价格的订单。如果订单集中于某些价位,且买卖价差很大,则市场缺乏深度。(2)宽度(Breadth),当买进订单和卖出订单数量都很多且数额很大时,则市场具有宽度。因此,在有足够宽度的市场,价格的变化不受交易规模的影响。当大额订单的有效价差很大时,市场缺乏宽度。(3)弹性,即一定数量的交易导致价格偏离均衡水平后恢复均衡价格的速度。

还需要指出的是,虽然流动性存在多个维度,并且各个维度之间彼此依赖、互相制约,但是对投资者而言,其对流动性的理解在不同情况下可能会不同,如有时把流动性视为迅速交易的能力,有时把流动性视为进行大额交易的能力,有时把流动性视为交易的低成本。

图 12-2 直观地显示了流动性的三个维度:宽度、深度和弹性。其中,横轴表示委托数量,纵轴表示买卖差价。

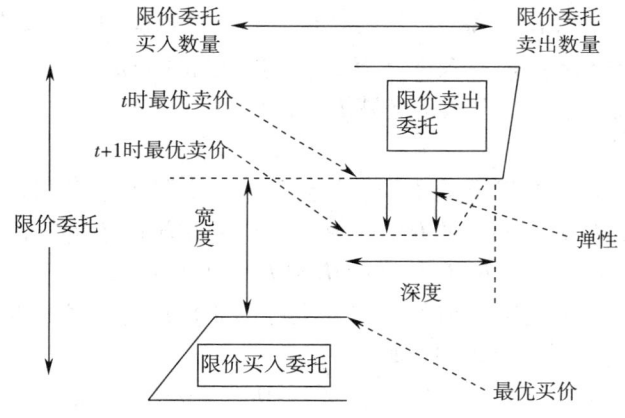

图 12-2 流动性的三维体系

三、流动性的主要度量方法

从已有的研究文献看,学术界对流动性的衡量进行了大量的探讨,但直到目前尚缺乏统一的标准。而且由于流动性的几个基本属性之间存在相互冲突,因此,甚至有学者认为不存在一个"无异议的、可操作的流动性定义"(Schwartz,1993)。根据前面提到的流动性的价格、数量、时间等属性,我们可以把各种衡量流动性的方法分为四种类型,即价格法、交易量法、价量结合法和时间法。

(一) 价格法

基于价格的流动性衡量方法包括价差衡量指标、价格改善指标、价格自相关模型和机会成本模型。

1. 价差衡量指标。价差衡量指标是其中最常用的流动性衡量方法。价差衡量指标主要有以下四种。

(1) 买卖价差 (bid-ask spread)。买卖价差,是衡量流动性的一个最基本的指标。计算方法是计算当期市场上最佳卖价和最佳买价之间的差额。买卖价差衡量潜在的订单执行成本。O'Hara 和 Oldfield (1986) 把买卖价差定义为对做市商提供即时交易服务的补偿。衡量买卖价差有两种方法:一是绝对买卖价差,即计算买卖价差的绝对值(卖出报价减去买进报价);二是相对买卖价差,即计算百分比买卖价差,由于买卖价差通常随价格而变化,故可以用绝对买卖价差除以买卖价格的平均值,即得到百分比买卖价差。

以 S 表示绝对买卖价差,RS 表示相对买卖价差(百分比买卖价差),PA 表示最佳(低)卖出价格,PB 表示最佳(高)买进价格,M 表示价差中点 ($M = \dfrac{PA+PB}{2}$),则

$$S = PA - PB, RS = (PA - PB)/M \tag{12.40}$$

从理论上看,最小的买卖价差就是所允许的最小价格升降档位。但事实上,在很多市场(特别是流动性差的市场),买卖价差通常大于最小价格升降档位。

(2) 有效价差 (effective spread)。有效价差反映订单成交的平均价格与订单到达时买卖价差的中点之间的差额。有效价差衡量订单的实际执行成本。

以 EF 表示有效价差,以 P 表示交易价格,则

$$EF = |P - M| \tag{12.41}$$

有效价差也可以根据买卖方的不同而标记正负号,即有正负号的有效价差 (signed effective spread)。设 BEF 为买方的有效价差,SEF 为卖方的有效价差,则

$$BEF = P - M, SEF = M - P \tag{12.42}$$

有效价差(包括有正负号的有效价差)也可以计算其相对值,即相对有效价差。设 REF 为不含正负号的相对有效价差,则

$$REF = |P - M|/M \tag{12.43}$$

有效价差在一定程度上克服了买卖价差不能反映订单在买卖价差之外和之内成交的情况(即高估或低估执行成本),因此可用来衡量订单的价格改善:当执行价格比相关的买卖报价更好时,则称为价格改善,否则,当执行价格在买卖报价之外成交时,则发生价格变坏。

(3) 实现的价差 (realized spread)。实现的价差衡量订单执行价格和订单执行后一段时间的买卖报价中点之间的差额。实现的价差反映订单执行后的市场影响成本。

已实现价差也分为绝对实现价差和相对实现价差,设绝对实现价差为 ARS,相对实现价差为 RRS,设 M_t 为交易发生以后一段时间的价差中点,则

$$ARS = |P - M_t|, RRS = |P - M_t|/M \tag{12.44}$$

绝对实现价差和相对实现价差可根据买卖方向不同计算其正负号。以相对实现价差为例，设 $BRRS$ 为买方的相对实现价差，$SRRS$ 为卖方的相对实现价差，则

$$BRRS = (P - M_t)/M, SRRS = (M_t - P)/M \tag{12.45}$$

（4）定位价差（positioning spread）。Naik 和 Yadav（1999）使用了定位价差的概念。定位价差衡量由于逆向选择而损失的价差收益，反映了交易后的价格变化。如果投资者中的某一个群体拥有信息优势，那么平均看，他们将从交易后的价格变化中获利，因此，他们付出的实现价差应比有效价差低（数额为定位价差部分）。

定位价差的计算方法是实现的价差减去有效价差。定位价差也可分为绝对值和相对值，并分为买方和卖方。以相对定位价差为例，设 $BRPS$ 为买方的相对定位价差，$SRPS$ 为卖方的相对定位价差，则

$$BRPS = (M - M_t)/M, SRPS = (M_t - M)/M \tag{12.46}$$

在以上四种价差中，买卖价差实际上衡量的是双边价差（包括买方和卖方的价差），而其他三种价差均衡量的是单向的价差。因此，为便于比较，在计算买卖价差时，通常计算的是内部半价差（inside half-spread），即把买卖价差除以2，内部半价差也称为平均价差（average spread）。

2. 价格改善指标

基于价格的另一种流动性衡量方法是衡量订单的价格改善情况。价格改善（变化）指标主要有以下两个。

（1）价格改善（变坏）比率。价格改善反映实际交易价格优于买卖报价的情况。当买进订单的成交价格低于最低卖价或卖出订单的成交价格高于最高买价时，则称为价格改善；反之，当成交价格在买卖报价之外成交（如卖出订单以低于买进报价的价格成交）时，则发生价格变坏。

价格改善指标可用有效价差与买卖半价差之间的差额进行衡量。当有效价差减去买卖半价差后的差额小于零时，则发生价格改善；当有效价差减去买卖半价差后的差额大于零时，则发生价格变坏；当有效价差减去买卖半价差后的差额等于零时，则价格既无改善，也没有变坏。

价格改善（变坏）比率即为订单在买卖报价内（外）成交的比例，衡量方法有两种：一是以价格改善（变坏）的订单个数除以订单总个数；二是以价格改善（变坏）的订单的股数除以订单总股数。价格改善指标反映了订单的实际执行成本，但没有反映订单的规模，特别是不能反映订单得到部分执行或部分在买卖报价之内成交、部分在买卖报价之外成交的情况。

（2）折价（溢价）比例。折价（溢价）比例即价格改善（变坏）比例，衡量订单价格改善（变坏）的幅度。计算方法是：买卖报价差减去有效价差，如买卖报价差为20个基点，有效价差为10个基点，则该笔交易得到10个基点的折价。衡量某个股票或市场的折价（溢价）比例通常取折价和溢价相互抵销后的净额。折价（溢价）比例也可以采取相对值指标，即折价（溢价）的绝对数量与价差中点的比值。折价（溢价）比例的

优点是量化了价格改善，而且比单纯使用是否在报价内成交指标更便于分析。其主要不足与价格改善（变坏）指标相同。

3. 价格自相关模型

（1）价差估计模型。Roll（1984）提出了一个价差估计模型。该模型认为，在市场有效的前提下，相邻两个价格的变化纯粹是由存在价差引起的。基于相邻价格负相关的结论，Roll 提出的价差估计模型如下：

$$S_t = \frac{1}{2}\sqrt{-Cov(\Delta p_t, \Delta p_{t-1})} \tag{12.47}$$

式中：S_t 表示 t 时的价差；Δp_t 表示 t 时价格变化；Δp_{t-1} 表示 t 时之前的相邻价格变化。

该模型的含义是，相邻两期价格变化的负共变越大，则估计的价差越大。

Stoll（1989）也提出了一个与 Roll（1984）类似的价差估计模型。两者的主要差别是，Stoll 的模型以相邻两个价格变化的协方差和价格变化中的价差成分变化的协方差相等的性质，作为估计价差的基础。

Hasbrouck（1993）提出了另一种建立在市场有效前提上的价差估计模型，即 $S_e = 2S_s$，其中，S_e 为估计的价差，S_s 为定价误差 s 的标准差，定价误差 s 即价格中的非随机成分（设 $P_t = w_t + s_t$，w_t 为价格中的随机成分，s_t 为非随机成分）。同时，该模型以 $\sqrt{\pi/2}\sigma$ 估计不包含信息不对称的交易成本。

（2）方差比率（variance ratio）或市场效率系数（market efficiency coefficient, MEC）。另一个衡量流动性的比率涉及价格的连续性，即方差比率或市场效率系数。市场效率系数衡量执行成本对股票短期价格波动的影响。方差比率表明，证券交易的真实价格与均衡价格并不一致。执行成本越大，真实价格相对于均衡价格的波动就越大，因此，市场效率系数偏离 1 的程度也就越大；市场的流动性越高，围绕均衡价格波动的交易价格的方差也就越小，因此，市场效率系数偏离 1 越小则反映了市场的流动性越高。

方差比率或市场效率系数是长期收益率的方差与短期收益率的方差的比率，其计算方法如下：

$$MEC = \frac{Var(R_t)}{TVar(r_t)} \tag{12.48}$$

式中：MEC 为市场效率系数；$Var(R_t)$ 为长期收益率方差；$Var(r_t)$ 为短期收益率方差；T 为每一个长期时段内短期的数目。

市场效率系数的含义是：如果 MEC 小于 1，则表示短期收益率存在负的自相关，说明短期价格过度波动；如果 MEC 大于 1，则表示短期收益率存在正的自相关，说明短期价格没有过度波动；当市场有效时，则价格将随机波动，故不存在自相关，即 MEC 等于 1。MEC 偏离 1 越远，则说明市场的有效性越低。

Hasbrouck 和 Schwartz（1988）基于市场效率系数构建了一个即时交易成本衡量模型：

$$c = \begin{cases} \sqrt{\frac{1}{2}Var(r_t)(1-MEC)} > 0, \text{如果 } MEC < 1 \\ -\sqrt{\frac{1}{2}Var(r_t)(1-MEC)} < 0, \text{如果 } MEC > 1 \end{cases} \tag{12.49}$$

该模型的含义是，MEC 偏离 1 的程度和短期价格波动越大，则即时交易成本（c）越大，故流动性越差，反之反是。

价格自相关流动性模型的理论基础是在市场有效的前提下，价格变化呈现负的一阶自相关。造成价格负的自相关的原因主要有以下几个方面。

（1）根据撮合规则，新到达的卖出订单的成交价格通常为最高买价，而新到达的买进订单的成交价格通常为最低卖价，无论是买进价格还是卖出价格实际上均不是均衡价格，而是一个处于买卖价差之间的价格（通常假定为价差中点）。因此，设买卖报价不变且买卖发生的概率相同，则买卖发生顺序可能会出现四种情况（即买买、买卖、卖卖、卖买），由于按照撮合规则，成交价要么为最高买价要么为最低卖价，故相邻两个价格的变化必然是负相关，即（0, 0）、（-, +）、（0, 0）、（+, -）。

（2）市场信息效率不足，投资者对新到达市场的信息的过度反应也是引起相邻价格负相关的重要因素。

（3）流动性冲击所造成的临时性买卖不均衡也促成了相邻价格负相关现象。

（4）最小升降档位的存在使得交易价格不能连续，因此也可能造成价格为负的自相关。

（5）在做市商市场，由于做市商通常须承担稳定市场的职责，因此，其逆市行动本身也造成了价格变化的负相关。

基于价格自相关模型的流动性指标的主要缺陷是假定市场有效，而且当价格变化的一阶自相关为正时，则模型无法定义。出现价格正相关现象的主要原因是：市场有效性不足导致新信息以渐进的方式反映在价格上，价格稳定措施的存在，以及投资者的"羊群效应"（在价格上涨时追涨，价格下跌时杀跌）。

4. 机会成本模型。Handa 和 Schwartz（1996a，1996b）构建了一个以市价订单和限价订单的报酬差异衡量流动性的机会成本模型。一般地，下达限价订单的投资者是流动性的提供者，下达市价订单的投资者是流动性的需求者。市价订单成交的等待时间通常较限价订单短，但相应的成交价格可能劣于限价订单，因此，限价订单和市价订单的报酬差异可以视为市价订单较快成交的机会成本。该报酬差异越大，说明市价订单即时成交的机会成本越大，市场的流动性越低，反之反是。机会成本模型的主要问题是，市价订单的下达者不一定是流动性交易者，也可能是知情交易者或噪声交易者，故市价订单的报酬可能会大于限价订单，即报酬差异为负值。因此，应用该模型必须考虑下达市价订单的投资者为知情交易者的情况，并予以剔除。

（二）交易量法

除价格法外，基于交易量的流动性衡量方法也是较常使用的一种方法。交易量法的常见衡量指标有以下几个。

1. 市场深度。深度指标主要是指报价深度，即在某个特定价位（通常是最佳买卖报价）上的订单数量。深度的计算方法是

$$深度 = （最高买价上订单总数 + 最低卖价上订单总数）/2 \quad (12.50)$$

深度也可以按照订单金额计算（即金额深度），计算方法是

$$\text{金额深度} = (\text{最高买价上订单总数} \times \text{买进价格} + \text{最低卖价上订单总数} \times \text{卖出价格})/2 \qquad (12.51)$$

深度指标也可以计算其相对值，即深度的绝对值与已发行流通股股本或市值的比率。

深度指标的主要不足是，做市商（或竞价市场的流动性提供者）通常不愿意披露其愿意在该价位上进行交易的全部数量，因此，买卖最佳报价上的数量并不能真实地代表市场的深度。

2. 成交深度。另一个衡量深度的指标是交易规模，这是一个事后的指标，衡量在最佳买卖价位上成交的数量。成交深度克服了市场深度指标不能反映流动性提供者的真实交易意愿的不足，但交易规模指标同样可能会低估市场深度，因为，交易规模经常会低于在特定价格上可交易的数量。此外，在特定价格上的成交数量没有考虑超过报价深度的大宗交易的执行成本。成交深度可根据成交数量或成交金额分别计算。

3. 深度改进率和深度改进数量。深度改进是指，当订单的数量超过最佳买卖报价上的数量时，该订单以等于或优于报价的价格成交的情况。深度改进通常有两个指标：一是深度改进率，以订单的成交量超过最佳买卖报价数量的概率衡量；二是深度改进数量，以订单的成交数量（股数）衡量，即在报价或报价内成交的数量减去报价数量。

深度改进数量也可以取相对值（即深度改进比例），计算方法有两种：一是深度改进数量除以报价数量，用以衡量相对于报价数量的深度改进情况；二是深度改进数量除以订单数量，用以衡量该订单的深度改进情况。

深度改进指标的主要不足是没有考虑价格因素，特别是限价订单的价格偏离最佳买卖价的情况。

4. 成交率（fill rate）。成交率指提交的订单中在该市场实际得到执行的比率。成交率包括三个指标：一是市价订单和优于最佳买卖报价的限价订单整个即时成交的概率；二是订单按照单一价格全部成交的比率；三是订单部分执行时成交量占订单量的比率。成交率也用来分析较大额订单整个执行的比率。对劣于最佳买卖报价的限价订单而言，成交率也是一个非常重要的指标。对成交率指标进行跨市场的比较非常困难，因为：第一，我们通常衡量的是边际成交率，即每新到达一个订单得到成交的可能性，但事实上通常只能得到平均成交率数据（限价订单得到成交的比率）；第二，对劣于最佳买卖报价的限价订单而言，其成交率取决于限价订单的价格与买卖报价之间的偏差有多大。

5. 换手率（turnover rate）。换手率也称交易周转率，是一个衡量证券持有时间的指标。换手率的计算公式有两种：一是以交易量（股数）除以总流通股股数，这种方法使用比较普遍；二是以交易金额除以流通的市值。换手率的倒数即证券的持有期间。根据换手率指标，换手率越大，则证券持有时间越短，流动性越大，反之反是。换手率指标考虑了流通股股本大小的影响，但没有考虑价格变化的影响，因为在同等换手率的情况下，价格变化越小，则流动性越小。

基于交易量的流动性指标的主要缺点有两个方面：一是忽略了价格变化的影响，而价格变化往往是衡量流动性的最主要的因素之一；二是交易量大小与波动性有关，而后者又将妨碍市场的流动性。

(三) 价量结合法

为克服以买卖价差和单纯交易量法衡量流动性的不足,一些学者发展了结合价格和交易量的衡量流动性的指标,如价格冲击模型 (price impact model) 和流动性比率法 (liquidity ratios) 等。

1. 价格冲击模型

价格冲击模型衡量即时交易成本,即当前交易量对价格的影响程度,主要有以下几种模型。

(1) 市场深度模型。Kyle (1985) 提出了一个市场深度模型,用于分析净交易行为对价格变化的影响。Kyle (1985) 模型考察了买 (卖) 方发起的交易引起的价格上升 (下跌),即价格变化与交易量所构成的曲线的斜率。计算方法通常是分析一个固定时间间隔 (如 5 分钟、30 分钟等) 内的净交易量 (买方发起的交易量与卖方发起的交易量之差) 对价格变化的影响。该指标考虑到了大宗交易和系列交易情况,并考虑到了买卖价差的深度指标,因此为衡量市场流动性提供了一个相对完整的指标。Kyle 价格冲击模型可表示为式 (12.52):

$$P = \mu + \lambda y, D = \frac{1}{\lambda} \qquad (12.52)$$

该模型的含义是:价格 P 为交易量 y 的函数,μ 为证券的真实价值,λ 为回归系数,D 为市场深度,是 λ 的倒数。λ 反映了价格对交易量的敏感度,λ 越小,则价格对交易量越不敏感,故交易量对价格的冲击越小,市场流动性越高;反之,λ 越大,则交易量对价格的冲击越大,市场流动性越小。

Engle 和 Lange (1997) 也提出了一个与 Kyle 的模型类似的衡量市场深度的方法,称为 VNET。该指标衡量与特定价格相联系的买方或卖方发起的超额交易量 (净交易量)。如果买方的超额交易量很小,但价格上升,则市场流动性 (深度) 较差;如果同样幅度的价格上涨与大量的买方超额交易量相联系,则市场深度较大。反之,如果卖方的超额交易量很小,但价格下降,则市场流动性 (深度) 较差;如果同样幅度的价格下降与大量的卖方超额交易量相联系,则市场深度较大。Engle 和 Lange 衡量交易发起方的方法是:当交易价格与买进报价更接近时为卖方发起的交易;当交易价格与卖出报价更接近时为买方发起的交易;当交易价格正好等于买卖报价的中点时,则采取最小报价档位规则,即目前交易价格大于上一笔交易价格 (Up Tick) 时,为买方发起的交易,否则为卖方发起的交易。Breen、Hodrick 和 Korajczyk (2000) 也采取了类似的方法,并计算了每间隔 5 分钟、30 分钟的相对净交易量 (net turnover),即买方发起的交易量减去卖方发起的交易量后,除以已发行股份。

(2) Glosten – Harris 交易成本模型。Glosten 和 Harris (1988) 提出了一个基于交易成本的流动性衡量模型:

$$\Delta p_t = \lambda q_t + \Psi(D_t - D_{t-1}) + y_t \qquad (12.53)$$

式中:Δp_t 是成交价的变化;t 是时间,表示第 t 笔交易;$t-1$ 表示在 t 之前的一笔交易;

q_t 为带正负号（表示买卖方向）的交易量；D 为交易方向变量；y_t 为误差项；回归系数 λ 和 ψ 用于衡量交易成本，其中，ψ 衡量总固定交易成本，λ 衡量总可变交易成本，两者相加即总交易成本。因此，ψ 值越大，则价格变化越容易受到交易方向变化的影响；λ 值越大，则价格越容易受到买卖方向的交易量的影响。也就是说，λ 和 ψ 值越大时，则交易成本越高，流动性越低。

（3）Hasbrouck 的刺激反应函数（impulse response function）。Hasbrouck（1991）根据其 1988 年交易对报价多期冲击的单一函数模型，进一步推导出了报价与交易相关系数的 VAR 模型，并据以分析交易对价格的冲击和交易中的内幕信息含量。

$$r_t = \sum_{i=1}^{5} a_i r_{t-i} + \sum_{i=1}^{5} b_i X_{t-i}^0 + v_{1,t} \qquad (12.54)$$

$$X_t^0 = \sum_{i=1}^{5} c_i r_{t-i} + \sum_{i=1}^{5} d_i X_{t-i}^0 + v_{2,t} \qquad (12.55)$$

式中：t 表示第 t 笔交易；r_t 是价差中点的变化（等于本次价差中点减去前一次价差中点）；式（12.54）和式（12.55）中的 X_{t-i}^0 可为 $\{X_{t-i}^0\}$、$\{X_{t-i}, X_{t-i}^0\}$、$\{X_{t-i}^2, X_{t-i}, X_{t-i}^0\}$，$X_{t-i}^0$ 为交易方向参数，X_{t-i} 为带正负号的交易量（即交易量乘以 X_{t-i}^0），X_{t-i}^2 为交易量的平方乘以交易方向参数；$v_{1,t}$ 为非预期的报价变化，反映了价格变化中的公共信息部分；$v_{2,t}$ 为非预期的交易；a、b、c、d 为回归系数；b_i（$i>0$）表示第 t 笔交易后各次交易对当前报价的冲击；$\sum b_i$ 衡量交易对价格的持久影响，因而也是一个衡量流动性的指标。

（4）Hasbrouck – Foster – Viswanathan 的交易成本模型。Brennan 和 Subrahmanyam（1996）结合 Hasbrouck（1991）模型和 Foster – Viswanathan（1993）模型，构建了一个新的模型：

$$q_t = \alpha_q + \sum_{j=1}^{5} \beta_j \Delta p_{t-j} + \sum_{j=1}^{5} \lambda_j q_{t-j} + \tau_t \qquad (12.56)$$

$$\Delta p_t = \alpha_q + \Psi(D_t - D_{t-1}) + \lambda \tau_t + v_t \qquad (12.57)$$

式（12.56）为成交量模型，式（12.57）为成交价格变化模型。式中，q_t 表示第 t 笔交易量；Δp_t 表示价格变化，Δp_{t-j} 表示第 t 笔交易后的第 j 笔交易价格与 t 笔交易价格的变化，j 是滞后笔数；α、β 为常数项；D_t 为交易发起方向参数；τ_t 表示非预期交易量的残差项；回归系数 Ψ 和 λ 用于衡量交易成本，Ψ 和 λ 的值越大，则交易成本越大，流动性越小。

2. 流动性比率

流动性比率衡量交易量和价格变化的关系。其基本原理是：若少量的交易引起的价格变化较大，则市场流动性较差；若大量的交易引起的价格变化较小，则市场流动性较高。其中最常见的流动性比率有以下几种。

（1）Amivest 流动性比率。Amivest 流动性比率也称为普通流动性比率（conventional liquidity ratio），该指标由 Amivest 公司最先使用。Amivest 流动性比率是指使价格变化 1 个百分点时需要的交易量（金额）。其计算方法如式（12.58）所示：

$$L_{con} = \frac{\sum_{t=1}^{n} P_{it}V_{it}}{\sum_{t=1}^{n} |\%\Delta P_{it}|} \quad (12.58)$$

式中：L_{con} 为普通流动性比率；P_{it} 为 t 日股票 i 的收盘价；V_{it} 为 t 日股票 i 的交易量（股数）；$\sum_{t=1}^{n} |\%\Delta P_{it}|$ 为一定时间内股票 i 的价格变化绝对比率的总和。

上述公式表明，Amivest 流动性比率越高，则交易量对价格的影响就越小，也就是说该股票的流动性越好；反之，Amivest 流动性比率越低，交易量逆向对价格的影响就越大，流动性也就越低。Amivest 流动性比率的不足是没有考虑公司流通股股本数量。一般地，流通股股本越多，其成交量通常也越多，反之则反之。因此，使用 Amivest 指标可能会出现流通股股本越多的股票流动性越高的情形，这是使用该指标必须要注意的。

（2）Martin 流动性比率。Martin 流动性比率也称为马丁指数（Martin index）。Martin（1975）指出，流动性比率与证券市场的总体价格走势正相关，而与价格波动负相关，因此，他提出了一个新的流动性衡量指标——Martin 指数。Martin 指数假定在交易时间内价格变化是平稳分布的，因此可用每日价格变化幅度与每日交易量之比衡量流动性。Martin 指数的计算方法如下：

$$M_t = \sum_{t=1}^{n} \frac{P_{it} - P_{i(t-1)}}{V_{it}} \quad (12.59)$$

式中：M_t 为 Martin 指数；P_{it} 为 t 日股票 i 的收盘价；V_{it} 为 t 日股票 i 的交易量（股数）。

与 Amivest 流动性比率相反，Martin 指数越大，则流动性越低；反之，Martin 指数越小，则流动性越高。Martin 指数的缺点是比率随每日交易情况而变化，要得到一个较稳定的 Martin 指数值需要考虑若干个交易日的 Martin 指数的平均值。Martin 指数以价格波动的平方代表价格变化，克服了价格变化正负抵消的缺陷，但容易受个别极端的价格变化的影响。

（3）Amihud 非流动性比率。

$$ILLIQ_{it} = \frac{1}{D_{it}} \sum_{d=1}^{D_{it}} \frac{|R_{itd}|}{VOLD_{itd}} \times 10^6 \quad (12.60)$$

式中：D_{it} 表示股票 i 在第 t 个月的交易天数；R_{itd} 和 $VOLD_{itd}$ 分别表示该股票在第 t 个月的日收益率和成交金额（以万元人民币为单位）。该指标的意义为平均每一单位成交金额所引起的股价波动，反映了买卖指令规模对价格的冲击，该指标越大，表明流动性越低。

（4）Hui - Heubel 流动性比率（Hui - Heubel Liquidity Ratio）。Hui 和 Heubel（1984）提出了与 Amivest 流动性比率相似的流动性衡量指标，但 Hui - Heubel 的指标根据股票市值进行调整。Hui - Heubel 流动性比率也被称为"纯粹流动性"比率，其计算方法如下：

$$L_{HH} = \frac{(P_{max} - P_{min})/P_{min}}{V/(\overline{SP})} \quad (12.61)$$

式中：L_{HH} 为 Hui–Heubel 流动性比率；P_{max} 为 5 日内每日股票最高价中的最高值；P_{min} 为 5 日内每日股票最低价中的最低值；V 为 5 日内总交易金额；S 为股票流通数量；$\bar{P}$ 为 5 日内股票平均收盘价。

Hui–Heubel 流动性比率与 Amivest 流动性比率不同之处，除使用 5 日而不是 20 日为时间段外主要有以下两点：①Hui–Heubel 流动性比率使用每日最高价和最低价衡量价格波动，而不是每日收盘价；②Hui–Heubel 流动性比率把交易量和公司市值挂钩，考虑了公司规模的影响。Hui–Heubel 流动性比率的不足是容易受到最高价和最低价的极端值的影响，而且以最高价和最低价衡量价格波动也不尽合理。

（5）Marsh–Rock 流动性比率（Marsh–Rock Liquidity Ratio）。Marsh 和 Rock （1986）提出了另一个衡量流动性的指标。他们认为，除大额交易外，价格变化在很大程度上是独立于交易规模的。因为价格变化与交易规模之间的关系是不成比例的，因此，一般的流动性比率将随平均交易规模的增加而上升。Marsh 和 Rock 提出，应以特定时间内每笔交易之间价格变化百分比的绝对值的平均值除以交易笔数，来衡量流动性，其计算方法如下：

$$L = \frac{1}{T_s} \sum_{i=1}^{T_s} |\%\Delta P_{is}| \tag{12.62}$$

式中：T_s 为股票 s 的交易笔数；$|\%\Delta P_{is}|$ 为股票 s 的第 i 笔交易的价格变化百分比的绝对值。

Marsh–Rock 比率把价格变化与交易的绝对笔数联系起来，而不是交易金额，因此，平均每笔交易的价格变化越大时，流动性就越低。Marsh–Rock 比率的不足是没有考虑每笔交易的规模。例如，设某两个股票的平均每笔交易的价格变化均为 0.1%，但 A 股票的平均每笔交易规模为 10 000 股，而 B 股票的平均每笔交易规模为 5 000 股，则实际上 A 股票的流动性比 B 股票好，但二者的 Marsh–Rock 比率却一样。

（6）市场调整的流动性指标（market–adjusted liquidity）。Hui 和 Heubel（1984）除提出一个流动性比率外，还提出了一个市场调整的流动性指标。他们指出，交易量不是影响价格变化的唯一因素，衡量流动性需要考虑诸如市场运动等其他影响变量。Hui 和 Heubel（1984）的市场调整的流动性指标用于测量在既定的交易量下，根据市场影响进行调整的价格变化。

市场调整的流动性指标的计算分两步。

第一步是建立总股票收益率的市场模型，以识别并剔除市场对价格的影响。市场模型如下：

$$R_i = \alpha + \beta R_m + \mu_i \tag{12.63}$$

式中：R_i 为 i 股票每日收益率；R_m 为标准普尔 500 种股票指数每日市场收益率；α 为回归系数；β 代表系统风险；μ_i 代表特有风险的回归残差或误差项。

股票收益率变化的主要原因是市场收益率（特有风险），但是与市场无关的因素也可能影响股票收益率。Hui 和 Heubel 认为，股票特有风险反映了该股票的流动性：流动性高的股票，其波动将表现为上述方程的特征，因为该股票的随机波动幅度很小；反之，价格波动较大的流动性低的股票将偏离上述方程。

第二步是衡量交易量的变化对市场调整过的价格波动的影响。特有风险对交易量变化的敏感度可以用如下方程表示：

$$\mu_i^2 = \gamma_0 + \gamma_1 V_i + e_i \tag{12.64}$$

式中：μ_i^2 为市场模型中的残差平方；V_i 为每日交易金额变化的百分比；γ_0、γ_1 为回归系数；e_i 为白噪声残差。

在这一方程中，γ_1 就是市场调整的流动性指标。考虑市场影响后，γ_1 值越小，交易量引起的价格变化也就越小。当对两个股票进行比较时，在既定的市场条件下，γ_1 值较小的股票的流动性高于 γ_1 值较大的股票。

（7）综合流动性指标。Chordia、Roll 和 Subrahmanyam（2000）使用了综合流动性（compositLiq）的概念。其计算方法是：综合流动性 = 相对报价差/金额深度。该指标是换一个结合价差和深度的指标，目的是测量每一美元交易的流动性函数的平均斜率。

尽管基于交易量的流动性比率指标克服了买卖价差的一些缺陷，但仍然不是最理想的指标。因为：（1）与买卖价差一样，基于交易量的流动性比率也没有区分临时性的价格变化和市场状况等发生变化导致的长期价格变化，没有区分新信息到达后对市场价格变化的影响；（2）基于交易量的流动性比率提供了过去的（平均）价格变化与（平均）交易量的关系的信息，但不能说明当大于平均规模的订单突然出现时对价格的影响；（3）流动性比率指标无法衡量交易对价格的即时冲击（即时价格成本），更无法区分交易对价格冲击是单期的，还是多期的；（4）流动性比率没有过滤非交易因素对价格变化造成的影响，如最小价格升降档位、买卖报价差、套利或卖空价格限制、新信息到达等的影响。

3. 调整的价格改善率

除价格冲击模型和流动性比率指标外，价量结合法还有一种形式，即调整的价格改善率（adjusted price improvement rate）。

Bacidore、Battalio 和 Jennings（2000）构建了一个新的价格改善指标——调整的价格改善指标。调整的价格改善指标同时考虑了价格改进和深度改进情况，是一个结合订单深度改进指标的价格改善指标。调整的价格改善指标克服了普通价格改善指标不能分析订单部分在报价内执行、部分在报价外执行情况的局限。

该指标可按照订单个数或订单数量分别予以测算。调整的价格改善指标涉及的概念有以下几个。

（1）总价格改善率（未调整），指以优于相关报价（买进订单取最佳卖价，卖出订单取最佳买价）成交的市价订单（股数）比率。

（2）净价格改善率（未调整），指总价格改善率减去劣于相关报价成交的订单（股数）比率。

（3）总的调整的价格改善率，指以优于基准价格成交的订单（股数）比率。

（4）净调整价格改善率，指总调整价格改善率减去劣于基准价格成交的订单（股数）比率。基准价格计算方法是：对于小于或等于报价数量的订单，基准价格为报价；

对于大于报价数量的订单，基准价格为报价和比报价劣一个最小报价档位的价格的按订单数量加权的价格。对于买单而言，即比最佳卖价高一个最小报价档位；对于卖单而言，即比最佳买价低一个最小报价档位。

在大多数情况，订单同时得到深度改善和价格改善，则该订单得到了调整的价格改善。但如果部分订单在报价内执行，部分订单在报价外执行，但没有得到深度改善，此时也可能会得到调整的价格改善。

（四）时间法

流动性的一个重要概念就是交易的即时性，因此，交易执行时间也是衡量流动性的一个重要指标。时间法最主要的指标有两个：一是执行时间，即从订单到达到订单得到执行时的间隔；二是交易频率，即在一个特定时间内的交易次数（不考虑交易规模）。时间法的优点是衡量方法十分简便，其主要缺点是：一是限价订单的执行时间与其价格密切相关；二是交易频率与市场波动性有关；三是没有考虑价格变化的影响。

基于时间的另一个指标是弹性指标，即从价格方式变化到恢复均衡价格所需的时间。弹性是由交易引起的价格波动消失的速度，或者说订单簿中买单量与卖单量之间不平衡调整的速度。关于市场弹性学术界还没有一个统一的指标，一种方法是用当前最佳卖（买）价与下一个最佳卖（买）价之间的差额估计。另一种方法是以相邻两次订单的价差来估计弹性。在假定股票的基本价值不变（即不考虑新信息的影响）的情况下，价格将会随机地围绕基本价值波动，市场弹性越好，则价格偏离价值以后返回的速度越快。相应地，两次相邻订单的价差越小，则价格返回真实价值所需要的时间就越短，市场弹性就越好。

弹性指标考虑了价格变化的影响，但也有三个主要的不足：一是选择均衡价格带有很大的随意性；二是没有考虑新到达的信息对价格变化的影响，因此，不能区分价格变化是由于新信息的影响，还是由于交易的影响；三是与市场波动有关。

Garbade 和 Silber（1979）提出的流动性风险模型也主要是一个基于时间的流动性衡量指标。该模型可表示为

$$V_p = \frac{\sigma^2}{\omega\tau} + \frac{1}{2}\tau\psi^2 \tag{12.65}$$

式中：V_p 表示流动性风险；σ^2 为保留价格（reservation price）的变化，用于衡量噪声交易情况；ω 是交易者到达市场的速率；τ 是市场出清的时间间隔；$\tau\psi^2$ 表示均衡价格的变化。

该模型的含义是，σ^2 和 $\tau\psi^2$ 值越大，则价格波动越大，流动性风险越高；ω 值越大，则交易者的交易机会越多，流动性风险越低；τ 值越大（市场出清的时间间隔越长），则暂时性的价格变化越小，故流动性越大，但 τ 值增大同时也导致均衡价格波动增大，故流动性下降，因此，τ 值与流动性的关系要视情况而定。

四、各种流动性度量方法的比较

为了确保衡量结果的正确性与保持流动性的基本性质，选用合适的流动性衡量方法

是必要的，而选用合适的流动性衡量方法必须有具体的评估依据。根据詹场和胡星阳（1999）的论述，流动性衡量方法的选取可以从运用限制、功能揭示以及影响因素三个方面进行探讨。研究者可依据其研究目的、所面临的限制、所要强调的研究特性以及所研究市场的交易机制及效率性等因素，来选择合理的流动性衡量方法。

（一）应用限制

不同的流动性衡量方法受到交易机制、市场效率性、价格自我相关等因素的影响，因此，可从这些方面来评估各种方法的运用限制。

一是能否运用于委托驱动市场。由于大部分流动性衡量方法是在报价驱动市场下推导而来，因此，在没有买卖报价的委托驱动市场中，这些衡量方法不再合适，需要进行必要的修正。依赖因报价价差存在才导致价格自我负相关的流动性衡量方法也具有相同问题。此外，由于委托导向市场不存在报价，因此，应用以交易对价格冲击为基础的流动性衡量模型时，其价格变动变量宜以成交价为依据。

二是能否应用于效率性不足的市场。基于价格自相关的衡量方法是依据市场效率性假设推导而来的，因此，不宜直接将其运用在效率性假设不成立的市场。大部分以流动比率和以交易对价格冲击为基础的流动性衡量方法，是多期设定，因此，能够捕捉市场效率不足以及信息引发的价格波动呈现渐进的特性。而基于时间与交易活跃程度的衡量法，则不受市场效率不足的影响。

三是能否不受价格自我相关成因的影响。导致价格自我相关的因素有许多，因此，若衡量模型完全依赖负的价格自我相关，则可能会形成模型失效或衡量结果不正确的现象。在所有流动性衡量方法中，除方差比率等衡量方法之外，其余的衡量法均不受价格自我相关成因的影响。

（二）功能揭示

功能揭示是指各类流动性衡量方法是否揭示了交易者所需要的交易成本信息。

一是能否衡量即时交易成本。即时交易成本信息对流动性需求者、小额投资者和证券市场主管机构都相当重要。在所有流动性衡量法中，能提供即时交易成本信息的包括价差类衡量法和以交易对价格冲击为基础的衡量法，其余衡量则无法提供具体即时交易成本信息。

二是能否衡量动态交易成本。对机构投资者、一般大户以及证券市场的主管而言，除了重视交易对当期冲击外，也相当关注交易对其后各期价格的影响。所有流动性衡量方法中，只有以交易对价格冲击为基础且为多期设定的模型可精确地衡量动态交易成本，如 Hasbrouck、Foster – Viswanathan、Madhavan – Smidt、Hasbrouck – Foster – Viswanathan 等模型。

三是能否区分价格波动是信息效果或流动性效果。价格波动可能是信息因素所造成的，也可能是非信息因素所引起的。为了有效区分交易对价格冲击是永久性的信息效果还是暂时性的流动性效果，需要对多期设定的模型中的回归系数进行加总。因此，只有以交易对价格冲击为基础的衡量法才有此功能。

四是能否区分价格波动是交易所致或非交易因素所致。并非所有价格波动都是由交易导致，例如做市商纯粹基于公开信息调整报价，或是委托导向市场中的跳空上涨或下跌的情况。在所有流动性衡量模型中，以交易对价格冲击为基础的衡量模型中设有常数项以及残差项，因此，能捕捉非交易因素所引起的价格波动。

五是能否衡量交易的私有信息含量。交易中私有信息衡量越多表示信息不对称水平越高，这不是证券市场主管机构或非知情交易者所乐见的。在所有流动性衡量方法中，只有部分以交易对价格冲击为衡量基础和部分以价差为衡量基础的衡量方法可以有效衡量交易的私有信息含量，包括：已将价差分解成逆向选择成分与其他成分的模型，如Glosten – Harris、Huang – Stoll 等模型；同时运用成交量与价格变动的衡量模型，如Hasbrouck、Foster – Viswanathan、Madhavan – Smidt 等模型。

（三）影响因素

流动性衡量方法的选取还需要考虑可能影响流动性衡量精确性的潜在因素。

一般而言，以成交量、成交值、价格变动为主要变量的流动性衡量方法，例如交易活跃程度、流动比率以及交易对价格冲击等，较易受流通在外股数、价位高低、报价单位的影响。而价差类型的流动性衡量也受价位高低与报价单位大小的影响。因此，为了获得客观的比较基础及衡量结果，应用这些流动性衡量方法时，应控制流通在外股数、价位、报价单位等变量。

另一方面，价格稳定措施可能造成价格的自我相关，因此，以价格自相关为基础的衡量法较易受到价格稳定措施的影响；而价格的变动量是衡量流动性最关键的要素，完全忽略该变量的方法存在严重的缺陷。在是否需要交易方向变量方面，除了大部分以交易对价格冲击为基础的衡量法与少部分以价差为基础的衡量法之外，其他流动性衡量法皆无此需要。

就衡量模型是否有严谨的理论依据而言，流动性比率衡量法、交易活跃程度衡量法以及基于时间的衡量法缺乏严谨的理论依据。就方法简易度而言，基于时间与交易活跃程度的衡量法相对简单。

基于以上分析，并没有一种流动性衡量方法能够面面俱到，也说明了衡量流动性方法莫衷一是的原因所在。整体而言，在报价驱动的市场中较为严谨且限制较少的衡量方法，是基于价差和价格冲击的流动性衡量方法，而在委托驱动市场中，无论是应用上的限制还是功能上的揭示，显然以基于价格冲击的衡量法最具优势。

【小结】

在传统的资产定价研究中，对于价格的调整过程并没有进行详尽的说明，而是把市场看作一个"黑箱"。市场微观结构研究的目的在于解释市场如何把投资者的潜在需求转化为实际交易，揭示这个"黑箱"的运作过程，以及了解各种不同的交易机制对定价过程的影响。一般认为，金融市场微观结构理论的核心是要说明在既定的市场微观结构下，金融资产的定价过程及其结果，从而揭示市场微观结构在金融资产价格形成过程中的作用。

金融市场微观结构的研究焦点包括：价格的形成和发现；市场结构和设计；信息及

其披露；市场微观结构同金融学其他领域的关系。

金融市场微观结构最主要功能是价格发现（price discovery），即如何利用公共信息和私有信息决定一种证券的价格。价格发现模型常常被划分为存货模型和信息不对称模型两大类：前者认为，做市商持有了存货，为了补偿持有存货的风险，做市商报出的卖价一定要高于买价，从而产生买卖价差；后者则认为，投资者之间的信息是不对称的，做市商将用与不知情交易者所获得的盈利来弥补与知情交易者交易所蒙受的损失，而盈利就来源于做市商设定的买卖价差。

市场微观结构认为交易运行效率可通过流动性、稳定性、有效性和透明性四个方面予以衡量。

市场流动性是微观结构研究的核心问题。流动性概念中实际包含了三个方面：速度（交易时间）、价格（交易成本）和交易数量。各种衡量流动性的方法分为四种类型，即价格法、交易量法、价量结合法和时间法。

【思考与练习题】

1. 阐述市场微观结构与资产定价之间的关系。
2. 比较各种常用的流动性度量方法之间的优缺点，并分析各种度量方法下流动性之间的内在联系。
3. 中国股票市场流动性有何特点？它与中国上市公司股权结构有何关系？
4. 试以中国股票市场为样本对象，阐述分析中国上市公司流动性风险定价问题的基本假设检验和方法。
5. 对比分析不同价格发现模型的优缺点及适用性。
6. 论述股票流动性的内涵。

【主要参考文献】

［1］［美］莫琳·奥哈拉. 市场的微观结构理论［M］. 中文版. 北京：中国人民大学出版社，2007.

［2］李路，汤晓燕. 市场微观结构［M］. 北京：北京大学出版社，2019.

［3］［美］乔尔·哈斯布鲁克. 市场微观结构实证［M］. 中文版. 北京：对外经济贸易大学出版社，2010.

［4］［美］弗兰克·J. 法博齐，埃德温·H·尼夫，周国富. 金融经济学［M］. 中文版. 北京：机械工业出版社，2015.

［5］汪昌云. 金融经济学［M］. 北京：中国人民大学出版社，2006.

［6］［美］R. A. 贾罗，V. 马斯科西莫维，W. T. 津巴. 金融经济学手册［M］. 中文版. 上海：上海人民出版社，2007.

［7］［美］H. 肯特·贝克，哈利尔·基默兹. 新兴市场与发达市场的微观结构［M］. 大连：东北财经大学出版社，2016.

［8］施东辉，孙培源. 市场微观结构——理论与中国经验［M］. 上海：上海三联

书店，2005.

[9] Amihud Y, Mendelson H. Trading mechanisms and stock returns: an empirical investigation [J]. *Journal of Finance*, 1987, 42: 533-553.

[10] Amihud Y, Mendelson H, Murgia M. Stock market microstructure and return volatility [J]. *Journal of Banking and Finance*, 1990, 14: 423-440.

[11] Biais B., Glosten L, Spatt C. Market Microstructure: A Survey of Microstructures, Empirical Results, and Policy Implications [J]. *Journal of Financial Markets*, 2005 (8): 217-264.

[12] Biais B., Hillion P., Spatt C. An Empirical Analysis of the Limit Order Book and the Order Flow in the Paris Bourse [J]. *Journal of Finance*, 1995, 50: 1655-1689.

[13] Demsetz, H. The Cost of Transacting [J]. *Quarterly Journal of Economics*, 1968, 82: 33-53.

[14] Easley D., O'Hara M. Price, Trade Size, and Information in Securities Markets [J]. *Journal of Financial Economics*, 1987, 19: 69-90.

[15] Easley D., O'Hara M. Time and the Process of Security Price Adjustment [J]. *Journal of Finance*. 1992, 47: 577-606.

[16] Hasbrouck J. One security, many markets: Determining the contributions to price discovery [J]. *Journal of Finance*, 1995, 50: 1175-1199.

[17] Madhavan A. Market Microstructure: A survey [J]. *Journal of Financial Markets*, 2000 (3): 205-258.

[18] Stoll H R, Whaley R E. Stock market structure and volatility [J]. *Review of Financial Studies*, 1990 (3): 37-71.

21 世纪高等学校金融学系列教材

一、货币银行学子系列

★货币金融学（第五版） 朱新蓉 主编 69.00 元 2021.05 出版
（普通高等教育"十一五"国家级规划教材/国家精品课程教材·2008）
货币金融学 张 强 乔海曙 主编 32.00 元 2007.05 出版
（国家精品课程教材·2006）
货币金融学（附课件） 吴少新 主编 43.00 元 2011.08 出版
货币金融学（第二版） 殷孟波 主编 48.00 元 2014.07 出版
（普通高等教育"十五"国家级规划教材）
现代金融学 张成思 编著 58.00 元 2019.10 出版
——货币银行、金融市场与金融定价
货币银行学（第二版） 夏德仁 李念斋 主编 27.50 元 2005.05 出版
货币银行学（第三版） 周 骏 王学青 主编 42.00 元 2011.02 出版
（普通高等教育"十一五"国家级规划教材）
货币银行学原理（第六版） 郑道平 张贵乐 主编 39.00 元 2009.07 出版
金融理论教程 孔祥毅 主编 39.00 元 2003.02 出版
西方货币金融理论 伍海华 编著 38.80 元 2002.06 出版
现代货币金融学 汪祖杰 主编 30.00 元 2003.08 出版
行为金融学教程 苏同华 主编 25.50 元 2006.06 出版
中央银行通论（第三版） 孔祥毅 主编 40.00 元 2009.02 出版
中央银行通论学习指导（修订版） 孔祥毅 主编 38.00 元 2009.02 出版
商业银行经营管理（第二版修订版） 宋清华 主编 50.00 元 2021.08 出版
商业银行管理学（第五版） 彭建刚 主编 53.00 元 2019.04 出版
（普通高等教育"十一五"国家级规划教材/国家精品课程教材·2007/国家精品资源共享课配套教材）
商业银行管理学（第三版） 李志辉 主编 48.00 元 2015.10 出版
（普通高等教育"十一五"国家级规划教材/国家精品课程教材·2009）
商业银行管理学习题集 李志辉 主编 20.00 元 2006.12 出版
（普通高等教育"十一五"国家级规划教材辅助教材）
商业银行管理 刘惠好 主编 27.00 元 2009.10 出版
现代商业银行管理学基础 王先玉 主编 41.00 元 2006.07 出版
金融市场学（第三版） 杜金富 主编 55.00 元 2018.07 出版
现代金融市场学（第四版） 张亦春 主编 50.00 元 2019.02 出版
中国金融简史（第二版） 袁远福 主编 25.00 元 2005.09 出版
（普通高等教育"十一五"国家级规划教材）
货币与金融统计学（第四版） 杜金富 主编 48.00 元 2018.07 出版

（普通高等教育"十一五"国家级规划教材/国家统计局优秀教材）

金融信托与租赁（第五版）　　　　　　王淑敏　齐佩金　主编　　45.00元　2020.06 出版
　　（普通高等教育"十一五"国家级规划教材）
金融信托与租赁案例与习题　　　　　　王淑敏　齐佩金　主编　　25.00元　2006.09 出版
　　（普通高等教育"十一五"国家级规划教材辅助教材）
金融营销学　　　　　　　　　　　　　万后芬　　　　　主编　　31.00元　2003.03 出版
金融风险管理　　　　　　　　　　　　马昕田　　　　　主编　　40.00元　2021.06 出版
金融风险管理　　　　　　　　　　　　宋清华　李志辉　主编　　33.50元　2003.01 出版
网络银行（第二版）　　　　　　　　　孙　森　　　　　主编　　36.00元　2010.02 出版
　　（普通高等教育"十一五"国家级规划教材）
银行会计学　　　　　　　　　　　　　于希文　王允平　主编　　30.00元　2003.04 出版

二、国际金融子系列

国际金融学　　　　　　　　　　　　　潘英丽　马君潞　主编　　31.50元　2002.05 出版
★国际金融概论（第五版）　　　　　　孟　昊　王爱俭　主编　　45.00元　2020.01 出版
　　（普通高等教育"十二五"国家级规划教材/国家精品课程教材·2009）
国际金融（第三版）　　　　　　　　　刘惠好　　　　　主编　　48.00元　2017.10 出版
国际金融概论（第三版）（附课件）　　徐荣贞　　　　　主编　　40.00元　2016.08 出版
★国际结算（第七版）（附课件）　　　苏宗祥　徐　捷　著　　　70.00元　2020.08 出版
　　（普通高等教育"十二五"国家级规划教材/2012—2013年度全行业优秀畅销书）
各国金融体制比较（第五版）　　　　　白钦先　　　　　等编著　78.00元　2021.09 出版
国际金融（第二版）　　　　　　　　　周　文　漆腊应　主编　　43.00元　2021.04 出版
国际金融管理　　　　　　　　　　　　鞠国华　　　　　主编　　43.00元　2020.01 出版

三、投资学子系列

投资学（第三版）　　　　　　　　　　张元萍　　　　　主编　　56.00元　2018.02 出版
证券投资学　　　　　　　　　　　　　吴晓求　季冬生　主编　　24.00元　2004.03 出版
证券投资学（第二版）　　　　　　　　金　丹　　　　　主编　　49.50元　2016.09 出版
证券投资学　　　　　　　　　　　　　王玉宝　　　　　主编　　38.00元　2018.06 出版
现代证券投资学　　　　　　　　　　　李国义　　　　　主编　　39.00元　2009.03 出版
证券投资分析（第二版）　　　　　　　赵锡军　李向科　主编　　35.00元　2015.08 出版
组合投资与投资基金管理　　　　　　　陈伟忠　　　　　主编　　15.50元　2004.07 出版
投资项目评估（第三版）　　　　　　　李桂君　宋砚秋　主编　　60.00元　2021.06 出版
　　　　　　　　　　　　　　　　　　王瑶琪
项目融资（第三版）　　　　　　　　　蒋先玲　　　　　编著　　36.00元　2008.10 出版

四、金融工程子系列

金融经济学教程（第三版）　　　　　　陈伟忠　陆珩瑱　主编　　56.00元　2021.11 出版
衍生金融工具（第三版）　　　　　　　叶永刚　张　培　主编　　59.00元　2021.08 出版
衍生金融工具　　　　　　　　　　　　王德河　杨　阳　编著　　38.00元　2016.12 出版
现代公司金融学（第三版）　　　　　　马亚明　　　　　主编　　59.00元　2021.08 出版

金融计量学	张宗新	主编	42.50元	2008.09出版
数理金融	张元萍	编著	29.80元	2004.08出版
金融工程学	沈沛龙	主编	46.00元	2017.08出版
金融工程	陆珩瑱	主编	39.50元	2018.01出版

五、金融英语子系列

金融英语阅读教程（第四版） （北京高等教育精品教材）	沈素萍	主编	48.00元	2015.12出版
金融英语阅读教程导读（第四版） （北京高等学校市级精品课程辅助教材）	沈素萍	主编	23.00元	2016.01出版
保险专业英语	张栓林	编著	22.00元	2004.02出版
保险应用口语	张栓林	编著	25.00元	2008.04出版

注：加★的书为"十二五"普通高等教育本科国家级规划教材。

21 世纪高等学校保险学系列教材

| 保险学概论 | 许飞琼 | 主编 | 49.80 元 | 2019.01 出版 |

保险学概论　　　　　　　　　　许飞琼　　　　　主编　49.80 元　2019.01 出版
保险学概论学习手册　　　　　　许飞琼　　　　　主编　39.00 元　2019.04 出版
经典保险案例分析 100 例　　　　许飞琼　　　　　主编　36.00 元　2020.01 出版
保险学（第二版）　　　　　　　胡炳志　何小伟　主编　29.00 元　2013.05 出版
风险管理与保险　　　　　　　　孔月红　高　俊　主编　39.50 元　2019.10 出版
保险精算（第三版）　　　　　　李秀芳　曾庆五　主编　36.00 元　2011.06 出版
　　（普通高等教育"十一五"国家级规划教材）
人身保险（第二版）　　　　　　陈朝先　陶存文　主编　20.00 元　2002.09 出版
财产保险（第六版）　　　　　　许飞琼　郑功成　主编　56.00 元　2020.12 出版
　　（普通高等教育"十一五"国家级规划教材/普通高等教育精品教材奖）
财产保险案例分析　　　　　　　许飞琼　　　　　编著　32.50 元　2004.08 出版
海上保险学　　　　　　　　　　郭颂平　袁建华　编著　34.00 元　2009.10 出版
责任保险　　　　　　　　　　　许飞琼　　　　　编著　40.00 元　2007.11 出版
再保险（第二版）　　　　　　　胡炳志　陈之楚　主编　30.50 元　2006.02 出版
　　（普通高等教育"十一五"国家级规划教材）
保险经营管理学（第二版）　　　江生忠　祝向军　主编　49.00 元　2017.12 出版
保险经营管理学（第二版）　　　邓大松　向运华　主编　42.00 元　2011.08 出版
　　（普通高等教育"十一五"国家级规划教材）
保险营销学（第四版）　　　　　郭颂平　赵春梅　主编　42.00 元　2018.08 出版
　　（教育部经济类专业主干课程推荐教材）
保险营销学（第二版）　　　　　刘子操　郭颂平　主编　25.00 元　2003.01 出版
★风险管理（第五版修订本）　　许谨良　　　　　主编　50.00 元　2022.01 出版
　　（普通高等教育"十一五"国家级规划教材）
保险产品设计原理与实务　　　　石　兴　　　　　著　　24.50 元　2006.09 出版
社会保险（第四版）　　　　　　林　义　　　　　主编　39.00 元　2016.07 出版
　　（普通高等教育"十一五"国家级规划教材）
保险学教程（第二版）　　　　　张　虹　陈迪红　主编　36.00 元　2012.07 出版
利息理论与应用（第二版）　　　刘明亮　　　　　主编　32.00 元　2014.04 出版
保险法学　　　　　　　　　　　李玉泉　　　　　主编　53.50 元　2020.08 出版

注：加★的书为"十二五"普通高等教育本科国家级规划教材。